中华中医昆仑

第十一集

当代中医药发展研究中心　编

主编　张镜源

中国中医药出版社

·北京·

图书在版编目(CIP)数据

中华中医昆仑．第11集/张镜源主编．—北京:中国中医药出版社，2012.11

ISBN 978-7-5132-0886-4

Ⅰ．①中…　Ⅱ．①张…　Ⅲ．①中医师-生平事迹-中国-近现代
Ⅳ．①K826.2

中国版本图书馆CIP数据核字(2012)第093091号

中国中医药出版社出版
北京市朝阳区北三环东路28号易亨大厦16层
邮政编码　100013
传真　010 64405750
山东鸿杰印务集团有限公司印刷
各地新华书店经销

*

开本710×1000　1/16　印张29.25　字数361千字
2012年11月第1版　2012年11月第1次印刷
书　号　ISBN 978-7-5132-0886-4

*

定价　128.00元
网址　www.cptcm.com

如有印装质量问题请与本社出版部调换
版权专有　侵权必究

社长热线　010 64405720
购书热线　010 64065415　010 64065413
书店网址　csln.net/qksd/
新浪官方微博　http://e.weibo.com/cptcm

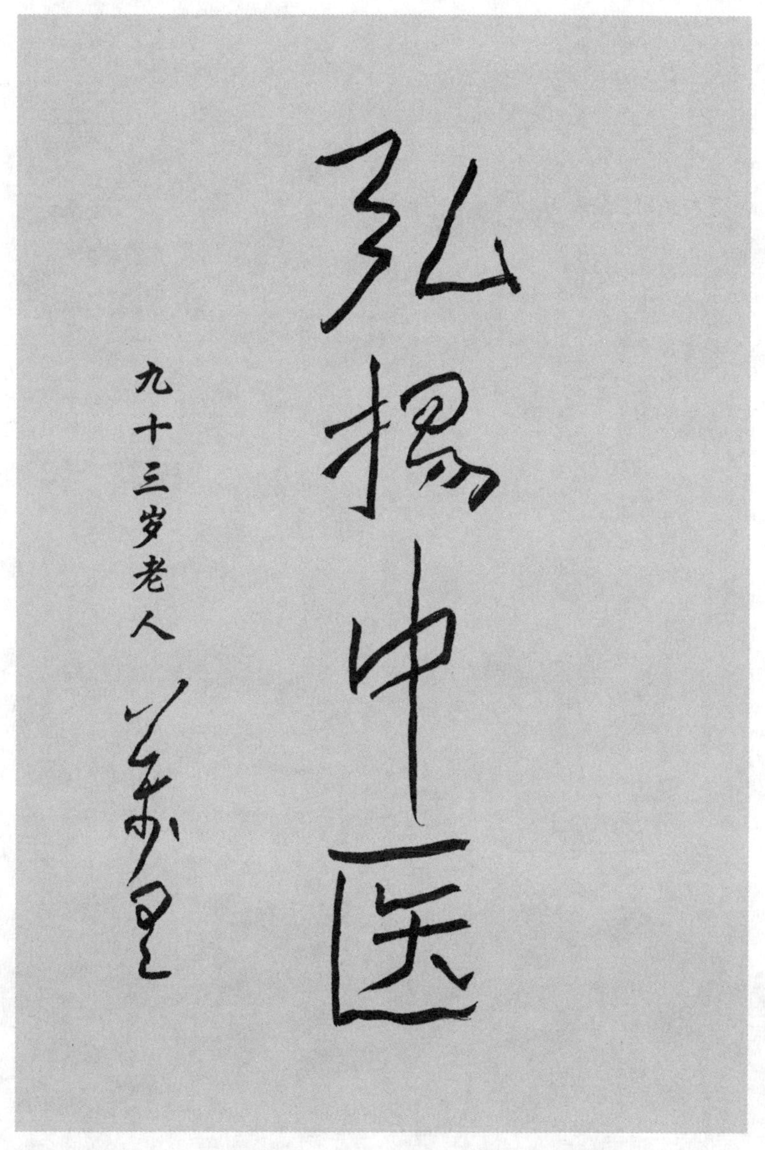

中华人民共和国第七届全国人民代表大会常务委员会
委员长万里于2009年7月29日为《中华中医昆仑》丛书题词

《中华中医昆仑》丛书编委会

总顾问　顾秀莲　热　地　郑万通　王国强　胡振民　柳斌杰
万季飞　周和平　宋　海　何界生

顾　问　于己百　王永炎　王孝涛　王宝恩　邓铁涛　石学敏
朱良春　刘志明　许润三　孙光荣　李寿山　李经纬
李辅仁　吴　伟　吴咸中　何　任　余瀛鳌　张　琪
张代钊　张伯礼　张学文　陈士奎　陈可冀　陆广莘
苗新凤　金世元　周仲瑛　周兴俊　周霭祥　赵冠英
费开扬　高思华　唐由之　程莘农　路志正　颜德馨

主　任　张镜源　佘　靖　白庚胜

副主任　于文明　卫　中　王　炼　王国辰　王承德　王晓民
元哲颖　刘彦龙　李大宁　李功韬　李建军　李俊德
李振吉　杨　钊　杨　勋　何伟诚　苑　为　周建良
房书亭　赵克忠　胡小林　姜在旸　修成娟　姚振华
贺兴东　徐建中　梅　伟　崔晓浔　蒋　健　谢秉臻

编　委　王中华　王汉智　邓耀华　陈伟能　周汉智　郑仁瑞
董栋华

主　编　张镜源

总编审　王　立　伊广谦　刘南燕　牟国胜　李佐丰　吴石忠
汪兆骞　张年顺　张瑞贤　陈金华　呼素华　孟庆云
施宝华　梁星乔　傅　芳　靳　琦　鲁兆麟

编　审　尹龙元　红　柳　孙雁行　李　岩　李　越　李占永
宋　倩　张　浩　陈宏玢　黄　健　崔　宇　鲍国威

编务人员　王　悦　刘　伟　李淑荣　周逢春　张　媛　赵祥龙
顾秀玲　常东晗

内容提要

《中华中医昆仑》是为我国近百年来150位著名中医药专家编辑出版的传记丛书，全书共15集，500余万字。这是一部具有历史、学术、文化、实用、典藏价值的传世著作，有重要的现实意义和深远的历史意义。特别是对于广大中医师坚定中医信念，培养医风医德，提高医术水平具有十分重要的启迪和教育意义。

第十一集记载了焦树德、张作舟、张琪、李寿山、张镜人、王绵之、方和谦、印会河、王玉川、蔡小荪等10人的生平事迹、学术思想、医术专长、医风医德、养生之道和突出贡献。

简　介

当代中医药发展研究中心，是国家中医药管理局作为业务主管单位，民政部批准成立的民办非企业社会组织。业务范围是：组织研究攻克疑难病症，探讨研发中药及保健新产品，学术交流，专业培训，国际合作，书刊编辑，展览展示，咨询服务。

张镜源，山东海阳市人，现任当代中医药发展研究中心理事长、主任。曾担任国务院副秘书长等职，曾在陈毅、万里、谭震林、叶飞、张彦五位领导身边做秘书工作。离休后，立志在有生之年为中医药事业做些有益之事。在多方支持下，带领全体编审、工作人员用了三年时间，为中华近现代百年来150位著名中医药学家编撰出版了这部弘扬中医文化的大型传记丛书《中华中医昆仑》。以此献给数千年来为中华民族的繁衍昌盛和体魄康健作出不可磨灭贡献的中医伟业。

前言

中医药是中华民族的伟大创造，是世界医学宝库中的夺目瑰宝。数千年来，为中华民族的繁衍昌盛作出了巨大的不可磨灭的贡献。至今，它仍是中国医药卫生事业不可分割的重要组成部分，在维护民族体魄康健、促进经济社会发展中发挥着不可替代的作用。

中医药学，是中华传统文化和科技文明的结晶，是勤劳聪慧的中华儿女在几千年生产生活实践中，在与疾病作斗争的过程中，创造的独具特色的医学科学奇迹。它有着浓郁的民族特色、深厚的文化底蕴和严谨的哲学内涵。经过一代又一代中医药人、一辈又一辈名医大家的实践探索、薪火传承、总结完善、创新发展，逐步形成了系统的理论体系、独特的诊疗方法、丰富的医学内容、实用的制药技术。具有疗效确切、用药安全、应诊灵活、普适简廉和预防保健作用显著的巨大优势，在世界医学之林独树一帜，为人类的文明进步与医疗保健事业，已经并正在作出积极的贡献。

为了弘扬中华民族传统文化，彰显中医药学家的丰功伟绩，当代中医药发展研究中心与中国文学艺术界联合会、国家中医药管理局新闻办公室、中华中医药学会、中国中医科学院、北京中医药大学、世界中医药学会联合会、中国中医药出版社精诚合作，在国家中医药管理局的关怀和指导下，为中华近现代百年来贡献卓著、深受敬仰的150位中医药学家，编撰出版了这部大型传记丛书《中华中医昆仑》。丛书以传主姓名为卷名，生年为卷次，每卷3万字，10卷为1集，共15集；采用评传体裁，记载他们的生平事迹、医术专长、学术思想、传承教育、医风医德、养生之道和突出贡献，使这些宝贵的医学成就和精神财富发扬光大，千古流芳。

丛书取名《中华中医昆仑》。昆仑山，被尊为“万山之祖”，柱西北而瞰东南，立中国而凭世界，凌驾乾坤、巍然屹立。以其高峻豪迈、绵延起伏的磅礴气势，寓意中华中医药学历史悠久、博大精深和永不衰竭；以其挺拔雄伟、高耸入云的恢弘气魄，彪炳一代中医药学家的丰功伟绩、杰出贡献和不朽勋业。

丛书入选传主，从全国范围推荐遴选，遍及中医药界各个领域。有临床家、理论家、药学家、教育家、医史文献学家；有名师亲授、世医家教、学派传人、院校毕业和自学成才者；有师徒并驾、父子齐名和伉俪联袂者。他们学术造诣深厚、诊疗技术精湛、临床经验丰富、学科地位崇高、科研成果丰硕、医风医德高尚、国内外影响较大，从医学理论到临床实践，为中医药事业的传承和发展作出了突出贡献，是近现代百年来中华中医药界的杰出代表。

丛书的出版，对于弘扬中华文化，振兴中医药事业，造就中医药人才，普及中医药知识，具有重要的现实意义和深远的历史意义。这是一项开创性工作，填补了我国为著名中医药学家大规模撰写传记的空白；也是一项抢救性工作，因入选传主已仙逝过半，许多亲历、亲见、亲闻的史料日见散逸，将之收集整理、编撰成书，功垂后世、利国利民；更是一项承前启后的工作，总结传主经验，传承中医药伟业，继往开来，光耀世界医学之林。这部医文结合，富蕴历史性、学术性、文学性和实用性的鸿篇巨制，对医疗、卫生、科研、教育及全球关注中华中医药文化的各界人士，都有重要的参考和阅读价值。

丛书的编撰出版，是一项巨大的中医药文化建设工程，在策划、撰写、编辑、出版过程中，自始至终得到了国家有关领导、政府部门及社会各界人士的关怀和支持。国家中医药管理局高度重视，并组织专家对全书进行终审；数百名专家、学者亲临指导，参与规划；有关省、市、自治区卫生厅、局、中医局（处）给予大力帮助；传主及其亲属、弟子热情支持、密切配合；撰稿人深情满怀、辛勤笔耕；编审专家尽心竭力、精工细琢；关爱中医药事业的企业家热心公益、慷慨资助；全体工作人员不辞辛劳、无私奉献，这一切使丛书得以顺利出版。对此，我们深表谢意。

由于时间紧迫和资料搜集困难，加之水平有限，难免有疏误之处，敬请广大读者批评指正。

中华中医药学，历史悠久，浩浩汤汤，发端于远古，奔向于未来。百年对于历史，不过是短暂的瞬间；百人对于万众，不过是沧海一粟。然本丛书所记载的百年百人，则无疑是波澜壮阔的中医药发展史上辉煌的篇章和光芒闪烁的璀璨星辰。

张镜源

2011年6月

目　录

焦树德 卷 …………………………………………………… (1)

出自农家　悬壶济世 …………………………………… (6)

从事教学　倾囊相授 …………………………………… (8)

辨证论治　动变制化 …………………………………… (12)

急危重症　妙手回春 …………………………………… (21)

首创尪痹　妙治大偻 …………………………………… (25)

中医治人　与时俱进 …………………………………… (34)

仁心仁术　言传身教 …………………………………… (40)

和谐家庭　温馨天伦 …………………………………… (43)

张作舟 卷 …………………………………………………… (47)

十三步岐黄　三十入北医 ……………………………… (52)

师从赵炳南　历练十三年 ……………………………… (57)

探究皮肤病　真知出灼见 ……………………………… (63)

精于遣方用药　擅治皮科顽症 ………………………… (70)

钻研外治法　创制新乳剂 ……………………………… (78)

全心传医术　年高德更高 ……………………………… (82)

胸怀坦荡荡　人生幸福多 ……………………………… (88)

张 琪 卷 …………………………………………………… (91)

自幼喜岐黄 一世为良医 …………………………… (96)
善攻顽难症 妙用《脾胃论》 ……………………… (101)
探究肾顽疾 实践出真知 …………………………… (112)
继承不泥古 师古又创新 …………………………… (121)
呕心育后学 桃李已芬芳 …………………………… (127)
盛名德更高 淡泊养身心 …………………………… (133)

李寿山 卷 …………………………………………………… (137)

幼承家学 步入岐黄之门 …………………………… (142)
衷中参西 铺筑名医之路 …………………………… (144)
学崇仲景 融会古今医论 …………………………… (149)
融古创新 升华脾胃精论 …………………………… (152)
消化痼疾 从痞、痈、痢论治 ……………………… (158)
审证求因 解密用药心法 …………………………… (164)
勤于思考 首创舌下脉诊法 ………………………… (169)
教书育人 治学之道严谨 …………………………… (171)
调摄养生 倡导未病医学 …………………………… (175)
老骥伏枥 再铸医学丰碑 …………………………… (178)

张镜人 卷 …………………………………………………… (181)

德高技精医传家 ……………………………………… (186)
承父教诲振家声 ……………………………………… (187)
挑战自我起沉疴 ……………………………………… (191)
沪上中医带头人 ……………………………………… (192)

干校归来验“金方” ………………………… (196)
承前继续贵阐扬 ………………………… (201)
有教无类大医情 ………………………… (206)
雅好三绝心怡然 ………………………… (213)
战胜病魔志弥坚 ………………………… (216)
耄耋“归队”偿夙愿 ………………………… (221)

王绵之 卷 ………………………… (225)

中医世家　侠骨仁心 ………………………… (232)
继承传统　创新学科 ………………………… (238)
施教有道　哺育英才 ………………………… (247)
圆机活法　临床高手 ………………………… (251)
普及中医　享誉中外 ………………………… (264)

方和谦 卷 ………………………… (269)

幼蒙庭训　以医为业 ………………………… (274)
初入杏林　矢志不移 ………………………… (279)
学宗伤寒　终成正果 ………………………… (283)
大医精诚　润物无声 ………………………… (304)

印会河 卷 ………………………… (313)

顽童学医承祖业 ………………………… (318)
百般磨砺始成金 ………………………… (322)
医教园里耕耘忙 ………………………… (326)
创立外感热病辨治新体系 ………………………… (330)

筹建中日友好医院再立新功 …………………… (333)
临床高手 屡创奇效 ………………………… (335)
创新思维 力主中医现代化 …………………… (344)
人生如此自可乐 …………………………… (350)

王玉川 卷 ………………………………… (357)

初入医门 ………………………………… (362)
教书育人 提携后学 ………………………… (365)
献身岐黄 终生不悔 ………………………… (368)
振臂挺身 倡导中医现代化 …………………… (371)
教育先行的中医发展观 ……………………… (376)
维护中医药形象 弘扬中医药文化 …………… (378)
治学博取精思 研究特立独行 ………………… (380)
博综典籍 穷研《内经》 承古开今 ………… (382)
阐述“三阴三阳” 深化阴阳学说 …………… (383)
精研“五行互藏” 填补五行学说空白 ……… (386)
纠正味脏理论 重解归经学说 ………………… (388)
对《内经》气血循环理论的独特见解 ………… (389)
追根溯源 探秘运气学说之谜 ………………… (391)
静以养神 大德增寿 ………………………… (394)
破解河图洛书之谜 ………………………… (396)
国医大师 众望所归 ………………………… (398)

蔡小荪 卷 ………………………………… (401)

妇科世家 亦儒亦医 ………………………… (406)
秉承家学 博才多艺 ………………………… (410)

送子观音　造福人民 ………………………………………… (412)
观察入微　审证求因 ………………………………………… (421)
衷中参西　周期疗法 ………………………………………… (429)
用药轻灵　顾护中土 ………………………………………… (435)
舍私济公　为善最乐 ………………………………………… (439)

進樹德卷

焦树德（1922—2008）

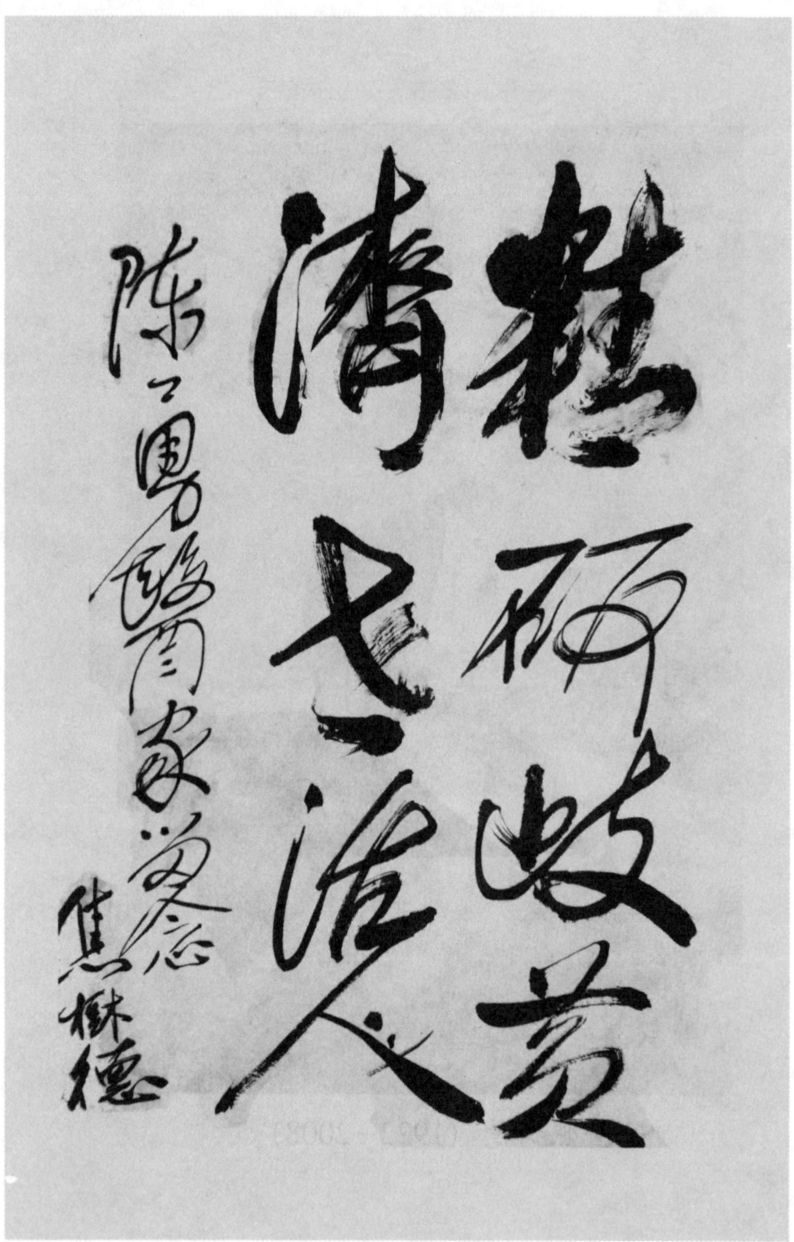

焦树德手迹

人生感悟自勉三十二字诀：继承传统，博采众长。突出特色，创新发扬。发皇古义，融会新知。与时俱进，扬中撷西。

——焦树德

焦树德（1922—2008），原名焦聚辉，祖籍河北省束鹿县（现辛集市）。著名中医临床家、教育家。他少年学医，1941 年在原籍设济生堂行医，1950 年悬壶于北京城。1951 年任北京市第二医院内科医师，1955 年冬参加卫生部举办的“西医学习中医研究班”学习近 3 年，1958 年到北京中医学院工作共 27 年。1984 年春，奉调到中日友好医院任中医内科副主任。历任中日友好医院学术委员会委员、专家室副主任、教授、主任医师，国家中医药管理局专家咨询委员会委员，中华中医药学会学术顾问等职务。

在学术上，焦树德宗古而不泥古，临证颇多创新：对具有关节变形、骨质受损、肢体僵屈的痹病，创立“尪痹”新病名，并提出诊治方药；创有表格式脉象标记记录法，不用标明寸、关、尺和左、右手即可了解患者六部脉象的特征；对哮喘的治疗，创拟麻杏二三汤、麻杏苏茶汤等系列方药；结合具体实践提出六诊、十纲，即在望闻问切四诊上增加检、验二诊，在阴阳寒热表里虚实八纲上增加病、征二纲。1983 年他创制了“尪痹冲剂”，并获国优产品奖。1990 年指导中日友好医院“七五”攻关课题——“中医诊治类风湿性关节炎的机理和临床观察”，研究了尪痹复康 I

号、Ⅱ号，治尪痹第三代新药获国家中医药管理局科技进步奖。

焦树德的主要著作《用药心得十讲》和《从病例谈辨证论治》两书均获人民卫生出版社“优秀作品奖”。前者不仅在国内畅销，还远销东南亚，后者已被译成日文，在日本刊行。1997年出版的《焦树德临床经验辑要》一书，出版不久即告售罄，并获国家科技图书三等奖。另外，《治咳七法》《心绞痛的辨证论治》《中药临床运用》《尪痹刍议》和《尪痹的辨证论治》等60多篇医学论文均被日本的《中医临床》杂志、《新中医研究》杂志、新加坡中医学院《毕业特刊》全文发表或转载。

由于他对中医药事业的出色贡献，1986年被中华人民共和国卫生部授予“全国卫生文明先进工作者”。自1990年开始享受国务院政府特殊津贴，1992年4月被北京市科学技术委员会评为“科技之星”。作为我国中医界的杰出代表，他曾多次应邀赴日本、美国、新加坡等国讲学，并被聘为日本中医学研究会名誉会长和美国加州中国医学研究院高级学术顾问、美国中医药研究院学术顾问、新加坡中医学院毕业医师协会终身学术顾问，受到海外医界人士高度赞誉，并于1994年被收录于英国《剑桥国际名人辞典》。

出自农家　悬壶济世

焦树德于1922年5月31日出生在河北省束鹿县（现辛集市）双柳树村一个耕读的农家。自幼酷爱医学，跟随当中医的外祖父李讲义学背一些中医歌诀，如“肝心脾肺肾，胆胃大小肠”，“医之始，本岐黄”等。他看到外祖父用一些不起眼的树皮、草根熬成汤药就能治病救人，看到病人及家属对外祖父由衷的感激，便萌生了当大夫的愿望。

在外祖父的指导下，他攻读了《黄帝内经》《难经》《伤寒论》《金匮要略》《神农本草经》等医学经典著作，并涉猎了《备急千金要方》《千金翼方》《外台秘要》及金元明清历代医学名著。他不仅熟知内容，对书中蕴义也有所理解，为从医诊疗打下了坚实的理论基础。

外祖父不仅让焦树德对学医产生浓厚兴趣，对他一生行医也有重大影响。焦树德的不少医学创新也与他幼年从学于外祖父有关系。他治疗胃痛病常用的三合、四合方，即丹参饮、失笑散、良附丸、百合汤（百合与乌药），正是他小时候跟外祖父所学方歌“痛在心口窝，三合共四合”总结而来的。

1941 年，他在冀中开设济生堂行医，因堂内挂“树德为怀”横幅，遂改焦聚辉为焦树德，也源于外祖父经常教育他行医要心怀“德”字，要为病人着想。他牢记外祖父让他背诵的药王孙思邈《备急千金要方·大医精诚》中“凡大医治病，必当安神定志，先发大慈恻隐之心，誓愿普救含灵之苦。若有疾厄来求救者，不得问其贵贱贫富，长幼妍媸，怨亲善友，华夷愚智，普同一等，皆如至亲之想”的古训，并让这种精神在后辈中传承。他经常教导弟子：“既习此业，必先要正其心，端其品，怀其仁，无贪欲”，“要急病人所急，痛病人所痛”。“要紧紧抓住中国文化的这个‘德’字，一心一意为病人着想。要把患者的病当成你自己的病一样，要想办法解除病人的痛苦”。

刚开诊不久，焦树德就遇到了一位重病老人。因为看这么重的病还是第一次，他的心里不免紧张得很。当天看完病后，他夜里翻来覆去地睡不着，脑海里不断地闪着过去从外祖父那里及书本上所学的类似病证的治法，似乎没有一个能真正用得上的。而按照自己诊治后开出来的立法处方是否正确呢？为此，他忐忑不安。最后，这位病情危重的老人居然让他这个初出茅庐的青年治好了。看着病人家属那充满感激的表情，他内心无比喜悦。想到自己终于可以用学来的知识为病人解除病痛，更坚定了他学医治病救人的信念。

诊所开业伊始，条件十分艰苦，焦树德充分运用中医“望闻问切”的诊治手段，把草根、树皮、姜、葱、蒜等都当作药来治病，治好了不少患者的病，从此小有名气。

随着接触的病人越来越多，他越发感到只有不断学习才能更好地为病人解除病痛，挽救更多人的生命。在开业的当年，焦树德考入了天津西医专门学校通信教授班。由于学习班教授的内容满足不了他强烈的求知欲，于是他便想方设法到处找书看，买得起的就尽量买，买不起的就动手抄。1950 年春，他到了北京，在前门内大中府与其表姐夫杨长谦合开了“慈德中医诊所”。1951 年，他通过了北京市卫生局的“高级医师考试”，毅然关闭了收入颇丰的私人诊所，进入北京市第二医院工作，成为一名公职医务人员。1955 年冬，他参加卫生部举办的西医学习中医研究班学习了近 3 年，亲耳聆听了蒲辅周、黄竹斋、杨树千、秦伯未等全国几十位中医名家的讲授。毕业时他荣获银质奖章，旋即调入北京中医学院（今北京中医药大学）从事中医临床、教学工作。从 1977 年起，焦树德担负起中央领导的医疗保健任务。1984 年 4 月，卫生部筹建中日友好医院，焦树德奉调筹建该院中医内科。1990 年 10 月，焦树德被人事部、卫生部、国家中医药管理局确定为全国首批五百名老中医药专家学术经验继承工作指导老师之一，并在人民大会堂参加了拜师大会。

从事教学　倾囊相授

自古师傅教徒弟总要为自己留一手，害怕“教会了徒弟，饿死了师傅”。焦树德却将自己的学术经验毫无保留地传授给了后学者，更期望后学者不断超越自己。

经过时代风雨的他，深知只有大力开展中医药教育，中医药事业才能得到真正的发展。他在北京中医学院一干就是27年，直到1984年春奉调到中日友好医院任中医内科副主任。

在校期间，他历任内科教研室讲师、副主任、副教授、教授，北京中医学院学位评定委员会委员、研究生毕业论文答辩委员会主任委员、研究生导师等，为国家培养了五届中医研究生，可谓桃李满天下。

焦树德将自己所学及临床经验编著成书以传后学，他著有《用药心得十讲》《医学实践录》《从病例谈辨证论治》等。此外，还主编了《简明中医内科学·下卷》《痹病论治学》等书，以及医刊《橘杏春秋》。他还主审了《老年中医保健》和光明中医学院的《中医内科学》讲义；参加编写了全国中医学院试用教材《内科学》和北京中医学院《内科学》讲义，以及《中国医学百科全书·中医基础理论》《中医证候鉴别诊断学》《中医内儿科学》等。他常说："我希望大家能为学习中国传统文化、中医药而感到骄傲"，"让患者用很少的钱看好病"。

他盼望有更多的人热爱中医药，并把中医当作中国传统文化来学，能踏踏实实地学习中医理论，将中医理论与临床实践密切结合起来。

焦树德一直很重视中医典籍对学生的教育作用，认为只有不断地学习前人的经验，不断地实践，才能够学好中医。他主张中医学子必须认真学习《黄帝内经》，因为它是中医理论大厦的基石，是两千多年来历代中医登堂入室的必经之门径。除此之外，他还主张中医本科生要读熟《伤寒论》《金匮要略》《神农本草经》《温病条辨》等医学典籍。其他的医书也要尽量多读，有重点地熟记。各类医案也是初学者必须选读的，如《临证指南医案》《名医类案》《薛氏医案按》《吴鞠通医案》《柳选四家医案》《全国名医验案类编》《清代名医验案精华》《老中医医案医话选》《蒲辅周医案》《岳美中医案》《黄文东医案》等。

焦树德既是名医，又是严师。他深知培养一个合格的中医人才必须具备扎实的基本功，因此，在教学上他从来都是严格要求，一丝不苟。每次上课前，焦树德都会认真备课，将经典医籍中的观点融会到教案中，并结合多年的临床经验进行讲解，使学生便于记忆，并能触类旁通。

在讲课时，他教育学生不仅要掌握中医基本理论知识，更要学习我国传统文化，掌握国学知识，并通过各种途径增强学生们对中医的信心。教课之余，经常有学生找他看病。对此，他从分析证治入手，以激发他们的学习热情。一个学生的叔叔患了青光眼，连汽车站牌都看不清，且久治无效。经他诊治后，吃了几周的中药，眼疾明显好转，能看清站牌了。这件事传开后，鼓舞了很多学生学习中医的士气。“当老师的就得有这么两下子。”焦树德自豪地说。“现在中医师水平为什么差距这么大，就是因为有些人没亲眼见过中医的高明，信心不足。为师首先就得让学生服气，对中医建立起信心。”

焦树德在教学之余还经常临床，以丰富教学，并在临床上将理论知识和实践结合起来，教导学生如何问诊切诊，如何选方用药，学会中医的辨证论治和西医的辨病诊断。

他教育学生要活学经典，要善于领悟。中医是非常灵活的医疗艺术，而不仅仅是医疗技术。曾有出版社欲再版焦树德《用药心得十讲》，但因打算补充一张表明中药性味主治的表格，焦树德坚决反对。他说：“学中医绝不能贪图简单记这些表，而应该记在脑子里，用时组合，灵活掌握。中医不是呆板简单的表格，是活泼的东西，是中国传统文化的组成部分，是国之精粹。只有理解了中国文化，才能理解中医。都学‘四书五经’，懂得琴棋书画。‘春眠不觉晓’之所以好听，就是因为有阴阳平仄的韵律。中医心、肝、脾、肺、肾讲的也是阴阳协调。”他让学生多读古典书籍，并认真体会其中的奥妙。他说：“《黄帝内经》是中国人民的一大智慧，它用天文、地理、音乐、数学等来举例说明人体变化。‘宫商角徵羽’，心肝脾肺肾都不同，肾就是羽。”因此，很多学生在他的影响下都爱好古诗词、古典音乐等。在他看来，通晓音乐可以让人更具灵性，中医开出的方子也会更加灵活。

对于自己的所学及临床经验，焦树德不仅对在校生倾囊相授，晚年还与众多老中医药专家一起，通过师带徒的方式广收弟子，将自己几十年的学术经验和临床心得毫无保留地传授给年轻后辈。1992年他正式收阎小萍为徒，言传身教，成为他的学术继承人。2000年的金秋十月，广东省中医院副主任医师陈伟有幸成为焦树德在广州举办的“全国名老中医药专家临床经验高级讲习班”招收的徒弟之一。据陈伟回忆说：“从前拜读过焦师的《从病例谈辨证论治》《方剂心得十讲》《焦树德临床经验辑要》等著作，使我了解了焦师是一位医德高尚、医术精湛和学术造诣深厚的中医药学大家。求学甚幸，有机会正式拜师，当时激动兴奋的心情是难以言表的。在从师随诊的过程中，焦师不辞辛苦，不厌其烦，言传身授，解难释疑，临证指迷，让我不仅对焦树德的学术思想和临床经验有了较深入的理解和认识，而且对恩师的崇高医德更加钦佩。”河北省承德市中医院潘树和对于恩师焦树德的教诲至今仍铭刻在心。在上海参加第三期全国著名中医学家经验传薪学习中，老师告诉他们怎样结合临床读经典，并让看《古今医案类编》一书，说这本书对临床有指导参考价值。焦树德的亲笔题词“精研岐黄济世活人”，更是激励他的巨大动力。潘树和说：“焦老的这句至理名言悬挂在我的诊室，就像座右铭一样，一直激励我在中医之路上勤奋学习，勇于实践。”

焦树德应用辨证施治思想认识疾病，通过理法方药体现他的辨证思想，认为理法辨明后，方药很重要。用药之妙，如将用兵。兵不在多，独选其能；药不贵繁，唯取其效。

潘树和曾回忆：“一天上课前来了一位患者找焦老。病人患便秘20多年，10多天才排便1次。焦老仔细诊脉、望形、观舌象，并详细询问病史，然后对我们说：从五行相生方面看，便秘是肺与大肠传导失常，肺虚肾水不足；从五行相克角度考虑，肾水不足不能克心火，致心火旺盛，所以长期便秘，故病人大便呈球状，气短无力，心烦尿赤，舌红少苔。后来患者口服中药4剂，大便3~4天1次，继服6剂。追访病人大便正常，诸症皆除。这次跟师临证，虽然是治疗便秘，但焦老的临证思维对我后来治疗其他病也是受益终生。他严谨的治学、渊博的学识、师者的风范使我难以忘怀。”

辨证论治　动变制化

古人云：不为良相，便为良医。良医宛如良相，都须运筹帷幄，决胜于千里之外，而辨证论治正是中医运筹帷幄的思维。

在学术上，焦树德强调用中医理论指导临床实践，特别重视辨证论治。他主张用中医整体观和动变、制化思想，去分析、观察疾病发生、发展、传变和转归的规律，要求理、法、方、药丝丝入扣。《用药心得十讲》《方剂心得十讲》是他一生的经验总结。

《用药心得十讲》自出版以来，十年间累计印有百万册，说明了中医界对名医用药经验的重视和欢迎。以往老中医只是将药方进行传承，对自己用药时的心得体会介绍较少，而焦树德将自身中医临床的理法方药与研究、学习名医名家运用药物结合，将使用方剂的心得、体会、经验编写成书，不仅对初涉临床的青年医师有帮助，对高年资的医务人员的学习和提高也大有裨益。

焦树德用“理”做总指导，以“法、方、药”贯彻始终，认为方剂组成配伍必须加减变化，临床运用必须熟练，这样才能提高辨证论治水平。他用“治未病”思想指导治疗疑难病，认为疑难病在诊断前已有舌脉、证候的信息，表现内因多于外因，按照中医辨出的“证”进行治疗，可以使疑难病证得到控制，这正是中医“治未病”的优势所在。

对于运用前人的方剂，焦树德强调绝不可生搬硬套，组织新的方剂时，要因地、因时、因人，根据证、法的要求，汲取古今经验选择方药施治。总之，贵在加减得法，妙在随证变化。数十年前，北京中医学院院长黄升仁先生患咳嗽顽症，前后请中医换了七八张方子都无效，焦树德得知后，三副汤药就几近痊愈。他再去黄家诊病，黄老急切地问：“那些方子都是化痰止咳药但就是不见效，你的方子好多药都与化痰止咳不相干，却把病治好了，这是怎么回事？”来之前，焦树德对病情好转早已成竹在胸，料到黄老会作此番提问，便缓缓地把自己的文章《治咳七法》拿了出来。“中医是理法方药一体，仅知方药，不懂理法怎能治好病呢？治咳不能一味镇咳止咳，还有宣、降、清、温、补、润、收多法啊。”黄老听后释然。

对疑难病症的诊治，焦树德常大胆地提出自己的见解和主张。他认为，由于内科的疑难重病病因都比较复杂，所以单纯依靠前人留下的方剂有时并不能取得很好的疗效。医生诊病不仅要能够对前人的方剂灵活加减，还要敢于创新。他凭借扎实的基础理论和多年的临床经验，创拟了许多新的方剂，在临床上取得了很好的疗效。几十年来，他采用辨证论治方法，治好的患者数不胜数。在此基础上，他将临床经验、心得体会融会贯通，提出了“治喘两纲六证三原则”；创拟了麻杏二三汤、麻杏苏茶汤等6个治喘效方，对神经衰弱中的阳虚肝旺证和妇女更年期综合征创拟了挹神汤等。目前，这些方药仍广为临床医师所用。

一、组方要随证加减

焦树德认为，前人在长期医疗实践中，不但在每味药物的性味功能方面积累了丰富的经验，并且还创造了许多有效的方剂，通过方剂的组织，把药物配伍起来应用，从而更提高了医疗效果。这些方剂的内容、理论和组织方法，是中医学极为宝贵的遗产，后辈一定要继承和发扬。但是在使用前人方剂时，也要注意随证加减，不可拘泥刻板地生搬硬套，或原方照抄。他举例说，有的医生开了一张四物汤用治月经病，原方中的药物一味也不敢增减。对月经提前并且血量过多的，也不敢减少川芎的用量，或去川芎，加艾炭等；对月经错后甚至两个多月才来一次的，也不敢加重川芎，或加入红花等；对血分有些虚热的，也不敢把熟地黄换为生地黄。还有的人开八正散，对大黄的用量不敢增减，更不敢去掉，以致造成病人淋证未愈而又变成了泄泻；甚至有的人开方连生姜三片、大枣四枚都不敢动一动，这样的药方疗效是不会理想的。前人批评这种情况叫做“有方无药”。意思是虽然找到了前人的一个有效方剂，但没有根据病人的具体情况去加减药物，所以效果不会好。

对于那种开方时不去借鉴前人有效方剂和组方原则的，焦树德也持反对态度，如对头痛开川芎、菊花；脚痛开牛膝、木瓜；病人有些眼花，再开草决明、石决明；病人有些消化不好，再开焦三仙；肚子胀，再开木香、槟榔……只是根据症状现象，开上十味、八味药，药与药之间缺乏有机联系，没有主药、辅助药的分别，没有药物的配伍变化，没有使药物相辅相成的组织，也没有使它们互纠其偏的配合，未曾辨证立法，缺乏理论上的连贯性，这样的处方效果不会理想。因此前人又批评为“有药无方”。意思是说只有头痛医头、脚痛医脚的各种药物，没有方剂的组织原则或前人有效方剂的借鉴，疗效难以提高。他根据多年临床实践经验总结，认为较好的方法是按照辨证、立法的要求，选好一张比较有效的处方，然后根据病人具体情况，再把方中的药味，加以分析，如有不符合目前病情要求的，就把它减去。如需要再加入一两味药的，就选一两味符合辨证、立法要求，能在这个方剂中起到互相配合、相辅相成、增强治疗效果的药，这样不会影响本方总的治疗目的与要求，所加药物也确能起到增效的作用。前人的经验认为这种情况叫做“有方有药”，意思是说开的药方，既符合辨证、立法的要求，又有前人有效方剂的借鉴或是按照方剂组织的原则，根据理、法的要求，组织成方剂。由于选用比较恰当的药物，药与药之间有着有机的联系，这样药方就会达到满意的效果。例如辨证为少阳证，立法是和解少阳，选用方是小柴胡汤加减，在开方时要考虑到如病人口渴明显就去掉半夏，加入天花粉以生津液；如胸中烦热而不呕就去掉半夏、人参，加瓜蒌以荡涤郁热；如腹中痛就减黄芩，加白芍以益中定痛；如口不渴，外有微热，去人参，加桂枝以解肌表；病情较重用量要稍大些，病情较轻用量可稍小些，夏季生姜可略少，冬季可略多些，但总的药方组织没有脱离和解少阳以退半表半里之邪的要求。

焦树德将前人关于方剂加减变化的方法加以归纳，并结合个人的经验，提出了以下几种方剂加减变化的方法：

加：即在原方上加一两味药，或是加重原方药中一两味药的用量。

减：即在原方中减去一两味药，或减轻原方中某药的用量。

裁：如裁衣，即在原方上裁去目前不需要的一部分药物。

采：即在保留原方主要药物的基础上，再把其他方剂中功效突出、或配伍精巧的一两味药，增入方内。

穿：即把所需要的三个或三四个药方的主要部分，有主次、轻重地穿插起来成为一方。焦树德自拟的麻杏二三汤就是将张仲景的麻黄汤选用该方中的麻、杏二味，再和二陈汤、三子养亲汤

“穿”起来，使之形成一个新的处方。

合：即是把两个或两个以上方剂合并，结合起来使用。焦树德治疗经久不愈的胃脘痛，常用自拟的“三合汤”，即是把良附丸、百合汤、丹参饮三个药方合起来用。如痛处固定，或有时大便发黑，疼痛较重者，可再合入失笑散方，则又名“四合汤”。

化：既是方法，亦是要求。上述的加、减、裁、采、穿、合，有时可以单独使用，有时要配合应用，主要是注意灵活运用，切忌死板。对所选用的方剂，经过加减、裁采或穿合的变化后，还要注意到“化”，即是把经过变化的药方，除再次与证候、治法、人、地、时等多种情况进行分析，核对无误外，还要仔细分析药方中各药的组织配伍和药力比重、用量大小、先煎后下等是否合适，各药之间以及与证候、治法之间是否存在着有机联系，能否发挥理想的治疗特长，并纠正其原药所短，使药方达到比原方更符合治疗的要求。前人把这种经过变化而取得良好效果的方剂，称之为“出神入化”。前人有些有特效的名方就常常是从“化”中所出。也可以说，“化”是要求把方剂的药物组成、配伍变化与证情、治法达到“化合”的水平，而不是将药物彼此孤立的“混合”在一起。

总之，焦树德认为，运用前人的方剂也好，自己组织新方也好，都必须紧密结合病情，根据治法要求，做到以法统方，随证加减，灵活变化。

二、重视药物配伍

关于临床用药，焦树德认为，如果不注意配伍变化和药量大小的变化，即使是立法和处方的大原则基本上是一致的，也往往效果不理想，甚或无效。

他举复方研究的例子说，有人用滋阴潜阳药对动物神经源性高血压进行观察具有良好的效果，但将滋阴药和潜阳药分开试验则降压效果均差。对肾性高血压病，桂附八味汤效果良好，单用六味地黄汤也有良效，而单用肉桂、附子则基本无效。再如四物汤与八珍汤的动物实验表明，两方对急性贫血动物有促进红细胞增生作用，其中八珍汤效果尤为明显，说明了“气血双补”、“阳生阴长”理论的科学性。还有人用补中益气汤做实验，证明对子宫及其周围组织有选择性收缩作用，并能调整小肠肌张力，促进营养吸收，这与中医理论“补中益气”是相吻合的。实验还证明，升麻、柴胡在方中有明显的协同作用，尤其是在肠蠕动方面。如果去掉这两味药，该方对肠蠕动的作用就会减弱，但如果单用这两味药则无以上各方面的作用。再如茵陈蒿汤的实验研究发现，把茵陈、栀子、大黄三药分开，单味投药无明显的利胆作用，只有三药配伍应用，胆汁排泄才大量增加。又有人对五个含有黄连的复方进行了实验和临床研究，结果表明，配伍适宜的黄连复方，确可减少抗药性，提高抗菌效果，增强解毒能力，减低单味药的毒性和副作用。可见药物的配伍非常重要。

中药的配伍变化很多。焦树德认为，药物配伍的恰当与否直接影响治疗效果。例如，麻黄本为发汗药，但如配用适量生石膏，则可降低它的发汗作用而发挥其宣肺平喘、开肺利水等作用。荆芥为解表药，如配防风、紫苏叶则为辛温解表药，如配薄荷、菊花则为辛凉解表药。防风可以治头痛，如配白芷则偏于治前头痛，配羌活则偏于治后头痛，配川芎、蔓荆子则偏于治两侧头痛。再如黄连配肉桂可治心肾不交的失眠；半夏配秫米可治胃中不和的失眠；大黄配甘草可治食后即吐。药方的组成也常因一两味药的加减而增强治疗作用。例如，四君子汤是健脾补气的方剂，但脾的运化功能差的人容易产生胸闷胃满的副作用。宋代儿科名医钱乙在这个药方中加入了一味陈皮，以理气和中，便纠正了它的副作用，名“五味异功散”，成为临床上常用的著名方剂。

药物的用量与疗效也有很大关系，例如桂枝汤中，桂枝和白芍的用量相等有和营卫解肌的作用；桂枝加芍药汤中，白芍的用量比桂枝多一倍就成为治太阳病误下，转属太阴，致腹满时痛的方子；小建中汤中，白芍比桂枝的用量多一倍，又配用饴糖就成为温中、止腹痛的方剂。至于厚朴三物汤、小承气汤、厚朴大黄汤，三个药方都由厚朴、枳实、大黄三味药组成，但因各方三药的用量不同，则方名不同，治证不同。再如清瘟败毒饮，原方："生石膏大剂六两至八两，中剂二两至四两，小剂八钱至一两二钱；小生地大剂六钱至一两，中剂三钱至五钱，小剂二钱至四钱；川黄连大剂四钱至六钱，中剂二钱至四钱，小剂一钱至一钱半"。"六脉沉细而数者即用大剂，沉而数者即用中剂，浮大而数者用小剂"。可见，药物用量在处方中起着重要作用。另外，药物的用量也与年龄大小、体重轻重、病邪盛衰、身体强弱和气候冷暖等有着密切的关系。

三、重视药物归经理论

归经理论最早见于《黄帝内经》，有五入、五欲、五苦、五禁、五伤、五胜等不同内容，并创拟了脏腑标本寒热虚实用药模式。焦树德认为，归经理论的产生是历代医家通过无数的临床实践，不断总结经验，并随着对药性认识的不断深入，而对药性理论逐步阐发补充的结果。用归经理论研究中药是深刻认识中药、熟练掌握和运用中药的一种方法。归经是药性理论的重要组成部分，它用来表示药物的作用部位。归即归属，经即脏腑经络，归经就是药物对机体不同部位的选择作用。换言之，药物进入人体后，并非对所有脏腑或经络都发生同等强度的作用，大多数药物在适当剂量时，只对某些脏腑经络发生明显作用，而对其他脏腑经络则作用很小。

焦树德认为，临床遣方用药时，要根据病变的性质和部位，除斟酌选择相应的药物性味外，更要根据药物的归经，以增强该方剂的定向性、定位性，提高整个方剂的选择性作用，药病相得，才能取得捷效。他认为，归经理论对指导临床用药起着重要作用，对确切选择药物进行遣方用药和提高临床疗效有极大帮助，是辨证论治的重要部分之一。归经理论在临床应用时应先辨证，定其病位属何经何脏何腑，然后再选择具备该经归经属性的药物。其关键在于切中脏腑经络的病机，选取该经药物而给予有效治疗。

焦树德将经络学说和药物归经理论有机地结合在一起，灵活运用，收到了良好的临床效果。经络有一定的循行部位和络属脏腑，往往反映出所属脏腑的病证，因而可根据疾病症状出现的部位，结合经络循行的部位及所联系的脏腑而诊治疾病。如根据体表某一部位所出现的疼痛等症状，即可明确其为某经、某脏和某腑的病变。他最常说的一句话就是："经络不明如盲人夜行。"在诊治疾病中他每每都会立即说出该病属于某一经，而选择某种药物归经论治。因痹证多表现为全身肌肉、关节、筋骨等处疼痛、肿胀和麻木，病痛范围十分广泛，因而为痹证的辨证提供了更多的空间。焦树德论治痹证，最为典型的例子就是"大偻"的治疗。如治疗大偻肾虚督寒证，于补肾强督中不忘加羌独活、防风走肾、督、膀胱经，祛除脊背风湿之邪，兼顾表里经络之通畅。痹连肢节外周关节症状表现突出者，加藤类药物以通达四肢，祛风止痛。邪及肝肺者，治宜燮理肝肺，通经活络，气血分行；如胸痛随证加青陈皮、紫苏梗、杏仁、郁金等；目赤者加霜桑叶、白菊花、炒黄芩、桑白皮、地骨皮、蒺藜等；腹股沟疼痛属肝经受累加炒川楝子、香附、蒺藜、川芎等；臀深处痛牵及下肢外侧者属胆经受累加柴胡、炒黄芩、桑枝、制延胡索等。又如强直性脊柱炎男性少年儿童发病较多，兼见皮肤红色丘疹者，每用连翘以清心经郁热，"诸痛痒疮皆属于心"是也。总之，焦树德在临床遣方中将经络学说和药物归经理论运用得十分娴熟，组方配伍，以法统方，方中有法，使药达病所。他根据组方原则随证加减，灵活变化，取得了良好的临床效果。

例如，22岁的董某，牙龈时常出血已一年多，每次出血都要经专科医生止血才能缓解。一次发病，经专科医生止血后无效而收住急诊观察室，并拔除左上门齿两个，将小动脉用线结扎缝合。但术后仍出血，用多种大量止血剂注射、口服，局部使用止血粉以及内服云南白药等，仍未能止血。一个星期后，焦树德被邀会诊。他采用中西医结合进行治疗。诊断时发现，这个小伙子门齿齿龈出血，血色鲜红，满口牙龈有肿胀感，心跳，左后脑有随心跳而上冲跳动的感觉，口渴能饮，大便秘结，舌苔老黄，脉象数，左手弦滑有力，右手弦细略滑。诊断后，他心中有数了，对小伙子微微一笑，安慰小伙子不要焦急，并做出辨证结论，阳明经的经脉入齿中，齿龈也属阳明经，并且看这名患者体壮，脉象弦滑有力，知是实证；口渴能饮，牙龈肿胀，舌苔色黄，脉数，是为胃经实热；大便秘结，舌苔老黄，脉象滑数有力，是大肠热结之象；牙龈出血不止，血色鲜红，脉象弦数有力，知是血热妄行；心跳及后头上冲跳动，是热积化火，血随气升，气随血上而致。根据此脉症，他诊断为阳明经（胃和大肠）火热炽盛，血热妄行而发齿衄之证，随即拟出治法：清泻阳明，凉血止血。

根据本例的治法要求及辨证的方法，焦树德找出清泻阳明是关键所在，也就是本病主要矛盾（出血）的主要方面（阳明热盛），所以选方必须是能入阳明经、清泻阳明经火热的。他想到石膏知母汤（白虎汤）能清阳明经气分邪热，承气汤类能泻阳明经火热结滞，因而用生石膏清阳明气分邪热，生大黄泻大肠结热为主药；又配以知母、黄芩，以帮助清热泻火为辅药；再根据治法中还要求凉血，是因为患者阳明经火热炽盛，气血皆热，血受火热煎迫，血热妄行而牙龈出血不止，故非清热凉血，不能达到止血的目的，故又选用生地黄、玄参以凉血降火；又因病已10余日，出血甚多，病人的便秘除有热结的因素之外，还有津伤的一面，故又加入麦冬以滋阴凉血（合生地黄、玄参、生大黄，又有增液承气汤的作用）为佐药；又据“急则治其标”的原则，加用白茅根、大小蓟、生藕节，以凉血止血为使药。据此，焦树德组成以下药方：

生石膏47g（先下），生大黄6g，知母9g，黄芩12g，生地黄25g，玄参30g，麦冬9g，白茅根30g，大小蓟各15g，生藕节30g。4剂，水煎服。

董某服第1剂后，当天晚上牙龈出血即止。以后仍守此方，以生赭石、地骨皮、玄明粉、牡丹皮、茜草炭等随证加减，稍事出入，共进13剂而痊愈出院。出院后又服药10余剂（上方加减），以巩固疗效。两个月后追访，董某药后一直上班，未再发生齿衄。其对焦树德充满了感激之情。

急危重症　妙手回春

焦树德非常重视中医理论对临床的指导，特别强调辨证论治，并能采撷现代医学为我所用，力求辨证精确，立法精当，选方用药丝丝入扣。他知识渊博，所治甚广，举凡中医内科、妇科、儿科，以及皮外科等疾病，皆有所长，尤擅诊治中医内科疑难重病，对心脑血管、急性热病、风湿类疾病等颇具心得。即使是一些疑难怪病，包括现代医学诊断不明、治疗乏效的疾病，经过他缜密辨证，精心处方用药也往往是应手而效，妙手回春。

他临床擅治内科疑难重病，对肝、胆、泌尿系统疾病注重增强肝、肾本脏功能；对萎缩性胃炎、溃疡病等采用自拟的三合汤和四合汤，不但胃痛能愈，而且胃镜和病理检查也见溃疡明显好转，甚或愈合；对冠心病、心肌炎、心绞痛采用心、肺、胃、肾同治，理气活血，助阳化痰并用，颇有良效；对中风证（急性脑血管病）常用中风三法，认为风痰阻络、风中于经、常归于腑，必须清化阳明，通腑活络；对再生障碍性贫血及出血性疾病重用滋胃凉血、降气清热；对高热性疾病，谨遵“见热莫攻热”之训，活用清、疏、滋、降、和解等法，力求治本，其热自解；对休克厥证，人事不省诸疾，用助阳开窍，宁心醒神，辨证治本，效果颇佳；对诊治各种顽疾、危症每每疗效卓著，深受患者爱戴。他在学术上强调中医理论对临床实践的指导，特别重视辨证论治的灵活运用。主张用整体系统观念、动变制化思想分析观察疾病的发生、发展、传变、转归，力求理、法、方、药清楚。对哮喘提出“治喘两纲六证三原则”（又名治喘六麻），创拟麻杏二三汤、麻杏苏茶汤、麻杏蒌石汤、麻杏补肺汤、麻杏六君子汤、麻杏都气汤等治喘效方。对神经衰弱的阴虚肝旺证和妇女更年期综合征，创用挹神汤，对下肢淋巴管回流障碍的足骨（胫）浮肿，创有足骨消肿汤等，广为临床医师采用。焦树德还创有表格式脉象标记法，不用标明寸、关、尺和左、右手即可了解患者六部脉象的特征。此法于 1964~1966 年曾被北京中医学院附属东直门医院规定用于病历书写之中，全国通用中医病历书写格式中也曾被采用。日本京都高雄病院也用此法记录脉象。

从医数十载中，焦树德治愈了许多疑难大病和急危重症，不但对功能性疾病疗效卓著，对器质性疾患也有惊人疗效。

一、治疗尿结石

柴某，右少腹剧烈疼痛，波及右侧腰部，并向尿道放射。排尿后，尿道有灼痛感，尿意频数，小便短赤。曾到某医院外科诊治，诊断为泌尿系结石，经注射吗啡 1 针，开中药 3 副，回家后，服中药 1 副，立即吐出。因腹痛急剧而来医院诊治，当即收入急诊观察室。焦树德诊脉时，除了前面所诉症状，还有口干不欲多饮，大便干已两日未行，舌苔黄，脉象左手弦数，右手滑数。焦树德辨证为排尿灼痛，尿意频频，是为“淋病”。据其发病急、尿短赤、舌苔黄、脉滑数，知属湿热蓄结下焦之证。再观其右少腹及右腰部有放射样疼痛，脉象弦数，因而辨证为湿热久蕴，煎灼津液，热结为石，滞塞经络，气血不通而致阵阵作痛，发为石淋，结合以前某医院也诊断为泌尿系结石的情况，综观脉证，辨证为湿热淋兼砂石淋，由此确立治法：清利湿热，行气活血，佐以化石。服用数剂汤药后，患者症状缓解，再以前方加减至痊愈。

二、治疗颅内占位性病变

李某，38岁，在1987年7月23日劳动后感头晕，即赴医院，但就诊途中突然昏倒，神志不清（无抽搐及二便失禁），经当地医院诊治，约4个小时后神志恢复。自此每逢用力或情绪不佳时即发生右侧头痛，呈阵发性胀痛，口苦，大便日一行、质干，睡眠尚可，纳谷尚馨，无复视、恶心及耳鸣。曾经延边神经精神病防治院做CT等检查，诊断为颅内占位性病变，考虑为胶质瘤或结核瘤。患者不同意手术治疗，经多种药物治疗，病情始终未见好转。正好焦树德于8月下旬赴延边地区讲学支边，期间接诊患者。李某详细告知病情。焦树德望其舌尖红，苔根部略黄，脉弦、两寸较明显。辨为肝郁生风、痰血凝滞之证。治以调肝散郁、化痰消瘀之法。

处方：蒺藜12g，当归12g，赤芍12g，红花9g，地龙6g，橘红12g，半夏9g，白僵蚕6g，茯苓18g，黄芪18g，川芎12g。

李某服用上方70余剂后，右侧头痛减轻，但劳累时仍有发作，于是专程来北京中日友好医院复诊。此时，焦树德看他面色红，舌尖红，苔根部黄厚，脉弦。诊为肝阳上亢，气血上逆，经络失畅，血脉不通，治以平肝潜阳，活络降逆。

处方：生石决明30g（先煎），生赭石30g（先煎），蒺藜

12g，夏枯草15g，生荆芥穗9g，蔓荆子10g，赤芍15g，红花10g，莪术3g，半夏10g，橘红12g，茯苓20g，白僵蚕10g，川芎5g。

嘱患者服20剂后，去川芎，再服用60剂。

第二年3月底，李某再来京复诊，偏头痛基本痊愈，仅在过度劳累或感冒时偶有发作。精神佳，气色润泽。CT复查提示：右颞叶后部皮层区结节状占位已消失。舌苔薄白，脉象沉略滑。为了巩固疗效，预防复发，原方加生地黄18g，黄芩10g，白芷9g，生牡蛎30g（先煎），改生赭石35g（先煎）。嘱服15剂后改为隔日服1剂，再服15剂即可停药。

三、治疗下肢淋巴回流障碍

党某于1966年始，左下肢浮肿10余年。此后渐至双下肢均浮肿胀痛，麻木筋挛，步履艰难，因双足浮肿胀大，不能穿鞋。后病情加重，每到夏季即复发，逢雨天更重。现代医学诊断为“下肢静脉回流受阻”，曾服多种中西药物均不效，建议手术治疗。因害怕自己双脚被截，于1980年5月23日，让家人带着找到焦树德看病。焦树德发现他舌苔薄白，六脉皆弦。辨证为湿邪下注，络脉郁阻，气机不畅，属中医脚气病范畴。确定治法：降浊利湿行气，佐以益肾。

处方：焦槟榔12g，木瓜10g，茯苓20g，生薏苡仁30g，防己10g，吴茱萸6g，苍术6g，炒黄柏10g，桑寄生20g。

一个星期后复诊，双足及小腿浮肿、沉重感均减轻，舌苔薄白，脉沉细弦。上方茯苓改为30g，苍术改为6g，继服6剂。接下来的两个星期后，党某情况明显好转，头晕及下肢浮肿均明显减轻，足及小腿仍感发胀，上方改焦槟榔15g，加红花6g，服12剂。在那个夏天，党某共服上述中药68剂，症状消失，焦树德约他每年夏季前去治疗。3年后，他也跟常人一样穿着自己喜欢的鞋，迈着矫健的步伐了。

首创尪痹 妙治大偻

焦树德对心血管疾病、消化系统疾病、泌尿系结石、出血性疾病、高热性疾病等的治疗方法让医学界称赞，他对于痹证的研究更是可以载入中医药典籍史册。

我国每年有关节变形的重症痹证病人数百万人。自古以来，这已被我国医学界称为一大顽疾。为了攻克这一难题，1981 年焦树德组织并参与了全国中医内科学会痹病学组。

在对痹病的研究中，他集几十年的努力，查阅了诸多论著及工具书。如《辞源》中解："骨骼弯曲症，胫、背、胸弯曲都叫尪。"《金匮要略》上说："诸肢关节疼痛，身体尪羸。"他认为，尪是属关节肢体弯曲变形，身体羸弱，不能自由行动而渐成废疾。《素问·痹论》中虽有行、痛、著三痹之分，但关节变形的痹尚无病名。为了与"行痹"、"寒痹"、"著痹"等区别，他首创关节变形之痹病为"尪痹"，填补了《黄帝内经》中有关痹证的空白。

1981 年 12 月在武汉召开的"中华全国中医学会内科学会成立暨首届学术交流会"上，焦树德首次提出"尪痹"病名并将其归为"痹病"范畴，使中医学的痹病理论又有了一定的发展，且渐趋完善。1983 年，他组织 27 个省市科研单位进行了临床研究，并与制药厂合作创制了"尪痹冲剂"。该产品荣获国优产品奖，并畅销海外。1990 年，他又指导中日友好医院"七五"攻关尪痹科研组进行系列药的研究，通过 5 年研究，研制出第二代新药"尪痹复康"Ⅰ号、Ⅱ号。该药也很快成为畅销海内外的良药，解除了众多患者的痛苦。

1994 年的《中华人民共和国中医药行业标准》肯定了焦树德的"尪痹"病名。其中包括尪痹的诊断依据、证候分类和疗效判定标准，明确指出本病属于类风湿性关节炎。迄今“尪痹”病名已见于诸多的中医专著及教学参考书。

“尪痹”属于痹病范畴，所谓“风寒湿三气杂至，合而为痹”，也是其总的病因病机，更重要的是“尪痹”还具有寒湿深侵入肾的特点。焦树德将“尪痹”常见的病因病机概括为以下四种：

素体肾虚，寒湿深侵入肾，或先天禀赋不足，或后天失养，遗精滑精，房事过度，劳累过极，产后失血，月经过多等，致使肾虚，正不御邪。肾藏精、生髓、主骨，肝肾同源，共养筋骨。肾虚则髓不能满，真气虚衰，风寒湿三气杂至，如寒湿偏盛，则乘虚深侵入肾。肾为寒水之经，寒湿之邪与肾同气相感，深袭入骨，痹阻经络，血气不行，关节闭涩。肾为肝母，筋骨失养，渐致筋挛骨松，关节变形不得屈伸，几成废人。

冬季寒盛，感受三邪，肾气应之，寒袭入肾。《素问·痹论》说：“所谓痹者，各以其时，重感于风寒湿之气也。”“时”，指五脏气旺之时（季节）。肾旺于冬，寒为冬季主气，冬季寒盛，感受三邪，肾先应之，故寒气可伤肾入骨，致骨重不举，酸削疼痛，久而关节肢体变形，成为尪羸难愈之疾。

复感三邪，内舍肾肝。痹病若迁延不愈，又反复感受三气之邪，则邪气可内舍其所合而渐渐深入，使病情复杂而沉重。

焦树德在阐明“尪痹”病因病机时，特别提出对“合而为痹”的“合”字的理解。“合”是指三气合在一起而致的病，除此之外还应理解为：痹病不仅是风寒湿三气杂至合一侵入而为痹，还要与皮、肉、筋、骨、血脉、脏腑的形气相“合”方能成痹。

风寒湿三气杂至，不但可与皮、肉、筋、骨、血脉、脏腑之形气相“合”而为痹，还可因不同的时气与四季各脏所主的不同，而成为各具证候特色的痹证。“尪痹”虽然以湿邪深侵入肾为主要病机，但再结合“从化理论”来分析，有的“从阴化寒”而见寒湿证，有的“从阳化热”而见湿热证。

一、治疗“尪痹”的“四证四方”

结合多年对于“尪痹”的治疗经验，焦树德认为，治疗时要抓住补肾祛寒这一重点，随证结合化湿、散风、活血、壮筋骨、利关节等标本兼顾。若见邪欲化热之势，则须减少燥热之品，加入苦坚清热之味。遇已化热者，则宜暂用补肾清热法，俟标热得清后，再渐渐转为补肾祛寒之法以治其本。另外，还须经常注意调护脾胃，以固后天之本。中医非常重视因人制宜、因地制宜，根据“从化理论”，病证可随地域不同、患者体质的差异以及用药史的不同而发生动态变化，故临床上要抓住“尪痹”的主病机，再根据证候的变化而随证加减，方能获得良好疗效。以下所列为焦树德治疗“尪痹”的4首经验方剂，随证加减，每获良效。

（一）肾虚寒盛证

临床表现为腰膝酸软，两腿无力，喜暖怕凉；膝踝、足趾、肘、腕、手指等关节疼痛、肿胀、僵挛，甚至变形；舌苔白，脉沉弦、沉滑、沉细弦、尺部弱小沉细。治则：补肾祛寒为主，辅以化湿散风，强壮筋骨，祛瘀通络。方药：补肾祛寒治尪汤。

组成：川续断12~20g，补骨脂9~12g，熟地黄12~24g，淫羊藿9~12g，制附子6~12g，骨碎补10~12g，桂枝10~15g，赤白芍各9~12g，知母9~12g，独活10~12g，防风10g，麻黄3~6g，苍术6~10g，威灵仙12~15g，伸筋草30g，牛膝9~15g，干姜6~10g，炙穿山甲6~9g，土鳖虫6~10g。

此方用于肾虚寒盛证。该证属肾虚为本，寒盛为标，本虚标实之证，在临床上最为常见。

加减：上肢关节病重者，去牛膝，加姜黄10g，羌活10g。瘀血重者，加红花10g，皂角刺5~6g，乳香、没药各6g，或加苏木15~20g。腰腿痛明显者，去苍术，加桑寄生30g，炒杜仲20g，并加重川断、补骨脂用量，随汤嚼服胡桃肉1~2个（炙）。肢体关节蜷挛僵屈者，可去苍术，减防风，加生薏苡仁30~40g，木瓜9~12g，僵蚕10g，以舒筋除僵。关节疼痛重者，可增加附子用量，并加制草乌3~6g，七厘散一分三，随汤冲服。舌苔白厚腻者，可去熟地黄，加砂仁3~5g，或藿香10g。脾虚不运、脘胀纳呆者，可去熟地黄，加陈皮、焦神曲各10g。

（二）肾虚标热证

疼痛关节或微有发热，但皮肤不红。时感手足心热，肢体乏力，口干便涩。舌质微红，舌苔微黄，脉象沉细略数。治则：补肾祛寒为主，辅以化湿散风，强壮筋骨，祛瘀通络，兼以清热，减去温燥，加入苦坚清热之品。方药：加减补肾治尪汤。

组成：生地黄15~20g，川续断15~18g，骨碎补15g，桑寄生30g，补骨脂6g，桂枝6~9g，白芍15g，知母12g，酒炒黄柏12g，威灵仙12~15g，炙穿山甲9g，羌独活各9g，制附子3~5g，忍冬藤30g，络石藤20~30g，土鳖虫9g，伸筋草30g，生薏苡仁30g。

此方是在上方补肾祛寒治尪汤基础上减去温燥之品，加入苦以坚肾、活络疏清之品，但未完全去掉羌活、独活、桂枝、附子祛风寒湿之药。用于肾虚标热轻证，邪欲化热但热象不盛者。

（三）肾虚标热重证

受累关节疼痛而热，肿大变形，局部可有发热，皮肤微发红，伴口干咽燥，五心烦热，小便黄，大便干。舌质红，舌苔黄厚而腻，脉象滑数，或弦滑数，尺脉多沉小。治则：补肾清热。方药：补肾清热治尪汤。

组成：生地黄15~25g，川续断15g，地骨皮10g，骨碎补15g，桑枝30g，赤芍12g，秦艽20~30g，知母12g，炒黄柏12g，威灵仙15g，羌独活各6g，制乳香、制没药各6g，土鳖虫9g，僵蚕9g，蚕砂10g，红花10g，忍冬藤30g，透骨草20g，络石藤

30g，桑寄生 30g。

此方用于邪已化热、热象明显之肾虚标热重证，该证多见于年轻、体壮患者的病情发展转化过程，但经过治疗后则多逐渐出现肾虚寒盛之证，再经补肾祛寒治尪汤治疗，以补肾祛寒，强壮筋骨，通经活络。

（四）湿热伤肾证

此证多见于我国南方及常年湿热的地域，病程较长，关节肿痛，用手扪之发热，或下午潮热，久久不解；膝腿酸痛无力，关节蒸热疼痛，痛发骨内，关节有不同程度的变形。舌苔黄腻，脉滑数，或沉细数，尺脉多小于寸、关。治则：补肾清热化湿。方药：补肾清化治尪汤。

组成：骨碎补 15~20g，川续断 10~20g，怀牛膝 9~12g，黄柏 9~12g，苍术 12g，地龙 9g，秦艽 12~18g，青蒿 10~15g，豨莶草 30g，忍冬藤 30g，络石藤 30g，生薏苡仁 30g，威灵仙 10~15g，羌独活各 9g，炙山甲 6~9g，泽泻 10~15g，青风藤 15~25g，防己 10g，银柴胡 10g，茯苓 15~30g。

此方用于湿热伤肾证，关节肿痛，常有低热不退。加减：四肢屈伸不利者，加桑枝 30~40g，姜黄 10~12g，减银柴胡、防己。疼痛游走不定者，加防风 9g，荆芥 10g，去地龙。肌肉疼痛者加蚕砂 9~15g。

对尪痹肾虚寒盛证即类风湿关节炎的诊治，焦树德以问诊为第一应诊方式，主要询问患者关节疼痛部位、性质及持续时间，以及兼见症状，习惯运用的诊法是问诊及脉诊，临证必究舌象、舌苔及脉象。他认为，素体肾虚，复感受风寒湿三气，寒邪偏盛，深侵入肾合于筋骨，日久瘀血阻络，筋骨失养，终致肉削筋挛骨损而成尪痹，出现四肢关节肿痛变形，治则治法应以补肾祛寒为主，辅以化湿散风，强壮筋骨，祛瘀通络。

处方用药时，焦树德自拟补肾祛寒治尪汤加减。以桂枝、片姜黄、青风藤、鸡血藤、伸筋草、独活、羌活、川牛膝、泽兰、威灵仙、炒杜仲、桑寄生、白僵蚕、生薏苡仁、豨莶草、苍耳子、制附子、防风等为主。方中以温肾祛寒为大法，贯穿治疗过程的始终，更重用藤类药物以通达四肢，祛风止痛。

二、提出“大偻”，阐明病因病机

1997年，焦树德发表了《简谈治疗强直性脊柱炎的经验》一文，把过去曾认为属于类风湿性关节炎，近来则将此病列为强直性脊柱炎起名为“大偻”，并指出该病颇似尪痹，系以督脉为主之病。

为激励广大医师提高治疗强直性脊柱炎、类风湿性关节炎的水平，在一定程度上改善科研资金不足问题，经卫生部、民政部批准，特成立了一个以焦树德命名的医学基金会，旨在向联合国及国内外关心医学和健康事业的人士筹募资金，并通过奖励和资助各项学术活动，弘扬焦树德教授的高尚医德和治学精神，促进医药卫生事业的健康发展。

“大偻”之名首见于《黄帝内经》，但在当代医学界很少有人提起。《素问·生气通天论》曰：“阳气者，精则养神，柔则养筋，开阖不得，寒气从之，乃生大偻。”王冰注曰：“身体俯曲，不能直立。偻，脊背弯曲。”《康熙字典》说：“瘘与偻通，尪也，曲背也。”为了使医家对“尪痹”和“大偻”的异同有明确认识，焦树德又根据《黄帝内经》提出了“大偻”这一新的中医病名，并用“大偻”取代“大瘘”，说明“大偻”与“尪痹”既有联系，又有一定的区别。另“大偻”像“尪痹”一样仍归痹病范畴加以探讨。在提出“大偻”这一中医病名的同时，焦树德还集合古籍中的描述来确认病因病机。他认为，“大偻”主要是肾、督正气不足，风寒湿三邪（尤其是寒湿偏盛者）深侵肾督。督脉督一身之阳，受邪则阳气不得开阖，失于布化；寒邪深侵，肾受邪则骨失淖泽，并不能养肝，肝失所养则血海不足，冲任失调，筋骨失养；肾督两虚，腰胯脊背之阳气失于布化，阴精失于滋荣，寒则凝涩而致腰胯疼痛，精血不荣渐致筋脉僵急，督阳失布，气血不化而致脊柱僵曲，形成“大偻”之疾。

三、大偻“四证四方”

焦树德认为，“大偻”的治疗法则是以补肾强督为主，辅以祛寒化湿，通活血脉，强壮筋骨。如有邪郁化热，可佐用苦以坚肾、化湿清热之品；痹连肢节者，可加疏风、散寒、通利关节、活血通络之品；邪及肝肺者，可佐用调肝理肺之品。

（一）肾虚督寒证

症状：腰、臀、胯疼痛，僵硬不舒，牵及膝腿痛或酸软无力，畏寒喜暖，得热则舒，俯仰受限，活动不利，甚则腰脊僵直或后凸变形，行走坐卧不能。或兼男子阴囊寒冷，女子白带寒滑，舌苔薄白或白厚，脉多沉弦或沉弦细。治法：补肾祛寒，散风除湿，强督活瘀，壮骨荣筋。方药：补肾强督治尪汤。

组成：骨碎补18g，补骨脂12g，熟地黄15g，淫羊藿12g，狗脊30g，鹿角6g（锉），羌活12g，独活10g，续断18g，杜仲20g，川牛膝12g，泽兰15g，土鳖虫6~9g，桂枝15g，赤白芍各12g，知母15g，制附子12g，炙麻黄6g，干姜6g，白术9~10g，威灵仙15g，僵蚕12g，炙穿山甲6g，防风12g，生薏苡仁30g。

加减：寒甚痛重不移者，加制川乌、制草乌各3g，以助温阳散寒、通络止痛之效；舌苔白厚腻者，去熟地黄，加苍术10g，炒白芥子6g，茯苓10~20g；大便溏稀者可减少羌活、川牛膝用量，白术加至12g，加茯苓20g；久病关节僵直不能行走者，可加透骨草15g，焦神曲12g，自然铜6g（先煎）。

（二）邪郁化热证

症状：腰骶臀胯僵痛、困重，甚则牵及脊项，无明显畏寒喜暖，反喜凉爽，伴见口干、咽燥、五心烦热、自汗盗汗，发热或午后低热，甚者关节红肿热痛，屈伸不利，纳呆倦怠，大便干，小便黄，舌偏红，舌苔薄黄或黄白相兼，少津，脉多沉弦细数，尺脉弱小。治法：补肾清热、强督通络。方药：补肾强督清化汤。

组成：骨碎补18g，生地黄15g，炒黄柏12g，川续断18g，杜仲20g，苍术10g，狗脊30g，鹿角霜6g，羌活10g，秦艽15g，土鳖虫6~9g，桑枝30g，桂枝6~9g，赤白芍各12g，知母15g，制附子6~9g，白术6g，威灵仙15g，僵蚕12g，生薏苡仁30g。

加减：若午后潮热明显者，加青蒿12g，银柴胡10g，地骨皮12g；若咽干、咽痛，加玄参15g，并加重生地黄为20g；若疼痛游走不定者加青风藤15~20g，独活10g，防风10g；若腰脊、项背僵痛不舒、活动受限者，骨碎补加至20g，白僵蚕15g，另加白芥子6g，透骨草15~18g，自然铜6g（先煎）；兼有腿脚疼痛者，加地龙6g，槟榔10g，伸筋草20~30g。

（三）痹连肢节证

症状：病变初起表现为髋、膝、踝、足跟、足趾及上肢肩、肘等关节疼痛、肿胀、沉重、僵硬，渐见腰脊颈僵痛不舒、活动不能；或除腰背胯尻疼痛外，并可累及以下肢为主的大关节，畏寒、疼痛、肿胀，伴见倦怠乏力、纳谷欠馨等。病处多见畏寒喜暖（亦有无明显畏寒、反喜凉爽、发热者），舌淡红暗、苔白，脉沉弦或沉细弦。治法：益肾强督、疏风散寒、祛湿利节。方药：补肾强督利节汤。

组成：骨碎补18g，补骨脂12g，狗脊30g，土鳖虫6~9g，鹿角6~10g（锉），炒枳壳12g，杜仲20g，防风12g，羌、独活各10g，川牛膝12g，片姜黄10g，桂枝15g，赤白芍各12g，知母15g，制附子10g，制草乌3g，炙麻黄5g，白术6g，青、海风藤各30g，松节30g，威灵仙15g，白僵蚕12g，伸筋草30g。

加减：若见口干欲饮、溲黄便干等化热征象者，去草乌、麻黄，减少桂枝、制附片用量，加炒黄柏10g，秦艽12~15g；若关节红肿热痛或不恶寒、反恶热喜凉者加忍冬藤30g，络石藤30g；踝关节肿痛喜暖者，加地龙6g；若上肢关节痛重者，羌活改为12g，片姜黄为12g；若上肢关节不怕凉者，加桑枝20~30g；若下肢关节沉重肿胀，伴见倦怠、纳差者加千年健10~15g，苍术6~10g，白术9~12g。

（四）邪及肝肺证

症状：腰、脊、背部疼痛、僵硬、屈伸受限，心烦易怒，胸锁关节、胸肋关节、脊肋关节疼痛、肿胀感；或伴有压痛；或伴有胸闷、气短、咳嗽、多痰等；或伴有腹股沟处、臀部深处疼痛及坐骨结节疼痛；或伴有双目干涩疼痛且可牵及头部，双目白睛红赤或红丝缕缕，发痒多眵，大便或干或稀，脉象多为沉弦，舌苔薄白或微黄。治法：燮理肝肺，益肾壮督，通络利节。方药：补肾强督调肝汤。

组成：骨碎补18g，补骨脂12g，续断18~20g，杜仲20g，川牛膝10~12g，泽兰15g，狗脊30g，土鳖虫6~9g，鹿角6~10g（锉），蒺藜10~12g，枳壳10~12g，姜黄10~12g，桂枝15g，赤白芍各12g，知母15g，防风12g，制附子9~12g，炙麻黄3~6g，干姜3~6g，羌独活各12g，白僵蚕12g，炒白术10g。

加减：若胸脘胀满、纳谷欠馨，去枳壳，酌加厚朴12g，枳实10g，陈皮10g；若微咳，酌加杏仁10g，炒紫苏子10g，紫菀15g；若白睛红赤、双目干涩、发痒多眵明显，酌加白菊花6~10g，枸杞子9~15g，知母9~15g，炒黄柏9~12g，炒黄芩9~12g，减少或去掉桂枝、骨碎补、鹿角的用量；若胸闷明显，加檀香9g，紫苏梗12g，槟榔10g；深吸气胁痛，加丝瓜络10g，茜草10~15g。

"大偻"的诊病要点仍以问诊为首要方式，主要询问患者关节疼痛部位、性质及持续时间，以及伴随症状。习惯运用的诊法是问诊及脉诊，临证必究舌象、舌苔及脉象。

焦树德认为，肾虚督空，阳气不足，寒湿深侵入肾入骨，内外合邪，阳气不化，寒邪内盛，筋骨失于荣养，日久瘀血阻络，骨失淖泽，而致脊柱骨节变形，乃生“大偻”；治则治法应是补肾强督，散寒除湿，活血通络，强壮筋骨。

对于用药，焦树德自拟补肾强督治尪汤加减。药物以骨碎补、补骨脂、川牛膝、桃仁、泽兰、桂枝、赤白芍、知母、制附子、防风、炙麻黄、干姜、威灵仙、羌独活、金狗脊、土鳖虫、鹿角（镑）、生薏苡仁、忍冬藤、青风藤、防已、炒黄柏等为主。后期注意加温中健脾、理气和胃之品，如炒白术、干姜、厚朴、木香、茯苓等。

中医治人 与时俱进

在多年的行医实践中，焦树德不仅摸索出了很多疑难杂症的治疗方法，还总结出如何认识中医的独特观点。他提出中医是治人的，即指中医学的诊疗实践，是建立在对人整体的阴阳气血和精气神的观察、了解、把握并给予调整的基础之上的。中医学认为，人之所以会生病，是与其体质状态的基本形态密切相关的。也就是说，不同的患者因为其阴阳气血及精气神盛衰的差异，决定了其身体内环境或致病的趋向和可能性不同。中医就是通过调整、平衡、补充或清理身体内的阴阳气血的失衡状态，使之能达到治疗某种疾病的作用，从这个角度来说，中医便是治人的。

焦树德认为，中医原本也是从治疗急症发展起来的。传统的丸、散、膏、丹以及汤剂等，对某些急症历来也确实行之有效，有些在临床急救中至今仍不可或缺。但是，由于传统剂型的局限，中医的急救范围注定要大打折扣，在病多、病杂、病怪的今天，显得力不从心。自20世纪50年代以来，有人在西医剂型的启示下研制成功了中药注射剂、气雾剂和口服安瓿剂等大量新制剂，为中医抢救急症提供了极大的方便。让焦树德遗憾的是，可能是由于中医界的保守和业者的孤陋，这些新制剂一直没能在中医临床上得到普遍应用，其相应的急救作用，自然未得到应有的发挥。倒是多数制剂被购进了西药房，成了不是西药的西医制剂。现在越来越多的中医治病时，不求中医医理，背弃辨证论治，疗效不显著，病人不信任；一些中药店也不行，开鹿角霜，便给鹿角片；开生黄芪，便给炙黄芪；好药工也十分缺乏，该炒的不会炒，该焠的不会焠。

现在有很多西医也在开中药，他们是以“什么药治什么病”的方式运用中药的，不少中医大夫也在这么做，渐渐使本该传承的难以传承下去。焦树德痛心地说，这样下去中医早晚要消亡！他这么说，是想唤醒更多的人真正担负起振兴中医药事业的使命。

多年来，焦树德一直倡导中医是中医理论指导下的医疗实践活动，与现代医学相比是完全不同的两个理论体系，可以西为中用，但不能用西医的思维方式代替中医的辨证论治。他常说，不论西医诊断是什么病，运用中医药治疗，必须辨证论治，而不能按照西医的病名来治疗。

广东省中医院的副主任医师陈伟，其母亲平素体健，不慎淋雨感寒后，出现白细胞下降、关节疼痛、时发低热、疲乏短气等症。在上海某大医院诊治，诊断为“类风湿性关节炎”，迭进中西药物治疗，病情时好时坏。后低热缠绵不解，渐渐出现胸腹水和全身水肿。行多项检查，诊断为“系统性红斑狼疮，肝硬化待排”。骨髓穿刺检查，示“再生障碍性贫血改变”。CT检查，纵隔、腹腔有多个肿大淋巴结，又考虑为“恶性肿瘤转移所致”，但未找到原发肿瘤病灶。谓病已至晚期，医家束手无策。

陈伟心急如焚，飞赴上海，见到母亲已被病痛折磨得不成人形，大肉消脱，卧床不起，生活完全无法自理，遂接到广州治疗。

经病理学检查，确诊为恶性淋巴瘤（衰减型）。按照现代医学治疗方法，必须进行联合化疗，但恐母亲身体衰弱难以承受，于是他向远在北京的焦树德求教。

焦树德指出：即使是西医确诊的疾病，也要注意运用辨证论治的理论和方法进行分析、归纳。辨证选方论治，不能按照西医的诊断病名机械对号入座，也不能生搬硬套“中药西用”。例如，中医治疗肿瘤要谨遵“大积大聚，其可犯也，衰其大半而止”的原则，充分扶持人体正气；要扶正祛邪，不能“只见肿瘤不见人”。若病久气虚，脾土衰弱，则宜攻补兼施，或先补后攻。俟邪去其大半，则宜扶正调养，使脾土健运，则残块余积，不攻自消；不可一味妄攻，伤伐正气。鼓励陈伟用中医药为主的方法进行治疗。于是陈母只用一次小剂量的长春新碱（2g）诱导化疗，加强营养支持疗法，主要以中医为主治疗，辨证使用八珍汤、归脾汤、补中益气汤、济生肾气汤等，适当加用活血化瘀、利水、抗癌之品，加用王洪绪《外科证治全生集》中的“犀黄丸”或“小金丹”以解毒散结，化瘀解凝，消除肿瘤。经过将近1个月的住院治疗，病情和各项化验指标都一天天好转。出院后，仍继续辨证应用中药加小金丹治疗，并练习甘肃李少波先生的“真气运行法”气功。后来陈母身体完全恢复健康，一如常人，间断服用归脾丸、逍遥丸、梅花点舌丹等药。曾行B超等检查，未发现异常，亲戚朋友和周围邻居视为“奇迹”。

焦树德认为，在运用中医辨证论治方法治疗西医已经确诊的疾病时，应注意以下几点：

（一）不要“对号入座”

所谓“对号入座”就是坚信西医某病就是中医某病，不进行辨证，套用中医某一病的方剂。如把溃疡病对号成胃脘痛，套用黄芪建中汤或乌贝散等。焦树德强调，中医、西医各有自己的特点。中医对疾病的认识、归类和诊断、治疗等均与西医不同。有的病名虽同，但其概念和含义也不相同。如中医在治疗西医诊断的肝炎时并不专治肝，治疗贫血也不专补血，治疗肾炎时也不专治肾，而是运用辨证论治的方法进行整体治疗。如果见肝炎就治肝，见肾炎就治肾，一病一方，对号入座，常常效果不理想。

（二）不要单以西医病名作为治疗依据

如西医诊断为脑占位病变，不去消瘤而是平肝息风、化痰安神，效果可能更好些。

（三）不要“中药西用”

有的人认为，经过西医诊断的是由细菌引起的疾病，就用具有抗菌作用的中药去抑制细菌；由病毒引起的疾病就用中药抗病毒，这叫“中药西用”。实践证明，这样用药不如运用辨证论治的方法选药组方效果好。例如治疗西医诊断的病毒性肝炎，如果不管病人的证候如何，只顾大量地使用蒲公英、败酱草、板蓝根、大青叶等清热解毒，往往不但肝炎症状不见好转，反增舌苔白厚、胃脘不适、大便溏泄、食欲减退等症状。因为这些药物都是苦寒败胃之品。药理实验证明，中药的有效成分在体内发挥不同的作用。如黄连、连翘、蒲公英、金银花、紫花地丁、重楼、黄芩、黄柏等具有抗菌作用；大青叶、板蓝根具有抗病毒作用；五加皮具有抗炎、免疫调节和镇静、镇痛作用；黄芪具有强壮保肝作用；五味子可降低肝炎病人升高的转氨酶等。在复方的研究中，证明中药方剂中的药物配伍非常重要。例如桂枝汤的研究显示，对该方的桂枝、白芍、甘草、生姜、大枣做了各种排列组合，或依次去掉某一味做实验，均不能出现较好的调和营卫的作用，只有全方配伍才能发挥良好作用。还有人在药物炮制、地道药材等多方面做了研究，这些研究发现对我们处方用药的选择、配伍均有一定的帮助。焦树德主张可适当参考，但仍要密切结合辨证论治，绝不能因此而偏离辨证论治的轨道。实践证明，处方用药不用中医理论作指导，难以取得良好效果。在辨证论治的前提下，参考现代科研成果组方选药，才能提高疗效。

在中医科研方面，焦树德主张用中医的思路进行探索研究，开拓创新，不能试图用现代医学的方法证明中医的科学性。现代医学的临床研究成果，可以丰富中医的诊治内涵，可以拿来西为中用，四诊可以变成五诊六诊，但不可以丢掉中医自身的发展规律，用现代医学理论指导中医的实践活动，否则只能把中医引向“死胡同”，断送中医发展的前途。他认为当代的中医科研，可以从以下几个方面考虑：

一、要坚持中医药学基础理论，加强基础理论的研究。

二、要立足临床，开展多学科研究；关注中药的研究、复方的研究、四诊的研究、辨证论治的研究、治则的研究、疾病的研究、针灸的研究等。总之要着眼于临床，并且切实是用中医理论作指导。

三、要重视中医药古籍和医史文献整理研究，以图在理论上归纳总结，寻找具有当代特色的现代中医理论的创新点；要重视对现代中医科学研究资料的总结升华，要结合古代、近代和现代的文献研究，对中医理论重新梳理，使其更适合当今的临床工作，也便于生命科学和医学领域的同道形成更多的共识。应通过上述研究，促进中医药学逐渐实现现代化。在思想方法上，应继承与发扬并举，传统手段与现代手段并用，中医与西医结合，这样的研究既可保持中医特色，又能充实中医药学发展内容。因此，不要认为传统的研究方法就是落后、保守的方法，因而与现代科研方法对立起来。对此应该有正确的态度。

例如：金银花、连翘、鱼腥草、蒲公英、紫花地丁、黄连、栀子、黄柏等，均有明显的抗菌作用；黄芪有强壮保肝等作用；鹿茸含有雄性激素，为全身强壮药；白芍、马齿苋对痢疾杆菌有较强的抗菌作用；北五加皮有类似毒毛旋花子素的作用；人参、五味子具有“适应原”样作用（注：“适应原”样作用系增强机体非特异性的防御功能，这种作用是向着对机体有利的方向进行的）等。在组织药方时，可根据病情，结合这些科研成果而选择用药，以进一步提高疗效。同时还要注意，应尽量结合中医辨证论治的原则去选择应用，不可生搬硬套。例如中医的虚寒痢，单用黄连、白芍、马齿苋等去抑制痢疾杆菌，往往效果不理想；如同时结合中医对“虚寒”证的治疗原则，加用干姜、吴茱萸、附子、白术、党参等温补脾肾的药则容易取得效果。再如服五味子粉剂，可使肝炎患者升高的转氨酶下降至正常，但停药两三周后，多又上升；如结合辨证论治，结合辨证的汤剂，冲服五味子粉剂，则疗效巩固，多不再回升。

焦树德认为，在吸取前人组方用药经验的同时，还要随时吸取现代科研成果，与时俱进，以提高治疗效果，促进医学发展。例如，治疗急性阑尾炎的阑尾化瘀汤（川楝子、延胡索、牡丹皮、桃仁、木香、金银花、生大黄）、阑尾清化汤（金银花、蒲公英、牡丹皮、大黄、川楝子、赤芍、桃仁、生甘草）；治疗急性胰腺炎的清胰汤（柴胡、黄芩、胡黄连、白芍、木香、延胡索、生大黄、芒硝）；治疗肠梗阻的甘遂通结汤（甘遂末、桃仁、赤芍、牛膝、厚朴、大黄、木香）；治疗宫外孕的加味活络效灵丹（丹参、赤芍、桃仁、乳香、没药），以及参附姜注射液、生脉散注射液、复方丹参注射液、川芎碱注射液、麝香喷雾剂等。这些方剂既吸收了前人组方用药的宝贵经验，又结合近现代的科研成果，打破了旧框框和洋框框，敢于创新，提高疗效。他认为，中西医结合还要敢于自创新方。焦树德主张要注意结合运用现代科研成果，及时将这些成果运用于临床，赋予辨证论治新的内容，促进中西医结合，提高医疗水平。他认为，辨证论治必须重视四诊合参，但今天看来，它仍有某些不足之处。概括而言，主要是不易掌握、不易普及，缺乏量化指标。

几千年来，历代医家运用四诊方法解决了疾病的辨证论治问题，并且内容越来越丰富，焦树德认为这是应该肯定的。但用现代的眼光来看，它仍然存在不足。例如，望面色的晦暗、无光泽、面黄、面青等；望舌的红、绛、紫、暗、淡等，在科学不发达的过去，只能跟随师傅在病人身上慢慢体会，需要多年才能掌握。而在科学发达的今天，就可以通过光电检查仪，把这些变化记录下来，或做更详尽的分类、对比；在教学时还可以用幻灯片、录像带等进行显示，以便于学习。这对于总结临床经验、提高理论水平、促进医学发展都有极大的帮助。另外，中医的脉象也非常不易掌握，前人传下来的二十八种脉象有的不易分辨。而诊脉时又容易带有主观性，所以没有十几年或几十年的经验是不易掌握的。有的医生一生也见不全二十八种脉象，因而非常需要制造出能够反映中医诊脉特点的脉象仪，以提高诊脉质量和教学质量。

总之，望诊、闻诊、切诊都需要提高到有数据量化指标的水平，这样才有利于辨证论治水平的提高。

仁心仁术　言传身教

焦树德的医术精湛、勇于创新、医德高尚、勤奋敬业的长者风范及其奖掖后学的宽广胸怀，为人正直的个性魅力，深深地感染着后学。古人云：“授之以鱼，不如授之以渔。”术业之传，犹在其次，唯以身作则教授后学的高尚医德医风，方是重之又重。他医术高超，仁心厚德，体恤病家。1941 年悬壶故里，挂“树德为怀”横幅于其诊所内，并把自己的名字改为焦树德。从那时起，他就把“精研岐黄、济世活人”作为自己一生的追求。他反复强调，学中医一定要紧紧抓住中国文化的这个“德”字，应该更多地为病人着想，要先怜悯他，替他难受，还要认真想办法，要把他的病当成自己的病一样，哪怕晚上查书查到三更半夜，也要想办法解除病人的痛苦。

焦树德经常教导弟子："既习此业，必先要正其心，端其品，怀其仁，无贪欲"，要"急病人所急，痛病人所痛"。

焦树德曾应邀去天津出诊，闻讯慕名求诊的患者络绎不绝，在焦树德出诊的地方排成了长队。不管排队求诊的队伍有多长，他都认真仔细地为每位患者看病。很多患者服用他所开的方药后，身体得到了康复，因此获得好评如潮。邀请出诊的主办方送给焦树德5000元钱以表达感谢之情，他从装钱的口袋中抽出100元，将其余的4900元钱递还给对方说："你们的好意我心领了。这100元钱是我来天津出诊的挂号费，剩下的不该归我，你们请收回。"对方的同志及跟随他出诊的学生无不为他高尚的医德所折服。

在中日友好医院很多人都觉得焦树德为人亲和，一点架子都没有。以前正常上班时，不管碰到护士、医生、还是门卫跟他打招呼，他都停下脚步，认真地点头回应。后来因为他年纪大了，医院每周只请他出诊半天，并严格限号，但他总是能加就加。每逢他出诊日，门口都被挤得水泄不通。他从不询问患者地位，均以仁心相待，下班时间到了还在逐一诊察，耐心解答。

他常讲，中医是救人济世的仁心仁术，尤其是对农村的病人。出身于农民的他，对农民有着深厚的感情。他明白，农民卖掉家里仅有的猪羊，攒几百块钱来城里看病是很不容易的。因此，作为医生，一定要想尽办法让患者（尤其是农民们）少花钱而能解除病痛。

焦树德这种仁心对他的弟子也影响深远。阎小萍作为他的学术继承人多次获得中华中医药学会科技进步奖，多年承担北京中医药大学、北京大学医学部硕士及本科教学，以及留学生的临床教学工作，已带教及培养出博士研究生12人，硕士研究生17人，是北京市"一二五工程"拔尖人才。阎小萍虽然拥有中华医药学会风湿病专业委员会副主任委员、中国中西医结合风湿病专业委员会副主任委员、北京中西医结合学会风湿病专业委员会主任委员等众多“头衔”，并吸引了全国各地乃至世界上20多个国家和地区的病人慕名前来就诊，但总是以仁慈之心对待各类病患。她为了使更多的人能看上病，主动把以前每周两次的专家门诊又增加了一次，经常是上午、下午连续工作，吃饭都顾不上。所诊治的风湿病80%以上为外地患者，还有不少人来信求医问药，她通过面诊和书信结合的方式，告知正确的诊治方法，尽可能地为患者解除病痛，减少花费。

江西一位徐姓患者，当初是由家属背到门诊前来求治的，经过她系统治疗，症状逐步好转并出院。为了巩固疗效，她让患者回家后定期来信主诉病情和检查结果，自己再将调好的处方邮寄给他，并在信中详细说明应该注意的事项。经过几个月的“远程治疗”，患者不用双拐就可以行走，周身关节也无明显疼痛，逐渐恢复了生活自理能力。

在小女儿焦艺苹眼里，焦树德不仅是位慈父，更是她事业的领路人。焦艺苹现虽远在日本，但还是坚持把已故父亲的医术发扬光大。焦艺苹说，虽然父亲离开了，每当自己患病而依旧服用父亲的处方药剂、或者用父亲教给的方法为患者排除病痛时，仍时时感到慈父对中医药事业的拳拳赤诚之心，以及对自己倾注的深情厚爱。

每当她重读当年法国驻华大使夏尔·马乐写给父亲的亲笔信时，焦艺苹都会为祖国的传统医术而骄傲：“贵医院对我十分周到的治疗，已取得非常大的功效。医生们检查诊断的敏锐和准确，尤其是焦树德教授的诊断力和医学造诣，使我佩服。焦教授的治疗已取得预期效果，我已痊愈。这样一来，我加深了对中医的信任。谨向焦教授、医生们和护士们致以最热忱的谢意和感激。”

父亲对中医的独特见解，焦艺苹时刻铭记在心："中医是医学艺术而非医学技术。中医能够几千年长盛不衰，就是因为中医属于一种文化，有自己的一套理论，所以能传宗接代，绵延不绝；没有理论，那就是手艺，手艺大家很容易学。中医是艺术，艺术的东西需要人们去体验、去领悟，因此每个人所达到的境界和程度也就千差万别。只学好中医理论不行，还要有悟性，真正地悟进去。学习中医、研究中医、实践中医，一定要从文化的层面上入手，这样才能深刻理解，才能把握精髓，才能领悟真谛。"

和谐家庭　温馨天伦

焦树德对中医学的追求是孜孜不倦，对治学是一丝不苟，对病人、学生是和蔼可亲，对待家人是关爱有加。

焦树德不仅对女儿焦艺苹深爱，对养女和养子也视如己出。"我10岁开始就跟他生活在一起，建立了深厚的感情，他就像我亲生父亲一样，对我无微不至地关怀"，回忆起养父，大女儿杨缦丽眼睛里闪烁着泪花，不住地叹息他的离去，"我感激他，不仅是养育了我和弟弟，更是对我有活命之恩啊！"

杨缦丽2004年1月12日被确诊为脑动脉瘤而致蛛网膜下腔出血，送至医院诊治。从1月21日（大年三十）晚上开始，她的病情突然有较大波动，精神状态不好，久呼不应，大部分时间处在嗜睡状态，纳食极少，只能进食两三匙稀粥，大小便也失控。到了晚上9点，她开始出现躁动不安，双手乱动，神志不清。丈夫陈勇赶紧找值班医生进行救治。焦树德看着女儿痛苦的样子，急得在楼道里走来走去，用拐杖使劲地敲打着地板，情绪很激动："怎么回事，住了这么久还不能出院，情况还越来越严重？为什么不同意吃我开的药？我的女儿我负责，我能治好她！"他着急上火，腮帮子也肿了，"我要带我女儿回家"。

主管医生在交班时曾向家属交代病情，明确告知：病人现在的表现主要是因为“脑血管痉挛”引起，目前尚无药可医，只能静观其发展变化了，也不同意服中药。病人预后问题：轻则口眼歪斜、半身瘫痪；重则成植物人，甚至死亡。

丈夫很明白院方所说的情况，妻子的情况是很危险的，老爷子又坚决要求出院，在没有医院医疗仪器的情况下，急救是很困难的。老爷子在着急的状态下，开的方子也不是特效的。他的压力非常大，一方面要面对医院的压力，另一方面要安抚老爷子。这时他赶紧给日本的妹妹焦艺苹打电话。焦艺苹得知消息后马上买了加急机票赶了回来，然后连夜将姐姐的状况写成病例，到焦树德面前说：“爸爸，您什么都别说，先看病例，再开药。”在小女儿面前，焦树德就像听话的小学生一样，开始认真地看“老师”布置的作业。在仔细看完后，焦树德拍拍脑袋说了句：“我明白了。”辨证：阳明邪盛，日晡潮热，夜间阴分热盛谵语，撮空引线。立即开出了以下方子：

生石决明30g，制半夏10g，化橘红12g，生荆芥穗10g，北防风10g，东全蝎6g，僵蚕10g，远志肉10g，节菖蒲10g，白茯苓20g，郁金10g，天竺黄10g，净连翘15g，草红花6g，赤芍片6g，杭白芍12g，大蜈蚣2条，桃仁6g，地龙9g，夏枯草12g。

同时服十香返生丹2丸，早、晚各1丸。服药后杨缦丽一夜安睡，未出现躁动不安。大年初二，精神明显好转，无烦躁，少嗜睡，说话基本恢复常态。同室病友也说与昨天大不一样，好多了，有救了。

查房的主任也倍感惊讶，说可以等着手术了。经全家进一步商量，由于手术风险太大，以及预后可能出现的不良情况，决定不做手术。当天回家后，焦树德又为大女儿开了中药方。

处方：川厚朴10g，炒枳实12g，大黄3g，制半夏10g，焦三仙各10g，化橘红12g，茯苓15g，生麦芽10g，南红花6g，桃仁

10g，赤芍10g，生白芍15g，防风10g，香附10g，僵蚕10g。

服药1个多月，杨缦丽已能下床活动。生活能够自理，饮食正常，血压平稳，二便也正常。同时，还能在家人的陪同下外出散步，并做些简单的家务活。5年后，做了脑血管瘤介入术（栓塞术），半年后复查一切正常，医生说以后不用来医院了。

陈勇说："我夫人能捡回这条命亏了西医的及时抢救，更少不了老爷子的那剂妙方啊！"

陈勇敬重焦树德，不仅仅因为是翁婿关系，更尊重他是杏林前辈。"他经常会在我家小住一段时间，有时候我便会跟他请教自己在会诊时候的疑难杂症，他对我的事业帮助是很大的。但大多数时候是一家人共享天伦之乐。"

焦树德在晚年时坚持出诊，还经常有学生到家来请教，几乎都是处在忙碌状态。用来休闲放松的方式最多的便是听音乐，看儿孙们嬉戏玩耍。"老爷子平时就喜欢听听音乐，拉拉二胡。在家庭聚会日，他专门负责给孩子们打节拍、放磁带等。在旁边看着孩子们乐，他自己也很高兴。"陈勇回忆说。令他记忆最深刻的是，有一次老爷子跑到他办公室偷偷把他叫出去，神秘地说："我弄回来一个宝贝。"他一看，是个双卡录音机。这在20世纪80年代是稀罕物，弄来确实不容易。这是轻易不求人的老爷子为了孩子们能高高兴兴聚在一起，才想办法托人弄来的。

"听音乐，与孩子们同欢乐是老人家晚年养生的重要方式。另一个养生方式便是简单饮食"，陈勇说，"老爷子饮食极为简单，一碗炸酱面、一根黄瓜足矣。对扣肉、花生米亦钟爱有加"。

2009年6月14日，在焦树德逝世一周年的"焦树德教授学术思想研讨会"上，卫生部领导对焦树德精湛的医术、高尚的医德给予了高度评价，指出要学习焦树德重临床、重总结、重实践的工作作风，学习焦树德注重经验传承和教书育人的博大胸怀，学习焦树德孜孜不倦、改革创新的探索精神，称颂焦树德不仅医术精湛、医德高尚、人格高尚，而且非常重视人才的培养，尤其是为中医临床人才的培养作出了重要贡献。与会的中医界专家、教授纷纷发言，盛赞焦树德是名老中医的杰出代表，在中医临床、教学、科研工作中均作出了突出贡献，不愧是当代中医名家……

确实，焦树德一生正如其名：树人以兴废继绝，德立而济困扶危。

（撰稿人 朱 萍）

張作舟 卷

张作舟（1922—2010）

百福堂中医诊所处方笺　　中药

姓名 张某　　性别 女　　年龄 33　　单位

病情及诊断：[illegible]

R: [illegible]

医师：[illegible]　　06 年 12 月 5 日

药费　　计价员　　调配　　核对　　发药

地址：北京市朝阳区团结湖北口上寺路2号　　电话：010 65950699　　网址：www.Bjjsk.com

张作舟手迹

能为别人做点事情，是我最大的幸福。

——张作舟

张作舟，我国著名中医皮外科临床家，中国中医科学院广安门医院皮肤科主任医师，中国农工民主党党员。13 岁开始拜师学医，一生从事中医皮肤病的研究和临床工作，至今，在中医学道路上，已走过了 70 多个春秋。

张作舟一生勤奋好学。年轻时，虽已取得了中医师的资格，但仍努力学习现代医学。在长期的临床实践中，他刻苦钻研医学理论，不断总结前人经验，积极探索皮肤病的治疗方法，在治疗各种皮肤病疑难杂症方面，积累了丰富的临床经验，尤其对皮肤病外治法，作出了突出贡献，赢得了广大患者和中医界同行的高度评价。

张作舟在医学理论上，注重整体观念；在辨证论治上，强调“扶正为先，绝不可一味攻邪”的医学理念。他医术精湛，精益求精，能灵活运用各种方法治疗皮科顽症。他撰写的《扶正法在皮肤病中的应用》《运用理脾法治疗皮肤病的经验》《解毒活血汤治疗八十二例银屑病疗效总结》《异位性皮炎的治疗经验》《中医皮肤科外用药有关软膏的改进刍议》《皮肤病中医外治法及外用药的配制》等论著，为后人治疗和研究皮肤病提供了宝贵的经验。

张作舟一生淡泊名利，医德高尚，治病不分贵贱，普济众生，在行医几十年间，救治病人难以计数，受到广泛称赞。

1990年，张作舟被人事部、卫生部、国家中医药管理局确定为首批全国500名老中医药专家学术经验继承工作指导老师之一；于1993年开始享受国务院政府特殊津贴；2007年被聘为中国中医科学院博士后导师。

张作舟的人生哲学是：遇到喜事不激动，遇到挫折不苦恼；学会面对，懂得承受。他的养生之道是：胸怀坦荡，乐观人生；家庭和睦，尽享天伦；生活规律，坚持锻炼。

十三步岐黄 三十入北医

张作舟，原名张希曾，字作舟。于1922年7月7日出生在北京一个回族家庭。祖父曾在清末供职于北京“哈密馆”，负责接待新疆维吾尔族进京首领及随从人员，人称“哈密馆张”。“哈密馆”就是当时维吾尔族首领及其随从人员进京居住的地方。其父张德明，字仲光，曾供职于青岛招商局和南京铁路局，抗日战争爆发后，先在南京，后撤到贵州镇宁县山区，负责保管铁路文件，并在当地中学作兼职教师，中华人民共和国成立后在北京市民政局工作。在张作舟的记忆里，父亲极富爱心，对待父母和长辈，恭顺孝敬，小心服侍；对待兄长，彬彬有礼，谦和恭让；对待子女，关心爱护，疼爱有加。因长期在外工作，与家人聚少离多，所以，父亲每次回家，总要给家人带些礼物，以表思念之情。父亲一生博览群书，学识渊博，特别爱读医学书籍。受父亲的影响，张作舟从小就对中医学产生了浓厚的兴趣。他的母亲叫马佐光，是一位虔诚的伊斯兰教徒。平常，她对家里的事情管得不多，把念经、做礼拜、沐浴，看得高于一切。兄弟姐妹中，张作舟排行老三，上有哥哥、姐姐，下有两个弟弟。

张作舟自小聪明好学，8岁开始读书识字。1935年秋，学校刚刚开学几天，他就被母亲叫了回来，说家里准备送他出去学徒。

虽然心里极不情愿，但他还是听从了母亲的安排。此时的张作舟，年仅13岁。经人介绍，张作舟拜当时北京中医界颇具影响力的回族外科医师哈锐川为师，在哈老师的医馆，开始了学徒生涯。他跟随老师学习疮疡外科诊治及外用中药的配制技术。

那时，学徒是一件非常辛苦的事情。在社会上被称为四大苦行的“靴、帽、茶、药”当中，药行的学徒最为辛苦，对他们的要求也极为严格。同时，学习医学，还要有背诵医学经典和阅读古文的能力。按照规矩，举行拜师仪式后，张作舟便离开家庭，开始独立生活，吃、住等一切都在医馆里。

刚到医馆时，他每天天不亮就起床，帮助师母照顾老师的起居生活，再与师兄一道，把客厅、卫生间、诊室等都打扫干净。白天，老师坐诊，他就站在一旁仔细观察，用心记住老师口述的东西，反复揣摩，不懂的问题向老师认真求教。晚上，待老师及其家人都入睡后，他还要把白天学到的东西，全部整理并记录下来。为了尽快掌握中医药知识，他经常在夜深人静的时候，一个人躺在地板上，悄悄地拿面镜子，反射路灯的亮光，一段段地背诵《医宗金鉴》等经典医书。此时，和他同住一屋的两个师兄往往早已呼呼大睡了。

哈锐川的医馆，每天都有许多患者前来就诊，医馆用药量非常大。除临床使用的汤剂及由南庆仁堂特制的各种丸药、散剂外，医馆里的其余外用药，都由张作舟和两个师兄负责配制。当时，外科使用的软膏、膏药，只有少数采用传统植物油、樟丹、松香、蜂蜡配制，其余大量软膏类药物，都由凡士林作基质进行调配。医馆经常要大量外购整桶凡士林。装凡士林的铁桶有几十斤重，3个不满15周岁的学徒，每次都要将铁桶从马车上卸下来，再搬到医馆的后院，劳动强度之大，超出了他们的体力。晚上，吃完晚饭，徒弟们还要将不同用途的膏药，摊在种类不一的各种纸或各式专用医布上，以备老师第二天使用。一天忙活下来，张作舟十分疲惫，小小年纪，就品尝到了生活的艰辛。

时间飞快。转眼间，张作舟在哈锐川医馆已学徒 4 年。这 4 年学徒生活，不仅磨炼了他吃苦耐劳的意志，还激发了他好学上进、刻苦钻研的精神。在医馆里，他和两个师兄一起拜师，但 4 年下来，只有他掌握了外用药的配制技术，能够独立熬炼膏药并可制作各种剂型的外用药。同时，他还背诵了大量的医学经典。随着年龄的增长，张作舟对中医的认识越来越深刻，并且开始喜欢这个行当了。此时，一个大胆的念头，开始在他心中萌生：要想一辈子从事中医事业，就必须系统学习中医理论，争取拿到中医师的行医资格证书。在一次回家的路上，张作舟听过去的同学讲，北平国医学院正在招生。这个消息令他欣喜万分，他毫不犹豫地跑去报名。当时，他还在学徒期间，必须征得老师的同意，他便主动向老师表明自己想去读书的想法，并给老师写了一个辞呈。1939 年 9 月，17 岁的张作舟，凭借自己聪明好学和刻苦攻读所积累的知识，考取了北平国医学院，从此结束了学徒生涯。在开学的头一天，老师哈锐川亲自来到张作舟的家里，将第一个学期的学费交到他姐姐的手里，以表示对徒弟继续深造的支持。

20 世纪上半叶，北京地区有两所中医学院，一是华北国医学院，一是北平国医学院。那时的北平国医学院，是一所重视医德教育、善于启发学生、以培养优秀中医人才为己任的学府。该校根据社会的需要，采取多层次、因人施教的方式进行教学，并把具备一定中医理论的学生编入一个班里，学制为二年。

到北平国医学院读书，是张作舟一生最重要的选择，也是他投身中医事业的重要台阶。在这里，他第一次系统学习了中医理论，认真研读了《黄帝内经》《神农本草经》《伤寒论》《金匮要略》四部经典著作，对于中医学有了更深的了解。1940 年，正值日本侵略中国，兵荒马乱使张作舟与远在贵州的父母失去了联系，没有了生活的来源。在他求学最困难的时候，已经成家的胞姐张佩兰，向他伸出援助之手，靠出租自家的房子，帮他完成了学业。1941年，为了鞭策自己，张作舟正式向北平卫生局申报中医师考试资格，在300多名报考人中，他以排名第十六的成绩，获得了中医师行医资格证书。报名时，他将自己的名字改为“作舟”，意喻学海无涯苦作舟，激励自己不断进取，永不停息。第二年，他20岁，正式获得中医师行医资格，随即悬壶于北京西城区石缸胡同的寓所。

张作舟行医的起步阶段非常艰难。京城的民间医生太多，而他只是一个刚刚出道的小伙子，找他看病的人自然很少。那时，他的母亲带着小弟弟跟随父亲在外地生活，与家里联系不上，姐姐早已嫁人，哥哥又结婚单过，另一个弟弟也要由他帮助抚养。为了养家糊口，他不得不做些其他的事情以补贴家用。后来，他参加了几个民间中医团体，帮人做些事情，也由此认识了一些名医。经同行的介绍，来他诊所看病的人逐渐增多。1945年，他与先辈同仁赵锡武、于道济、马继兴等人组织了“中医研究学会”，让志同道合的同仁们能有机会在一起交流经验，切磋技术，共同提高。那段时间，他还经常和另外两名年轻医生，到位于广安门内大街的普慈施中医诊所帮助义诊，借此他也积累了一些临床经验。那时，张作舟虽属年轻后生，但已行医几年，其医疗水平和制药技术，已在北平中医界初露头角，赢得了患者和同仁的认可。

中华人民共和国成立后，国家对中医药事业的发展极为重视。在1950年12月召开的第一届全国卫生工作会议上，政府提出了“面向工农兵、预防为主、团结中西医”的三大卫生工作方针，初步建立起全国的卫生体制。张作舟和他的中医师同行们，深深体会到了国家对中医药事业的关怀和重视。当时，华北国医学院要组建中华人民共和国成立后的第一届教学委员会。张作舟受北平国医学院校友杨医亚、马继兴等人的邀请，与老前辈于道济一起，参与华北国医学院的工作，并担任教学委员会委员。中央人民政府为鼓励这些有多年从医经验的中医师为祖国的建设发挥更大的作用，特向他们颁发了新的“中医师证书”。之后，在一些德高望重的老中医的呼吁下，北京市中医研究委员会成立了，张作舟被推选为该委员会委员。这一组织就是今天北京中医药学会的前身，它是中华人民共和国成立后最早成立的中医学会组织。

1952年，北京大学医学院准备在全国五大行政区内，招收一批具备一定文化基础的青年中医师，学习西方医学，为日后运用中医理论推动中医药事业的发展储备力量。当时，已到而立之年的张作舟，从事中医临床已达17年之久。他在得知这个消息后，激动不已，心中燃起了学习西方医学的强烈愿望。他立即向有关部门提出申请。经过组织考察和挑选，他被准许进入北京大学医学院医疗系学习，学制五年。进入医疗系的这批中医学员，大多已离开正规学校多年，文化基础相对薄弱。为此，在正式进入北大医学院学习之前，卫生部组织在京的高校老师，为他们进行文化课的强化补习，以扫清日后学习的障碍。为保证补习任务顺利完成，师生们都付出了大量心血。学员如果跟不上进度，老师就采取一对一的方式帮助他们。经过师生的共同努力，学员们终于在半年时间内，完成了预科班全部课程的学习，顺利转入五年制正规西医专业的学习。北京大学医学院有这样的规定：五年制西医专业的学生，要完成45门课程的学习，实行淘汰制。为此，学员们都承受着巨大的精神压力，吃、住都在学校，每周只回家一次。那时的张作舟，已经是两个孩子的父亲了。妻子为不影响他的学习，承担了所有家务，甚至到了星期天，也不让他做任何事情。张作舟将妻子给予的支持和照顾，都化作学习的动力。每天，第一个走进教室的是他，最晚一个回到宿舍的还是他。入学时，他们班共有43名中医学员，毕业时只有38人拿到了毕业证书，他便是其中的一位。

5年光阴逝去，35岁的张作舟两鬓已生白发，显得像40多岁的人。毕业典礼上，他感慨万千。他深知，如果没有老师的帮助，没有家人的理解和支持，他这个只有小学文化程度的中医师，不可能拿到这本沉甸甸的北京大学医学院西医专业的毕业证书。

师从赵炳南 历练十三年

诞生于1955年的北京中医医院，是中华人民共和国成立后最早创立的一所中医医院。创立之初，卫生部在全国调集了众多的中医名家，使医院的医疗水平，在国内的中医界堪称一流。1957年，张作舟以优异的成绩从北京大学医学院毕业，被分配到北京中医医院外科做临床医生。刚进医院不久，领导让他和马连升大夫一道，师从本院副院长兼皮外科主任、也是他的同门师叔赵炳南（1899—1984）。张作舟认为这一安排，正是他的志向，因而深感庆幸。

那年，赵炳南先生已年近60，是国内著名的中医皮外科专家，对皮肤病的研究和治疗有很高的造诣。赵炳南自幼家境贫寒，从小体弱多病，曾流浪街头。特殊的人生经历，使他在幼年时就立下做一名医生、为他人解除病痛的志向。赵炳南曾与张作舟的老师哈锐川大夫一样，都拜丁庆三老师为师，学习疮疡外科。他一生勤奋好学，在长期的医学实践中，积累了丰富的临床经验，具有深厚的中医理论功底。

张作舟在跟随赵炳南学习时，经常与中国医学科学院皮肤病研究所的西医专家合作，一起研究病例。在这期间，他经历并见证了中华人民共和国成立后中医皮科的成长历程。传统医学一直将皮肤病隶属于疮疡外科范畴。张作舟是中医皮科从疮疡外科分离出来成为独立学科的见证人和参与者。1954年，北京成立了中国医学科学院皮肤病性病研究所，由德高望重的中国西医皮肤病专家、北京大学医学院老院长胡传揆（1901—1986）担任所长，它标志着皮肤病学作为一门独立的学科确立起来。研究所以西医皮肤科为主，同时设立中医科，采用中西医结合的方法，对皮肤病进行研究和治疗。赵炳南担任中医科的医师和顾问。

在与医学科学院皮肤病性病研究所合作期间，张作舟和赵炳南一道，进行了多项研究，仅神经性皮炎的临床研究，就进行了两次：一次以纯中医方法进行治疗，另一次则采用中西医结合的方法，均取得了良好的效果。

第二次研究，他们选了北京中医医院部分神经性皮炎患者，进行临床观察。这些患者大多在没有接受中医治疗前，经过西医确诊，并曾采用X射线和紫外线照射治疗，但病情均无明显好转，有的患者甚至还出现病情加重的情况。这些患者，得病时间多在1年以上，男性患者占84.4%，女性患者占15.6%，发病年龄大多在20~40岁之间。由此说明，神经性皮炎的发病人群，主要集中在男性青壮年，且发病部位大多在颈部。

神经性皮炎是一种慢性皮肤瘙痒性疾病。隋朝名医巢元方在《诸病源候论·疮病诸候·癣候》中，就对此病有所认识，称其是“风湿邪气客于腠理，复值寒湿与血气相搏，则气血否涩，发此疾也”。明代陈实功在《外科正宗》中说：“癣证为风、热、湿、虫四者为患。”清朝吴谦在《医宗金鉴》中也指出：“癣证由风、热、湿邪侵袭皮肤，郁久风盛则化为虫，是以瘙痒无休。”从上述文献可以看出，中医学对于神经性皮炎早有了解，对其症状的描述，也与现代医学相差无几。对于神经性皮炎的治疗，前人基本采用祛湿、疏风、清热、杀虫等方法。

临床上采用内治法治疗神经性皮炎，疗效缓慢。此次临床试验前，张作舟与赵炳南一道查阅了大量的历史资料。他们认真总结前人的经验，并且和皮肤病研究所的西医专家进行了多次探讨，最后研究出电辐射热外熏药油膏与内服中药相结合的方法，进行综合治疗。

电辐射热外熏药油膏治疗法，是将中药做成油膏后，涂抹到患者的皮损上，再用电辐射热仪器对病变部位进行烘烤，通过物理作用，让药物在一定温度下，加速渗透到皮肤深层，进行杀虫、祛湿的治疗。今天看来，这项技术同先进的现代治疗方法相比，似乎没有什么优势，但在当时，的确是一项大胆的技术创新。治疗结束后，他们对其中的30例患者进行了临床观察，结果发现，大部分患者在进行电辐射热外熏药油膏治疗后，神经末梢毛细血管得到扩张，皮肤神经功能发生显著变化，局部皮下营养得到相应改善，剧烈瘙痒、皮肤苔藓样变等症状明显消退。这次中西医结合治疗神经性皮炎的试验，可以说是中华人民共和国成立后，在皮肤病治疗中的最早一次尝试，也是电辐射热外熏药油膏治疗神经性皮炎技术的首创。受这次试验的启发，张作舟在以后几十年的临床工作中，十分重视采用中西医结合的方法治疗皮肤病，发挥中西医的各自优势，取得了良好的疗效。

1964年10月的一天，一名35岁的男子走进北京中医医院皮肤科就诊。来时，病人的头部、面部和颈部，布满了红色的斑状丘疹，并散落着大小不等的片状糜烂面，皮肤表面已出现水肿并夹杂着水疱、脓疱等，眼睛因为上下眼睑肿胀而无法完全睁开，颈部淋巴结肿得如蚕豆大，并伴有轻度压痛。张作舟问诊后得知，病人20天前外出钓鱼，经烈日曝晒后，大汗淋漓，又被风吹，回到家里，就感到头和面部瘙痒难耐，但没有引起足够的重视。次日，病人又去钓鱼，再度被曝晒风吹，夜间病情明显加重，其头部和面部布满粟疹，出现肿胀，并伴有脓液流出。他曾到其他医院做过检查，被诊断为急性湿疹，随后内服“抗胺荨”等药物，又外用药膏涂抹，但均未见效。因病情日益加重，才到中医医院皮肤科求治。

张作舟问其家族病史后，又认真检查了患者的皮损部位，闻其无特殊味道。他认为，病人患上了湿热型风湿疡（湿疹）。在用中医方法诊断后，他们又采用西医方法对病人进一步检查，进行了血、尿常规的化验，发现病人尿蛋白有3个加号；肾功能检查：酚红排出量试验4小时达总量的60%。西医诊断为急性湿疹。运用中西医两种手段，对同一疾病进行诊断，得出了相同的结论，说明中西医结合对皮肤病进行诊断和治疗，很有发展前途。

随后，张作舟采用中医方法，对病人进行治疗。他以龙胆草二钱，黄芩三钱，干生地一两，鲜茅根一两，生薏米一两，杏仁三钱，白菊花三钱，麻黄一钱，白通草一钱，生栀仁三钱，共计10味中药，让其煎服，再嘱患者用甘草油涂抹患处。两天后，患者的皮损渗出逐渐消失，但脸部还有些肿胀，可以见到小片糜烂面。他又开了3剂中药，让患者继续服用。其后，患者皮肤瘙痒明显减轻，面部红肿也开始消退，部分区域的皮肤趋于正常。他又调整了药方，加入当归、玄参、车前子3味药物，让患者再连续服用3剂。7天后，病人皮损瘙痒消失，10天后痊愈出院。

在北京中医医院，张作舟不但亲历了当代中医皮科的成长，也目睹了西医专家和中医大夫相互尊重的高风亮节。那时，医学科学院的西医专家经常与中医大夫同堂共诊。张作舟记得，每次重要的会诊，中医一方，都是他和赵炳南参加，坐在桌子的一边；西医一方，则由医学科学院皮肤病性病研究所李全城副所长与其助手方大定参加，坐在桌子的另一边。大家共同就一个病案，进行研究、讨论，再分别按照中西医的不同特点，各自书写病历。在为病人诊治疾病的过程中，从病名的确定，到诊断治疗原则的制订，他们互相切磋，彼此交流。最让张作舟难以忘怀的是，李全城经常主动为赵炳南抄写处方。这样的举动，让张作舟深受感动。为了医学事业的兴旺发达，中西医彼此尊重、相互学习，使张作舟感受到了老一辈医家的医德风范。他也体会到，中西医两种医学体系，可以通过相互学习，相互借鉴，达到共同提高的目的。

那时，张作舟和方大定负责将病历整理、汇总。每当病例积累到一定数量时，他们就用统计学的方法，进行定量分析，再分别从中西医的角度，写出相关的分析报告。在20世纪50年代末至60年代中期，《中华皮肤性病杂志》和《中医争鸣》等刊物，先后刊登了张作舟和赵炳南合作治疗皮肤病的多篇学术论文。

在北京中医医院工作期间，张作舟除完成日常临床工作外，还经常陪赵炳南出诊，并代赵炳南审阅稿件，答复患者的来信。在与赵炳南朝夕相处的日子里，张作舟深深感受到，赵炳南尽管精研了许多中医外科典籍，但在临床工作中，从不被书本知识所束缚，更重视医疗实践，特别是在疾病的治疗过程中，十分注重邪正关系，善于运用扶正祛邪、攻补兼施的治疗法则；在治疗疮疡阴证时，主张该证的初期，祛邪不能太过，否则会使正气大伤，导致邪气过盛，病情得不到缓解，还可能进一步加重。赵炳南认为，治疗此类疾病，应以补托为主，让正气渐渐恢复，待病情好转后，再乘胜攻邪，才能获效。张作舟说，赵老对于皮肤病的研究和治疗，有他自己的独特思想和风格，他将中医整体观念作为治疗疾病的重要指导思想，贯穿于治病的全过程。赵炳南生前经常对张作舟讲，作为一名皮肤病医生，一定要牢记前人“形于外而发于内”的忠告，治疗皮肤病，务必要重视对人体脏腑功能的调理。在诸多皮肤病中，湿邪和热邪是致病的常见因素，治湿是治疗皮肤病的根本，治热则是治疗皮肤病的关键。张作舟在编辑、整理《赵炳南临床经验集》一书时，仔细阅读了赵老几十年积存的工作日志，对其学术思想有了更深入的认识和了解。张作舟感慨地说，赵老在治疗急性炎症性皮肤病时，最重视对心与肝胆的辨证，他认为“心肝火盛，是致病的重要原因”；在治疗慢性湿疹时，重视湿与热的辨证关系，力主根据湿热孰轻孰重，加减化裁。赵老的这些学术思想，是其毕生的宝贵经验，是用他一生的医疗实践，总结出来的学术成果。这些弥足珍贵的治疗经验和学术思想，让张作舟受用终生。

1964年，张作舟随赵炳南参加了全国第一批医疗卫生工作队，在北京通县西集镇锻炼半年。回到北京后，他继续从事临床工作。那段时间里，他承担着繁重的医疗任务，接触了各类患者，治疗过许多疑难杂症，积累了丰富的临床经验。有一个病例，让他至今仍记忆深刻。1965年10月的一天，他值夜班时，接诊了一位49岁的中年男子。患者来时发着高热，体温接近40℃，是被家属抬进来的。张作舟通过问诊了解到，患者左下腿红肿已有5天时间，虽经某医院连续4天注射青霉素，并口服金霉素等药物，但病情仍不见好转，皮损日渐扩大，感觉全身疲倦、头痛、恶心、出虚汗，并伴有胃纳不佳、大便秘结、睡眠不安等症状。张作舟为病人作了皮科检查后，发现患者左下腿肿胀得非常厉害，有长达29cm、围绕小腿周径25cm左右的大片红斑，颜色呈暗紫色，触诊时，感觉皮损灼热，病人有强烈疼痛感。经血常规化验，白细胞总数很高。病人舌质绛色，舌苔黄腻，有长期足癣病史。经临床辨证，张作舟认为，患者因“血热湿盛，结毒下注，凝于腠理”而引发丹毒。他又从患者口述中得知，其发病前一直感觉身体疲惫，脚癣十分严重，但没有引起足够重视。张作舟诊断认为，患者发病是因长期劳累，体质下降，以脚癣为诱因，引起丹毒的急性发作。治疗要以“清热解毒利湿”为法。他用板蓝根15g，金银花30g，地丁12g，连翘12g，大青叶15g，黄柏9g，茵陈9g，生大黄6g，蒲公英15g，黄芩9g，甘草6g，共计11味药组成方剂，让患者1日服用2次，先连服2剂，外用芙蓉叶膏和如意金黄散。病人二诊时，高热、头痛、恶心症状都已消失，胃口有所好转，并能入睡，但小腿仍然胀痛，只能缓步行走。张作舟又为他作了详细检查，认为患者热象已退，但湿热之邪仍缠绵难去。根据病情，他调整了药方，减去生大黄，加入茯苓9g，让病人继续连服3剂，仍用外用药涂抹。3天后，病人再来就诊，仍感觉患肢劳累，皮损处还有明显的色素斑。张作舟认为，此病虽有所好转，但体内仍有余邪，需进一步“利湿清热”。他在二方的基础上，去掉甘草，加入赤芍9g，生薏米15g，泽泻9g，让患者又连服了7剂。患者再来就诊时，感觉肢体轻松，走路如常，色斑也开始减退。这位患者痊愈后，张作舟将这个病例写进自己的工作日志。他说，丹毒是一种急性炎症性皮肤病，临床表现为水肿、红斑、灼热、疼痛，伴有发热、畏寒等。得这种病的患者，一般都为阳热体质，或有脚癣病史，或劳累过度，或遇急事情绪失控等，致使血热燔灼，又感受风热湿邪，内外合邪，冲于腠理，发为红肿热痛，而成丹毒。因此，在治疗该病时，必须有两点清醒的认识：首先，此病虽为外感风热湿邪所致，但发病的根本原因，还是内邪滞留，要从热毒辨证，以“清热解毒利湿”为法；其次，治疗时一定要辨明是毒盛还是湿盛，要根据病期的长短，辨证施治。如果处于疾病的早期，机体正邪相争，大多呈现表邪未解之象，可以用清热解表的方法，疏散邪气；如果表邪已解，皮肤表现为红肿热痛，并伴有烧灼感，为血热湿盛之象，就要以清利为主，多用清热解毒、凉血除湿之药。此期要用泽泻、茵陈等药物，使邪气通过小便而解；如果发热已退、灼热减弱、皮肤仍肿胀明显，则要配以通络除湿的药物，疏通经络。

探究皮肤病　真知出灼见

张作舟好学不倦，博览群书，不但精心研究前人的治疗经验和学术思想，还广泛学习现代医学知识。他力主中医工作者要不断总结经验，并将其上升为理论，用于指导临床。在临床实践中，他注重将中医理论和患者的临床表现结合起来加以研究，每遇疑难杂症，都及时予以总结，进行深入分析。天长日久，张作舟积累了大量的有价值的医学病案，并逐步形成了一套自己独特的治疗经验和学术思想。

在对皮肤病的认识上，张作舟极力推崇明代名医陈实功“发在外而源于内”的医学理论。他认为，整体观念和治病求本，是中医皮肤病辨证论治中的重要原则。皮肤与人体脏腑及其他组织器官关系密切，皮肤病虽形于外，却是内在脏腑失调的表现。因此，他强调“其病本于内，治外不治其内，非其治也”。

绝大多数皮肤病，都与脏腑功能失调密切相关，是风、湿、热等邪侵袭人体，不能及时化解，发病于外的结果。例如，临床上常见的粉刺（痤疮）一病，虽然表现为患者的面部、胸部、背部出现皮疹，但发病的根本原因，是肺胃湿热蕴毒所致。对于这种病的治疗，一定要从热、毒、湿三方面入手，以清热解毒除湿为法。早期治疗，应多用金银花、野菊花等清热解毒，用苦参、黄芩等清热除湿，即能收到良好的治疗效果。如果疾病久治不愈，皮肤颜色出现暗红，多为血瘀之象，治疗时需佐以活血凉血之品。若患者皮肤油脂分泌旺盛，并伴有口臭、便秘等症，则要加入健脾除湿、化痰清热之药，予以施治。在粉刺一病的治疗过程中，他以《医宗金鉴》治疗火毒结聚、痈疮疖肿的名方“五味消毒饮”为基础方，加入清热除湿的药物，自拟治疗粉刺的独门药方。该方由蒲公英、金银花、野菊花、白花蛇舌草、苦参、黄芩、甘草等7味药组成，清热解毒与淡渗利湿并举，治疗时，再根据病症实际情况，辨证加减。

白癜风是皮科常见疾病，好发于面部，因影响容颜，往往给患者造成很大的心理负担。在白癜风的治疗上，张作舟急患者之所急，在几十年的临床中，坚持从整体出发，辨证论治，认真分析患者得病的原因，采取相应的治疗方法，积累了丰富的治疗经验。他通过大量临床实践，对众多患者进行观察，将白癜风的病因和病机概括为“三点一要”。“三点”，即肝肾阴虚为本，风湿侵袭为标，日久导致气滞血瘀；“一要”，即脾胃虚弱为要。他认为，白癜风是一种先天禀赋不足和后天失养导致的疾病。虽病发于人的肌肤，但疾病的根源则在肝肾。人在日常生活中，郁怒伤肝，惊恐伤肾，再遇风邪侵袭和外伤等诱因，都会造成皮肤腠理气血失和、肌肤不得濡养而引发此病。因此，他提出，要从肝肾查找病因，治疗上，以滋补肝肾、活血散风通络、健脾益气为法，再根据病情辨证分型，提出相应的治疗方案。他研制出一种叫“消斑汤”的专用方，用于白癜风的治疗，取得了比较满意的临床效果。

消斑汤由熟地20g，何首乌15g，当归10g，女贞子15g，菟丝子15g，黄芪15g，补骨脂10g，丹参15g，白术10g，柴胡10g，郁金10g，防风15g，白芷10g，白花蛇舌草15g，甘草10g，共计15味药组成。消斑汤中，熟地、当归、何首乌三味柔肝养血；补骨脂、女贞子、菟丝子益肾填精；黄芪、白术健脾益气，以补后天之本；柴胡、郁金、丹参用于行气活血；防风、白芷疏风祛邪通络；外加白花蛇舌草一味，用其甘淡而凉、清热活血利尿之作用，使补中微泻，温而不热，补而不腻。消斑汤的用药思想，体现出张作舟治疗白癜风病的理念：以调理肝肾为本，以活血祛风祛湿为标，最终达到滋补肝肾、健脾益气、活血散风、消除斑块之目的。

张作舟始终认为，对于皮肤病的认识，一定要注重整体观念，在施治过程中，更要注意调理脾胃，因为脾胃为后天之本，气血生化之源。如果脾胃虚弱，肌肤得不到濡养，就会出现干枯、脱屑等症状。多年的临证经验告诉他，一些有遗传倾向的皮肤病，如各类湿疹、异位性皮炎等，大都是患者先天禀赋不足造成的。治疗时，应根据补后天以养先天的原则，益脾胃以固后天之本，达到化生有源之目的。对因湿邪而引起的难以治愈的皮肤病，则一定要遵循“治湿不理脾胃，非其治也”的原则，坚持“健脾理湿、补中有泻、泻不忘补”的施治方法，在除湿的同时，尽量不用苦寒之药，多施甘淡渗湿之品，以免苦寒败胃。

张作舟曾治疗过一例身患湿疹达一年之久的两岁幼女。据孩子母亲介绍，幼女9个月时，发现其双下肢和腹部出现一些红色丘疹，时间不长，便弥漫全身，曾多次到其他医院进行医治，都未能缓解病情。就诊时，幼女瘙痒难忍，精神不安，面黄少华，身体瘦弱。张作舟对其辨证后，认为该病是因脾虚湿蕴、运化无权所致，当用健脾化湿之法予以治疗。他用党参10g，茯苓6g，泽泻6g，焦三仙30g，白鲜皮6g，刺蒺藜6g，白芍6g，甘草6g，共计8味药，配伍成方，让其母用水煎熬，给幼女服用。另施以外用药，缓解瘙痒症状。7剂药后，幼女全身皮疹开始消退，瘙痒症状也有所减轻。二诊时，张作舟看到她精神安稳，依偎在母亲的怀中，不时露出笑容。经全面检查后，按原方开了20剂，又让其母将“止痒润肤霜”和“去炎松”两药混合在一起，涂抹患处。三诊时，孩子的母亲告诉张作舟，幼女除双手皮肤粗糙外，已无其他不适的感觉。为此，张作舟调整药方，用党参、黄芪、茯苓、厚朴、泽泻、陈皮、焦三仙、山药、白芍、白鲜皮、甘草等11味药，组成新方，再服7剂。之后，该女孩的皮肤恢复正常。张作舟对这个病例进行了总结，认为：治疗幼儿湿疹，应多从脾胃论治，并要贯穿于治疗过程的始终。这个幼儿本身先天禀赋不足，后天又失于调养，因此，自小发病，面黄肌瘦，表情呆滞，此属脾胃虚弱，运化无权。治疗时，医者必须以健脾化湿为法。他以《脾胃论》中“善治病者，惟在调和脾胃”，“治病先顾脾胃”的观点为据，对前人治疗皮肤病注重顾护脾胃的方法进行了认真总结。

在多年皮科临床实践中，张作舟强调要“扶正为先，绝不可一味攻邪”。因为人之所以患病，首先是正气不足，才会有邪气的侵袭。就皮肤病而言，则是由于邪气侵袭了肌肤而导致的。在临床上，他一贯遵循《黄帝内经》“正气存内，邪不可干”，“邪之所凑，其气必虚”的思想，重视人体正气盛衰问题。他指出，皮肤病是脏腑功能失调的外在表现，治疗过程也要依靠人体正气的强健和气机的调畅。在遣方用药时，一定要顾护人体的正气，即使病情非常严重，邪气一时旺盛，也不可一味攻伐，应中的即止。如果在治病过程中没有注意这个问题，采用过多的攻伐利药，会使正气受到损害，邪气反而更不容易祛除。他认为，皮肤病的治疗，必须根据患者的病情，适时采用攻补兼施的方法，扶正祛邪，免留后患。对于身体虚弱的人，更要谨慎小心，勿犯虚虚之戒。

带状疱疹是皮科常见疾病。现代医学认为，该病是由水痘－带状疱疹病毒感染所致，病发后常以抗病毒药物治疗，病情可在两周内缓解。但对于老年人及免疫力低下的患者来说，常后遗神经痛，可持续数月，甚至数年不能缓解，给患者带来很大痛苦。对于这种病，许多医家都以“肝胆火盛，脾湿内蕴，复感毒邪，湿热与毒邪相搏结，壅滞于经脉肌腠所致”来认识，治疗时重在苦寒清利。但是，多年的临床经验证实，这种治疗方法不尽合理。原因在于，用苦寒清利之品，虽可使皮损基本消退，但此后皮肤仍呈干燥脱屑状态，并伴有疼痛、麻木症状，可持续很长时间。特别是对于老年人和体弱患者，若用此法治疗，疼痛症状有可能数年后都得不到缓解，医学上称这种病症为“带状疱疹后遗神经痛”，中医治疗，也颇感棘手。张作舟根据多年的临床经验，提出治疗这种病的独特方法。他认为，治疗带状疱疹后遗神经痛时，宜补不宜攻。患者得病之初，由于湿热侵袭人体，阻隔了经络的运行，使得气血瘀滞不通，造成皮肤疼痛。如果治疗后还有痛感，很可能是因为施治过程中攻伐太过所致。他指出，治疗带状疱疹，虽然应该采用苦寒清利之药，但用药量不能太大，否则会使正气大伤，邪气反而不能祛除。如果气阴两伤，余邪阻络，气血津液不能畅通，皮肤经脉失于濡养，则会产生疼痛、麻木的症状。因此，在治疗本病时，他以“滋阴益气、活血通络”为法，用黄芪

20g，党参15g，茯苓15g，青蒿15g，当归10g，川芎10g，生地20g，延胡索10g，川楝子10g，桃仁10g，五灵脂10g，郁金10g，乌药10g，茵陈10g，共计14味药，组成"扶正活血汤"，用于临床。方中用黄芪、党参、茯苓、当归、生地，作为益气养阴的主药，再用川芎、桃仁、五灵脂、郁金活血通络、行气止痛。他指出，如果治疗中发现患者皮肤麻木明显，疼痛剧烈，还可在原药方中，加入地龙、乳香、没药，用于活血化瘀，行气理气，借以达到缓解疼痛之目的。

根据辨证论治的原则，张作舟认为，皮肤病在其发展的不同阶段，可以表现出不同的证候；不同的疾病也有可能出现相同的证候。因此，对于同一种疾病的治疗，一定要根据证候的不同，采用不同的治疗方法；而不同的疾病，只要证候相同，就应该采用相同的治法。"夏枯草方"，就是他根据多年的临床实践，拟定的一种解决同一种证候却是不同疾病的有效方剂。他以夏枯草15g，连翘10g，苦参10g，茵陈10g，生薏米15g，组成基础方，再根据实际情况，灵活运用，辨证加减。基础方中，夏枯草具有清降上焦、宣散郁结、疏通气血之功用；苦参和连翘，可解除肺胃之热，祛湿解毒；茵陈和生薏米，能清热利湿。张作舟将这5味药组合在一起，是让其发挥上宣下利、清热除湿、解毒散结的作用。临床上他曾用此方，再加入蒲公英、金银花、野菊花、枇杷叶、侧柏叶、黄芩、天花粉等药物，治愈了多例粉刺患者；他还用此方，加入藿香、佩兰、野菊花、丹皮、白茅根、白鲜皮、刺蒺藜等药物，解除了多例日光性皮炎患者的痛苦；同样，他还以此方，加入黄芩、青蒿、秦艽、丹皮、生地、当归等药物，让许多脂溢性皮炎患者的肌肤焕发出新的光泽。

对于湿热证皮肤病，张作舟根据60多年的临床经验，主张要在对病情详细辨证、分清虚实的基础上，根据病邪所在的不同部位，采用相应的方法进行治疗。得病之初，邪实正不虚，可重剂攻邪，以求速胜；若久病或气阴已伤，则要以养阴清热、甘寒利湿为法进行医治，用药时应选用白茅根、竹叶、灯心草、茯苓、泽泻、车前子等淡渗清解之药物，取其既能清化渗利，又不伤阴之性。

临床上对于湿疹等渗出性皮肤病的治疗，张作舟认为，其皮损中的渗液，不可一概视为外来湿热之邪，这些渗液属于体内津液的一部分。脾胃运化失职，气化不利，遂致胃不游溢精气归脾，脾不转输水精归肺，水液潴留，迫津外溢，津随气行，气虚则津液外泄。因此，治疗时不可使用苦寒峻猛之品，当以调理脾胃为根本，祛邪而不伤正，气充则津液内守，使疾病得以自愈。

张作舟在医术上从来没有门户之见。他认为，随着现代医学的发展，西医诊断、治疗技术不断更新，西医诊断方法大大领先于中医，借鉴西医技术很重要。因此，在临床中，他极为重视西医的各项检查结果和诊断结论。例如，在治疗系统性红斑狼疮时，他就把西医抗核抗体化验指标，作为诊断的一个重要依据，同时还把此数据作为评价中医治疗效果的一个参考标准。

张作舟还提出，中西医必须有一个统一的皮肤病的命名标准。在统一命名、统一诊断和统一疗效检验标准的基础上，让中西医发挥各自的优势，采用不同的方法，对疾病进行治疗。但是传统的病名也要加以保留，以利于对古代文献资料的查找和研究。他认为，历史上各代医家，都对皮肤病的治疗作出过贡献，但在皮肤病的命名上，却缺乏统一的标准。有的病，是以病变的部位和皮损的形态加以命名的。因此，同一种疾病，在其发展的不同阶段，或者发生于不同的部位，往往会出现不同的叫法，使命名非常混乱。他认为，命名方式不统一，有碍学术的发展，也难有客观科学的评价体系。他强调，中西医结合治病时，规范命名、诊断和疗效检验指标，有利于加强中西医的交流，达到共同提高的目的。他还就此打了个比方，他说，好比来自不同的国家、说着不同语言的人，谈论同一件事情，语言不统一，根本无法交流。

张作舟不仅在皮肤病的治疗上有其独到之处，还对中药“十八反”理论进行过深入研究。那是在1977年，张作舟负责北京第二医学院（现首都医科大学）中医系的工作，他除了日常教学之外，还负责系里的科研工作，组织攻关项目。他牵头做的第一个课题，就是中药十八反中“乌头反半夏的急性毒性实验研究”。中药由植物、动物和矿物等种类组成。传统中医药理论认为，一般情况下，只有少数中药可以单独使用，而大多数药物都要配合起来，才能更好地发挥药效，中医称这种做法为“配伍”。如果配伍得当，则可使药效加强，并能抑制药物的毒副作用；如果配伍不当，就会减弱药效，有时甚至还会产生毒副作用。中药十八反的“反”字，就是指两种中药同用后，可能发生不良反应或毒副作用。为了保证“乌头反半夏急性毒性实验研究”的结果真实可靠，张作舟和同事们在实验取材和实验对象上，非常严谨，认真对待。他们先后进行了7组实验对照比较，对实验对象小白鼠进行了72小时的临床观察。实验结果表明，《神农本草经》中提出的乌头反半夏，两药配伍“相反”的理论是正确的。在实验总结报告中，张作舟系统阐述了乌头与半夏配伍能使毒性增高的实验过程，并写出了《略论中药十八反源流》《中药十八反配伍实验研究——乌头反半夏急性毒性实验小结》等文章，发表在相关的权威杂志上。

精于遣方用药 擅治皮科顽症

1983年，年过花甲的张作舟根据工作需要，来到中医研究院广安门医院皮肤科工作。此时的他已不是一名普通的门诊大夫。坚实的理论功底，丰富的临床经验，使他成为远近闻名的卓然大家。在科里，他除了出门诊外，更多的精力则放在皮科常见病和疑难杂症的研究上。他首先将临床上见到的表现复杂、难于治愈的疾病，进行了梳理，再参考历代文献资料，运用中医理论，结合临床实践，在发病原因、临床表现、治疗效果等方面，进行新的探索。

荨麻疹是一种发病原因极为复杂的常见皮肤病，如果辨证不清，治疗上就不能做到对症下药，很可能出现反复发作。张作舟认真查找疾病发生的种种原因，查阅各种文献资料，进行深入研究，在理论上，对此病有了更加全面而深刻的认识。他认为，荨麻疹是一种虚实夹杂、实于外而虚于内的疾病，临床上引发该病的原因多种多样。人被风、湿、寒邪侵袭后，会引发荨麻疹；饮食失节，脾湿胃热、转输不利、气机郁滞，会引发荨麻疹；内伤七情或劳累过度，致使脏腑功能失调，同样会出现荨麻疹。患了这种病，如果病史较长，特别不易治愈。因此，从1991年开始，他利用两年的时间，加强对荨麻疹的诊治和研究，探索出6种不同的治疗方法。

第一，“健脾除湿，疏风清热”法。1991年1月的一天，他在专家门诊接诊了一位30岁的男性患者。3个月来，患者全身反复出现大量的红色风疹块，皮肤瘙痒，难以忍受，尤其吃了鱼虾或饮酒后，病情更加严重，还伴有脘腹胀满、大便秘结。张作舟问诊后根据患者的症状认为，患者得病是因胃肠湿热动风所引起的。临床上经常见到此类病证，发病时，风疹块遍及全身，此起彼伏，颜色赤红，浑身剧痒，尤其是患者食用腥发之物后，情况更加严重。他认为，治疗此证，应以“清热理脾，宣化湿浊”为法。他用苍术10g，厚朴10g，茯苓10g，茵陈10g，藿香10g，佩兰10g，杏仁10g，黄芩10g，白鲜皮15g，焦三仙30g，川军5g，共计11味药组成药方，让患者用水煎服，1日2次，连服7剂。7天后，患者告诉他：服药4天后，身上的风疹块就消退了，且大便通畅。张作舟根据患者的反应，对原方进行辨证加减，去掉川军，加入青蒿 10g，陈皮 10g，让患者又连服 7 剂。1 个月后，患者面带微笑来到医院，高兴地对张作舟说，喝完药后，皮肤再未出现风疹块。事后，张作舟对这个病例进行了认真分析，他认为，该类病证的患者，平日多饮食失节，致使脾失健运，湿热积蓄于肠胃，日久化热动风，湿热与风互结，内不疏泄，外不透达，积于皮毛腠理之间，导致风团的出现。治疗时，要以健脾除湿、疏风清热为法。在方药中，他以苍术、厚朴健脾燥湿；以茯苓、茵陈、青蒿、黄芩清热除湿；再用藿香、佩兰助以化湿，使病体内“湿不内恋，风无所依”；再用白鲜皮疏风止痒，用焦三仙消积导滞，使疾病得以治愈。

第二，“滋阴清热，潜阳疏风”法。1991 年 10 月，张作舟又接诊一位患荨麻疹长达 9 年的女患者。患者自述，9 年来，她每天下午或凌晨 4 点左右，身体的四肢和躯干部位都会出现红色的片状风疹，早晨症状便会自动消失。发病时，感觉皮肤灼热，瘙痒难忍。日常月经周期紊乱，伴有心烦燥热、口渴咽干等症状。张作舟望、闻、问、切四诊合参，认为这个患者属于阴虚内热、虚阳外扰而引起的荨麻疹。病因是患者长期气血两亏，脏腑内热外寒，风邪侵袭。因此，应以“滋阴清热，潜阳疏风”为法。他用“养阴宁荨汤”进行治疗，取生地 20g，生牡蛎 20g，珍珠母 20g，黄芪 15g，女贞子 15g，白芍 10g，地骨皮 10g，丹皮 10g，五味子 10g，防风 10g，共计 10 味药，让患者连服 7 剂。患者二诊时，烦热症状有所缓解，但内风尚未祛除。随后，又在原方基础上，加入赭石 20g，白鲜皮 20g，秦艽 10g，让患者再连续服用 7 剂。患者第三次就诊时，身上的风疹块已剩很小一部分。又以 14 剂汤药，巩固疗效。3 个月后，对患者进行追访，患者反映，此病再未复发。

第三，“固卫和营，佐以酸敛”法。这是张作舟针对“表虚风寒”侵袭引起的荨麻疹而探索出的治疗方法。这类患者发病时，症状与前两种有所不同。首先，风疹面积不大；其次，颜色较浅；再次，疹块时起时伏，一般为出汗遇风后发此病。1991年11月，一位20多岁的男青年找到张作舟。患者就诊时，脸上散布大小数块风疹，面色黄白。听患者讲，近3年来，经常在出汗后，皮肤出现淡红色扁状包块，遇寒则重，遇暖则消，发病时，患处剧痒。张作舟辨证后认为，病因是“气虚不固，营卫失和，风寒外袭”，治疗时需用“益气固表，敛汗和营”的方法。他以黄芪15g，白鲜皮15g，白术10g，防风10g，桂枝10g，白芍10g，五味子10g，秦艽10g，甘草10g，白芥子6g，共计10味药组成药方，让患者每日2次，连服7剂。男青年二次就诊时，脸上的风疹块大部分已消退，但仍有出汗现象。张作舟又在原方的基础上，进行辨证加减，增加党参、乌梅两味药物。7剂后，患者三诊时，疹块数量已所剩无几。为了巩固疗效，防止病情反复，张作舟又让患者连服7剂，使其病得以彻底治愈。男青年康复后，对张作舟大夫万分感激。3年来，他因脸上的风疹块，一直承受着巨大的心理压力，不愿出门，更不敢与女性说话，现在，他可以打起精神，开始新的生活了。

第四，“清热解表，疏风止痒”法。此法多用于“风热侵袭”证。此证发病急骤，疹块颜色赤红，且数量较大，甚至有可能出现面目的肿胀，手触时，感觉灼热，患者自觉皮肤剧痒，遇热更加严重，常伴烦躁、咽干、面色萎黄、舌尖红、苔薄白等症状。张作舟根据多年的临床经验，认为此类荨麻疹，是由风热之邪侵袭肌腠，与营卫之气相搏，不得疏泄而发于外所致。治疗时，应以疏风清热为法。他自拟了“桑菊疏风饮”，用于本类疾病的治疗，效果特别满意。桑菊疏风饮以桑叶10g，菊花10g，薄荷10g，蝉衣10g，荆芥10g，防风10g，丹皮10g，金银花15g，白茅根15g，刺蒺藜15g，白鲜皮15g，共计11味药组成。方中，桑叶、菊花、薄荷、蝉衣、金银花、荆芥、防风7味药疏风清热；

白茅根、丹皮清营血热，以防表邪入里；再用白鲜皮、刺蒺藜祛风止痒。他强调，治疗时要认真观察患者病情的变化，随证加减。疹块呈红绛色者，可加入大青叶15g，生地20g，茜草10g，以凉血消斑；如果患者出现纳差、倦怠、舌红苔腻等症状，还要加入茵陈10g，藿香10g，佩兰10g，生扁豆15g，以除湿化浊。

第五，“养血息风，内外同治”法。1992年2月，一位43岁的妇女找到张作舟求诊。她自述患有功能性子宫出血，得病已有两年时间，近一年来，不知何故，全身反复出现风疹块，时隐时现，劳累时，风疹更加严重，伴有瘙痒、头晕乏力、失眠健忘等症状。曾到知名医院做过23种过敏源试验，结果均为阴性。听了患者的叙述，张作舟为她做了详细检查，清楚地看到，患者躯干散布有数个淡红色的疹块，其舌苔薄白，脉沉细。他认为，患者是因“血虚气弱，风邪客表”引起的风疹块，发病的原因是由于患者长期经血不调，引起脏腑功能失调，风从内生，郁于腠理所致。他以“益气养血、疏散风邪”为法，为其开了“养血息风汤”，以黄芪15g，何首乌15g，白鲜皮15g，当归10g，白芍10g，五味子10g，柴胡10g，荆芥10g，防风10g，麻仁10g，甘草10g，共计11味药组成方剂，让患者每日服用2次，连服5剂后，再来复诊。5天后，患者告诉张作舟，皮肤瘙痒症状明显好转，但还有风疹块。张作舟判断，其病证正处于外邪已祛、内风未动的阶段，需进一步医治。随后，他在原方的基础上，去掉荆芥、防风，加入乌蛇10g，全虫3g，益母草15g，让患者再连服7剂。患者第三次就诊时反映，身上其他症状都已消去，但风疹块还是偶有出现。张作舟又给她以“养血和营”进行调理。3个月后，患者反映，身上再未出现风疹块，妇科疾病也有所减轻。张作舟对此类疾病进行认真总结，认为此类病证，一般多发生在女性身上，发病原因多为忧思劳累过度，造成月经不调，天长日久，血虚气弱，引起脏腑功能的失调，内风自起，外发为风疹。治疗时，医者必须以“养血息风”为法。

第六，“辛温散寒，解肌疏风”法。1992年11月，一位年轻的女患者来到广安门医院皮肤科，找到张作舟。患者反映，10多天来，其四肢、躯干等部位反复出现风疹块，颜色发白，但瘙痒不堪，且遇暖则缓，自觉头痛、倦怠，恶寒无汗。张作舟在为患者检查后，认为患者是风寒或寒湿之邪客于肌腠，使卫气不得宣达；或患者素有蕴湿，风寒之邪袭表，与内湿相合，郁滞于腠理之间而发疹块。治疗时要采用“疏风散寒，解肌除湿”之法。他用麻黄6g，桂枝10g，杏仁10g，桔梗10g，荆芥10g，防风10g，连翘10g，当归10g，赤小豆15g，白鲜皮15g，刺蒺藜15g，地肤子15g，共计12味药组成药方，让患者用水煎服，每日2次。3天后二诊时，女青年自觉症状明显减轻，身上疹块也略为减少。张作舟在原方的基础上，进行辨证加减，去掉连翘，加入白芥子10g，羌活10g，细辛3g，再连续服用3剂。1个月后三诊时，患者告诉张作舟，自从服药以后，身体已有出汗现象，风疹块未再复发。

以上6种治疗荨麻疹的方法，是张作舟用两年时间获得的宝贵经验。他分别从风热之邪、风寒湿之邪、表虚风寒之邪、忧思劳累、血虚气弱、阴血虚亏、少阴虚火、饮食失节、脾失健运等多个方面，阐述了荨麻疹的发病原因及不同的临床表现，总结了运用灵活多变的方法治疗该病的经验。这6种方法，对于进一步提高荨麻疹的治疗水平，具有十分重要的临床意义。

系统性红斑狼疮属于皮肤病中的疑难杂症，治疗起来非常棘手。但张作舟在中医理论的指导下，积极探索，勇于实践，成功地治愈了一批红斑狼疮患者。

现代医学认为，系统性红斑狼疮是一种自身免疫系统的疾病，多发于15~40岁的女性。因发病原因不十分清楚，在中医治疗时，辨证论治就显得极为重要。2002年3月，一位44岁的女患者无明显原因，却出现发热现象，并伴有关节疼痛、头发脱落、手脚青紫冰凉等症状。她去某医院进行医治，被诊断为结缔组织病。经过一段时间的治疗后，情况未见好转，她又到另外一家医院求治，被确诊为系统性红斑狼疮，医生为其开了泼尼松等口服药。经过西医治疗，患者感觉发热症状虽有减退，但关节仍然疼痛，头发继续脱落，而且月经周期紊乱，全身倦怠乏力，大便干燥。张作舟为患者做了详细检查，见双颊和鼻背部有暗红色蝴蝶斑片和色素沉着斑，肢端因长期血液循环不好，变得青紫发硬；其尿蛋白和红细胞化验结果都有一个加号；舌质暗，苔薄白，脉沉细。有长期临床经验的张作舟判定，这是典型的红斑狼疮，发病的原因是患者长期气阴两虚、毒邪太盛所致。他根据《黄帝内经》“邪之所凑，其气必虚”的理论，认为目前患者邪气太盛，治疗时不可一味攻伐，要以“顾护正气、养阴益气、双补脾肾”为法。他用熟地 20g，当归 10g，川芎 10g，党参 20g，黄芪 20g，山萸肉 10g，黄精 10g，云苓 10g，枸杞子 10g，麦冬 10g，太子参 15g，南北沙参各 15g，女贞子 15g，车前子 15g，白芍 10g，益母草 15g，组成药方，水煎服，每日 1 次，共服 30 剂。1 个月后二诊时，患者自觉服药后，矢气较多，身体不再发热，但仍觉精神倦怠，浑身乏力，阴天关节疼痛。张作舟认为，患者病情虽有所缓解，但仍正气不足，需进一步养阴益气，填精敛汗。又以生熟地各 20g，当归 10g，川芎 10g，丹参 15g，党参 20g，黄芪 20g，云苓 10g，南北沙参各 15g，山萸肉 10g，太子参 10g，黄精 10g，白芍 10g，女贞子 15g，旱莲草 15g，浮小麦 15g，甘草 10g，组成新方，每日服 1 次，再连服两月，同时让患者口服雷公藤多苷，用以通络抗炎。60 天后，患者三诊时述，服药后感觉体力有所好转，关节疼痛、身体发热等现象开始消退，肢端青紫面积也在缩小，但仍有出汗较多、胸闷憋气的感觉。张作舟检查后，发现患者舌暗、脉沉细，认为其气阴渐复，但仍运化不足，要在益气养阴的基础上，酌加行气理气药品，以防气机壅滞。他用党参15g，黄芪20g，云苓10g，南北沙参各15g，延胡索10g，川楝子10g，五灵脂10g，麦冬10g，五味子10g，山萸肉10g，干地黄20g，陈皮10g，浮小麦15g，香附10g，泽泻10g，甘草10g，配成第三个药方，让患者每日服1次，连服30剂。同时将口服泼尼松药量，减为隔日1次。1个月后，患者到医院进行检查，结果显示，除尿常规检查还有一个加号外，其余指标均已正常。看到这个化验结果，病人以为自己的病已经痊愈，没有再请张作舟继续治疗。10个月过后，患者感觉心胸烦闷，出现烧心泛酸、指趾关节疼痛等症状，遂又找到张作舟。经检查发现，病人肢端已发紫变凉，小腿出现轻度浮肿，口角糜烂，脉象沉细。张作舟知道，这是旧病复发。他对患者说，前期的治疗，并未达到治愈标准，各项指标正常，只说明体内的正气在逐渐恢复，但毒邪并未消退，要想从根本上解除病痛，还需要进一步治疗。随后，他以党参20g，黄芪20g，桂枝6g，生熟地各20g，黄精10g，当归10g，白芍10g，南北沙参各15g，川芎10g，菟丝子10g，山萸肉10g，玉竹10g，枸杞子10g，云苓10g，青蒿10g，太子参15g，丹皮10g，炙甘草10g，组成新方，让患者服30剂后再来复诊。1个月后，患者关节疼痛明显减轻，但仍有头痛乏力之感，且口干纳差。张作舟经复查后，认为患者舌红，苔薄，脉象沉细，经过几次治疗，正在渐渐康复，但仍需“益气养阴，培补脾肾”，以促进正气进一步提升，迫使邪气自行消退。随后，又以党参20g，黄芪20g，五味子10g，南北沙参各15g，太子参15g，生熟地各20g，茯苓10g，麦冬10g，山萸肉10g，枸杞子10g，何首乌15g，狗脊10g，玉竹10g，女贞子15g，旱莲草15g，白芍10g，炙甘草10g，配成新方，让患者再连服30剂。3个月后，医院对患者进行了诊后追访，患者感觉良好，肢端血液已经畅通，虽时有关节疼痛，但再无发热迹象。

事后，张作舟对这个病例做了总结，他说，这是自己行医以来，治疗时间较长、病情比较顽固的一例。治疗前后经历了一年多的时间，患者共服用180剂中药，才使疾病得以治愈。他认为，红斑狼疮是正气大伤、气阴两虚、毒邪不散所导致的疾病。治疗时，一定要以扶正为先，益气养阴，绝不可一味攻伐。他在药中施以党参、黄芪、太子参、黄精、炙甘草，健脾益气；施以熟地、当归、沙参、麦冬，以滋阴养血；用枸杞子、山萸肉、女贞子，以滋补肝肾；用白芍，收敛固阴；用川芎、赤芍、丹参，活血通经；再配以青蒿，清热解毒。全方可以让患者的正气逐渐恢复，迫使余邪自行后退。通过这个病例，他还总结出，红斑狼疮的急性期，要以“清热解毒凉血、益气养阴扶正”为法；但在慢性期，则要以“益气养阴、补血填精”为法，时时注意顾护脾胃，以后天补先天。

张作舟治疗疑难杂症的独到之处，在于遣方用药很有特点。人们在翻阅他几十年积累的行医处方时，常常对他用药精当、配伍合理、药少力专的整体思想，赞叹不已。据同行和患者反映，一般情况下，他很少给患者施用大处方，多以十几味药为原方，如果一次难以根治，就在原方的基础上，进行加减化裁，所用药物仅10~15味之间，就能取得满意的疗效。

钻研外治法　创制新乳剂

张作舟专攻中医皮肤科70余年，博览群书，注重实践，特别在皮科外治法及外用药的制作方面，有较深的功力。他认为，皮肤病的治疗，不同于内科杂病，既要重视内治法以调理脏腑，也要强调外治法，以改善皮肤的病理变化。有些皮肤病，如疣类疾患、急性湿疹、接触性皮炎等，单独使用外用药治疗，即可收到较好的效果。更多的皮肤病，则需要内外结合、标本兼治，才能收到更好的效果。所以内外治法，不可偏废。

在少年学徒时，张作舟亲眼看到哈老师灵活运用外治法，医治各种皮肤病的神奇功效，学会了一些外用药的配制技术。他在独立行医时，经常采用外治法治疗皮肤病，疗效显著。在跟随赵炳南老师学习期间，师徒一起，经常研究和探索外治疗法。其中，用熏药疗法治疗神经性皮炎和慢性湿疹，就是他和赵老的共同研究成果。他们采用熏药油和电辐射热罨法，对30例神经性皮炎患者进行系统治疗，疗效非常满意，有效率达96.7%。具体做法是：用苍术10g，黄柏10g，苦参10g，防风10g，大枫子30g，白鲜皮30g，五倍子15g，合在一起，研成粗粉，再与等量的艾绒混合，用草纸卷成艾条。点燃后，用烟气进行熏治，能产生除湿散风、杀虫止痒的功效。临床经验使他相信，外治法是中医治疗皮肤病的重要手段。在皮肤病治疗中，他特别注意应用外治法为患者解除痛苦，并从中积累了丰富的经验。

1991年春节刚过，张作舟的一位亲戚打来电话说，有个21岁的女青年想找他看病。该患者两个月前头部起了一个疖肿，破溃溢脓，自觉疼痛，瘙痒不止，虽服用了抗生素、抗过敏药，又涂抹了外用软膏，但病情仍不能控制。张作舟初见病人，心里一惊，患者的头部布满了脓痂，痂下呈脓苔及糜烂面，可闻及秽臭气味，周围还有少量的丘疱疹及脓疱，用手一碰，脓液就流出来。很显然，病人是患了传染性湿疹样皮炎，这种病是由毒热壅盛、上蒸头部导致的。他认为此病要采用内外结合、标本兼治的治疗方法，于是从“清热解毒、祛湿止痒”入手，用蒲公英、地丁、野菊花、黄柏、龙胆草、金银花、泽泻、白鲜皮、苦参、甘草组成方剂，对患者进行脏腑调理，再用川黄连、川黄柏、黄芩、槟榔4味药合在一起，研成细末，用植物油调制成外用药，施行“除湿止痒、收敛除脓”的外部治疗。在诊室中，张作舟亲自动手，用植物油将患者头部的脓痂轻轻清除，再将自己调制的祛湿散涂于皮损部位，同时叮嘱患者回家后，除了内服汤药外，还要坚持抹药，每日2次，连抹7天。患者二诊时，头部厚痂已部分消退，但尚存糜烂面，并有渗出、瘙痒等现象。张作舟又给患者开了第二剂汤药，再次嘱咐患者，坚持每日搽抹解毒除湿散。7天后，患者三诊时，头部皮损已完全干燥，呈现淡红色，糜烂面和脓痂正在隐退。根据病情，张作舟为患者重拟了药方，并调整了外用药，改用浓度为3%的硫黄霜软膏，让患者涂抹，以巩固疗效。一个月后，女孩子来到医院，高兴地告诉张作舟：她自己都没有想到，这么重的病能如此快就治愈了。

张作舟认为，皮肤病种类繁多，中医治疗方法丰富多彩，临床上，关键要诊断正确、对症下药。外治法看似简单，实则复杂。对各种皮肤疾病的治疗，医生一定要头脑清楚。他强调对严重的渗出性皮肤病，必须用植物油调制药物，绝不能选择水性药剂治疗，因为在湿敷的过程中，药水会使表皮角质层更加膨胀，进一步扩大糜烂面，使湿邪加重。对于湿热型和湿盛型两种证型的湿疹的外治疗法，他颇有心得，认为湿热型湿疹属于阳证，发病急而多变，如果治疗及时，能很快痊愈。他曾采用溻渍法，将马齿苋、黄柏、枇杷叶3种药合在一起，对患者进行湿敷，临床效果非常理想。而在治疗湿盛型湿疹时，就不能按照湿热型治法进行治疗，因为湿盛型湿疹属于阴证，是由湿热型转来，或久病不愈而得，虽来势平缓，但缠绵反复、时轻时重。外治时，要以黑豆油膏或地榆膏为药，涂抹后才能发挥药物中所具有的抗过敏和消炎除湿的作用，达到治疗疾病之目的。

张作舟在皮肤病临床治疗上注重遣方用药，除了让患者内服汤药外，外治法更有独到之处。他在学徒期间，由于勤奋好学、品行正直，得到老师外用药配制技术之真传。在摊制膏药的过程中，他练就了一套不用任何仪器、仪表，仅凭眼观、鼻闻就能掌握制膏药火候的本领。后来陪伴在赵炳南老师的身边，他又得到赵老师的亲自点拨。特殊的经历和良好的教育，使张作舟在皮肤病外用药的配制上，堪称一绝。

一段时间里，张作舟在临床上发现，用传统油脂类软膏给病人施治时，患者大都因为不能接受药物的气味、颜色、外观等，而不愿意选择外用软膏，由此也限制了皮肤病外治法的发展。从临床角度来讲，外用软膏对于某些皮肤病的治疗非常有效。张作舟想，若能将传统外用软膏的基质加以改进，克服其粗糙、黏腻、油污等缺点，不仅能够提高疗效，还可以发挥软膏护肤驻颜的作用。为此，他查阅了大量的文献资料，深入了解当代西方医学在软膏制作方面的发展情况，并结合自己掌握的配药技术，对软膏基质进行了大胆革新。张作舟曾听哈锐川老师讲过，最初的外用软膏是将动物的脂肪做基质，所做出的软膏，虽然渗透性好，但是特别容易腐败变质，不易保存，并且涂展性也差。到了近代，随着化学工业的发展，软膏制作方法有了很大改进，大部分外用中成药，已经不再用动物脂肪做基质，而以凡士林替代。这种基质的优点是不易变质，涂展性好，但也存在渗透性差、不利于药物吸收等缺点。临床医生反映，用凡士林做基质的中药软膏，涂抹到皮损上，容易形成一层不透气的薄膜，使渗液不易排出，有时还可能导致病情恶化。

张作舟在外用药研究中发现，生活中所使用的护肤品与医用软膏，都是作用于皮肤上的产品，但所采用的基质不尽相同。护肤品用乳剂为基质，其优点是分散度大，对皮肤无刺激性，油腻少，易清除。他认为，医用软膏如能引进乳剂基质，就可以克服传统软膏的不足，还有利于药物的吸收。经过深入研究，他发现，护肤品乳剂是由两种不相溶的物质，即油相和水相组成，在乳化剂的作用下，形成一种不分离的半固体基质。在分子结构上，其一端由亲水基团组成，另一端则由亲油基团组成，如需要油剂基质，就让亲油基团发挥作用；反之，则让亲水基团发挥作用。明白了其中的化学原理后，他开始进行配制乳剂的各种尝试。按照配方的比例，取水相和油相两种原料，放入容器内，上火加温、搅拌，待温度升至75℃～85℃时，将容器取下。如果需要配制水包油的乳剂，就将油徐徐加入容器里，按顺时针方向搅拌，待乳剂温度降至45℃时，再加入药粉，继续搅拌，直到冷却为止。如需配制油包水的乳剂，就将水徐徐加入容器内，搅拌加药。在临床上，他根据病证的要求，分别研制出以水包油为基质的"止痒润肤霜"和以油包水为基质的"止痒润肤脂"。水包油为基质的"止痒润肤霜"是以紫草、红花、丹参为原料，再取60g的凡士林，将紫草、红花炸焦，用纱布过滤后，将丹参用蒸馏水煎煮两次过滤，用水包油乳剂配制而成。这种软膏，具有活血通络、润肤止痒的功能，对顽固性湿疹的外用治疗，有很好的疗效。油包水为基质的"止痒润肤脂"，是以紫草、丹参、苦参等药物为原料，将紫草用液体石蜡炸枯，去渣、过滤，然后将丹参、苦参水煎煮2次，过滤后，去渣浓缩，并加入油包水基质配制而成。此药具有"润燥祛风、活血止痒"的功效，多用于治疗皮肤干燥症、瘙痒症和鱼鳞病等。

离开临床一线后，张作舟担心外用药配制技术失传，便不顾年老体弱，克服病痛的困扰，将自己几十年来积累的外用药配制技术和经验加以总结，写成了《皮肤病中医外治法及外用药的配制》一书，使这一传统治疗方法和外用药配制技术得到传承，为中医药事业的发展作出了贡献。

全心传医术　年高德更高

张作舟自称禀赋驽钝，深为自幼失学而痛苦，在走上岐黄之路的几十年间，为他所热爱的中医事业，倾注了大量心血。为了扩大中医皮肤科在国内外的影响，促进临床水平的提高，他执著追求，传承医术。1970年，卫生部为了恢复医学院校被破坏的教学秩序，特抽调一批临床骨干，转入医学院校从事教学工作。张作舟因此从北京中医医院调到北京第二医学院（现首都医科大学）任教。在此期间，他先与同事们一起，到北京郊区农村开办医疗试验班，培训农村基层中医力量；随后，又作为学校的业务骨干，被抽调到北京通县中医卫生学校，帮助创办"赤脚医生"轮训班，讲授中医理论。其间，他参与培训了两批中医学员。这些学员毕业后，大多成为当地基层医疗的骨干力量，有些学员还走上了领导岗位。北京市海淀区原中医医院院长周生，就是当年轮训班毕业的"赤脚医生"，如今已经成为该中医医院的学术带头人。他曾多次对人讲："如果没有张老师的教育和指导，我就不会在中医事业上进步得这么快。"

张作舟在1991~1997年间，多次参加国内外的各种学术交流活动，向国内外同行介绍中医皮科事业的发展和进步，扩大了这个学科在国内外的影响。他多次讲到，愿把自己毕生的研究成果和临床经验，毫无保留地传授给后人。1990年，张作舟成为全国首批500名老中医药专家学术经验继承工作指导老师，并于1993年起享受国务院政府特殊津贴。1991年，他欣然接受所在医院让他带徒传医的安排，收广安门医院皮肤科的刘瓦利和丰台医院皮肤科的方平为徒，向他们传授自己的临床经验和辨证论治的思想，以及外用药的制作方法。为了让徒弟们真正掌握外用药的制作技术，他在医院科研经费紧张的情况下，自己出钱，购买原料和设备，手把手地教徒弟们如何制作外用药。他从药物的计量，熬药温度的控制，各种药材的使用比例和浓度，外用药剂型的选择等方面，一一详细讲解，悉心传授。他常告诫学生，临床医生不仅要掌握外用药的药性、功能和药理作用，还要了解药物剂型和基质的特性，只有这样，才能根据患者的病情，正确使用外用药。在他的认真指导下，徒弟们勤奋刻苦地学习，努力钻研业务，收获颇多。刘瓦利、方平现在已经成为张作舟学术经验的继承人，并在中医皮科领域大有作为。刘瓦利医生在跟随张作舟学习期间，独立完成了“中医外用药治疗湿疹性皮炎”的研究课题，出师后又承担了广安门医院的“复方蛇舌草合剂治疗寻常痤疮”的临床研究，还担任国家中医药管理局的“痒宁软膏治疗异位性皮炎有效性研究”等课题的研究。目前，刘瓦利是中国中医科学院广安门医院皮肤科主任、博士研究生导师，并担任北京中医药学会皮科学会委员等职务。方平医生在张作舟的精心培养下，在顽固性皮炎、酒渣鼻、银屑病的治疗方面，有相当的造诣，很多银屑病患者经她治疗后，至今未见复发。

带徒期间，张作舟还与其他学生一起，深入研究、总结了一些很有价值的医案，合作写出了《扶正法在皮肤病中的应用》《运用理脾法治疗皮肤病的经验》《解毒活血汤治疗八十二例银屑病疗效总结》等20多篇论文。其中一些重要的论文，多次在国际中医学术会议及学术年会上宣读。

张作舟为人处事，深受父亲和两位老师的影响。在他的记忆中，与父亲朝夕相处的日子并不多，但他的脑海里总能忆起父亲对待长辈、兄长、家人和朋友的孝顺、谦和、关爱、宽厚的模样，父亲是他心中为人的楷模。拜师学医后，他从两位前辈身上，不仅仅学到了高超的医术，还懂得了做人做事的道理。

学徒期间，张作舟听说自己的老师曾经救治过一位穷苦的“搭背”（背痈）患者。这个患者是穷困的人力车车夫，已过60岁。曾到多家医院求治，在没有一家医院敢接诊的情况下，来到哈锐川的医馆求诊。当时，患者的情况非常危险，面色萎黄，疮面糜烂，流水不止，已到水米不进的地步。哈老师看到后，不嫌不弃，毫不犹豫地接收了他，并精心为他诊治，用培补元气、托毒外出的方法，救了他一命。此事在社会上广为流传，同行们都盛赞哈老师的崇高医德和精湛医术。张作舟听后，年轻的心灵被深深感动。

早年，张作舟在独立行医时，曾亲眼见到赵炳南老师为帮助普慈施中医诊所开业，无偿提供医疗器械及办公设备的情形。在赵老师的感召下，张作舟和其他同行一道，也拿出药瓶等医疗器具，做一些慈善之事。在中医医院师从赵炳南时，张作舟看到，赵老师对待病人就像自己的亲人一样，关怀照料得无微不至。一般来讲，皮肤病患者的患病部位暴露在外，又脏又难闻，赵老师却从不嫌弃，亲自动手为病人检查伤口、做治疗。为了减轻患者的经济负担，赵老师在遣方用药时特别小心，从不给患者开不必要的贵重药物。

往事久远，但父亲的宽厚善良，老师的慈祥博爱，无时无刻不在张作舟的脑海中闪现。他始终把父亲做人的品德和老师的高尚医德，作为自己的行为准则，为人谦和，做人低调，以治病救人为己任。随着时间的推移，张作舟在中医界的名声不断提高，慕名找他看病的人越来越多，但他却始终做到，上至中央领导，下到平民百姓，一视同仁，同样对待，全力以赴，显示出一位名医悬壶济世的大德大仁。

张作舟出诊时，经常遇到一些生活困难的人，看病后拿到药方，却无钱买药。遇到这种事情，他都主动帮助解决，如果当时手上有自己配制的外用药，就无偿地赠予患者，或者自己出钱为患者取药。在遣方用药时，他总想着用最廉价的药物达到最好的疗效，从不给患者开不必要的贵重药。几十年间，张作舟治愈的病人难以计数，收到了大量的感谢信和锦旗。

2002 年 2 月，一位姓关的女孩走进张作舟的诊室。她在童年时，因患有异位性皮炎，奔走于北京的各大医院，却久治未愈。随着年龄的增长，皮炎不仅使她痛苦，更使少女爱美之心抹上了一层阴影。读高中时她多方打听，才找到张作舟。仅一个半月，张作舟就治愈了她的顽疾。后来，她从清华大学毕业后去美国留学，攻读工商管理硕士，结了婚，并有了一个活泼健壮的娃娃。2001年，因美国气候湿热，加上她本人在饮食方面没注意忌口，致使皮疹复发。美国医生曾用激素为她治疗，病情没有好转。她又到休斯顿、旧金山找中医大夫治疗，也无甚效果。病情加重，无奈之下，她只好请假回国，再次求治于张作舟。一个月后，病情得到有效的控制，她在回美国之前，写了一封很长的信，以表谢意。

日本驻华使馆前外交官太田顺一患皮肤病后，曾在日本及欧美国家求医15年，几乎丧失了治愈的信心。他找到张作舟后，经过3周的治疗，病就得以痊愈，不由得感叹中华神医妙手。

为了感谢张作舟的治病之恩，有的患者拿着钱和礼物要到家里去看望他，他一概婉言谢绝。还有一些患者，为了宣传他的高尚医德和精湛医术，特请媒体为他作报道。张作舟总是推辞，他说："能为别人做点事情，是我最大的幸福。"他的医术、医德在海外也颇具影响。台湾《中国医药导报》曾以专文报道张作舟的事迹，评价他是"用爱心对待每一位患者，技进一尺，德增一丈"。

张作舟曾身兼多个社会职务，如全国中西医结合理事会理事、北京中医药学会常务理事兼皮外科学术委员会主任委员、全国中医外治法学会副主任、中国中医科学院广安门医院专家咨询委员会委员等。他不管社会工作多么繁忙，始终要求自己不离开临床一线，总要抽出更多的时间为患者治病。广安门医院规定，专家每天门诊量在15人以上就算完成任务，但他从不以此为标准。只要患者需要，他就随时接诊。有时，外地患者慕名前来，却没能挂上号，他就主动与挂号室联系，要求为患者补号。如果到下班时间，仍有患者没能看上病，他就将他们领到家里，为他们诊病。曾有一位80多岁的老人，身患重病，行动不便，张作舟知道后，忘却了自己也已是古稀老人，竟然骑着自行车到病人的家里为他看病。一位患了皮肤病的下岗职工，生活非常拮据，张作舟为他诊治，不收分文报酬。退休以后，张作舟还经常到社会上，为社区和单位进行义诊。

1993年9月，张作舟应邀到山西太原进行学术交流，其间，听说太原市一家医院住着一个皮肤病患儿，持续高热两个月，医院已给家属下了病危通知书，他马上赶到医院，为患儿诊病。只见患儿精神萎靡，面黄肌瘦，皮肤潮红面积达90%左右，身上布满脓疱，并伴有糜烂和脓液。原来，这个孩子得病后，到当地医院就诊，医生按湿疹为其治疗，可高热没有减退，身上的皮损反而越来越严重，这才赶到太原求治。医院诊断为“脓疱性银屑病”，用西医方法进行治疗，病情未见好转。张作舟诊后认为，孩子得的是“红皮病型银屑病”，并且是最严重的一种，能危及生命。经过仔细观察，他发现这孩子先天禀赋不足，虽已7岁，身高还不足1米，后天又失于调养，饮食失节，生活没有规律，内有积热，又外感风热毒邪，而引起本病。他随即开了3剂汤药，外用药膏涂抹。汤药服用两天后，患儿的体温开始下降。他又以原方为基础进行调整，继续用中药治疗。在山西的几天时间里，他除了参加学术活动，其余的时间和精力都放在这个患儿身上，与当地医生进行了4次会诊。在回北京前，患儿的病情开始好转，他依然放心不下，又给患儿开了14剂中药，并嘱咐家长，吃完药后，如果还没彻底治愈，就到北京找他。后来，患儿的家长果真把患儿带到北京。张作舟见到患儿时，其病情已有明显好转，但皮肤颜色还是发红。他认为，这是“毒热未尽、气阴两伤”的表现，仍需清热解毒，滋阴益气。随后，他又为患儿开了7剂中药。再来复诊时，患儿身上的皮肤颜色已经变淡，皮损面积明显减少。家长看到孩子的病被治好了，从内心感激张作舟的救命之恩，要拿出钱来表示感谢，被张作舟婉拒。

2005年，83岁的张作舟接受了北京市海淀区北下关社区卫生服务中心的聘请，定期为当地居民进行义诊，发挥余热。他这种奉献精神，赢得了社区居民的高度赞誉。每当他来义诊，小区的居民不管有病没病，都愿意过来看一看他。台湾《大成报》记者说他是“不贪私欲，每天念书进修工作，浑然不觉老之将至”之人。

胸怀坦荡荡　人生幸福多

时光荏苒，光阴似箭。进入耄耋之年的张作舟身体依然健康，耳不聋，眼不花，牙齿完好。曾有朋友问他养生之道和长寿的秘诀，他回答说，不外乎有三条：坦荡胸怀，乐观人生；家庭和睦，尽享天伦；生活规律，坚持锻炼。

坦荡胸怀，乐观人生。张作舟一生坎坷，经历过多次挫折。13 岁开始独立生活，20 岁就独立开业，又曾经受到过不公正的待遇。这一切，他都能用坦荡的胸怀去面对。他认为，世界上的事物千变万化，人们对事物的看法也不尽相同。人的一生，不可能事事都处于顺境，生活中遭遇困苦磨难在所难免。遇到这种情况，他的经验是：严以律己，宽以待人，适应环境，保持乐观，以平常之心对待人和事。他说，精神愉快，对于健康的作用极大。中医将“心”视为君主之官，具有调节情志的作用；“心”对全身脏腑功能，也起着决定性的作用。生活中遇到喜事，不要过于激动，遭遇挫折，也不要自寻烦恼，要学会面对，懂得承受，要有自我调节的能力和乐观向上的精神。他喜欢引用《黄帝内经》中的一句话：“恬淡虚无，真气从之，精神内守，病安从来？”

家庭和睦，尽享天伦。张作舟认为，退休是人生的必经之路。退休之后，家庭环境对身心健康、延年益寿，起着非常重要的作用。他说，营造美好的家庭环境，一定要做好三件事：一是尊敬老人，二是夫妻敬爱，三是慈爱子女。张作舟深知岳父家没有儿子，女儿结婚后，老人身边就没有子女照顾。于是他摒弃传统观念，在与妻子结婚后的第五年，就搬到岳父母家生活。他深深地记着，每当自己生活和工作遇到困难的时候，都是两位老人以最大的力量给予支持和帮助。他的4个子女都是岳母亲手拉扯大的。他坦言，在北京大学医学院读书时，如果没有岳父、岳母在生活上的帮助和照顾，他就不可能完成学业。因此，在与老人一起生活的时候，家里的事情，他都听从老人的安排，尊重老人的意愿，关心老人的生活。岳父、岳母感到，和张作舟夫妇一起生活非常幸福，其乐融融。人的一生，夫妻相处的日子，远比与父母在一起的时间长。张作舟深深体会到，世上没有比老伴更为亲密的人了。张作舟与妻子梁士儒女士，于1945年结为伉俪，至今已度过了65个年头。在相濡以沫的日子里，他们共同创建和支撑着这个家，夫妻之间互敬互爱。他每遇困难，总有妻子站在身旁，给他鼓励和支持，与他一同坚守。不论张作舟在北京大学医学院读书，还是在医院工作，妻子都在精神上、生活上，给予他全力支持。65年来，他们在逆境和挫折中，相互搀扶勉励，一起爬坡涉险；在事业顺利和取得成功时，他们一起欢庆，分享快乐。张作舟发现，和妻子生活多年，他们双方有着共同的优点：生活朴素，待人诚恳，对子女关心多，要求少。互敬互爱的亲情，不仅增进了夫妻之间的感情，也深深影响着孩子们的成长。孩子们从小就感受到家庭的温暖和来自父母的关爱。现在，4个子女都已各自组成家庭，独立生活。但是，每个子女时刻都在惦念着父母。逢年过节，他们不约而同地回家看望父母。在生活和工作中遇到困难，他们也愿意回家和父母聊聊，谈谈心。张作舟觉得，这种温馨和睦的家庭环境，不仅让他和老伴在精神上得到愉快，也有利于他们的身体健康。目前，他的家已是一个16口人、四代同堂的大家庭。2007年3月，张作舟一家被北京市宣武区精神文明办公室评选为“宣武区平安示范家庭”，并荣获宣武区广安门内街道“五好家庭”称号。

生活规律，坚持锻炼。起居有常，饮食有节，这是张作舟日常生活的宗旨。多年来，他一直坚持每天早上6点前起床，而后到附近的公园散步，锻炼身体；吃完早饭后去医院上班；中午小憩片刻，保证精力旺盛；晚上没有特殊事情，11点前一定入睡。他常说：“人若要保证身体健康，首先要保持头脑的清醒、灵活，这样才能促使身体组织器官正常运转。”退休前，张作舟有大量繁重的工作压在身上。退休之后，他坚持读书、思考及参加必要的社会活动。他要求自己，做事应不辞辛劳，但须量力而行。他希望在中医药事业这个大舞台上，还能够继续发挥自己的余热。

（撰稿人　王京群　张大萍）

（注：《中华中医昆仑·张作舟卷》成稿于2010年8月，正准备刊印时，张作舟教授于2010年10月20日逝世。现仍以张作舟教授生前审定的稿件付梓出版。）

张琪卷

张　琪（1922—　）

承前啓後爲弘
揚中醫事業
奮鬥不息

張琪
庚辰元月

张　琪手迹

人命重于千金，于是勤奋尤加，白日出诊，夜间攻读，终岁以为常；医乃活人之道，予不自欺亦不欺人。

——张　琪

张琪，1922年出生，河北乐亭人，九三学社社员，中国共产党党员。著名中医临床家、理论家、教育家，2009年由人力资源和社会保障部、卫生部、国家中医药管理局评为国医大师。历任黑龙江省祖国医药研究所（现黑龙江省中医研究院）研究员、内科研究室主任、副所长、技术顾问，黑龙江中医药大学教授、博士研究生导师，九三学社黑龙江省委员会常委、顾问，中华中医药学会常务理事、顾问、终身理事，中国中医科学院学术委员会委员。为首批享受国务院政府特殊津贴专家，首批全国老中医药专家学术经验继承工作指导老师，曾当选黑龙江省人大代表及第五、六届全国人民代表大会代表，第七、八届黑龙江省政协常委。

张琪自幼习学四书五经，少年熟读中医经典，随祖父临床侍诊。后辗转至哈尔滨，毕业于汉医讲习所。在长达70年的医疗、教学、科研工作实践中，行医不怠，笔耕不辍，学术造诣深邃，临床经验丰富，屡有创新，启迪后学，培育人才。

张琪自踏上医途，即以救死扶伤、济世活人为己任，70年来从未离开过临床第一线，培育了大量高级人才。他精通中医内科，尤擅肝病、脾胃病、心系病、神志病的治疗，善治内科各种顽固性疾病，如肾病、肝病等。自20世纪60年代起，将肾病的治疗与研究作为主攻方向，从脾肾论治慢性肾脏病，疗效显著，并带动了黑龙江省中医研究院肾病专科的发展。他通贯古今，融会中西，博采众家之长，师古而不泥古，精于辨病辨证相结合，施法灵活，善于古方新用、化裁古方、创制新方，研创出多种新制剂，广泛应用于临床。

他在中医药科研工作中亦硕果累累，有论著6部。近年来，其学术继承人张佩青等编写成《中医临床家张琪》《张琪肾病医案精选》，经张琪校审出版，将张琪的宝贵经验毫无保留地介绍给广大医务工作者。国医大师朱良春读过后，称赞其治疗肾病"数十年宝贵经验毫无保留，和盘托出，公之于众，传之于世，诚仁者之心也"。张琪主持和指导完成多项国家科技攻关计划项目，多次获得国家及省部级科技进步奖。他毕生呕心沥血，致力于高级中医人才的培养，他培养的博士研究生32名，硕士研究生12名，均已成为中医事业的栋梁之材。

自幼喜岐黄　一世为良医

张琪，1922年12月31日出生在河北省乐亭县农村一户清贫的读书人家。祖父张文兰精于医典，一辈子教书行医，在乡间颇有声望。张琪5岁丧母，从小跟着祖父母长大。祖父常常在油灯下教6岁的孙儿读医书，《汤头歌诀》《药性赋》《脉诀》等都被小张琪当成儿歌咏诵。每当看到端坐在炕桌前的孙儿专心致志读书并且过目成诵，祖父便满意地捋捋胡须，面露喜色，深情地说：宋朝的范仲淹有句名言"不为良相，便为良医"，人生在世，当不了治国的宰相，也要当个济世的良医啊！孙儿似懂非懂地望着祖父，但"不为良相，便为良医"的名言却深深地镌刻在他那幼小的心灵上。受家庭熏陶，张琪年少矢志岐黄之术，并随祖父习医，苦读中医经典，如《黄帝内经》《伤寒论》《金匮要略》《温病条辨》等，为探究中医医理打下了坚实的基础。

张琪的青少年时期，正值日军入侵中国，战乱不息，国无宁日，疾病流行，百姓涂炭。他牢记祖父教诲，为解除民众疾病，辛勤不倦，攻读医书，撷采众长，学问大增。初次临诊即治愈了一位久治不愈的高热病人，一时名扬乡里，张琪由此开始了与中医事业的一世情缘。

1938 年，年仅 16 岁的张琪只身闯荡东北，由长春辗转至哈尔滨，在天育堂药店开始学徒。蹬药碾子做药，拉药匣子抓药，还要侍候师傅生活，冬天手脚常常生出冻疮。劳累之余，胸怀大志的张琪留心记下坐堂先生给病人开的药方，夜里别人睡了才敢偷偷起来，点上小油灯对着医书细细揣摩。他把攒下的钱都买了医书，坚持到哈尔滨汉医讲习所学习。1942 年 6 月于讲习所毕业后，开始在哈尔滨天育堂附设的钟麟诊所行医。1948 年经松江省（1954 年后并入黑龙江省）卫生行政部门考试，以第二名的优异成绩，获得中医师证书。

1951 年，张琪在哈尔滨市中医进修学校脱产学习一年。此后他为了响应政府号召，与中医赵麟阁、高瑞圃、周国卿组建了哈尔滨市第四联合诊所，与工厂建立医疗合同，为工人诊治疾病。那时他虽年轻，但医术精湛，医德高尚，深得业内外人士的赏识与信任。1955 年，张琪调入黑龙江省中医进修学校（黑龙江中医药大学前身）执教，同时还为哈尔滨医科大学及省中医进修班、西医学习中医班等讲授《伤寒论》《金匮要略》《温病学》《诊断学》等课程，为培养本省的中医骨干和黑龙江中医药大学首批师资力量作出了应有的贡献。

1957 年，张琪参与筹建黑龙江省祖国医药研究所，并任中医内科研究室主任，同年加入黑龙江省九三学社。1960 年 7 月，张琪光荣加入中国共产党。作为研究所的创始人之一，张琪的主要临床研究业绩、科研教学成果、中医理论造诣的升华，以及获得的许多荣誉，都与这个研究所的发展与壮大紧密地联系在一起。当时，刚过不惑之年的张琪就以医学功底深厚、博学多识、善治疑难病著称，被誉为黑龙江省四大名医之一。他在胸痹、肝病、肾病、血液病、神志疾病等方面有着丰富的临床经验，许多疑难危重的病人经他治疗后转危为安。他经常被邀请参加省内疑难病中西医会诊，常被省委、省政府有关领导请去诊病。1961 年，受党中央和省领导委托，他和哈尔滨医科大学的胸科专家傅世英教授一起赴黑河，为前苏联阿穆尔州秘书长多布雷治好了心脏病。

当时许多人试图用西医理论来解释中医，把中医的脉学与西医的心血管系统机械地联系起来，丢失了中医脉学特色。张琪讲授《诊断学》课程时，深感有必要为脉学正言，遂于 1964 年撰写了《脉学刍议》一书。该书针对脉学中有关问题加以阐发，尤以仲景脉学为中心内容，学习仲景言证必言脉，言脉必言证，揭示了脉学在中医临床辨证中的重要地位。张琪认为，中医八纲辨证不能用西医学解释，同样，亦不能用现代心血管理论来解释脉学。脉学虽有心血管方面内容，但不完全等同。脉学以中医阴阳、升降浮沉理论为基础，表里、寒热、虚实皆离不开脉。如浮脉病在表，沉脉病在里；迟脉主寒证，数脉主热证；弱脉见于虚证，大脉、实脉见于实证。脉学价值体现在具体病中，特别是外感病，如湿温见濡数脉，湿盛见濡脉；尤其是一些无证而有脉的疾病，脉诊更是必不可少。对于现代疾病，脉学也很有诊断意义，如痛风见脉数，则为热象，应治以清热祛湿、活络除痛；甲型流感病毒所致的发热亦属温病，常见于素体阴虚之人，必见数脉。经过多年临床实践，张琪认为诊脉虽然在四诊中必不可少，但并非对所有疾病都有价值，有些病要舍脉从证，不可将脉学神化。但总的来看，脉诊不可缺。该书发行后在国内颇有影响，许多读者纷纷来信给予高度评价。为此，黑龙江人民出版社于 1986 年再版发行。

1967年7~10月间，张琪参加了农村医疗队为农民防病治病。在黑龙江省兰西县农村，听说从省城来了名医，十里八村的农民赶着车、骑着毛驴，甚至用门板抬着病人，来到张琪住地。张琪不顾条件简陋，一一耐心地给乡亲们诊治。在缺医少药的农村，张琪的到来犹如及时雨，很多病人在他的精心调治下很快恢复了健康。有的农民朋友一直与他保持着联系。1976年，他随黑龙江省卫生厅厅长下乡，在呼兰县举办的乡村医生学习班主讲《伤寒论》，还奉卫生厅之命，组织人员编著了乡村医生普及读物《中草药》和《中医基础》，由黑龙江人民出版社出版发行。

1978年，全国科学大会召开，张琪作为中医界代表光荣出席，他决心为中医科技事业再扬风帆。当年任黑龙江省祖国医药研究所副所长的张琪，当选为黑龙江省人民代表大会代表，第五、六届全国人民代表大会代表及第七、八届黑龙江省政协常委。他感到自己肩上的担子更重了。

1986年，国家科委和卫生部确定“七五”科学技术攻关计划，张琪关于“中医治疗劳淋（慢性肾盂肾炎）”的研究课题一举中标。国家中医管理局领导还请他担任全国老中医经验研究9个课题组的组长：“抢救名老中医包括您的经验，把它变成人民的财富，是一项刻不容缓的任务。名老中医里您最年轻，这课题组长的重担请不要推辞。”张琪毫不犹豫地接受了重任，代表北京、上海、四川、湖南等9家科研单位与国家有关部门签下合同。尔后，他风尘仆仆地到各地了解情况，督促进展，交流经验。经过4年多的艰苦努力，9项课题全部按期完成。经同行专家评审，其总体研究均达到国内领先或先进水平。他亲自主持完成的课题“中医药治疗劳淋的临床与实验研究”，获得国家中医药管理局科技进步二等奖。这期间，他作为黑龙江省中医学院的教授，要挤时间指导研究生，审阅研究生的毕业论文，参加论文答辩；还要定期出专家门诊；黑龙江人民出版社频频催他尽快完成30万字的《临床经验集》。如此之忙，他都能从容应对。他在《临床经验集》前言中写道："予自少年酷爱医学，遂遵'大医精诚'之训，悉心钻研医典，博览古今医著，在临床实践中亦兼采西医之长，期能尽医之天职，为人民群众服务，在医苑中微有建树。为洞悉医理，常苦苦思索，寻根溯源；为疗危难，常潜心研究，以求救验；为启迪后学，常精写教案，循循善诱。凡医理有所悟，临证有所得，教学有所长，辄援笔志之。日积月累，积稿渐丰，撰为是书，冀为同道抛砖引玉，为人民的健康事业献身。"这是一位良医的肺腑之言，也是张琪成功之路的真实写照。

进入20世纪90年代，古稀之年的张琪反倒更忙了。他坚持不懈地出专家门诊、查病房，承担科研课题，指导硕士、博士研究生；作为黑龙江省职改评委会中医药组组长、科技进步奖评委会主任委员，参加职称评定和奖项评审；应国家中医药管理局及有关部门的邀请，常为一些研讨班、培训班讲学。他更加关注中医药事业的前程，为振兴中医药事业奔走呼吁，上书建言，献计献策。1990年，张琪与邓铁涛、任继学、路志正、焦树德、巫君玉、颜德馨、裘沛然等8位名老中医，就加强国家中医药管理局的职能，联合致信国家主席。10月9日，中共中央办公厅、国务院办公厅信访局回函答复，同意加强国家中医药管理局管理全国中医药工作职能等的意见。同年11月，国家两部一局确定全国五百名老中医药专家师带徒，张佩青、朱永志作为张琪的学术继承人，出席在北京人民大会堂召开的全国继承老中医药专家学术经验拜师大会。1998年8月11日，张琪与邓铁涛等8位名老中医致信国务院总理，反映中医药存在的问题，被称为"八老上书"，对推动中医药事业的发展起到了良好的促进作用。此间，他还先后出版了多部著作，如《张琪临证经验荟要》，获黑龙江省中医药科技进步二等奖；与任继学等名老中医合著的《中国名老中医经验集萃》，获北京市科技进步三等奖；还有《张琪临床经验辑要》等。他还先后应邀出访美国、日本讲学、会诊，以传播中医药文化，进行学术交流。

进入21世纪，已是耄耋老人的张琪并没有停下为中医事业奋斗的脚步。2000年10月，由他主持完成的“肝舒康冲剂治疗慢性乙型肝炎及肝纤维化的临床与基础研究”获黑龙江省科技进步二等奖；10月29日，他被广州中医药大学第二临床医院即广东省中医院聘为客座教授。2001年4月20日，他应邀参加广东省中医院举行的向国家级名老中医拜师仪式，配徒徐大基、林启展两名；5月26日，应邀出席中国（天津）首届中医药文化节，并为劳动模范义诊；10月28日，出席在北京举行的“全国著名老中医邓铁涛学术思想研讨会”；11月5日，应邀为在北京举办的全国名老中医临床经验高级讲习班授课。2002年1月19日，黑龙江中医药大学授予他“优秀博士研究生导师”光荣称号；同年6月，由他主持完成的“肾炎Ⅱ号水丸治疗IgA肾病血尿的进展研究”获黑龙江省科技进步三等奖；2004年6月，获首届中国医师奖（全国只有4名中医获此殊荣）。2008年11月，被上海同济大学“中医大师传承班”聘为师承导师，并赴上海参加开班仪式、讲学。2009年，由人力资源和社会保障部、卫生部、国家中医药管理局评选为国医大师。这是新中国成立以来我国第一次在全国范围内评选国家级中医大师。

善攻顽难症　妙用《脾胃论》

张琪精于仲景学说，对历代医家及中西汇通学派之学说兼收并蓄，对现代医学亦多探索，善于用辩证法思想指导临床用药，精通中医内科，独具特色，疗效卓著。

一、主攻疑难重症

神志疾病，包括现代医学所称抑郁症、强迫症、神经官能症等，为难治之症，因其反复缠绵，往往使医生劳而无功。此类疾病多由思虑过度、所思不遂及忧伤郁闷所致，心藏神，肝藏魂，其病位在心、肝。张琪擅从心肝论治，运用经方时方，随证加减，治愈了多例神志病患者。他总结了5个主要证型：心胆气虚证，治以补心气，益肝胆，方用加味珍珠母汤；心气虚肝郁证，治以疏泄肝胆，养心宁神，方用柴胡加龙骨牡蛎汤化裁；心肝郁热证，治以疏肝泻火，养心安神，方用疏肝养心汤（黄连阿胶鸡子黄汤合小柴胡汤化裁）；心气阴两虚痰瘀互结证，治以养心疏肝，活血化痰，方用癫狂梦醒汤合甘麦大枣汤化裁；心火亢盛痰热内扰证，治以泄热化痰，开郁通窍，以礞石滚痰丸方加玄明粉治疗。曾有一就读于某著名大学的女生，因学习过于劳累，导致精神分裂，出现幻想症，发痴不语。张琪辨其证为心气虚肝气郁热证，以《伤寒论》中主治胸满烦惊之“柴胡加龙骨牡蛎汤”加减治疗，其中柴胡有疏肝泄热之功，龙骨、牡蛎养心，珍珠母、茯神安神。患者共就诊3次，服用60剂后痊愈，笑容满面地回校复学。他用此方化裁治愈了很多神志病患者，深感此方如用之恰当灵活，则效如桴鼓。为了让更多的神志病患者受益，他在此方基础上化裁，潜心研究出中药复方“宁神灵”，治疗精神系统疾病疗效显著，使众多患者解除了失眠多梦、烦躁忧郁的困扰。此药1987年获得布鲁塞尔尤里卡国际发明博览会银奖，至今仍在临床上广泛应用。

我国慢性病毒性肝炎的发病率很高。张琪对此病的治疗亦有精辟见解，认为肝郁脾虚为慢性肝炎的基本病机，疏肝健脾法为主要治疗大法。他十分重视疏肝健脾益气药物的应用，善重用柴胡、白芍、白术、茯苓、山药、黄芪、太子参，体现了“见肝之病，当先实脾”及“肝脾同治”的思想。此类肝病常夹湿热中阻证，伍以清热利湿之品是其用药特点；针对乙肝表面抗原及e抗原阳性，或转氨酶升高，常加清热解毒之品，正邪兼顾，其效甚佳，自拟经验方护肝汤疏肝健脾，利湿解毒，收效明显。对于肝病出现黄疸的治疗，一方面清热利湿退黄，以茵陈五苓散、热胀中满分消丸、甘露消毒丹等方加减化裁，一方面疏肝柔肝，益气健脾，以四逆散加参芪苓术等化裁。治疗慢性肝炎后肝硬化腹水常辨证应用四方：湿热中阻，用中满分消丸加减；脾虚气滞水蓄，用加味茯苓导水汤；大量腹水，肿势较重，健脾行气利水毫无效果之时，峻下逐水用加味舟车丸，其中甘遂、大戟、芫花用醋炙，配大黄、牵牛子，用量根据患者体质强弱及蓄水轻重而定，煎汤服用；自拟“藻朴合剂”，以海藻、厚朴为主药，加入泻下逐水之黑白丑和益气健脾之参、苓、术等，组成逐水行气、益气养阴、攻补兼施之方。对于肝炎后肝硬化脾大，常用消补兼施与清热解毒配伍，自拟“软肝化癥煎”，用鳖甲为主药软坚散结，配以柴胡、青皮、郁金、丹皮行气活血，补用参芪益气，苍术健脾，白芍养阴，山萸肉、枸杞补肾，使“补而不壅，消而不伤”，清热解毒则用茵陈、虎杖、蒲公英等。

痹证相当于西医学之风湿性关节炎、类风湿性关节炎、坐骨神经痛及某些结缔组织病。张琪治疗此类病也有独到之处，总结了五点：一是痹证发病多由正虚邪恋，故重视扶正祛邪这一治疗原则，临床常用独活寄生汤、黄芪桂枝五物汤加减；二是善将生石膏与祛风湿药、养血行血药合用，以解肌清热治疗热痹，用大秦艽汤化裁；三是治疗湿、热、痰、瘀交织，壅滞经络关节，气血流行不畅所致的痹证，喜用朱丹溪的痛风方，上中下通治；四是崇尚王清任《医林改错》提出的痹为瘀血致病说，临床常用身痛逐瘀汤治疗，对于风寒湿合并瘀血者，则用乌头汤与活络效灵丹取效；五是借鉴叶天士“久病入络”之说，善用虫类药全蝎、蜈蚣、穿山甲、䗪虫等透骨通络，治疗关节变形。哈尔滨某大学在校学生，患腰骶部痛，不能久坐，坐两小时以上则疼痛难忍，西医院确诊为“强直性脊柱炎”，转来中医门诊求治，自述颈部亦僵，活动受限。张琪见其舌紫少苔，诊其脉滑，辨其病位在督脉与肝肾，乃是督脉不充，肝肾素虚，筋脉失养，外邪侵袭，血络瘀阻所致，治以补肝肾强筋骨，活络化瘀，尤用蜈蚣、乌蛇、穿山甲搜剔风邪。两周后疼痛症状减轻，稍能延长坐时。继以前方化裁，服药14剂后，疼痛明显减轻。后又4次复诊，本方化裁，共服药5个月，疼痛消失，活动自如，可以久坐，全身有力，精神转佳，回校复课。

张琪治愈的疑难杂症不胜枚举。曾有一“小肠坏死”术后发生急性肠梗阻的病例，在哈尔滨市某三甲医院住院，经会诊认为，因梗阻发生于术后，不宜再行手术，只能保守治疗。张琪诊时见病人呃逆呕吐，腹胀，不排气，18天未进食，予胃肠减压维持治疗，体质极其虚弱，难以入睡，舌苔黄腻，脉象沉弱，病情危笃，辨证为胃腑实热夹肝气上冲。“诸逆上冲皆属于火”，先以旋覆代赭汤与小承气汤合用，泻热通腑，镇肝降逆。2剂后，呃逆止，能入睡，但大便未通，未排气，遂通腑泻热兼疏气活血以疏通其粘连，尤其用甘遂末与大量番泻叶合用，增强通腑泻热逐水之功。2剂后，大便通，呕吐止。家属恐其下泻体力不支，遂自行停药，旋即出现呕吐腹胀，又请复诊。张琪认为病重药轻，肠粘连未解，宿瘀未除，于原方加芒硝10g。2剂后，泻下粪便秽浊液夹水甚多，病人排气，呕吐、腹胀俱除。继以疏郁开结调治而愈。

张琪擅长重用黄芪治疗顽疾。曾在门诊治一老年女性重症肌无力患者，见其言语不利，吞咽困难，四肢无力，不能握拳，眼睑下垂，抬起无力，气短，语声低微。他认为脾主肌肉，为生化之源，运化水谷精微，脾虚则运化失司，四肢失养，发为肌痿，遂以归脾汤加减，重用黄芪50克，配伍健脾之白术等复方，连续治疗3个月。患者四肢力复，可自行来看病，语言流利，眼可睁开，吞咽正常。遂以本方化裁制成丸剂，长期服用，至今病情稳定。张琪认为，中医精髓在于辨证，不同疾病只要病机相同，就可以异病同治。他擅用黄芪治疗脾气虚之各种病证，重用黄芪还治愈了多例疑难杂症。曾有一青年男性白塞病患者，寻遍全国名医久治不愈，来诊时颜面及全身布满片状出血点，连成一片，几乎无健康皮肤，情绪低落。张琪分析:《素问·痿论》谓“脾主身之肌肉”,《难经·四十二难》云“(脾)主裹血，温五脏”。此病人脉证均无热象，乃属脾虚不能统血而血外溢，遂按脾虚之肌衄治疗，应用归脾汤，重用黄芪50g，取得了良效。许多过敏性紫癜患者，每于劳累则发作，紫癜量少色淡，常伴气虚症状，反复发作，缠绵难愈。张琪将这种紫癜辨为“阴斑”，使用本法，皆获得痊愈。

同是紫癜，用相反的治法亦能取效。有一患特发性血小板减少性紫癜的女童，较长时间服用了大量激素仍不能控制病情，血小板持续下降，且激素的副作用突出。其父母心急如焚，辗转托人找到张琪求治。来诊时该童面红，手足心热，心烦易怒，脉数。张琪按血热辨证，用地骨皮饮子加清热凉血药加减治疗，两周后血小板明显上升，情绪稳定。又复诊3次，以此方化裁治疗两个月，血小板升至正常值的低限(为发病以来的最高值)，且已停用激素，服用中药期间，血小板可稳定在正常范围。后因停药反复一次，又用此方治疗后恢复正常，且未再复发。其父母不胜感激，命该童向张琪叩首以感谢其再造之恩，在场之人无不动容。

许多冠脉支架术后的老年冠心病患者，仍常有少气懒言、心悸不适、心律不齐、早搏、心力衰竭等症状，脉细弱无力或结代，无法再安放支架。西医对此治疗乏术，而张琪常用生脉饮加补肾药治疗。他对各种参的应用很有讲究：伴心衰者，他喜用红参，补气力强而迅速；早搏者，喜用西洋参补气养阴；若胸闷胸痛，舌有瘀斑等血瘀之征，则以生脉饮加血府逐瘀汤治疗，收效显著。

有些疾病虽症状明显，西医检查及化验却无异常，诊断不明。有一老年女患，下肢拘挛，不能走路，西医诊断未明确，来求张琪诊治。肝主筋，张琪辨证此属中医“筋痿”范畴，当柔肝养筋，用《伤寒论》芍药甘草汤加减，重用芍药40~50g，柔肝缓急，治疗两个月后，患者已能正常走路。

有一位从威海慕名而来的67岁女性糖尿病患者许某，10余年经上海等医院给予胰岛素治疗无效，用其他降糖药均无效，空腹血糖高达16.1mmol/L，却对降糖药物不能耐受。病人长期腹泻，稍食凉物即泻，全身疲倦乏力。张琪用中药健脾益气补肾法治疗，服7剂腹泻止，血糖下降至5.6 ~ 6.0mmol/L，继服药观察两个月，空腹血糖稳定在6.0mmol/L以下。

二、对内科各种顽固性高热见解独到、疗效卓著

在黑龙江中医进修学校讲课时，张琪被委以讲授“温病”的重任，因此精读了《温病条辨》《瘟疫论》《温热经纬》等书，同期治疗了大量热性病，如小儿麻疹、肺炎等，对顽固性高热的治疗深有体会，见解独到，其精粹有三点：

一是气血阴阳，周密辨证。临床求治于中医的高热病人，大多为西医常规治疗无效的顽固性高热，其中有很大一部分为危重患者，以及疑难杂症病人。张琪认为，高热必须辨证论治，此证有表里之分、寒多热少和有无恶寒之别，以及卫气营血和太阳、少阳、阳明等深浅之不同，又有夹湿、夹痰之差别。所以，他主张要用中医的优势，周密辨证，时刻注意舌诊脉象，尤其以舌诊为主要辨证依据。在急性热病之中，多有内热壅盛或湿热阻滞等诸多变化，单凭脉诊往往难于辨别，而舌诊与脉诊结合则较为准确，故强调舌诊与脉诊结合为辨证之重要环节。

二是擅用峻药，截断病势。高热为临床急证，“急则治其标”，退热为第一要务。他认为应以大剂量峻药截断其病势发展。

他强调病在卫分高热时就应该及早以生石膏与发表药合用解肌清热，如见实热证急用生大黄通腑泻热，如见温邪表证则以大剂量清热解毒药辛凉解表清热，防止病邪之发展，阻断其进一步恶化。对于生石膏的应用，他认为此药性凉而能散，解肌清热，除烦止渴，清中有宣透解肌的作用，为清热之圣药，无论外感内伤皆能获良效。生石膏用于治疗高热，用量至少为50g，最多曾用200g。曾治一位18岁肺结核兼肺部感染女患者，先前曾于结核病医院治疗，高热39℃以上，用多种抗生素无效，结核病医院院长建议她找张琪治疗。患者来诊时仍高热39℃，身大热，口大喘，舌干如锉，无苔，脉数。张琪辨为实热证，方用白虎汤加减，生石膏用至二两，加杏仁、鱼腥草、金银花。3剂后热降至37℃，舌质红干，为伤阴之象。予白虎人参汤加增液汤，仍用生石膏退热。高热为壮火，壮火食气，且热邪伤阴液，故用西洋参，既可以益气，又可以养阴存液，加生地等滋阴之品扶正以助祛邪，1周后热退，又继续调理治愈出院。也曾治疗一例重症森林脑炎，中医辨证为暑温，病人顽固性高热，体温持续41℃。用药1剂后，体温降至39.5℃；再服药2剂，体温降至38.2℃；生石膏减至75g，再服药3剂，体温正常。张琪指出，生石膏为辛甘大寒之品，过量则易导致腹泻，如脾虚之人则不宜用。过量生石膏对胃气的损伤，远远低于清热燥湿药黄芩、黄连、黄柏。张琪认为，治疗高热，应辨证论治，或表或里或表里同治。

三是专方专治，衷中参西。张琪不论古方新用或是专方专用，都是根据辨证化裁，圆机活变，绝不是泥古不变，而是在继承的基础上不断创新，所以能取得良好疗效。他强调辨证与辨病相结合。中医治疗高热并非简单地应用清热解毒之品，而是审证求因，辨证治疗。哈尔滨某大学教授，78岁，高热不退，校医院诊为结核，用抗结核药无效，后经结核病医院否定，诊为“肺部感染”，用抗生素亦无效。后转至哈尔滨医科大学，高热持续不退，通知病危，后行气管切开术，用激素后热退，但肺部大面积炎症不吸收。医院认为仍未脱离危险，建议其家属找中医试试。家属托人辗转找到张琪。患者当时极其虚弱，不能进食，仍发热，体温 37.5℃，舌红，脉细数。张琪予沙参麦冬汤加西洋参，服 1 个月后炎症全部吸收。这位教授从海外归来，从不相信中医，此次亲身验证中医疗效，深为信服。但他仍有疑惑之处，就诊时向张琪请教："哪些中药可以治疗炎症？"张琪笑答："方中并无治疗炎症的药物。"他甚是不解："为何无消炎药却将炎症治好了？"张琪答曰："中医讲正与邪，感染为外邪，肺本身的抵抗力为正气。抗生素虽能杀菌祛外邪，但因其只攻不守，同时也伤了正气。你因反复使用抗生素，导致肺阴虚，抵抗力弱，邪气更加难去。我未用治炎症的药，只是养肺阴，扶正气，帮助你的身体恢复了抗病能力而将邪气祛除，炎症吸收。正所谓'正气存内，邪不可干'，此即中医扶正祛邪之义。"

对发热的治疗，张琪使用次数最多的是柴胡。他对柴胡之功用有独特认识，认为柴胡之所以能治外感发热，主要在于有疏解外邪之功能。外邪侵入体表，入之较深，前人谓之"半表半里"，非麻黄发表、桂枝解肌所能解，必须柴胡疏解方能使邪外出。《伤寒论》列为少阳主方之小柴胡汤，注家释为半表半里必用小柴胡汤，用柴胡疏解外邪，又用黄芩清热，更用人参扶助正气即此意。他认为半表半里并非日本汉医家汤本求真等注家指定的任何部位，而是正邪相争的病理机制。张琪在继承前人的基础上有所创新，在临床上凡外感病发热不退，不必拘泥于少阳经，皆属外邪不解，多用柴胡而取效，兼有里热者与黄芩、生石膏合用，可随手奏效。

张琪治疑难病、肾病时用药长于量大剂重，这是他临床的一大特点。

张琪处方常在 10 几味甚至 20 味左右，用量常达到 15~20g，个别药味重用至 50g。他说，自己临床接触的多是重患，病情错综复杂，如果仅用5g、8g的药，只是杯水车薪，病重药轻，不会奏效。经过多年尝试和深入钻研，他认为慢性肾衰竭、肝硬化等重病、疑难病，必须采用重剂复方方能达到寒热并用、攻补兼施、扶正祛邪、各方面兼顾的多重作用。他认为慢性病日久大多正虚邪实、寒热错杂，补正则碍邪，祛邪则伤正，必须辨证精细，正邪兼顾，温清并用，攻补兼施，切中病机，方能收效。曾有一例腹胀27岁男患者孔某，腹胀6个月，曾诊为肝硬化，因呕血、便血入某院。经检查提示肝弥漫性病变，大量腹水，肝硬化癌变可能性大，治疗1周，转回原单位护肝抗癌治疗。病人慕名来张琪处求治。诊时证见腹部膨满，进食则胀满难忍，腹壁脉络显露，面色晦黄，肌肤干燥，形体消瘦，口干苦，便干，溲短赤，舌少津苔白，脉弦数。肝大，脾大，高度腹水，下肢不肿。张琪诊断其病属腑实重症，由肝郁日久，气血瘀滞，水道不通，水热互结而致，结合脉证尚有可攻之机，采用舟车汤加减。其主处方如下：炙甘遂10g，炙大戟5g，白术30g，茯苓40g，海藻30g，二丑各40g，槟榔30g，广木香10g，党参30g，大黄10g，泽泻30g，茵陈30g，生姜15g。此方熔剧毒、攻伐、健脾诸药于一炉，其用量之大确属罕见。前后治疗攻补兼施，速战速决，否则等于坐以待毙。张琪有胆有识，一举战而胜之，50天用去甘遂305g，大戟135g。病人于7月31日体温正常，腹水全消，腹不胀，食粮每日600g，精神振作，体重增加。随访病人两年，病情稳定，已正常工作。本案为肝硬化失代偿期，当时病重至极，坚如堡垒，消耗正气，必须以剧毒重剂攻之，邪去则正安。此外，在病房治疗肾病综合征、糖尿病肾病高度腹水不消，使用以甘遂为主，辅以健脾益气之药，攻补兼施治疗多例，均获良效。

张琪并非对所有的病均采用大方复治法，他是根据不同的病、不同的病机有针对性地组方用药，常应用芎芷石膏汤治疗三叉神经痛、柴胡桂枝汤治疗病毒性感冒、大柴胡汤治疗胰腺炎、丹栀逍遥散治疗崩漏，皆几味药，往往可以应手起效。他常教导学生，组方用药要有的放矢，不能滥用。可见，他用大方复治法所治之病皆是疑难重病、病机错综复杂者。

三、对内科疾病从脾胃论治，经验独到

脾胃为气血生化之源，后天之本，脾统血，主四肢、肌肉。从藏象角度讲，脾胃病证涉及西医疾病较多，除消化系统外，还包括泌尿、循环、血液等系统。张琪熟读《脾胃论》，受李东垣升阳补脾理论启发，善从脾胃论治内科疾病。

胃病包括胃炎、胃及十二指肠溃疡、胃黏膜脱垂症、胃神经官能症、十二指肠壅滞症及十二指肠憩室等。中医学的胃痛、胀满、吐酸、嘈杂、呕吐等，前人虽有论述，但散见于各家，既不完善又不系统。张琪根据多年临床经验，总结归纳出治胃十法：疏肝和胃法，疏肝泻热法，柔肝滋胃法，健中温脾法，益气健脾养胃法，消食和胃法，清胃温脾法，活血通络法，疏气温中法，和中安蛔法。并制订有效的方药，既有规律可循，又有方药可用。张琪对东垣之升阳系列方剂应用灵活巧妙，每以升阳益胃汤化裁应用而建功。曾有某领导，因过度劳累出现应激性胃出血、胃溃疡，用乌贼骨、白及等制酸药不能耐受，用蒲公英等清热解毒药则腹痛。来张琪处就诊，张琪见其精神疲惫，倦怠懒言，恶食，辨为脾胃亏虚，清阳不升。因由劳累过度引起，故用升阳益胃汤健脾养胃，其溃疡愈合。

《兰室秘藏》载有治热胀之中满分消丸、治寒胀之中满分消汤。张琪常用此二方临证加减治疗肝硬化、肾炎、肾病综合征腹水及胃肠功能紊乱之腹胀。前者组方依据《内经》“中满者泻之于内”，以辛热散之，以苦泻之，淡渗利之，使上下分消，熔泻心汤、平胃散、四苓汤于一炉，专治证属脾胃不和、湿热壅结、升降失调之腹水、腹胀。后者方用参芪益气健脾，益智仁温肾暖脾，

川乌、吴茱萸、干姜、草蔻、荜澄茄辛热散寒开郁，青皮、陈皮、厚朴疏肝郁泄满，升麻、柴胡升阳，茯苓、泽泻利湿浊，麻黄宣发以通阳气，半夏降逆化痰，连、柏苦寒反佐，防大剂辛热药伤阴。全方以辛热散寒为主，辛热散之，淡渗利之，甘温补之，苦温泻之，多方分消其邪，正邪兼顾，治疗寒湿阻遏、水湿停聚之腹水腹胀。张琪用此二方治疗了多例肾病综合征腹水的病人，多为顽固性水肿、血浆白蛋白低、多种利尿剂联合应用均无效者。

张琪对《脾胃论》中诸方如补中益气汤、升阳益胃汤、升阳散火汤、清暑益气汤等应用得心应手。内伤发热者，多由过劳使脾气下陷，阳不敛藏所致，为“阴火”。张琪以东垣的甘温除热法，用补中益气汤治疗内伤发热证；用补中益气法治疗虚劳内伤证；用益气聪明汤加补肾之品治疗气虚眩晕证；用升阳益胃汤治疗脾虚久泻，久泻伤阴者，又自拟方益阴健脾饮，于健脾药中加葛根、乌梅生津之品及诃子敛阴涩肠；用升阳除湿防风汤治疗气虚便秘。

张琪对《伤寒论》《金匮要略》学养极深，书中补脾胃之方常信手拈来，随心所用。常用桂枝加芍药汤、小建中汤、黄芪建中汤，并重用白芍治疗肝气犯胃之胃脘痛及腹痛；用温经汤健脾暖肾，治疗不孕不育；用真武汤治疗甲状腺功能减退症、风心病；用补肾温阳法治疗男性不育症等。曾治一位30岁男性病人，婚后5年，其妻未怀孕，经检查其精子成活率低下，仅有30%，全身乏力，腰酸痛，性欲淡漠，早泄，时有遗精，大便溏泻，舌淡，脉弱。此属脾肾阳虚，脾失健运，精关不固，以巴戟天、淫羊藿等补肾阳为主。《内经》云：“精不足者补之以味。”尤用鹿角胶血肉有情之品，辅以滋肾阴之品，取阴中求阳之意，再加莲子、芡实健脾固精之品，以此方加减共服40剂，使精子成活率达到80%，其妻终于妊娠，如期生一男孩。

探究肾顽疾　实践出真知

中医理论认为，肾不仅具有维持人体水液代谢的作用（肾主水），还主管人体生长、发育和生殖能力（肾主藏精、主骨生髓），保持呼吸的深度（肾主纳气），此外，还与听觉功能关系密切（肾开窍于耳）。历代医家、养生家一直强调肾脏的重要作用，尤其重视对肾的保养。

然而，随着社会经济的发展，人们生活节奏的加快，生活压力的增大，肾脏疾病逐渐增多且越加复杂，严重危害人们的健康，尤其是肾衰晚期尿毒症，成为世界公认的疑难顽症。面对此顽症，国内外众多的医学工作者投入了巨大的精力，但治疗效果仍不尽如人意，最终不得不选择透析或肾移植，但治疗费用昂贵，许多患者因无力承受而放弃了治疗。对此，张琪看在眼里，痛在心上，立志攻此顽疾。

一、从临床入手研究肾病

张琪对中医肾病的研究始于20世纪60年代初，时任黑龙江省祖国医药研究所内科研究室主任。当时，内科病房收治了许多慢性肾炎患者，病人周身浮肿，颜面口唇发白，衰弱无力，病情反复发作，最后因肾功能衰竭、尿毒症而死。为此张琪心急如焚，认为中医应以此病为切入点。1962年，张琪与西医学中医的单翠华合作，开始研究慢性肾炎的治疗方法。当时中西医结合治疗慢性肾炎在全国还没有先例，要闯出一条路子谈何容易。张琪对中医经典及其他古典医籍中治疗肾病的经方、时方、秘方深入探索，他根据中医对肾病的病理机制的认识，总结出治疗肾病的方药，既以古方新用化裁，辨证施治，又创制出了治疗慢性肾炎的方药。单翠华则以特有的精细和韧劲，日复一日地协助张琪监测病人，对比观察，详细记录，科学分析。一位中医，一位西医，配合默契。经过10余年的努力，两位开拓者的研究已见曙光，在消除水肿和尿蛋白方面提出有独到见解的补、清、利三方及治血尿的泻热逐瘀法，疗效显著。1981年，此项工作初步取得的研究成果，达到了国内先进水平，荣获黑龙江省卫生系统科研成果二等奖。

1986年，国家科委和卫生部确定“七五”攻关计划。同年11月，张琪关于“中医治疗劳淋的研究”课题中标。他在原来对肾炎研究的基础上，很快组建了肾病研究室和专科门诊，开始对肾病进行更进一步的研究。

40余年来，张琪扎根于临床实践，先后开展了“中医中药治疗慢性肾小球肾炎的临床研究”、“中医中药治疗慢性泌尿系感染的临床与实验研究”、“血尿的中医治疗研究”以及“中医药延缓慢性肾功能衰竭进展的临床及基础研究”等课题研究，对急慢性肾盂肾炎、急慢性肾小球肾炎、肾病综合征、慢性肾功能衰竭、糖尿病肾病、高血压肾病、过敏性紫癜性肾炎等肾病的病因、病机进行分析、归纳，辨证论治，形成了一整套独具特色、行之有效的理法方药；总结出肾小球肾炎水肿辨治六法，肾小球肾炎蛋白尿辨治四法，肾小球肾炎血尿辨治五法，益气养阴清热解毒利湿法治疗慢性泌尿系感染，补脾肾泻湿浊解毒活血法治疗慢性肾功能衰竭氮质血症，三步论治法治疗过敏性紫癜性肾炎，益气滋阴补肾活血化痰法治疗糖尿病肾病等。据此研制出的院内制剂被广泛应用于临床，如泌炎康颗粒、肾炎止血丸、肾炎消白颗粒、肾衰保肾胶囊、肾衰泻浊丸等，带来了巨大的经济效益和社会效益。他使无数患者摆脱了肾病的折磨，或延缓、推迟了肾病的发展。

在造福患者的同时，张琪和他的课题组也取得了丰硕的成果：1989年9月，张琪主持完成的“血尿的临床研究”课题，获黑龙江省科学进步奖；1990年，他主持完成的“中西医结合治疗慢性肾小球肾炎”课题，获黑龙江省医药卫生科技进步二等奖；1991年，他主持完成的“中医药治疗劳淋的临床与实验研究”课题，获国家中医药管理局科技进步二等奖、黑龙江省科技进步二等奖。

张琪不仅被国内中医界誉为肾病专家，也带动了黑龙江省中医研究院肾病专科的发展，培养出一批后继人才，使肾病专科成为诊疗特色突出、人才优势明显、科研成果显著的强大学科。1995年，鉴于肾病专科成绩突出，国家中医药管理局批准其为全国中医肾病治疗中心之一。

进入21世纪以后，张琪的科学研究与时俱进，与西医肾脏病理相结合，主持完成了对“肾炎Ⅱ号水丸治疗IgA肾病血尿的进展研究”，并于2002年6月获黑龙江省科技进步三等奖。如今张琪虽已年近耄耋，仍门诊病房应诊不怠，并笔耕不辍。2008年7月，《张琪肾病医案精选》由科学出版社出版，书中全面系统地介绍了张琪治疗肾脏疾病的思想与独到见解，毫不保留地将其治疗经验、学术思想、验方验案及独创方剂等公诸于世，与同道共飨，充分展示了一位大医的仁心博爱。

二、按劳淋论治慢性尿路感染

劳淋，西医称为“尿路感染”，包括慢性肾盂肾炎和反复发作的膀胱炎。《诸病源候论》云：“劳淋者，谓劳伤肾气而伤热成淋也……劳倦即发也。”张琪通过临床观察，认为其病机关键在“劳”，劳乃正气虚也。劳淋之初多由于湿热毒邪蕴结下焦，致膀胱气化无力；或治不得法，或病重药轻，余邪不尽，停蓄下焦，日久暗耗气阴而致气阴两虚，此时脏腑机能减弱，正气虚弱，失于防御，正不胜邪，更因感冒、过劳、情志刺激等因素而诱发，使正气耗伤，邪气滞留。正虚邪留为其基本病机。其特点是本虚标实，虚实夹杂，病情反复，缠绵难愈。西药抗生素只能祛邪而不能扶正，邪气虽暂时祛除，但正气没有恢复，因过劳及着急、上火、生气、受凉则又复发。正气耗伤常见气阴两虚、肾阴虚、肾阳虚、肾阴阳两虚等，邪气滞留常有湿热内阻、气滞血瘀等，临证应视其性质、程度决定扶正祛邪方法。

张琪曾治疗一例患“劳淋”10年的老年女患者，每于劳累则作，作则小便痛，夜不能寐，反复发作，初用抗生素有效，后期则无效。就诊时症见五心烦热，舌红苔薄，脉虚数，按气阴两虚辨治，用清心莲子饮重用黄芪、党参益气扶正，加白花蛇舌草、金银花、连翘以解毒。3剂即大好，连服3周而愈，之前每逢冬必作，随诊1年未作。

劳淋在临床上以气阴两虚、膀胱湿热证最为多见。张琪认为原因有三：一是湿热毒邪日久容易耗气伤阴；二是治不得法，如清利太过，苦寒伤中，脾气亏虚；三是由于失治使病久不愈，热羁伤阴，湿邪困脾耗气。气阴两虚，湿邪留恋，更易导致劳淋反复发作。张琪曾组织课题组临床辨证论治劳淋326例，其中气阴两虚型256例。在气阴两虚型中有一例65岁女患者，自35年前妊娠时患急性泌尿系感染，恐伤及胎儿，仅口服少量消炎药，未彻底治疗，分娩后逐渐转为慢性。西医诊断为慢性肾盂肾炎，随着年龄的增长，病情日益加重。每因感冒、情志刺激加重，用抗生素基本无效。就诊时症见气阴两虚之倦怠乏力，手足心热，口干不欲饮，舌质淡红，脉细数无力及膀胱湿热之尿频、尿道灼热等，尿白细胞满视野，尿细菌培养阳性。治以益气养阴、清利膀胱湿热。方用黄芪、党参、茯苓、甘草补脾益气，麦冬、地骨皮、石莲子养阴而清心火，白花蛇舌草、瞿麦、萹蓄、车前子等清利下焦湿热、解毒通淋。方中黄芪扶正为主，用至30~50g；白花蛇舌草清利膀胱湿热，用至50g。服药7剂后，尿频、尿道灼热感减轻，体力增加。效不更方，再进14剂，除仍腰酸乏力外，其他症状消失，舌质淡红，苔薄白，尿中白细胞每高倍视野10~20

个，中段尿培养阴性。继服前方21剂后复诊，尿常规、尿培养正常，唯劳累后觉腰酸乏力。再服14剂，诸症皆除。随访半年，未复发。

劳淋病人湿热久羁伤阴，阴损及阳，加上长期过用苦寒克伐之品，导致肾阳亏虚，膀胱气化不利，阳气不能运化水湿，膀胱湿热未尽，故在淋证中伴有虚寒之象。张琪常将此类淋证辨为“寒淋”。治疗此类患者仅用清热解毒利湿药不仅无明显疗效，且常加重病情，故治疗时应以补肾温阳固涩治本为主，佐以清热解毒、利湿通淋。曾治一位44岁女患者，于新婚时患尿路感染，以后时有发作，用青霉素、甲硝唑之类有所缓解。近3年来，发作次数增多。1年前因过劳、受凉出现尿频、尿急、尿痛，静滴抗生素虽可缓解症状，但停药1周后必复发。近3个月来病情反复发作，药敏试验无敏感药物。现自觉腰部冷痛如折，小腹坠胀冷痛，双足冰冷，虽时值初夏仍穿棉鞋，尿频，每半小时必排尿1次，自觉痛苦不堪，尿急尿痛，手足及双下肢轻度浮肿，畏寒喜暖，倦怠乏力，舌苔白滑，脉沉弱无力，菌尿伴少量尿蛋白。西医诊为慢性肾盂肾炎。张琪辨为肾阳虚衰、膀胱湿热之劳淋，治以温补肾阳、清利湿热，方用金匮肾气丸加暖肾阳之茴香、补骨脂，补肾强腰之杜仲、续断，佐以清热解毒利湿之黄柏、瞿麦、萹蓄、蒲公英、白花蛇舌草等。服14剂后，仍觉腰痛、小腹坠痛，但程度较前明显减轻，尿频好转，每两小时排尿1次，尿急尿痛减轻，手足及双下肢仍有轻度浮肿。将前方去白花蛇舌草、黄柏，加乌药20g，车前子15g克，茯苓15g，再进21剂，浮肿、尿痛、尿急、尿频消失，过劳后腰痛、小腹坠痛，舌苔薄白，脉沉滑，尿常规和中段尿培养正常，嘱其再服14剂以巩固疗效。病人唯恐前症复发，自行服药42剂，遂觉口苦咽干，心烦喜冷饮，尿道灼热涩痛。此为过服辛燥、化热伤阴所致，予八正散5剂以清利湿热而愈，随访年余未发。

经过不懈努力，张琪在1990年完成了“中医治疗劳淋的研究”课题，并取得可喜成果。此病国外的治愈率为40%，而张琪收治的120例病患治愈率达到60%，有效率为90%。在此基础上，以清心莲子饮化裁研制的院内制剂泌炎康冲剂，为许多反复泌尿系感染的患者解除了痛苦。张琪治疗此病的特色在于扶正为主、祛邪为辅。经其治疗之大多病例，不仅症状消失，尿中白细胞、细菌亦随之消失。

三、从脾肾论治慢性肾脏病

张琪从中医学术理论体系入手，总结大量临床经验，认为肾病之水肿、蛋白尿与肺、脾、肾相关，其病机关键为肺、脾、肾功能失调，三焦气化失司，尤其是慢性肾脏病，脾肾阴阳失调贯穿疾病的始终。

脾居中州，主运化水谷精微及水湿，升清阳。《素问·逆调论》云：“肾者水脏，主津液。”肾藏人身元阴、元阳，为水火之脏。“五脏之阴，非此不能滋；五脏之阳，非此不能生”；“肾如薪火，脾如鼎釜”。肾阴、肾阳与脾之阴阳相互连接，肾中元阴元阳为脾阴脾阳之根。

蛋白属人体精微物质，由脾运化之水谷精微与肾藏之精气化生。脾气虚弱，湿热内生困脾，脾运化之精微下注或清阳不升，浊阴不降，清浊混淆，酿成湿浊而成蛋白尿，所谓“中气不足，溲便为之变”；肾主封藏，受五脏六腑之精而藏之，若肾气亏虚，肾失封藏，精关不固，精微下泄，亦可形成蛋白尿。若脾虚失于运化水湿，肾虚失于化气行水，水湿内停，溢于肌肤，则发为水肿。脾主四肢，脾虚四肢失养，则现倦怠乏力等虚劳征象。腰为肾府，肾虚则见腰酸膝软。水液代谢障碍，势必耗伤肾气，精微遗泄日久，更耗肾之阴阳。肾虚温煦滋养失职，脾气匮乏，脾虚化生不足，无力充养先天，二者相互为患，导致水肿、蛋白尿发生。

先天与后天相互资生，相互促进。张景岳云：“善补阳者，必于阴中求阳，则阳得阴助，而生化无穷；善补阴者，必于阳中求阴，则阴得阳升，而泉源不竭。”张琪对此深有体会，在临床上有所发挥，无论肾炎还是肾衰，常常脾肾双补，肾阳虚在温阳的基础上少佐滋阴药，以防阳盛伤阴，肾阴虚在滋补肾阴的基础上少佐温阳药，以防阴盛伤阳。

对于慢性肾脏病的治疗，张琪总结出治疗肾小球肾炎水肿辨治六法：风水初起，用越婢汤，兼阴寒急用加味麻辛附子汤；阳虚阴水，真武参麦合用；水气交阻，新方流气饮利水；三焦水热，选用疏凿清热；湿热中阻，中满分消首选；上热下寒，瓜蒌瞿麦清肺健脾温肾。肾小球肾炎蛋白尿辨治四法：气阴两虚，清心莲子清补；脾胃虚弱，活用升阳益胃；肾气不固，参芪地黄益气补肾摄精；湿毒内蕴，利湿解毒为先。肾小球肾炎血尿辨治五法：血尿急发，加味八正散清热利水以蠲除；瘀热结于下焦，桃黄止血汤效佳；气阴两虚，用益气养阴摄血合剂；阴虚内热，知柏地黄加味主治；阴亏火动迫血妄行，滋阴凉血辅以收敛。还有运用归脾汤、知柏地黄丸治疗久治不愈气血不足、脾肾亏虚之过敏性紫癜性肾炎，用益气滋阴补肾活血化瘀法治疗糖尿病肾病等。

慢性肾衰竭由多种慢性肾脏病日久发展而来，张琪辨证属于中医“虚劳”范畴，其病机特点是以虚为主，虚实夹杂；病机的核心是脾肾两虚为本，湿浊瘀血内停为标；脾肾两虚贯穿其始终。诸如慢性肾衰竭病人临床上所出现的腰痛膝软、乏力贫血等均由脾虚肾虚日久所致，此为慢性肾衰竭之本虚。而脾虚运化失司，水湿内停，肾虚气化不利，浊不得泄，升清降浊之功能紊乱，湿浊内蕴，日久必化为浊毒，湿浊毒邪内蕴日久致血络瘀阻为患，临床出现脘闷纳呆、食少呕恶、少寐烦热、舌苔垢腻或舌紫瘀斑等症，此为本病之标实。他尤其强调，慢性肾病发展至慢性肾衰竭阶段，大多已有湿浊郁久化毒，湿毒入血，血络瘀阻的病理改变。这些病理改变虽然源于正虚，但其留滞停蕴，又会进一步加重正气的耗损，使脾肾虚衰，肾衰进一步恶化。此外，慢性肾衰代偿期、失代偿期及肾功能衰竭期、尿毒症期等阶段，其虚实的变化亦有一定规律。因此，他提出治疗时当以健脾补肾为基本治疗大法，根据不同阶段正虚邪实的轻重不同，采用扶正与祛邪同治的方法。

张琪在遣方用药中也体现了脾肾双补的思想，如用人参、黄芪补脾益气，六味地黄丸或左归饮滋补肾阴，合用名为参芪地黄汤，伴阳虚者可加肉桂、附子温补肾阳；如属肾阳虚，用八味肾气汤或右归饮。“阴中求阳，阳中求阴”，在大补肾阴中少佐以温阳之品，反之在补肾阳药中少佐滋补肾阴之品，温阳不伤阴，滋阴不伤阳，保持“阴阳互根”、“阴平阳秘”，是他继承前贤在实践中的发展应用。他创立的归芍六君子汤治疗慢性肾衰之脾胃虚弱、乏力贫血者，当归、白芍二药调剂六君子偏温燥之性，使药性平和，是补气补血并重等诸多权衡药物合理配伍的实例。他对慢性肾衰竭的用药，注重药物配伍的合理性与科学性，药性平和不伤及脾胃，防伤阴、伤阳、助热等偏颇，且能发挥最佳疗效，治已病更治未病。补正不碍邪，祛邪不伤正，补与泻、温与清同施，是他治疗本病的特点。

四、运用大方复治法治疗慢性肾脏病

运用大方复治法治疗慢性肾病，是他治疗肾病特别是慢性肾功能不全的一大特色，通过大量病例观察总结出慢性肾炎及肾功能不全的病机，以脾肾两虚为本，因脾肾虚弱，功能失调，又产生了水湿、湿热、血瘀、热毒等病理产物。其治疗一方面要补肾健脾，调整脾肾功能；另一方面要祛湿、解毒、活血、化浊、清利湿热。因此，他认为如此寒热虚实、错综复杂之病机，非一元化理论能阐明，更非一方一法所能奏效，遣方用药必须与之相应，才能切中病机，取得良好疗效，这其实也是学术的发展。他创制的补脾肾、化湿泻浊、解毒活血法，多元化、多靶点治疗，补正不碍邪，祛邪不伤正。通过大量临床病例观察，一是病人症状得到明显改善，如全身体力增加，腰酸腿软减轻，脘腹胀满改善，饮食佳，大便通畅等；二是经生化检查肾功能大多有明显改善，有些氮质血症期的病例还可以恢复到正常，多数病人肾功能逆转或稳定，免受透析之苦。

张琪认为，大方复治法是列于中医学七方之内的，七方为大、小、缓、急、奇、偶、复。古典医籍《千金要方》《外台秘要》《圣济总录》《太平惠民和剂局方》等皆有不少大方复方的记载，他通过数十年临床验证，用于一些病机错综复杂的疑难病的辨证论治往往可随手奏效，因而得出结论：这些复方药味多，补泻温清熔于一炉，表面看似复杂，实际是前人对复杂病机之疾病治疗的心血结晶，是珍贵的，应该加以深入地探索发扬。可惜的是，因其药味多、组方复杂，不被重视，甚至有人视之为诟病。实际上，《伤寒论》《金匮要略》书中亦有复方，如柴胡加龙骨牡蛎汤、麻黄升麻汤、乌梅丸、风引汤、侯氏黑散、大黄䗪虫丸。组方用药是针对病机而设。国医大师裘沛然在《碥石集》中称赞大方复治法乃是辨证入高深之境，与张琪对大方复治法之见解可谓“智者见智，不谋而合”。

张琪在大方复治法的运用中也体现了“辩证法”思想，即在一个方中使用作用相反或性质对立的药物以应对其复杂的发病机制，如散与敛、寒与温并用，消与补兼施，气与血、阴与阳互补，扶正祛邪。多法合用也体现了他多元化的思想。如他自拟治疗尿毒症期湿热痰浊中阻之化浊饮，方中大黄、黄连、黄芩苦寒泻热药与砂仁、藿香、草果仁、苍术等辛香开散祛湿药共用，两类药相互调剂，既不致苦寒伤胃，又无辛燥耗阴之弊，使湿浊毒热得以蠲除，体现了寒温并用的特点。再如对脾胃阴亏兼有湿邪者，善用加味甘露饮治疗，二地、二冬、石斛滋养脾胃之阴，黄芩、茵陈清热存阴，配伍麦芽、佛手开胃醒脾，与苦寒药合用，防其滋腻有碍脾之运化，体现了消补兼施的思想。他强调多读毛泽东主席的《矛盾论》《实践论》，其中的哲学思想有利于在复杂的病情中分清主证和次证。

张琪认为，若想得心应手运用大方复治法，需有深厚的医学功底，尤其要辨证准确，对药性有精准透彻的把握，权衡药物配伍是关键，否则不仅有堆砌之嫌，用之不当，反会有害而无益。如大黄具有清解血分热毒的特点，使血中氮质潴留得以改善，现代药理实验证实具有明显改善肾功能作用。他在治疗慢性肾衰竭时，常用此药泻浊祛瘀，但他指出，大黄虽为治疗慢性肾功能衰竭之有效药物，必须结合辨证，合理用之，属湿热毒邪蕴结成痰热瘀血者方为适宜。使大便保持每日 1~2 次，不可使之过度，以期既能排出肠内毒素，清洁肠道，又可清解血分热毒，并常与活血祛瘀、芳化湿浊之品共用，使毒邪瘀浊从大便排出，而且通过泻下能减轻肾间质水肿，为“去菀陈莝”之法。但脾气虚肾阳衰微者，大便溏，虽有湿浊内阻，亦不可用大黄，用之则加重脾肾阳气虚衰，化源匮乏，促使病情恶化。此外，大黄性寒，易伤脾阳，他常配以草果仁温脾化湿，既起到化浊的作用，又防止大黄苦寒伤脾。因此必须掌握大方复治法的精髓，方能起到疗效。

继承不泥古　师古又创新

寻步张琪从医之路，揆诸张琪的篇篇论著，无不展现其师古不泥古、继承创新、独树一帜的学术风范。

一、博览古今，把握理论体系的蕴奥

《张琪临证经验荟要》一书中写道：“试观古今中外有成就的

科学家、文学家，包括医学家，都是焚膏继晷地勤奋学习。学习中医也不例外，没有这种勤奋好学、锲而不舍的精神，要想学而有成是不可能的。”几十年来他养成每天读书的习惯，坚持不懈，既阅读古代经典文献著作，又阅读现代书籍。尽管白日诊务繁忙，夜晚在灯下仍然手不释卷，精学细析。临床每遇到疑难病证或辨证不明或疗效欠佳时，则查阅有关文献资料，以求得开拓思路，往往在苦思冥想中找到有效方法。为了学习新技术新经验，他几乎订阅了国内发行的全部中医杂志，一有闲暇便广泛浏览或细心阅读。如今年过八旬，他仍坚持写读书笔记和心得体会。正是这样刻苦钻研，勤奋学习，锲而不舍，使他的医术精益求精，突破了医疗和科研中一个又一个难关，表现出胜人一筹的真知灼见。

中医书籍浩如烟海，只有浏览百家，才会有渊博的学识、广阔的思路和坚实的理论基础。张琪主张，研读中医经典，必须抓住核心，首要的是抓住书的理论体系，如读《黄帝内经》要抓住阴阳、五行、藏象、经络、病机、治则等，领悟其内涵，“取其精华，弃其糟粕”，临床时方可运用精当、灵活。他认为，《伤寒论》揭示了外感热病传变规律和辨证论治理法方药的内涵，学习它不仅仅是背熟几首方剂和几个条文，更主要的是必须把条文前后连贯起来，对其内容进行剖析，理法方药融会贯通，掌握其辨证论治要领，从中总结出一些规律性的东西，把书本知识运用于临床，以达到学以致用的目的。他精研仲景学说，心得体会颇深。

一是理解条文。把每条条文从词句到文义全面理解，因条文是作者临证经验的记录，不弄清条文，就很难理解作者如何辨证论治。当然也要弄清条文是否有错简、阙漏及各家校勘意见有何异同，因为《伤寒论》是东汉时代作品，中间经过战乱散失，后人收集整理，错讹之处甚多。有疑义之处，既要参考古今注家意见，又要有自己的见解，不能随文衍义。另外，每读完一篇，可把全篇条文分成若干段，理解段落大意。

二是前后对比。不少条文必须经过前后对比，才能全面理解。如四逆汤为少阴病的主方，查少阴病篇对本方证记载只有第323条，“少阴病，脉沉者，急温之，宜四逆汤”。只举出脉未列证，非常简略，如果同第353条“大汗出，热不去，内拘急，四肢疼，又下利厥逆而恶寒者，四逆汤主之”联系起来，证与脉合参就全面了。

三是类证对比。伤寒六经，每一经病系由若干脉证组合而成，而许多相同证脉又散见于六经病中，如能将相同证脉一个证一个脉交叉对照，就可加深对辨证论治的理解。以烦躁为例：大青龙汤的无汗烦躁，白虎人参汤的大汗出、大热烦躁，栀子豉汤证汗吐下后虚烦，茯苓四逆汤、甘草干姜汤的虚寒烦躁等，同类证对照，结合其脉证就不难识别是属于哪类烦躁。还要认识到，原文限于历史条件很简略，四诊及辨证是不断发展的，如以后的察舌、望色及望形态等，都大大超过了仲景时代，研讨《伤寒论》应该本着古书今读、古为今用的精神，不要为其所限。

四是类方对比。有些方剂叙证简略，如半夏泻心汤原方只提出“若心下满，而不痛者，此为痞”，宜本方，如果把五个泻心汤综合对照就能使半夏泻心汤的适应证增补完整。在《医宗金鉴》中吴谦把五个泻心汤类方作了对比，柴胡汤类方也如此，如能综合分析，才能比较全面明确其适应证，以方测证，探索其病因病机。前后对比有助于对条文的正确理解，类证对比可以提高辨证能力，类方对比可以提高运用方药的本领。

五是结合实践。《伤寒论》是实践经验的记录，如不经过临床，从书本到书本，只能是纸上谈兵，不能加深对全书的理解，也不能提高医术本领。必须与临床相结合，临床愈久则对《伤寒论》体会愈深，愈能体会其精髓。正如陈修园所说：“经方愈读愈有味，愈用愈神奇，凡日间临证立方，至晚间一一与经方查对，必别有神悟。”

张琪还认为中医经典文献浩如烟海，自《伤寒论》《金匮要略》以来，历代医家之著作都不断有发展创新，促使我国医学发展形成独具特色的东方医学。中医理论在后世亦得到充分发展，金元四大家，明代张景岳、李时珍，清代叶天士、吴鞠通等温病学家及王清任，民国时期张锡纯等，这些医家提出的新理论及其方药对我们亦有很大启发，应以海纳百川的态度，博读、慎思、明辨，采各家之长为我所用。他提倡学生多读书、多临床、多分析、多记录，持之以恒，自能有日新月异之发展。

二、重视辨证辨病相结合

张琪认为中医西医各有所长，应有机结合，功能互补。强调辨证与辨病相结合，绝非是抛开中医理论、抛开辨证论治而按照西医的诊断去应用中药，否则必然会走上废医存药的道路。他认为，一是在中医辨证基础上，借助于西医诊断手段为我所用，以开阔辨证论治、遣方用药的思路，这是当代攻克疑难重症应走的捷径。二是对某些疾病中西药合用之后，能相互协同，增强疗效，去除一些副作用。比如对肾病综合征的治疗，需使用激素，同时辨证论治应用中药时，既可增强疗效，又可减轻激素的副作用，并可增强正气，提高抗病能力，减少复发，提高治愈率。

三、临证重视脏腑辨证，提出调补脾肾理论

张琪认为，辨证必求于本，本于八纲，本于脏腑。不论疾病如何复杂或简单，都要辨清寒热、虚实、阴阳、表里以明确病性；辨清脏腑，找到病位，强调脏腑辨证。疾病各有所属脏腑，找到病变脏腑即寻到了疾病的根源。而五脏之中，脾与肾为“后天”与“先天”，生理上相互资助，相互促进，病理上相互影响。受前贤李东垣补脾治后天和张景岳补肾治先天的影响，在脏腑辨证中，尤为重视脾肾两脏，提出调补脾肾理论。

调补脾肾理论，在临床上应视患者的具体情况灵活运用。“调”就是调理脾胃，“补”即是补肾。调脾一是健脾升阳，二是芳香醒脾，重在促使脾气健运，但不可过用香燥之品，以免伤津耗液，影响气血生化；补肾有滋补和温补之别，不可过用滋腻碍脾之物，以免造成脾气呆滞。张琪在多年的临床实践中，总结出13种常用调补脾肾的方法，即温中散寒法，辛开苦降法，补脾胃升阳除湿法，温补脾胃法，健脾胃益气血法，温运化浊法，温运化饮法，滋脾益胃阴法，培土疏木法，滋阴补肾法，温补肾阳法，壮阳滋阴、填精益肾法，脾肾双补法。

四、古方新用，师古创新

张琪临证善于辨证，以证立法，施法灵活，依法选方，在选方用药上，突出了古方新用、化裁古方、创制新方等师古创新的独到之处。

一是古方新用，扩大古方的适用范围。张琪的学术渊源之一是对《伤寒论》《金匮要略》的深入研究。他曾撰文《经方运用琐谈》《谈〈伤寒论〉的辩证法思想》《仲景方在妇科领域应用之探讨》等，充分体现了他运用经方灵活巧妙、立意创新的学术思想。张琪认为，读仲景书而用其方，既要忠实于原文，又不要被其束缚。他不仅对经方有昭幽烛微的阐发，临证应用更是巧妙灵活，大胆扩大经方的应用范围。他认为，经方的运用“远不局限于外感病，凡内、外、妇、儿科及急慢性疾病，皆可用之”。如对大承气汤的应用，原书用以治阳明腑实证，张琪认为：“凡属实热内结，不论何病，均可用之。”再如对大柴胡汤的应用，也脱离了专治表里同病之窠臼，认为“不论有无外感，只要肝胆湿热内蕴，疏泄受阻，肠胃通降失常，即可放胆用之，多能随手奏效”。乌梅丸原方为《伤寒论》治疗蛔厥吐蛔的方剂，张琪用以治疗久泻、久痢及顽固性呕吐；用刘河间的地黄饮子治疗脑动脉硬化；

用张锡纯之振颓汤治疗脑血栓形成的下肢瘫痪；以叶天士运用虫类药的方法，治疗类风湿性关节炎等，均取得了满意的疗效。

在肾病的治疗上，更体现了张琪古方新用的学术特点。如李东垣中满分消汤，常用来治“中满寒疝，大小便不通……下虚中满，腹中寒，心下痞”等，而他以其治疗慢性肾病顽固性水肿、腹水等属寒湿中阻者，收效甚佳；《医林改错》解毒活血汤，原方治“温毒烧炼，气血凝结，上吐下泻”，而他以其治疗急慢性肾功能衰竭恶心呕吐、五心烦热、搅闹不宁、舌紫有瘀斑等，辨证属毒邪壅滞，气血凝结者。他认为，原方主治与此证虽病因相异，但病机相同，故能生效。其他如用麻辛附子桂甘姜枣汤治疗急性肾炎、肾病综合征之水肿，理血汤化裁治疗慢性肾小球肾炎、慢性肾盂肾炎之血尿，甘露饮加减治疗慢性肾衰竭脾胃湿热之恶心呕吐、纳差腹胀者等等，皆扩大了古方的应用范围，同时又非原方不变，而是随证有所加减化裁变通。“师其法而不泥其方”是他应用古方的特色。

二是化裁古方，恰中病机，提高疗效。在古方的基础上加减变化，使之更加符合病情，切中病机，是张琪用药的一大特点。如对肾病的治疗，他以仲景桃核承气汤去芒硝加入凉血止血之剂，治疗热壅下焦、瘀热结滞、血不归经之肾病尿血。他认为，临床各类尿血，日久不愈，而有瘀热之象者，用之多可收效。再如对肾衰的治疗，他认为慢性肾衰病位在脾肾，以阴阳俱虚者居多，尤以肾性贫血表现为主者，若用温柔刚燥之药，则使阴虚愈甚；若纯用甘寒益阴之品，则阴柔滋腻，有碍阳气之布化，影响脾之运化功能。他抓住健运脾胃、升清降浊、调理阴阳诸关键环节，临证选用气味中和之六君子汤加当归、白芍治疗。六君子汤气味较中和，但仍偏于燥，且重于补气，加当归、白芍一则可以调剂六君子汤偏于燥，二则助六君子汤以补血，使补血补气并重，脾胃得以调动，进食增加，营血化源得复，体现了“欲求阴阳和者，必求之于中气”之说，使本方更切病情，临床颇见效验。再如以瓜蒌瞿麦汤加味治疗慢性肾炎、肾病综合征久治不愈，或屡用肾上腺皮质激素而见寒热错杂、上热下寒之水肿证等，于中医学在继承中有所发扬和创新。如一老年妇女，患“尿闭证”，小便不通，中西药利尿剂均无效，病人痛苦不堪，无奈用导尿管导尿维持，经张琪会诊给予瞿麦30g，车前子30g，附子15g，连服3剂，小便通，去导尿管后，尿如泉出，经调治而愈。

三是创制新方，充实与完善前人之所未备。中医学代代相传，都是通过反复实践，不断推陈出新而发展和提高疗效。张琪在实际临证时，既守根据临床经验归纳总结的常法，亦有变法，灵活变通。所谓“知常达变”亦是张琪临床思维的重要内容与形式之一，因病有常证与变证，治有常法与变法，药有常方与变方。张琪积数十年临床经验，创制出许多行之有效的新方剂。如瘿瘤内消饮治疗淋巴腺结核、甲状腺硬结、甲状腺囊肿等，活血解毒饮治疗静脉炎，决明子饮治疗高脂血症等。尤其是针对肾病的治疗，在实践中摸索和总结出许多新的有效经验方，配伍严谨，用药精当，每获良效。如坤芍利水汤，以益母草为主药活血祛瘀、利水消肿，配合其他活血利水之药，治疗慢性肾病水肿日久不消，伴有瘀血见症者；利湿解毒饮，以土茯苓、萆薢等治疗湿热毒邪蕴结下焦，精微外泄之慢性肾病日久，尿蛋白不消失者；以及益气养阴摄血合剂治疗血尿，化浊饮治疗慢性肾衰竭等，均为他在多年临床实践中摸索和创制的有效验方，确有较高疗效。

呕心育后学　桃李已芬芳

作为师者，张琪认为：“伴随着跨世纪中医药学发展的需要，中医药界必须培养和造就一大批对本专业具备深厚的学术理论造诣，有过硬的诊疗技能和研究能力的人才队伍，才能充分发挥中医药特色，适应新世纪发展的要求，承担起振兴和发展中医药的重任。”他作为硕士、博士研究生导师，在繁忙的临床和科研的同时，致力于高级中医人才的培养。他以宽广博大的胸怀，对后学寄予厚望，将自己的治学与临床经验毫无保留地传授，希望中医药事业的继承人一代更比一代强。

对新世纪中医药学发展和人才培养问题，张琪有自己的见解。

博大精深，文献是根本。他认为，中医文献汗牛充栋，难免使后学者有望洋兴叹、望而生畏之感。但是中医药学理论的精髓、历代名家临证经验之结晶，尽皆在斯。欲成就一代名医、大医者，必须学海泛舟，“咬定青山不放松”，才能在实践中触类旁通。然而读书的方法要博而精，既要通读，又要采其所长，弃其所短。学无止境，中医药学博大精深，必须干到老、学到老，才能成为新世纪的一代名医。

学以致用，临证启新知。张琪提出，除了深入阅读书籍文献之外，更重要的是印证于临床实践。中医的阴阳五行、藏象经络、生理病理等基础理论，都是前人在治病过程中加以探索和总结出来的，并非面壁虚构。如治疗肝炎、肝硬化等疾病，用“见肝之病，当先实脾”的理论指导，健脾理脾以柔其肝，常收到良好疗效；治疗肾病综合征腹水，依据《黄帝内经》“诸湿肿满，皆属于脾”，“脾主运化水湿”等理论从脾论治，也往往收到小便通利、腹水消除的效果。中医和中西医结合研究，无论是对急性病还是慢性病诊疗规律的认识和疗效都有所突破，如对急腹症、乙型脑炎、出血热、中风等急症，肝病、肾病、冠心病、痹症和重症肌无力、萎缩性胃炎、再生障碍性贫血等慢性病所总结出来的治疗方法，都是在继承前人经验的基础上有所发展和创新。

科技创新，扬已之长。张琪认为，一切高科技手段，只要是有助于中医药学的发展，有所创新，都可以为我所用。用传统医药的方法研究中医药和用现代科学方法研究中医药，二者相辅相成，是不可分割的。例如对肝硬化、类风湿性关节炎、慢性肾炎、重症肌无力等病的中医药治疗，都能用现代医学诊断指标加以证实，其疗效能从实验室微观指标加以说明。青年中医必须在中医学术上狠下工夫，奠定坚实的基础，同时再学习一些多学科知识。然而前者是基础，如果忽视了，只强调学习现代多学科知识，最后也只能贻误自己，把中医学丢失了，又谈何继承与发展。

张琪治学严谨，曾云，前人有“医者，意也”，此“意”字寓意深刻，即为医者必须思路广阔，运用思考、思维、思辨，准确分析病情，探微索隐，深中肯綮。他对名中医越来越少、临床水平下降的现象很着急，“现在不是怕出名的中医多，而是怕出名的少。名中医多了，中医才能振兴”。他提出两个建议，一要充实教材的中医内容，每一版都应该补充新的内容，一些好的现代临床经验也可以加进去；二要有一支临床经验丰富的优秀教师队伍，中医基础的讲授一定要结合临床。西医的生理有实验课，解剖学有解剖室，西医基础课程大多结合教学实验，有实践内容。而中医基础长期以来就是照着一本书讲，这是不对的。中医基础也要结合临床来讲，比如什么是肾阴亏，要讲出具体例子来。数年前，有一次张琪到黑龙江中医药大学讲《金匮要略》，下了门诊就急匆匆往教室赶，上了讲台才发现忘了带教案。那天应该讲中风。张琪不慌不忙地说：“今天不照书讲，我给大家介绍临床病例。”接下来他就绘声绘色地给学生们讲述病人有哪些症状，临床如何辨证，如何治疗。学生们听到精彩处热烈鼓掌，好像病人就在眼前一样。那堂课让学生们多年后仍记忆犹新。

在研究生培养上，张琪始终要求学生多参加临床实践，不能成为“本本先生”。他要求研究生不论门诊还是查房都要跟诊，

“不会看病的研究生怎能成为一名好医生”。他说：“做我的研究生挺累，我也要求他们累。”临床上用了好方子他就告诉他们来源，让他们回去找书对照看。这样多看书、多实践，学生临床有进步，学生也就更愿意学习。对师带徒的形式，张琪认为必须是真有经验的老师，真有兴趣的学生。方式就是过去的“侍诊”，学生听病人主诉、看舌脉、体会老师的辨证用药、记录抄方，这种方式带出的徒弟临床水平都不错。他说，带徒弟其实并不轻松，假如没有学生在场，就不用说很多话，带徒弟就要一直讲，把能想到的都毫无保留地讲出来。临床传授中最难的部分就是辨证。经验方虽然会背，但中医不是一方治一病，还得因病而异，辨证施治。病分几类、有几型，即使这一套都背下来，但有些病人治疗效果还是不好，这就差在辨证没有辨准。中医比西医难就难在辨证上，病人体质证候不同，用药也不同，辨证是很灵活的，这就需要学生细心体味，钻进去也就不难了。2001 年 3 月的一天，北京中医药大学的一位美国留学生专程到哈尔滨拜访张琪，专门探讨辨证论治问题，这是他的研究课题。他问：“辨证论治究竟有没有价值？”张琪肯定地回答，辨证论治是中医的核心，如果没有辨证论治，中医就没有特色了。如胃病有胃寒、胃热、肝气郁滞、痰湿等不同，如果不辨证，如何治疗？当然，要提高辨证论治的准确性，就要苦练临床。经验多了，望闻问切运用纯熟了，准确性就提高了。

多年来，张琪已培养医学博士研究生 32 人、医学硕士研究生 12 人，培养学术经验继承人 8 名。在哈尔滨、长春、大连、北京、天津、石家庄、郑州、上海、杭州、广州、昆明、香港等地及日本、美国、匈牙利等国均有他的学生和弟子，可谓桃李满天下。他们之中有的已成为国家、省或市级中医药界领导人、学科带头人，有的已成为博士或硕士研究生导师，成为中医药事业的栋梁之材。现任中国中医科学院院长的曹洪欣就是其中的一个代表。他刻苦好学，在名师张琪的指导下学验俱增，在中医药治疗心血管、心肌炎等方面有高深造诣，曾任黑龙江中医药大学校长、教授、博士研究生导师，在国内外享有较高知名度。卫生部领导曾紧握张琪的手说："感谢您为中医药事业培养出这么好的优秀人才。"

现任黑龙江中医药大学教授、博士研究生导师的谢宁、姜德友、周亚滨及天津中医药大学内分泌研究中心主任吴深涛，在张琪八十华诞时曾撰文说："12 年前，我们正值青春韶华之际，有幸投入恩师张琪教授门下，攻读博士学位"。"随师 3 年，日间临证，夜间读书；鸡鸣冷月，黄卷青灯，用功不为不苦。得恩师精勤教诲，推云拨雾，指点迷津，对中国医药学渐有融会贯通、豁然开朗之感。尤为值得一提的是，从师 3 年，恩师不仅授以知识，更给予我们人品医品之熏陶，先生治学严谨，医德高尚，对病人关怀备至，无论长幼贫富，均视为一等。对学生晚辈更是爱护有加。随时光流逝，愈觉 3 年随老师鞍前马后实乃人生之莫大荣幸"。"先生还乐于百忙之中挤出时间来校作学术报告，主持博士论文答辩会，每每高朋满座，户限为穿。先生现虽已耄耋之年，但仍传道授业，诲人不倦，为中医药的发扬光大竭尽全力，体现了令人敬仰的师德师风"。

现黑龙江省中医研究院内科几个重要科室学科带头人皆为张琪的博士研究生及学生弟子，如张佩青、迟继铭、张晓昀、徐惠梅、潘洋、江柏华、孙伟毅、王今朝等皆为黑龙江省名中医。

现任黑龙江省中医研究院副院长、主任医师、博士研究生导师的张佩青是张琪的女儿，也是张琪学术经验继承人之一。自 1983 年考取张琪的中医内科硕士研究生以来，她一直在导师身边学习工作。1991 年，她又作为全国首批老中医药专家学术经验继承人，再次拜师张琪学习 3 年，深得名师指教。她说："在随师问业的 20 余载中，其言传身教使我逐渐成熟，愈感医品人品之重要，深究医理之可贵”。“家父性格温和，遇事不怒，每遇不同意见，则欣然颔首，耐心倾听。唯治学严谨，从不敷衍，且身体力行，勤耕于学海。年已耄耋仍日诊患者数十人，夜读文献，查找古今医案，临证开拓思路，提高临床疗效，皆为发展中医药的博大精深之理论，培养理论联系实际的高层次人才。余亦因行政工作繁杂，求医者甚多，实有劳累而想放松之感，辄扪心自比顿觉惭愧，其精神激励后人，警示来者不敢懈怠”。如今，张佩青已成为国家中医药管理局全国中医肾病重点专科带头人，全国百名杰出青年中医，黑龙江省优秀中青年专家，享受国务院政府特殊津贴；在中医药治疗肾病的临床和科研方面成绩显著，主持或作为主要完成者承担省部级科研课题 6 项，取得 5 项省部级科技进步奖，尤其在中医药延缓肾功能衰竭进展方面的研究取得较大突破，曾获得黑龙江省科技进步二等奖 5 项，被黑龙江省授予名中医称号。

2001 年 4 月，在国家中医药管理局及广东省政府领导的见证下，广东省中医院副主任医师（现为主任医师）徐大基、林启展拜师张琪。在一年多的时间里，为了指导他们学习，张琪在百忙中不辞舟车劳顿，从哈尔滨两度到广州，亲自带他们随诊；平时则不厌其烦地在电话里授业解难，每一封信都是亲笔书写。他们深深感受到导师不但具有高明的医术，而且具有高尚的医德情操，动情地说：“拜师张琪教授学习后，我们心中有了一个非常明确的榜样。导师成为中医界一代宗师的成功之路，对我们启发尤深。导师自业医以来，把病人的生命和健康置于至高的地位，正是导师这种为人、为医思想的具体体现。导师不计较个人得失的精神风貌，重视客观实际、实事求是的医疗作风以及不断学习、精益求精的治学态度，对我们的医德教育起到了模范作用。从学生对导师的爱戴、同道对导师的敬佩、各级领导对导师的信赖和感激中，我们看到了导师的成功，也感受到了一代名医的风范，更加深深体会到该如何去成为一个真真正正的学术继承人，成为一个真真正正的医学名家。”在张琪的悉心指导下，通过努力，他们被选为医院的“青年拔尖人才”、广东省高校“千百十人才工程”培养对象。

盛名德更高　淡泊养身心

张琪不但继承和发展了前贤精湛的医术，同时也秉承了中华民族仁爱、理达、廉洁、纯良的医德医风，他以“大医精诚”之训，筑成“救死扶伤”之心。他崇拜仲景论证之精辟，更佩服仲景“下以救贫贱之厄”之至诚。他虽已久负盛名，但毫无名医架子。他医风朴实，讲求实效，谈病论证不咬文嚼字，也不含糊其辞，诊断清楚后，立法非常明确。每论一病，往往能指出如法处之将如何，误治之将又是何种情形，某病某证临床表现是什么样……交代得一清二楚。他常说：“为医者，应待患者如亲人，至精至诚，让饱受疾病折磨的患者饮橘井之甘泉，啖杏林之蜜果，摆脱病痛，步入坦途。”

多年来，他废寝忘食地工作，耐心接待每一个就诊者。不论是高级干部，还是普通工人、农民，他都一视同仁，认真诊治。内蒙古农村一肾病患儿，在其他医院治疗近一年，仍腹胀，重度浮肿，大量尿蛋白，由于长期用激素，又患股骨头坏死，经人介绍，前来求张琪医治。经他细心辨证用药，一周后所有症状均明显减轻。又治月余，诸症悉除。患者家属再三致谢，轻松而归。一天中午，看了一上午病的张琪刚要回去吃饭，一位来自集贤县的妇女闯进诊室着急地说：“就差一个人没看上病，大老远来的，可咋整！”张琪问明原委二话没说，立即安抚病人，给她诊病。原来这位妇女患的是肾功能衰竭，不能延误。经他精心调治，用时1个月，只花了300元钱，便控制住了病情。一位89岁的老人，在儿子搀扶下来院就诊，却没挂上号。张琪得知后，对工作人员说，这么大岁数，看到大夫却看不上病，太不忍心！他忙将老人引进诊室，为其治疗完毕才下班。

一般来说，来请张琪诊病的人，大都为重患或疑难病。人们常常看到，下班时间已过了很久，他还在为“号外号”的病人悉心看病，宁肯牺牲自己的休息时间，也要为那些远道慕名而来又挂不上号的病人诊治。有的病人跟他到家中，或堵他在路上，他都是和颜悦色地接待，安排时间为他们耐心诊治，从不厌烦。一位从鸡西来的慢性肾炎患者，高度浮肿8个月，几经哈市大医院治疗不见好转，张琪给开了中药，服药10余剂后，浮肿见消，病情好转。一天，医院组织全体职工春游，已坐在车上的张琪看到这位患者来了，立即下车请病人入诊室看病。一年一度的春游他未去成，有人为之遗憾，可他却高兴地说：“以病人之乐为己乐，这是一个医生最有意义的事，岂不远远胜过春游之乐！”

对于一些来信、来电寻医问药的病人，他总是认真回复，或调剂药方，或鼓励病人增强信心。许多患者不仅把他看做救命的医生，还把他当成自己的朋友，精神的寄托，康复的希望。广西南宁市一位黄姓青年，给他写了一封热情洋溢的信，信中说：“张爷爷，您好！我服了您的药后，病情明显好转，尿蛋白减少了，体力增强了，腰也没那么累了，对生活充满了信心。真的非常感谢您。您让我深深敬佩！您在百忙中还要为我多操一份心，我心中又感激又不安。我一定会增强信心，把病治好。”他还多次与“爷爷”通信、通电话，真的把张琪当成爷爷了。

行医数十年，张琪治愈的患者，挽救的生命千千万万。时至今日，他仍风雨无阻，准时出诊，并坚持每周一次全科大查房，一坐就是四五个小时。这对一位80多岁的老人来说，可谓超负荷的工作，而他却总是对身边的人说：“老百姓看病不容易。

医乃仁术，治病救人，要见诸行动，要为病人着想，不能发病人之财。”

生活中的张琪非常随意，用他自己的话说，就是平平常常的一个“老头儿”，性格温和，不急不火，不骄不躁，谦恭和蔼，很少见盛怒。曾有记者与张琪谈起养生之道，他诙谐地说：饮食应该清淡，但也得有点荤腥吧，不然吃起来不香；他爱喝绿茶、普洱茶，偶尔也换换口味；爱听京剧，但不会唱；爱看书，除了医学书外，最喜看的是历史书籍和名人传记；体育锻炼随大家，现在年纪大了，不便参加集体项目，就打打太极拳、练练气功，在家里坚持走步，每天坚持至少半小时；趁着脑子还没糊涂多看点病……张琪说得随意，但那位记者却悟到他的养生要领：工作中，沉醉于自己喜欢的事情，乐在其中；生活中，淡泊名利，随遇而安，永远都是满足和享受，这应该是最好的调养。

养生就是保养身体。张琪认为，养生包括精神、运动、饮食等方面，应顺应天地自然的变化规律。一是精神养生。他提倡老人精神养生“八乐”，即散步之乐、读书之乐、志趣之乐、交友之乐、助人为乐、天伦之乐、沐浴之乐、日光之乐。二是运动养生。他认为，有规律、持之以恒、适度的运动，可使人体气血流畅，循环旺盛，五脏六腑、皮肉、血脉、筋骨得到充分营养，脑力劳动者更应进行体育锻炼。三是饮食养生。张琪倡导饮食有节。长寿者既坚持“动为纲”，更坚持“素经常”，早餐吃饱，午餐吃好，晚餐吃少。

这些养生理念，都是张琪根据中医学的理论，在日常生活工作中悟出与坚持的。他如今虽已 89 岁高龄，仍耳聪目明，精神矍铄，每周一、三、五依然到医院出诊，指导弟子，继续搞学术研究。晚年生活非常有规律，早上一般 6 点起床，洗漱后坐在写字台前开始整理医案，读患者或友人、同行来信，或写回信，大约 1 小时左右。午后看《百家讲坛》，尔后午休到下午 3 点左右。接下来看报纸、继续整理医案、写回信等。饮食很有节制，一日三餐，七八分饱，好的不多吃，差的也不少吃。晚上收看新闻联播、体育节目、京剧等。一般晚上10点左右上床睡觉。

张琪说，中医临床医学需要潜心研究、苦心孤诣、精心创作的工夫，以及默然冥想、蓦然醒悟、恍然得理的理性思维，这正是养生家与医学家所倡导的健身强体的健身之法与人生境界。

（撰稿人 张佩青 张佩霞 刘 娜）

李寿山
卷

李寿山（1922—　）

古为今用洋为中用推陈出新乃现代中医必由之路也勤学勤思勤札录忌急忌躁忌骄抓主症定主方通常达变 李寿山

李寿山手迹

古为今用，洋为中用，推陈出新，乃现代中医必由之路也。

——李寿山

在大连星海广场南部海滨伫立着一座巨型城雕，一本迎风展开的世纪书卷平铺在海岸边，由各行各业代表千余双脚印铺就而成的寓意深刻的铜制路雕，由北向南，走向大海，向世界延伸。这是百年来大连人民不屈不挠、奋勇向前、走向美好明天的历史步伐。在这条长长的铜制路上，有一双厚重敦实的足印，追寻着这双脚走过的路程，我们仿佛看到中医大师李寿山在70余年的从医生涯中，走向成功、走向辉煌的伟岸身影。

李寿山，1922年出生，原名李守山，字岳东，祖籍山东省平度市。著名中医学家、临床家。历任大连市中医医院院长，大连市中医研究所所长，大连市中医药学会理事长，辽宁省中医学会副会长，仲景学说研究会主任委员，全国老中医药专家学术经验继承工作指导老师等职，享受国务院政府特殊津贴。

李寿山在学术思想上，学本《黄帝内经》，崇尚仲景，注重以胃气为本，对脾胃学说致力研究。他认为脾胃学说创始于《黄帝内经》，发展于仲景，形成于东垣，充实于天士。临证中处处刻意于调治脾胃，兼安五脏。对急症重疾喜用经方，重症沉疴善理脾胃。尤其在消化系疾病的治疗上，创拟慢性萎缩性胃炎从“痞”论治，消化性溃疡从“痈”论治，溃疡性结肠炎从“痢”论治的治疗原则，疗效显著。在临床用药方面，根据药物的性味归经、脾胃的生理病理辨证用药，注意补而勿滞，通而勿伐，滋而勿腻，清而勿寒，温勿过燥，保持机体生化冲和，刚柔相济，升降和调。他总结的“舌下脉诊法”，是对中医四诊的一个重要补充，为运用活血化瘀法治疗疑难病提供了直观的客观依据。李寿山在70余年的从医生涯中，遵循“古为今用，洋为中用，推陈出新”之旨，倡导继承发扬与开拓创新结合、宏观辨证与微观辨病结合、辨证论治与效验秘方结合的临床三结合的思路，积累了丰富的临床经验，形成了独特的治学风格和学术特点。

多年来，李寿山在国内外期刊发表学术论文50余篇，主编出版《李寿山医学集要》《中医临证指南》《中医药治疗癌症临证精方》《中医消化病证治准绳》《中国百年百名中医临床家丛书·李寿山》《中医全科临床证治简要》等6部专著，参编出版《现代中医内科学》等20余部著作，其中《李寿山医学集要》被收藏于墨尔本英国皇家大学图书馆。共获省部级科技进步成果奖3项，市级科技进步成果奖7项，获国家知识产权专利局专利1项。

幼承家学　步入岐黄之门

1922年，李寿山出生在山东省平度市李家站村，祖父李芳是当地有声望的乡村医生。其父李鉴堂，文史兼备，尤精医理，把父辈的经验和自己的临床体会整理成册，撰写了《百病赋》，成为李家家传之要诀心法。李氏一门，三代单传。因为晚年得子，父亲对他宠爱有加，并寄予厚望。孩提时期的李寿山聪颖过人，活泼好动，所以，父亲为他起了乳名曰“豹”，大名“守山”，希望他如豹居山林，守护青山，守住李氏的血脉；也希望他能子承父业，杏林悬壶，守住祖传的医术。后因守、寿同音，叫来叫去就变成“寿山”了。至于他的表字“岳东”，则是由前清的拔贡——一位戴姓老人为他起的，希望他将来能够有所造就，成为国之栋梁，如东岳泰山，令人仰慕。

李寿山7岁入私塾学馆，上自四书经典，下至《三字经》《千字文》等，苦读而背诵之，打下了良好的传统文化基础。12岁开始随父学习中医。侍诊之初，父亲把家传的《百病赋》递给他说：“背下它。”这本凝聚了父亲多年心血的不过万字的手抄本，成了李寿山开启岐黄之门的启蒙教材。懵懂之间，他把《百病赋》和《医学三字经》《濒湖脉学》《药性歌括》《汤头歌诀》等医书背诵如流，牢牢地记在心里，练就了他学习中医的“童子功”。

李寿山专心致志学习中医，是受了两件事情的启发和激励。

有一天半夜，孩提时的李寿山突然肚子剧痛，冷汗淋漓而醒。闻讯赶来的父亲果断地诊断为绞肠痧，并拿了一根三棱针，在他的胳膊上扎了一下，放血治疗，疼痛顿时减轻了一半。等父亲把另一只胳膊也如法处置完，疼痛竟完全消失了。一根小小的银针，竟有如此的功效，中医的神奇，让李寿山痴迷了。

还有一次，一位邻家小伙伴的母亲，因家庭琐事想不开而服食了大量的火柴头。火柴头里含有硝石，是一种毒性很大的矿物质，正是古法炼制八步断肠散的主料之一。邻家农妇口吐白沫，即将一命呜呼。只见父亲急忙找来白矾化水，倒入她的口中。不多时，奇迹发生了。农妇开始呕吐，继而苏醒了，她得救了。李寿山幼小的心灵又一次产生了一个强烈的念头——“把人救活是件多么好的事情啊！我也要学中医，当郎中”。

父亲的高超医术、乐善好施，深深影响着李寿山。从此，李寿山立下了承岐黄家技，“拯黎元于仁寿，济羸劣以获安”之志，并一生辛勤不辍，实践自己的誓言。

1936年，因为家乡大旱，李寿山一家离乡背井闯关东，落户大连。父亲在明德堂药店当坐堂医，14岁的李寿山在旁侍诊。他开始半医半读的生活，在父亲的指导下系统学习中医的经典著作《伤寒论》《金匮要略》《医经原旨》等，同时浏览历代医家的名著，如《千金要方》《脾胃论》《景岳全书》《类经》《温病条辨》《伤寒来苏集》《兰台轨范》《医学心悟》《医林改错》等，颇受启迪，理论水平亦得到不断提高。1938年5月，不满18岁的李寿山，参加了大连的汉医会考，在100多名应考者中，力挫群雄，一举夺魁，考取了汉医证书。从此，他开始悬壶于大连，走上终生行医之路。病家称其父为“老先生”，称李寿山为“少先生”。“少先生”行医伊始，言谈举止酷肖其父。这是因为父亲高尚的医德、精湛的医术，深深影响着李寿山。老人家对待患者不分贵贱，对那些贫苦病人，赠医送药，分文不取。传统中医的大医美德，在李寿山的心里已经扎下了根。1940年10月，父亲去世，享年73岁。父亲的辞世，对年轻的李寿山打击非常大。很长一段时间，临证之中，遇到疑难重症，他的耳边时常响着父亲“医者之学问，全在明伤寒之理，伤寒理明则万病皆通”的教诲。从此，李寿山潜心研究仲景之学，为医圣张仲景“精究方术，上以疗君亲之疾，下以救贫贱之厄，中以保身长全，以养其生”的精神所感动，更为医圣“感往昔之沦丧，伤横夭之莫救，乃勤求古训，博采众方”的治学理念所折服。

衷中参西 铺筑名医之路

1945年8月15日，日本战败投降，大连同日解放，成为全国最早解放的城市，同时设立旅大市。怀着解放全中国、建设新国家的雄心壮志，在滨城已经小有名气的李寿山毅然放弃自己开业，响应共产党的号召，参加了革命工作。1948年1月，李寿山受聘于大连海港工会，与毛茂生、周鸣岐、何宏邦、张伯川等同仁创建了由政府成立的第一个以中医为主导的医疗机构——大连海港医院中医门诊部。这时候的李寿山中医功底深厚，疗效显著，受到广大患者的赞誉，同时他又开始阅读大量西医书籍，系统学习西医课程，用现代医学知识全面武装自己。他认为现代医学具有诊断明确、病理有据、直观定量等优点，可借我所用，不要有闭守门户之见。随着时代的进步，现代的中医大夫相应地、自然而然地接触现代医学的诊疗手段，在四诊合参的基础上，参以现代诊断。

李寿山提倡中西医结合，与他20岁时的一些经历有关。有一次，他偶然读到河北名医张锡纯的《医学衷中参西录》，如获至宝，对书中提倡中西医结合的理念，尤感兴趣。没地方买到此书，他就一个字一个字地手抄下来，慢慢研读，细心领会。说来也巧，有一天来了一位腹部剧痛的妇女，自述停经月半后又出现不规则阴道出血。当时患者面色苍白，出冷汗，四肢发冷。结合脉象，李寿山当即判断为宫外孕，建议家属立刻转西医院诊治。经手术治疗，患者转危为安。这件事给他留下了深刻的印象。因此他认为张锡纯先生的“衷中参西”是现代中医的必然选择，只有以中医为本，吸纳先进的现代医学成果，中医才不会衰亡，才会焕发新的生命力。在海港医院中医门诊部工作的几年里，李寿山为中医与西医的结合做了大量的工作，在大连中医界崭露头角，成绩斐然。

1955年，李寿山调至大连市第一人民医院，任中医科主任。当时，人们的生活条件艰苦，卫生状况很差，肝炎流行。于是，李寿山找到了医院领导，主动要求建立肝炎病房。病房成立后，接收了大量急性黄疸型肝炎病人。李寿山以中医中药治疗为主，配合西医化验检查，中西医合作治疗肝性黄疸，疗效甚好，7~14天就可以退黄。有一张姓男患者，30岁，1958年8月17日初诊。既往健康，1周前突然发病，身热，纳差，恶心呕吐。继则身目发黄，急剧加深，胁痛拒按，神志渐昏蒙不清，烦躁不安。舌质绛红少津，脉弦细数。中医诊断：急黄神昏。西医诊断：急性黄疸型肝炎，亚急性肝坏死。李寿山认为，本病由疫毒入营，湿热内蕴，湿从火化，热毒攻心，入于心包所致，证属急黄神昏。遂予清营解毒汤合服安宫牛黄丸。犀角（现已代用）15g（先煎），生地30g，丹皮15g，赤白芍各15g，茵陈蒿50g，酒大黄15g，桃仁15g，菖蒲10g，郁金10g，白茅根50g，水煎，昼夜服药。进药后翌日开始神志渐清，已不烦躁，但反应迟钝。已见初效，继用前法。3日后完全清醒，热退，身目黄染减轻，能进饮食。此湿热之邪已减，窍开神清，停安宫牛黄丸，原方去菖蒲、郁金，以清营凉血解毒为法，治疗约2周，黄疸尽退，诸症消失，唯肝功能尚未恢复。辨证投方，住院约3个月，肝功能恢复正常而出院。后来于1975年偶遇，自云出院后一直上班工作，一切良好。多次检查肝功均正常。

随着年龄的增长，临证经验的积累，李寿山的医学造诣日渐深厚，已经成为大连中医学术界的佼佼者。他可以通过中、西医理论的比较，探寻疾病的本源；通过中、西药物的筛选，取长补短，以寻求治病的最佳良方。1956年，他出席在北京召开的中华全国医学会第十届代表大会。1957年，参加辽宁省中医进修学校（辽宁中医学院前身）师资班的深造，并参与教材讲义的编写。1958年3月，组建大连市中医讲师团，任团长，先后为大连市中医学校、卫生干部学校、西学中班、中医进修班讲授《伤寒论》《中药学》《方剂学》等课程，受到广泛好评。同年8月，被推选为大连市第一届中医药学会副会长。1960年6月20日，光荣加入了中国共产党。1960年10月，出席全国文教卫生群英会。至20世纪50年代末期，李寿山在大连声名鹊起，他的医术为许多人所认可，开始长期担任来大连疗养的中央领导的中医保健任务。

1961年6月，时任大连市中医医院业务副院长的李寿山，接到了一个特别的任务。他和另一位西医专家，乘军用飞机直飞北京，为军队首长看病。李寿山看见面前的病人精神萎靡，面色苍白，烦躁汗出，呼吸困难，不能平卧，语声低微，喉有痰鸣，咯血时作，其色浅红或暗红有块，每次约100~200ml。李寿山分析：病人素体阳虚，卫外不固，外邪袭肺，肺失宣降，久致肺气亏虚，血失统摄，热随血失，阳气愈虚。所以该领导得的是阳虚夹寒不能摄血之证。此前西医想的是如何止血，而止血只是治标的方法，未从根儿上进行调理，咯血的症状未能缓解。而中医用十灰散、凉血止血之剂亦不效，他认为吐衄血者多为血热妄行，法当凉血止血。但该领导年高久病，咯血反复发作，失血过多，热随血去，阳气亦虚，不能摄血，若不识证，误用清热凉血之品，虽塞流，而血不能止。故治疗当以温经止血为法，予侧柏叶20g，炮姜15g，艾叶10g，西洋参25g，水煎频服，另以童便100ml，每次药前先服5~10ml。方以柏叶汤温经止血，童便咸寒降逆而消瘀，加西洋参以补气敛血、养阴益血而无人参升发之弊，炮姜易干姜去其辛热燥烈之性，苦温收涩。服药后该领导咯血渐少，翌日会诊，诸医皆有悦色。服至6剂，血已止。继以生脉散去人参，改用西洋参以益气扶阳，加阿胶滋阴养血，以资善后。1962年2月，该领导的病再度发作，高烧不退，点名请李寿山进京。经过两个月的调治，其病情渐渐稳定下来。

1969年冬，李寿山全家被下放到庄河县北部山区三架山乡二道河子，这是一个被崇山峻岭包围起来的小山村，人烟稀少，条件艰苦。但李寿山仍然不能忘怀他挚爱的中医事业。寒冷的冬夜，破旧的茅草房里，昏暗的煤油灯一次次被从门缝刮进来的北风吹灭。灯下，李寿山搓着冻僵的双手，翻阅着只剩下片言只语的家传《百病赋》。他仿佛又看到父亲忧郁的目光，听到父亲无言的叹息。李寿山暗下决心，决不让先人的宝贵经验遗失，他要凭借儿时的记忆重写《百病赋》，要把这一中医瑰宝留给后人，造福人民。于是，李寿山夜以继日，废寝忘食，在田间地头，在床头案旁，把零碎的记忆，条分缕析，并吸收历代医家经验，结合自己多年的临床经验加以注解、补充，誊写在儿子用旧的算草本上。这些宝贵的资料，最后竟整理成洋洋洒洒30万字的长篇巨著，取名为《中医临证指南》，并于1993年6月由中国中医药出版社出版。全书分上、下两篇。上篇为“临证辨治心法”，包括“医理探源”、“辨治要诀”、“治则举要”3章，内容有总题释义、辨证要点、分证选方等项。证治范围广泛，涉及内、外、妇、儿各科100多种病证，共100题。篇末附有证治歌诀若干首，有理论有实践，娓娓叙之，别具一格。下篇为“临证用药心法”，首论“药性药理”，次言“用药要诀”。药分10类，因病选药，以药带方，全书共录验方720余首。篇末附有歌诀，条理明晰，易诵易记，具体生动，独具特色，有很强的科学性和实用性。书中处处有家传心法，段段有证治要诀，每一句话都有李氏家族的不传之秘，每一个字都是李寿山的心血结晶。

在李寿山下放的山村，老乡们非常淳朴，他们知道李寿山是大城市里的名医，对他全家非常友善。而李寿山也经常为山村的农民施方治病。一次，一位马姓少年，感冒后出现了颜面及周身浮肿，尿中有血，血压增高，卧床不起。孩子的父母以为得了什么邪病，请来巫婆神汉，折腾数天，病情反倒越来越重。李寿山知道后，虽然不能化验血尿常规，但凭借自己多年的临床经验诊断为急性肾小球肾炎，属中医“风水”，予麻黄连翘赤小豆汤，5剂而愈。还有一次，一位矫李氏老太太，长期患病，也出现了下肢浮肿，按之凹陷不起，家属请李寿山往诊。李寿山查看病人，见其胸闷气短，心悸腹胀，不敢下地活动，口唇发绀，脉散时促，诊为“心衰病”，予卷柏饮调理，病人肿消，诸症好转。李寿山临回城前，老太太特意跑了十几里的山路，用一只柳条编的小簸箕，装满大黄米送给他。至今，每当讲起此事，李寿山总是满怀深情地说：“老百姓不容易啊！我们要用自己的医术为人民服务，要对得起他们啊！”这样的事例不胜枚举。凭借着一根针、几把草，李寿山愣是在偏僻的乡村，成了家喻户晓的名人。

后来，大连中医院在荷花山设立了分院，李寿山坚持留在农村，从事自己所热爱的事业。他一边为乡亲们服务，一边授业带徒。在三架山、荷花山、韩家沟山，在二道河子、马道口、冰峪沟，那里的山川沟壑，到处留下了李寿山和他的弟子们采药行医的身影。他们利用自己采集的100多种草药，为当地群众服务。在李寿山的教导下，一大批乡下娃，都成了当地医院的业务骨干。

1973年冬，李寿山回城，参加全市疑难病、危重病会诊及抢救小组，后又被大连市人民政府任命为大连市中医医院院长，兼大连市中医研究所所长。

李寿山为大连中医事业的发展立下了汗马功劳，他的成就受到社会各界的尊重。他自1954年首次当选为大连市首届人民代表大会代表，以后连续十届当选。在历次的人大会议上，李寿山提出了很多有价值的提案。一方面，申请财政拨款，修建中西兼顾的住院楼，购置现代化的医疗设备；另一方面，加强培训，提高医务人员的业务水平。他亲自讲课，教授《伤寒论》《方剂学》《内科学》，把宝贵的经验，传授给那些因为没有机会上大学系统学习中医的年轻人。同时，他克服了重重困难，开展了大量的科研工作，如“运用《伤寒论》法辨治胃脘痛的微机研究”、“中药消痞灵防治胃痞恶化（萎缩性胃炎癌前状态）的临床应用研究”、“清化益肾汤治疗原发性肾小球肾炎的临床应用研究”等，成就卓著。

学崇仲景 融会古今医论

李寿山潜心于仲景学说之研究，师法不泥，自出机杼，临大证敏于思索，用经方尤有卓见，每获良效，使患者转危为安。经方配伍法度严谨，药专效速。用经方辨证识病贵在准确、活用，在纷杂的症状中，要善于把握主证，有是证而用是方。在治疗方面还要随证以立方，不能执著古方，一成不变。选药要少而精，勿使掣肘，药量宜大，突击截断，中病辄止。其煎服方法，遇急重症更应宗仲景之训，昼夜服之，以保证药物在体内的有效时间和有效浓度。

多年来，李寿山在急重症的治疗上，积累了较为丰富的经验。如善用白虎加人参汤增损治疗高热病人，石膏日用量每每用至500g。盖石膏性寒而味辛甘，辛甘发散有透邪外达之力，其性寒可乘发散之势而逐热外解。故《名医别录》说，石膏可“解肌发汗”。若热邪久稽，恒加青蒿、白茅根以透发郁久之热。这是他吸收张锡纯《医学衷中参西录》重用石膏思想的发展。另外，他还主张凡用白虎汤必加人参。因热邪犯人必然耗气伤阴，况且患阳明病者，多系内有伏热之体，用人参补益气阴恰合病机。若遇经腑同病者，常用清下合治以救其急。

如1944年3月李寿山治疗一例春温坏病（春温误治）患者。吴某，男，30岁，春患温病，病起服辛温发汗剂，汗后壮热不退，口渴益甚；连续再汗，病情益重，经治罔效，而见大汗，大热，烦渴不止，喘促，嗜睡，谵语，大便3日未行，小溲短赤，舌苔焦黑，脉洪大而数，一派壮热之象。家属诚邀李寿山诊治，观其脉证，诊其为温病误用火逆之坏病。处方：生石膏500g，知母15g，麦冬15g，党参25g，生山药25g，荷叶15g，鲜白梨1枚（切吃），水煎服。服药1剂，大汗、口渴即减。但热不退，药已对证，原方再继服3剂，汗、热、渴症大减，大便已解，喘促已平。焦黑苔渐退，脉转虚数，神志转清，唯午后仍有微热。此系病后气阴未复，余邪未清，改投竹叶石膏汤加减。3剂，病告痊愈。患者颇通医理，病愈后曾求教于李寿山：“为何过汗亦为火逆？”“大便三日未行为何不攻下？”李寿山答道：“初病春温，前医屡投辛温燥烈之剂，大发其汗，以致化燥伤阴，邪热入里，气阴两伤，与烧针、艾灸、火熏、热熨之火逆证的机理一致，只是致汗的内外途径不一也。《伤寒论》211条：发汗多，若重发汗，亡其阳，谵语故也。大便三日未行，谵语，似阳明腑证，但未见腹部胀满、大便燥结、脉滑数有力的燥实证，为误汗伤津，水不运舟所致。《伤寒论》245条：汗出多者为太过，太过者，为阳绝于里，亡津，大便因硬也。故以人参白虎汤加味，并麦冬、荷叶、鲜梨润燥之品，则不下而便自下。”患者听后心悦诚服，不禁竖起了大拇指。

再如，李寿山用真武汤合葶苈大枣泻肺汤加减治疗心衰水肿也别具一格。水为阴邪，非阳不化，非运不行。真武汤有温壮脾肾主水制水之力。然而水气上凌心肺，上焦水源不利，三焦何以决渎；肺气不能宣降，下窍何以通利，故重用葶苈大枣泻肺行水。二方合施，肺肾同治，气帅水也。

李寿山治学精勤，学崇仲景又不拘泥于一家之说，而是汇通诸家，源流兼蓄。诊余之暇，博览历代医药名著，对各家学说均能留心研究。他指出，由于各时代的医家所处历史条件不同，所观察的对象也各异，因此，他们所提出的学术见解，自然都会有不同风格，不同偏重，其所偏也即其所长。若能熔各家之所长于一炉，则取其偏而得其全。同样，历代医家也不可避免地具有民族的、地区的和时代的局限性。所以不可毫无批判地兼收并蓄，而应该删其繁芜，撮其枢要，寓创新于继承之中。

李寿山对内伤杂病的诊疗，运筹帷幄，广收博采百家之长，积累了丰富的经验。如心系病，认为胸痹心痛证应重视“阳虚为本，痰瘀为标，燮理脏腑，补通兼施”的辨治方法。中风病应“观神态，明闭脱，定病位，辨缓急”，寓活血化瘀于各法之中。肾系病，认为其病理特点是非湿即瘀，创用“清化益肾汤”，以清宣解毒法治疗慢性肾炎急性发作，用清开降浊法治疗肾衰等。对痹证治疗尤具慧眼，拟温痹汤和清痹汤，一温通，一清宣，前者治疗风寒湿痹，后者治疗风湿热痹。久治不愈之顽痹乃虚实夹杂，痰瘀互阻于络脉，拟通痹汤，重用虫类药搜剔兼益肝肾，并制“痛风药酒”内服外擦，综合治之。治疗肺系病，李寿山尝谓：喘分虚实，哮辨寒热。肺肾为金水之脏，一主呼气，一主纳气。故用豁痰化瘀截哮法，治疗顽固性哮喘急性发作；肺肾同治，标本兼顾治疗虚证哮喘，常常桴鼓相应，应手取效。消渴一证，滋阴清热润燥为之大法，对久病有兼证并病者，治宜补肾燮理阴阳。

汇通诸家之说，还在于治疗方法的多样性。由于童年的经历，李寿山对杨继洲的“药与针灸，不可缺一”之论颇为赞同。古之扁鹊、华佗无不针药并施而“能生死人”。《伤寒论》一书列针灸治病有33条之多，足证仲景亦重视针灸。因为人体是通过经络之联系，运行血气、沟通上下内外的有机整体。若经气不和则百病由生。骤发之疾，一者药不应手，二者药物尚需经吸收转化才发挥作用，不能立即奏效。而针灸则可通过腧穴直达病所，有立竿见影之捷效。仓促之间，可为抢救和治疗赢得时间，况且又简便经济易行。李寿山善用针灸，临床数十年，从未间断过使用针灸祛病疗疾。1956年3月、1957年6月、1959年7月分别于《中医杂志》发表了《针灸治疗小儿麻痹证的疗效观察》《针刺治疗中风后遗症的临床总结》和《针刺治疗小儿舞蹈病经验介绍》等论文，后来又编撰《农民针灸手册》一书。在大连中医院荷花山分院工作期间，因为条件艰苦，他更是针不离手，曾经运用针刺麻醉，成功进行了巨大卵巢囊肿摘除术，在当时引起轰动。

融古创新　升华脾胃精论

在学术上，李寿山遵循“古为今用，洋为中用，推陈出新”之旨，倡导继承发扬与开拓创新结合、宏观辨证与微观辨病结合、辨证论治与效验秘方结合的临床三结合的思路。他潜心于脾胃学说的研究，可谓上溯经典，探微索隐；下涉各家，兼取众长。在系统地钻研古代经典的基础上，结合自己多年的临床实践和经验体会，对脾胃学说的学术渊源、临床证治特点、用药规律及宜忌进行了深入的思考，以独特的视角、独到的经验、显著的疗效，形成了自己的学术观点。李寿山认为，脾胃学说的形成，从其历史沿革分析，可概括为4个阶段。

第一阶段：创始于《黄帝内经》。《黄帝内经》对脾胃的生理病理之论述，不仅已颇详尽，且对脾胃病的治疗有所记载，奠定了脾胃学说的理论基础。《灵枢·海论》云："胃为水谷之海。"《灵枢·玉版》曰："人之所受者谷也，谷之所注者胃也，胃者水谷气血之海也。"《素问·灵兰秘典论》又说："脾胃者，仓廪之官，五味出焉。"《素问·刺禁论》曰："脾为之使，胃为之市。"上述经文说明，胃司受纳，脾主运化，饮食入胃，经过腐熟消化而传输于脾；再经脾的运化输布，将水谷精微物质送到全身，以营养全身脏腑、四肢百骸。而饮食、精神、劳倦、气候变化等，均可导致脾胃失调而致病。在治疗方面，《黄帝内经》提出了"脾瘅者，口中甘，治之以兰，除陈气也"，"脾恶湿，急食苦以燥之"，"脾欲缓，急食甘以缓之"，"胃不和则卧不安，半夏秫米汤主之"等治则治法，尤其提出摄生对调理脾胃的重要性，强调要"食饮有节，起居有常，不妄作劳"等等，这对预防脾胃疾病都有十分重要的意义。

李寿山认为，早在春秋战国时期，作为中医第一部医学巨著的《黄帝内经》，已蕴育着脾胃学说的萌芽，奠定了中医脾胃学说的理论基础。

第二阶段：发展于仲景。有关脾胃证治的论述，几乎贯穿于仲景所著《伤寒论》《金匮要略》二书的各个篇章中，使脾胃学说在辨证施治方面，有了新的补充和发展，理法方药渐趋完备，从而奠定了脾胃学说的实践基础。《伤寒论》的398条原文中有关脾胃病症状记载有218条，占全书原文一半以上；在82种类证中有关脾胃证候的有26种，占其他病证总和的一半；在全书112方中有60方主治或兼治脾胃病证；在全书93种药物中按性味归经脾、胃、肝、胆、大小肠者有81种，占全书用药的2/3以上。《金匮要略》中对腹满、寒疝病、宿食与呕吐哕、下利等脾胃病的证治有专门论述。张仲景对脾胃学说的发展，还在于他非常重视“保胃气，存津液”的学术观点，在多处论述了胃气盛衰关系到病情的发展和预后的良恶。诸如胃气已败，除中必死（第333条）。若胃气渐复，“欲得食，其病为愈”（第339条）。即使是厥利重症，“胃气尚在，必愈”（第332条）。因此，张仲景在治疗疾病的过程中始终把保胃气作为扶正的关键环节，明确提出了“勿犯胃气”的治疗原则。在强调保胃气的同时，更重视存津液的学术观点，认为保胃气和存津液都是调理脾胃恢复正气的关键，通过保胃气、存津液来调整机体，从而达到“阴阳自和”的目的，故提出“阴阳自和者，必自愈”（第58条）。

关于调理脾胃的治法方药，几乎贯穿于《伤寒论》和《金匮要略》各个篇章中，可概括为13法。（一）解表和里法：适用于表邪外郁、邪热内伤肠胃之证。表邪偏重者，疏其表则里自和，用葛根汤、葛根加半夏汤；如表里邪气俱盛者，则宜解表而清里，用葛根黄芩黄连汤。（二）泻下通腑法：适用于燥实内结、宿食停滞、腑气不通之证，泻其积滞，存津液而健脾胃。分寒下、温下、润下法，其代表方如大承气汤、大黄附子汤、麻仁丸等。（三）温中祛寒法：适用于中阳不足、脾胃虚寒之证，代表方如理中汤、吴茱萸汤、黄土汤、桃花汤等。（四）和胃降逆法：适用于痰饮邪气滞胃，胃气上逆之证，代表方如旋覆代赭汤、小半夏汤、小半夏加茯苓汤、大半夏汤、橘皮竹茹汤等。（五）调和肠胃法：适用于中气不足，邪热内陷，浊气上逆，肠胃不和，寒热夹杂之证。

代表方如半夏泻心汤、生姜泻心汤、甘草泻心汤、黄连汤、干姜芩连人参汤、乌梅丸等。（六）舒肝理脾法：适用于肝失疏泄，气机郁结导致的肝脾不和之证，代表方如四逆散、芍药甘草汤等。（七）建中补气法：适用于劳倦太过，损伤中气以致气血津液不足之虚劳证，代表方如黄芪建中汤、薯蓣丸等。（八）益胃生津法：适用于虚热伤津，余热耗液之证，代表方如竹叶石膏汤、麦门冬汤等。（九）温肾暖脾法：适用于肾阳不足导致脾阳虚衰之证，代表方如真武汤、附子汤等。（十）温阳利湿法：适用于中焦阳气不足，气化失常导致的水饮停蓄泛溢之证，代表方如苓桂术甘汤、茯苓甘草汤、半夏干姜散、防己茯苓汤等。（十一）清利湿热法：适用于热不得越，湿不得泄，湿热蕴蒸之证，代表方如茵陈蒿汤、茵陈五苓散等。（十二）涌吐导滞法：适用于痰饮邪毒壅滞胃脘之急证，本《黄帝内经》“在上者，因而越之”之意，代表方如瓜蒂散。（十三）饮食调节法：仲师非常重视饮食调理以恢复脾胃的功能。

李寿山认为，从上述举例足可看出，仲景在《黄帝内经》的理论基础上，对脾胃学说有很大发展，形成了比较系统的学术思想，对脾胃学说的形成和发展，作出了承前启后的贡献。

第三阶段：形成于东垣。脾胃学说独成体系，应归功于金元时期的医学大家李东垣。李东垣为补土派的创始人，所著《脾胃论》《兰室秘藏》《内外伤辨惑论》，均以脾胃、脏腑辨证为主。他的学术思想，主要由以下几个方面组成。（一）阐发《黄帝内经》《难经》及仲景之旨，强调“人以胃气为本”的后天论，形成了他的学术思想的核心，指出：“元气之充足，皆由脾胃之气无所伤，而后能滋养元气。若胃气之本弱，饮食自倍，则脾胃之气既伤，元气亦不复充，而诸病之所由生也。”李寿山认为，此说成为《脾胃论》的理论基础，亦是调理脾胃能治百病的依据。（二）辨证强调内伤，论治创制新法。“内伤脾胃，百病由生”，强调脾胃失调是内伤疾病的根源，对脾胃病的论治，以内伤虚证为主，病机分析多责之于“阳气不足”，治法本《黄帝内经》“劳者温之”、“损者益之”的宗旨，而倡用参、芪、术、草等甘温药以补中；从“陷者举之”、“风胜湿”的原则而倡用升、柴、独、防等升阳之药，以泻阴火除湿。李寿山说：“这是李东垣继承《黄帝内经》原理的创新之处。”（三）创阴火之说，制甘温除热之方。提出“火与元气不两立”的论点，拟以甘温之剂，升阳补中，佐以甘寒以泻其火。如补中益气汤、调中益气汤、升阳益胃汤、补脾胃泻阴火升阳汤等。（四）建立调理脾胃的法则和方药，创制了59张药方，用药103种，补中升阳的药物比较集中，充分反映了他补气助阳、健脾利湿、兼治阴火的学术思想。

第四阶段：充实于天士。自李东垣创“阴火”之说，辨证强调“内伤”治法，重视温补理论之后，明清医家对脾胃学说又有新的补充和发展，有代表性的当属清代叶天士的养胃阴的学术经验，补充和完善了脾胃学说的内容。叶天士据《黄帝内经》“胃为水谷之海，五脏六腑之大源”，“有胃气则生，无胃气则死”之理，提出了“养胃阴”的学术观点，补充了李东垣偏于温补升阳以治脾胃的缺陷。他指出：“脾喜刚燥，胃喜柔润”；“胃为阳明之土，非阴柔不可为功”。“胃易燥”，据此提出养胃阴的理论。临床上导致胃（脾）阴虚的病因是多方面的，素体阴分不足，或年老液亏，或感受燥热之邪劫夺脾胃之阴，此其一；木火体质，易生内热，烦躁多怒，五志过极，以致阳升火炽，此其二；饮食偏嗜辛热，或嗜酒无度，温热化燥而伤阴，此其三；不辨脾胃阴虚之证而误治，如辛散劫阴，燥热助火，此其四。叶氏养胃阴的学术思想和用药特点，独辟蹊径，补李东垣温补升阳之偏。李寿山认为其创制的甘缓补胃、甘凉润胃、清养益胃、酸甘养阴等法极其丰富；与李东垣升脾阳之说互相补充，充实了脾胃学说的内容。

掌握科学的认识论和方法论是学好中医学的关键所在，是到达科学彼岸的桥梁。李寿山在系统研究古代先贤关于脾胃学说的基础上，认为辩证思维方法是理论思维的一种形式，是中医学方法论最根本的要点。这是第一枢要。第二枢要是标新立异的创新思想。创新有两个含义，其一是古方新用，化裁创新，师其意而不泥其迹；其二是针对当代中医面临的新问题，要与时俱进，以更新的观念，寻找新途径以解决之。继承是基础、是前提，发展是升华、是结果，二者并行不悖而相得益彰。古今并蓄，中西合璧，融旧创新是历史的必然。他主张要把握“抓主证，定主方，通常达变”的三结合原则。他认为，张仲景在《伤寒论》中首先制订了遣方用药的原则，即根据主证，制订主方，方随证出，这一原则贯穿于全书的始终。抓住主证，是临证时的核心。证的实质蕴涵着病因、病机、病性、病势、病症等多种概念，统而言之，六经提纲即是六经病的主证。《伤寒论》这种证从经分、以方名证、汤证即是主证的辨证用药原则，对临证者来说，层层展开，有顺有逆，确有一目了然、得心应手之启示作用。

对现代中医面临的一些新问题，例如，同样是慢性胃炎，胃镜下表现有的以红像为主，充血、水肿、糜烂，有的以苍白像为主，黏膜变薄，透见血管网，在中医辨证上应如何考虑；无自觉症状而肝功有改变，或乙肝表面抗原阳性者，是否还有证可辨，如何施治，等等。李寿山认为，要解决这些临床工作中的新问题，就要通过广义的三结合，即以整体观念为理论指导，宏观辨证与微观辨证结合；以辨证论治为临床依据，病证结合，以证分病，按期治疗；以因病用药为治疗原则，用经方、验方并举的解决方案，去立法、处方、用药，于无症可循中，做到有证可辨，有法可治，有方可用，才能真正体现中医的整体观念和辨证施治两大基本原则，摆脱临床中无证可辨、无药可用的尴尬境地。

消化痼疾　从痞、痈、痢论治

李寿山创拟的从痞、痈、痢治疗消化病，独具特色，经验独到。他抓住了病机特点，切中了疾病要害，开创了脾胃病论治的新观念，用之临床，确有效验。

从痞论治慢性萎缩性胃炎：痞满是指脘中痞塞，满闷不舒，而无明显疼痛为主证的病证。慢性萎缩性胃炎临床表现为上腹部痞塞，胀闷，饭后加重，腹部柔软，触之无形，虽兼有胀痛、隐痛等症状，但多以痞胀为主证，当属痞满范畴。《黄帝内经》中称本病为“否”、“满”，或“否满”，或“否膈”等。张仲景在《伤寒论》中明确指出：“满而不痛者，此为痞”。金元医家著有痞满专论，朱丹溪说：“痞者与否同，不通泰也。”“脾气不和，中央痞塞，皆土邪之所谓也”。

李寿山认为慢性萎缩性胃炎与痞满症状表现相同，其病位在胃，当从胃痞论治。本病多由饮食不节，情志所伤，或由脾胃素虚兼夹外邪，导致脾胃升降失调，气机紊乱而造成本虚标实之证。本虚是指脾胃中虚（气虚、阳虚、阴虚），标实是指气滞、湿阻、火郁、血瘀。脾胃中虚、气滞不畅是本病的病理基础。气滞不畅，痰湿中阻，影响脾胃的纳化升降功能，导致清浊相干而产生痞满、饱胀、嗳气、纳呆、便溏等消化不良症状；气郁化火，灼伤胃阴，或久病气阴两虚而胃络失养，易见口干舌红，灼热似痛等阴虚火郁证；若偏气虚不运，阳虚不温，或气滞不畅者，易伴见胃痛之症。本病初起在气分，病久由气及血，渐致气滞血瘀、胃络痹阻，则由功能性病变演变成器质性病变，造成胃络瘀阻甚至产生癥结（肠上皮化生、不典型增生），导致胃络失养萎缩，是本病的主要病机。概括其病理为虚、滞、湿、火、瘀为标，而最终可转化为以虚为主，虚实夹杂的病理状态。

李寿山从痞论治慢性萎缩性胃炎，临证中把握主证，辨证分型，尤其重视胃镜及病理检查，结合其是否伴有中、重度不典型增生、肠上皮化生及幽门螺杆菌感染情况，参以辨证，创制消痞六方，疗效显著。

其中，疏肝消痞汤是针对胃痞病肝胃气滞证所设。本方由柴胡、枳实、白芍、香附、厚朴、陈皮、丹参、甘草等组成，方本《伤寒论》四逆散化裁组成。治疗关键在于调节气机的通降功能，疏肝理气，和胃止痛。胃痞胀满者，加内金、焦三仙；烧心嘈杂者，加山栀、淡豆豉或黄连、吴茱萸；疼痛剧者，加延胡索、川楝子；偏于寒者，加良姜、荜澄茄等。

清肝消痞汤为胃痞病肝胃火郁证所设。本方由乌药、百合、木香、丹参、山栀、黄芩、黄连、白芍、甘草等组成，由乌药汤、丹参饮、泻心汤、芍药甘草汤化裁而成，以使肝气得疏，郁火得清，胃气得降，瘀结得散，以达泄肝清热、和胃通降之功。若吐酸烧心，合入左金丸；兼见食滞泛恶反胃者，合入旋覆代赭汤加鸡内金、炒谷麦芽；胃痛胁痛甚者，合加金铃子散；黄疸湿盛者，合入茵陈蒿汤等。

补中消痞汤对胃痞病中虚气滞证疗效显著，本方化裁黄芪建中汤、枳术丸、人参汤，由党参、黄芪、白术、枳实、炒白芍、桂枝、丹参、炙甘草、生姜、红枣组成。诸药合用，共奏理气导滞、补中消痞之效。若嗳气、矢气不畅者加佛手；脘中隐痛者加香橼、延胡索；胁背胀痛者加广木香、郁金；胸脘拘急、气逆咽梗者加香附、苏梗；食少难消者加鸡内金、炒谷麦芽；大便溏泻者加茯苓，大便秘结者加肉苁蓉；贫血、头眩者加当归、枸杞子。

健中消痞汤为胃痞病脾胃气虚证所设。主要组成：人参、白术、茯苓、公丁香、降香、炙甘草。功可健脾温中，祛寒降逆。若兼泛恶欲吐，肠鸣有声者，加姜半夏、生姜；兼气滞不畅，脘腹胀甚，嗳气矢气者，加佛手、香橼；兼胃脘刺痛不移者，加灵脂、蒲黄；兼心悸少寐，面色无华血虚者，加当归、黄芪、丹参；若气虚不能摄血者，大便色黑如漆，加三七、乌贼骨等。

清中消痞汤治疗胃痞病胃阴亏虚证。以太子参、麦门冬、制半夏、柴胡、生白芍、炒栀子、丹皮、青皮、丹参、甘草治之。本方系由麦门冬汤、四逆散、栀子豉汤化裁而成，熔补、消、清、和、升、降于一炉，具有养阴益胃、清中消痞之效。若胃中有停饮，泛恶欲吐者加竹茹、茯苓；口干舌辣者加黄连、生地；嗳气矢气不畅者加佛手；气逆咽梗者加旋覆花、生赭石；大便溏薄者加山药、扁豆；食少难消者加鸡内金、炒谷麦芽；头眩目涩者加枸杞子、甘菊花等。

和中消痞汤是李寿山针对胃痞迁延失治，脾失健运，胃失和降，清浊相干，运化失司而形成胃热脾寒之胃痞病寒热夹杂证所设。以党参、姜半夏、黄连、干姜、蒲公英、丹参、炒白芍、炙甘草为主。化裁半夏泻心汤、芍药甘草汤、理中汤而成。胃痛甚者，加延胡索、香橼；胃中寒者，倍干姜加肉桂；嗳气矢气不畅者，加佛手、枳壳；空腹易饥者，加黄精、玉竹；食后痞胀者，加枳实、莪术；短气乏力者，加黄芪、当归；食少难消者，加鸡内金、炒谷麦芽等。

从痈论治消化性溃疡：中医学里的痈证，乃由气血受病邪所困壅滞不通而成，甚则肌肉腐坏而成溃疡。有外痈和内痈两大类。外痈生于体表肌肉之中，外观可以看到红肿高起，焮红肿痛，属阳证实证，易消易溃易敛；内痈生于脏腑之间，如肝痈、肺痈、肠痈、胃脘痈等，初起属阳，虚实夹杂，继则转阴，本虚标实，严重者预后不良。

胃镜是中医望诊的延伸，据此观察，消化性溃疡与胃脘内痈极相似。关于胃脘内痈的病名和诊断，最早见于《素问·病能论》："黄帝问曰：人病胃脘痈者，诊当何如？岐伯对曰：诊此者，当候胃脉，其脉当沉细，沉细者气逆……故胃脘痈也。"从脉测证，可知胃脘痈与其他内痈不尽相同，脉沉主里，细为本虚，痈者气血壅滞，标实也。关于胃脘痈的病因病机，古人亦有描述，《圣济总录》说："夫阴阳升降，则营卫流通，气逆而隔，则留结为痈。胃脘痈者，由寒气格阳，热聚胃口，寒热不调，故血肉腐坏。"胃脘痈的临床表现，《疡科心得集》指出：胃脘痈分为"外、内痈，其内痈生于胃中，中脘穴隐痛"。对其病因提出："醇酒炙煿，七情火郁，又感寒气格阳，清气下陷，营气不从……痰气上壅。"《释名·释疾病》："痈，壅也，气壅痞结，裹而溃也……血行不良，毒质瘀积而生，大而浅者为痈。"又提出"胃脘痈"重症可有"微肿、身皮甲错、胸膈痞闷、腹中痛连心……饮食少纳、形神憔悴、精神耗竭而毙"的恶性转化。这些记载，与消化性溃疡并发穿孔、出血、恶变等，极为相近。另外对胃脘痈的病位描述，《外证医案汇编》记载："胃中气虚，两头门户最小，上口为贲门，下口为幽门，胃痈有上下之分"，此与胃及十二指肠解剖形态、溃疡病灶分布颇为一致。

本病的病因病机，多由情志所伤，久郁不解，致肝气郁结，横逆犯胃，气郁化火，热伤胃络，气血壅滞，聚而成痈。始则木火犯胃而吐酸嘈杂，继则"血肉腐坏"而成痈疡。或由饮食所伤，饥饱不常，辛辣酗酒，损伤脾胃，脾不运化，胃气不降，升降失司，清浊相干而病脾胃虚滞。虚则中气不足，滞则血行不畅，久则胃脉失养，虚而成痈。亦有脾胃素虚之体，复因饮食生冷或感受外寒，再伤脾阳，阳虚内寒，以致中阳不振而成脾胃虚寒证，由于寒气格阳，胃脉受阻，营卫不和，瘀而成痈。总之，本病病机初在气分，渐及血分，终至痈成溃疡，诸症相继而生。本病常于空腹时胃脘隐痛或刺痛，得谷气之助而痛缓，食气尽而再痛，中脘等腧穴轻按痛缓，重按则痛；或食后痛重，拱撑两胁，刺痛拒按；或见吞酸嘈杂，甚则胃脘瘀结，幽门不通而呕吐痰涎食物；络伤血溢或中气亏虚，脾不统血可见呕血、黑便等症。多数病人经治可愈，有极少数病人，治疗不当，久延不愈，形气渐衰而导致“形神憔悴，精耗气竭”而成恶化之变。

治疗大法随证而设。在辨新久、辨缓急、辨寒热、辨虚实、辨气血、辨脏腑的前提下，临床上概括分为肝胃气郁、脾胃虚滞、脾胃虚寒三大证型，治疗原则通过疏肝健脾、调和胃气、温中祛寒以达疏理气机、调畅营卫、顾护胃络、消痈敛疡、制酸止痛的目的。

处方用药分期而治。肝胃气郁，胃失和降证，初病在气分，壅滞胃腑，方用理气调胃汤（柴胡、枳实、白芍、香附、郁金、浙贝母、甘草），方本《伤寒论》四逆散化裁。脾胃素虚，血行不畅，病已由气及血，此为脾胃虚滞，方用健中调胃汤（党参、白术、制半夏、陈皮、降香、公丁香、乌贼骨、甘草），方本《伤寒论》理中丸化裁。若胃痈溃后日久，中阳不振，渐成脾胃虚寒证，方用温中调胃汤（黄芪、党参、桂枝、炒白芍、生麦芽、乌贼骨、炙甘草、生姜、大枣），方本《金匮要略》黄芪建中汤化裁加减。

从痢论治溃疡性结肠炎：本病的临床表现以腹痛、腹泻、黏液或脓血便，反复发作为其主要特征，属于中医学的肠澼、久痢范畴。古无痢疾病名。《素问·通评虚实论》称肠澼，《金匮要略·呕吐哕下利病》篇中有“热利下重者，白头翁汤主之”；“下利便脓血者，桃花汤主之”。汉以前均以下利统称之。至隋《诸病源候论·痢疾诸候》中始有脓血痢、热痢、久痢、休息痢等病名，关于辨证施治在前人有效的辨治效方基础上又有不断的发展和补充。明《医宗必读·痢疾》篇中提出：“须求何邪所伤，何脏受病。因于湿热者，去其湿热；因于积滞者，去其积滞；新感而实者，可以通因通用；久病而虚者，可以塞因塞用。”久痢属本虚标实、寒热夹杂证，须施以标本兼顾法治之。

李寿山认为久痢病机，脾虚为本，湿浊为标，本虚标实为其总的病理状态。其病之发，多由禀赋不足，饮食所伤，湿邪内生；

或外感湿热之邪，内传脾胃，伤其肠络；或由肝旺克脾，气滞湿郁，皆能导致湿浊蕴结大肠，气血瘀滞，络伤腐溃而病。久痢不已，脾病及肾，脾肾两虚，大肠络伤，病灶更难收敛，遇邪即发，形成久痢顽证。

其一，肝脾不和，气滞湿郁痢证。主症：腹泻，腹痛，腹痛即泻，泻后痛减，大便黏液或兼脓血便，里急后重明显，反复发作，发作后大便或溏或燥。常伴有食欲不振，胸脘痞满，嗳气不舒，性急多怒等。舌淡红苔腻，舌下络脉多呈淡紫或青紫粗长，脉弦滑或滑数。常因恼怒而发或加重，一般多为急性发作，偏实证多。治以疏肝理气，和脾化湿法，方用疏肝和脾汤（柴胡、白芍、枳壳、木香、酒军炭、生地榆、甘草）。方本《伤寒论》之四逆散化裁而成。方中柴胡疏肝解郁，枳壳理气散结，二药相伍，一升一降，能升清降浊；白芍和营缓急，甘草益气和中，二药合用，酸甘化阴，有较好的治痢止痛效用；加生地榆凉血止血，敛疡止痢；木香宽中调气而理肠，酒军炭导滞清热而收敛（用此药须经酒制成炭，存性，量宜少，一般用量 1~3g，多则泻下，少则收敛），二药相伍为理气导滞，调整胃肠之良药。诸药合用，共奏疏肝理气、和脾化湿止痢之效。若里急后重甚者加薤白、秦皮；腹痛剧者，白芍加倍，加延胡索、丹参；血便多者去枳壳，加田三七、乌贼骨；急性发作发热者加白头翁、黄连、金银花。诸症消失后，宜常服焦楂炭、生山药等药，研末，每服 15g，白开水调如糊状，加少量白糖服下，每日 2~3 次以巩固疗效。

其二，脾虚湿盛，寒热夹杂痢证。主症腹泻，腹痛绵绵不已，长期大便溏薄，脓血杂下，甚或滑脱不禁，里急后重较轻，常伴有畏寒怕冷，神疲短气，倦怠乏力，纳呆食少，脘腹胀满，面色不华，舌淡苔滑，或兼腻苔，舌下络脉呈淡红细短，或淡紫细长，脉象沉细或濡滑，常因过劳、受凉或饮食不当而发病或加重，一般多为久病，偏虚证多。治以温运脾湿，调和寒热法，方用温中益脾汤（党参、白术、炮姜、生地榆、乌梅、酒军炭、炙甘草），方本《伤寒论》之理中丸化裁而成。方中党参补气健中，白术燥湿健脾，炮姜温中散寒而收敛，炙甘草和中缓急而止痛，加生地榆止血敛疡而治痢，乌梅益阴而收敛，酒军炭导滞清热，合用寓泻于补，相辅相成。诸药共奏温运健脾、调和寒热之功，为治久痢有效方剂。若腹冷腹痛明显者加炮附子、炒白芍、桂枝；少腹坠胀，里急后重明显者加广木香、黄连；黏液血便多者加田三七、乌贼骨；五更泄泻者加吴茱萸、肉豆蔻、补骨脂；滑泄不禁者加赤石脂、罂粟壳。

若病情重，迁延难愈者可配合中药保留灌肠法，方用马齿苋30g，生地榆30g，乌贼骨20g，水煎2次，取汁200ml，兑入锡类散2瓶和匀，适温36℃上下，保留灌肠，每晚1次，10次为1个疗程，必要时休息3~5天再用。此法对左半结肠溃疡疗效尤佳。

审证求因 解密用药心法

李寿山对于中医脾胃学说的升华与创新，还表现在用药方面。他用药很有法度，尤其强调顾护脾胃。因为脾胃乃后天之本，气血生化之源，气机升降出入之枢，五脏六腑四肢百骸皆禀气于脾胃。只有脾胃健运，才能纳化水谷，使气血生化有源，五脏得养，生机旺盛，才能抗拒病邪，修复损伤。故在临床实践中，要“保胃气，存津液”，处处刻意于调理脾胃，异病同治，兼安五脏。只要辨证准确，用之确有桴鼓之效。

调理脾胃，要以药物归经性味特点明其补泻之用。

补以甘酸，因甘味药有益气健中效用，即《素问·至真要大论》所说：“夫五味入胃，各归所喜，故……甘先入脾。”《素问·脏气法时论》又说：“脾欲缓，急食甘以缓之，用苦泻之，甘补之。”说明甘味药入脾经，有补养脾胃的功效。但甘味药有偏温偏寒之性。甘温者有补气助阳之效，适用于脾胃气虚及阳虚证，如人参、党参、太子参、黄芪、山药、白术、炙甘草等。偏阳虚者须伍以辛温之品以助阳，如桂枝、干姜、炮附子、荜澄茄等。甘寒者具有养阴生津作用，适用于脾胃阴虚证，如沙参、麦门冬、石斛、天花粉等。酸味药，从五味所入多归肝经，但酸味药与甘味药合用，有“酸甘化阴”作用，能补养脾胃之阴，促进胃酸分泌，增强食欲，助消化，适用于纳呆食少、灼热胃痛、口干不多饮、大便多燥等脾胃阴虚之证，如白芍、乌梅伍甘草、大枣等。

泻以苦辛，因苦味药有燥湿、泻火功效。脾为阴土，喜燥恶湿，对湿困脾胃者宜用苦燥化湿之品。即《黄帝内经》谓：“脾苦湿，急食苦以燥之”之意。苦味药有偏温偏寒之不同，苦温者燥湿效好，如苍术、草果、厚朴等；苦寒者，则以清热泻火为主，兼有燥湿作用，多用于胃火或脾胃湿热，暑湿伤中之证，如黄连、大黄、茵陈等。对湿热蕴结中焦者，又宜选用芳香化湿药，如藿香、佩兰、菖蒲、白蔻仁、苍术等。另外，对湿困脾胃证，苦燥药须配伍淡渗利湿之品，如猪苓、茯苓、泽泻等。盖湿性下趋，应因势利导之，故有“治湿不利小便非其治也”之说。即《黄帝内经》所说：“湿淫于内，治以苦热，以苦燥之，以淡泄之”之意。辛味药有辛散行气的药效，主要用于脾胃气滞证，凡因湿郁、痰饮、食滞影响脾胃纳化升降功能，产生痞满、脘腹疼痛、泻泄诸症，除治病因用化湿、消导、化痰除饮药外，均需配伍辛味理气之品，如木香、枳壳、枳实、陈皮、佛手、香橼、苏梗、砂仁、蔻仁等酌而选之。

在调理脾胃用药上，还要根据脾胃纳化升降的特点选其所需之药。因为脾之与胃，一脏一腑，一运一纳，一升一降，在生理上相辅相成，共同完成饮食的消化吸收，其精微物质由脾转输到其他脏腑及四肢百骸，以供养全身，共为“后天之本”。在病理上脾与胃常相互影响而发病，故在用药上有共同之处，如脾胃气虚、阳虚常并称，用药大致相同。但脾与胃又有不同之处，如脾主运，胃主纳；脾主升，胃主降；脾为阴土喜燥，胃为阳土喜润，故在治疗用药上有区别。大致说，治脾宜甘温、苦燥、升提，如党参、黄芪、白术、升麻、柴胡之类，偏阳虚者宜配伍辛热之品；治胃宜甘凉、濡润、通降，如沙参、麦冬、石斛、枳实、川军之类，火盛者宜配伍苦寒、甘寒之品。

所以，在临床应用中，要做到以下几个方面：

健运通降，补消兼顾：脾以健运为常，胃以通降为顺，二者用药虽有虚实之分，但需要兼顾。对湿阻、气滞、食积、痰饮等实证，在祛湿、理气、消食、化痰药中，常配以健脾的党参、白术、甘草等以兼顾中气，使消而勿伐。尤其对脾胃虚证，虽然应以甘药补之，但不可蛮补、壅补，否则碍脾之健运、胃之通降。故补脾胃之方常在甘药之中伍以理气助运之品，如陈皮、木香、枳壳之类。如补中益气汤中配升麻、柴胡以升举清阳，伍陈皮以理气助运；升阳益胃汤中配羌活、防风以鼓舞中气、燥湿助运等。在脾胃阴虚证中，宜用清补、平补，忌用滋腻壅滞、香燥耗阴之品，在甘凉濡润剂中如沙参、麦冬、石斛、玉竹、扁豆、大枣、粳米等，宜少佐以酸味和轻苦微辛之品，以和胃通降、理气助运，如乌梅、白芍、佛手、枳壳、橘皮之类为宜。此种消补兼顾用药配伍法，前者如李东垣，后者如叶天士，为我们做出了范例。

湿困脾胃，芳化苦燥：临床上湿困脾胃证最为多见，如纳呆食少、痞满胀塞、脘胀不畅、大便不爽、舌苔厚腻等，治疗上切忌用辛燥行气、泻下导滞之法，否则愈消愈满，而耗伤中气。宜用芳香化湿之药如藿香、砂仁、蔻仁、佩兰等，配以苦燥之药如黄连、苍术、厚朴等，少佐以理气药如陈皮、佛手、枳壳等，使气行湿化。在特殊情况下，有脾胃阳虚之象者，慎用小量温阳药如公丁香、桂枝以温阳化湿，盖“湿胜则阳微”故也。

虚实夹杂，以和为法：对脾胃本虚，寒热夹杂，湿热中阻者，证见脘痞、纳呆、口苦、呕恶、泻泄者，用健脾化湿、温中清热均非所宜。宜用辛开苦降之和法，方如半夏泻心汤，寒温并用，补泻兼施，常有卓效。

另外，脾胃疾患常与肝胆密切相关，有肝胃不和者，是肝胆之气横逆犯胃，以致胃失通降而病，胃脘胀痛、气逆上冲、呕恶不食等，不论其肝胆先病，或胃先病，治疗均需疏利肝胆，理气和中为法。常用柴胡、枳壳、白芍、香附、苏梗、郁金、甘草等四逆散化裁。也有肝脾不调者，由脾气虚弱，肝木乘脾，或由肝旺犯脾而致脾失健运而病，腹痛泻泄、腹胀肠鸣、嗳气、矢气等症。治疗用药均需疏肝理脾以和之，常用柴胡、白芍、防风、白术、大腹皮、陈皮、木瓜等，如用痛泻要方等化裁治之。总之，凡由虚实夹杂、寒热相兼、肝气犯胃、肝脾不调等病证，均宜和法为主，随证化裁而取效。

调理脾胃，在用药上，还有 3 项禁忌：

第一，苦寒败胃：临床上调理脾胃，有时应用苦寒药治疗某些脾胃病，是有效的方药之一。“苦寒败胃”是指应用苦寒药（如黄连、龙胆草、大黄、茵陈、苦参等）不当，损伤胃气，从而出现纳呆食少、泛恶欲吐等症状。苦寒药能否败胃是有条件的。一是适应证问题，如胃火蕴结所致之脘痞呕逆，脾蕴湿热之泄痢后重等，需用苦寒药清胃降逆以开痞止呕，燥湿清热以助脾运治热痢泄泻，如左金丸、连苏饮、香连丸，都属有效的方药。反之，脾胃阳虚、寒湿困中之痞满呕逆、泄泻下痢，再投苦寒方药，势必损伤阳气而败胃，此为辨证之误，非苦寒药之过。再有胃阴不足之胃痛，或湿热病恢复阶段过用苦寒药，损伤胃阴，胃气不振，出现纳呆食少、泛恶痞满、嘈杂似痛、舌红少津等证候，需用沙参、麦冬、石斛等甘凉养胃之品以复其阴，如投苦寒药伤津败胃，亦属辨证之误。二是剂量过大，服用时间过长，辨证无误亦能导致败胃。适当地有针对性地应用一些小剂量的苦寒药有健胃作用，如应用大剂量苦寒药而又缺乏适当的配伍以纠其偏，即使药证相符，亦可出现败胃现象，此在临床上并不鲜见。如素有胃病的患者（特别是胃虚寒者），在治疗其他疾病的过程中，服了过量的苦寒药后引起胃病复发甚至败胃等。

第二，甘味药滞中：甘能使人中满，这是甘能生湿，有碍运化的缘故。这里所说的甘味药，是指甜味较浓的甘草、大枣、饴糖、蜂蜜等。故有“呕家忌甘”之说。临床上确有因过服甘味药或多吃甜食而引起脘闷恶心欲吐，或已有呕吐进而加剧的事例。但是名方旋覆代赭汤中有甘草、大枣，治疗胃反的大半夏汤重用蜂蜜，《千金要方》卷十六载有“凡服汤呕逆不入腹者，先以甘草三两、水三升煮取二升服之，得吐，但服之不吐，益佳。消息定，然后服余汤，即流利更不吐也”。由此可见，呕吐病人并不完全忌用甘味药，有的甚至要重用。一忌一宜，似乎矛盾，须知两者各有所指。凡因湿浊、饮邪阻滞中焦引起的呕吐痞满证，当忌用甘味药；反之胃气虚弱的呕吐痞满证，在应用降逆和胃药同时配伍扶助胃气的甘味药如人参、甘草等，是培本之法，必需用之，即《黄帝内经》“塞因塞用”之旨。另如治疗湿阻中州的平胃散及治疗痰饮的苓桂术甘汤中均用甘草，是因上述方剂以燥湿、通阳助运药物为主，其中甘草是为调和苍术、厚朴、桂枝等药的温燥而设，一般不宜用量过大。

第三，辛散耗气：归经脾胃的辛味药多性温，具有健胃醒脾、行气散结、消痞止痛之效，如橘皮、木香、枳壳、砂仁、厚朴、乌药等。这些辛温行气药，是调理脾胃的常用药，用之得当是疏通气机，治疗气滞诸证的有效药，用之不当则有“辛散耗气”之弊。气滞需要行气开郁的药物，以疏通气机。然而造成气滞的原因很多，需要辨证求因，根据不同情况选择和应用理气药。以脾胃病气滞出现的脘腹痞胀为例，或由肝郁，或由湿阻，或由食滞，或由血瘀等。原因不同，选药和配伍方法则不同，不能一概单纯应用理气药。特别是脾胃虚弱，运化功能不健，气滞不畅而出现的虚证脘腹痞满，如果单纯应用行气宽中药，往往会愈通愈胀，这是由于辛散太过，反耗中气伤其脾运功能。应当以益气健脾为主，适当选择和配伍行气药，使脾气健而滞消，香砂六君子汤是一张代表方。再如参苓白术散之用砂仁，归脾汤之用木香，补中益气汤之用橘皮，均是补脾剂中配伍行气药的例子，但为佐药用量宜少。可见“辛散耗气”虽有行气药的不利一面，但不是说忌用于气虚证，问题在于辨证求因，配伍恰当，用量适可而已。

勤于思考 首创舌下脉诊法

李寿山在临床实践中，勤于思考，择善而从，刻意创新，经验独到。他总结的“舌下脉诊法”，是对中医四诊的一个重要的补充。多年来李寿山在诊疗实践中遇到过很多中风失语的患者，在针刺金津、玉液穴时，发现大部分患者舌下脉络的颜色、形态同常人大异。随着主证变化，舌下络脉亦发生相应的改变。引申到其他病证，亦有如此反映。于是他潜心观察、研究多年发现，正常人舌下脉络，主干脉呈暗红色，其长度不超过舌底面的1/2，管径约为2mm，分支脉为粉红色的网状致密小络脉，多不显露于外。当有瘀血证时，舌下络脉的形色则变为粗长青紫或淡紫，甚至怒张弯曲，有多个小结节。因此，他推断舌下脉络的形色变化，对某些瘀血病证具有特异性，对瘀血证的诊断亦有较高价值。

因为在全身络脉中，能直接用目察看到并且最浅表、最显露、最能反映五脏六腑寒热虚实者，莫过于舌下络脉，所以，脏腑有病，尤其是血分病，常可一目了然。其所以然者，是因为舌下络脉分布在舌体下面，起于金津、玉液穴，通过经络与脏腑气血直接联系，为人体上部之苗窍。古代医理有“舌为心之苗”，“手少阴心经之别，系于舌本”，“足厥阴肝经络舌本”，“足太阴脾经，连舌本舌下”，“足少阴肾经，挟舌本”等理论，手太阴肺经虽无经络所系，但肺系上通咽喉连于舌本。由于脏腑相联，气血相贯，通过经络而上通于舌，“有诸内必形诸外”，因此，脏腑气血一有寒热虚实病变，必然会反映到人体上部的“苗窍”。而舌下脉又是脏腑气血在舌体的直接络脉，脏腑之寒热，气血之虚实，首先在舌下络脉表现出颜色和形态的变化，尤其是瘀血一证更为明显。

李寿山观察了2000多例患者，观察到舌下络脉的形色变化可概括为：虚则淡红细小而短，瘀则青紫怒张而长，寒则淡紫而紧束，热则紫红而粗长，其中尤与心、肝、脾三脏病变关系更为密切。在形态上的变化，粗长怒张者，多为气滞血瘀或气虚血滞、血行不畅之象；细短紧束者，多由寒凝或阳虚导致血运不畅之候。具体的观察方法，可从如下4个方面入手：

舌下络脉青紫色者，脉形粗长怒张或细短紧束。小络脉青紫或暗赤弯曲，或有小颗粒者，多为气滞血瘀或夹痰瘀阻之证。常见于癥积、鼓胀、真心痛、心肺痰阻血瘀之喘嗽、咯血、吐血、便血以及脾胃瘀滞之脘腹刺痛、妇科血瘀痛经、闭经、痰核流注等病证。

舌下络脉淡紫色者，脉形粗长怒张或细短紧束。小络脉淡紫或暗赤弯曲，或有小颗粒者，为寒凝或阳虚血运不畅、气虚血滞之证。常见于胸痹心痛、中风半身不遂、肢体麻木、水肿、鼓胀、脾胃虚寒之脘腹冷痛及妇科寒凝血滞之痛经、宫寒不孕、闭经等病证。

舌下络脉紫红色者，脉形粗长怒张或细长弯曲。小络脉暗赤或深蓝色弯曲或有小颗粒者，为热壅血瘀或湿阻血瘀之证。常见于湿热病热入营血、外科病痈肿瘀腐、湿热黄疸、湿瘀互阻之水肿、鼓胀、脾胃热瘀之脘腹胀痛、热瘀头痛、湿热痹证、妇科热瘀痛经、月经不调、崩漏、带下等病证。

舌下络脉淡红色或浅蓝色者，脉形细小而短，小络脉多无变化，属气虚血弱、阴阳俱虚之候。兼夹瘀滞者，脉形必见紧束或弯曲，常见于慢性消耗性病证所致的气虚血亏、虚损劳证，如消渴病、久泻久痢、脾胃亏虚之脘腹隐痛、妇科冲任虚损不孕、滑胎、经后腹痛、血亏闭经、气虚崩漏等病证。

根据丰富的临床经验，李寿山又总结出活血化瘀治疗八法，诸如行气活血法治疗冠心病、不孕症等；清热祛瘀法治疗弥漫性血管内凝血、视网膜出血等症；益气活血法治疗中风半身不遂等。最为典型的一个病例，是一名外地患者，来诊时剧烈头痛，呕吐，双目失明，西医诊断为“颅内肿物压迫”所致，建议开颅治疗。病人坚决拒绝手术，于是，家属抱着试一试的想法，慕名找到李寿山。李寿山依据舌下络脉的变化，认为是瘀血所致，以活血化瘀为原则进行治疗，病人呕吐很快停止，眼睛也逐渐复明。

“舌下络脉”诊法属于舌诊的一个组成部分，可补充和扩大舌诊的应用范围，尤其对瘀血证有较高的诊断价值，为运用活血化瘀法治疗疑难病提供了直观的客观依据。

教书育人　治学之道严谨

李寿山酷爱读书，珍惜光阴，常谓人生有涯知无涯，学无止境。为了专心学医，他放弃了诸多爱好、诸多机遇，至今仍孜孜不倦，上下求索。有时为了探究一个问题，可以鸡鸣而起，可以通宵达旦，直至豁然领悟，疑窦释然为止。李寿山攻读不辍，探赜索微，辨析医理，可以达到入迷的境地，甚至在夜里、在梦中都在为病人诊脉、辨证。

至今，李寿山的案头还有一盏台灯，磨砂的玻璃灯罩上，镂刻着他的一首自勉小诗：

月下凭脉动心机，四诊八纲求医理。

岐黄之法活人术，悬壶一生尽心意。

然而，中医典籍汗牛充栋，要想在浩瀚书海中扬帆启航，有所受益，就要勤求古训，博采众长，掌握方法，遵循规律。

李寿山读书，首先讲究博学，其次做到精读。他说，博学之博有两层含义，其一是指中医学的交叉学科和周边知识。中医经典著作内容广博、深奥难懂，囊括了医学、哲学、文学、天文、地理、数学、气象等诸多学科的知识。对于一个学医者来说，若要登堂入室，窥其奥秘，必须具备坚实的古文基础和博学多识的文化素养，包括掌握一定的现代自然科学知识，以开拓视野，启迪思路，此乃基础之基础。博学的另一个含义是指医学专业知识要广博。学习中医要先易后难，从流溯源，由约到博，由博返约。具体方法是从《医学三字经》《汤头歌诀》《药性赋》《濒湖脉学》及《医宗金鉴》等门径书学起。要熟读背记，诵之如流，在理解的基础上背记，在实践中加深理解，从而做到临证时胸中有方有药。“医必有方”，此之谓也。

仅如此尚不够。方药乃兵器，驾驭兵器者乃医生也。医生倘无立方之法度，岂能识方深切，用药熨帖。若要做到“医不执方”，必须精读深思“四大经典”，其中重点章节要归纳分类，笔录之，精读之，心悟之，铭记之，明其理而知其要。在此基础上，泛读浏览各家学说，尤其金元四大家及明清温病学说等，以博其学，以补经典之未备，从而组成立体的金字塔式的知识结构。

“熟读王叔和，不如临证多。”只有多临证，增加阅历，丰富感性认识，才能消化吸收理性知识，从浩瀚的医书卷帙中释疑摘要，从各家学说中择优服膺，才能由博到精，由博返约。

李寿山读书有“三勤”，即勤学、勤思、勤札记。业精于勤，非勤学而不能钩深致远；行成于思，非勤思而不能达高入微；学贵于博，非勤札记不能博学多闻。所谓书读百遍，其义自明，勤学深思始能理解书中的真谛。在向书本学习的同时，还要向同道学习，切磋析疑。向群众学习，博收广集散在民间之偏方、验方，哪怕是片言只语、点滴经验也都需要札记无遗，甚至是患者自身的感受体会，也会给医生以启迪。

勤学固属重要，学而不思则疑阂实繁，只有潜心深思才能余音绕梁。只有这样日积月累不断学习，不断深入，才能博古通今，自然能登堂入室而有所成就。另外，"好记性不如烂笔头"，书本精妙处，同道好的临床经验，要勤摘录，做笔记。学人之长，补己之短，温故知新，随手拈来，时常会给你带来意外之收获。总之，学然后知不足，才能促使你不断地去学习、去探索。只有苦读勤思，才能达到出神入化的境界。所谓"旧书不厌百回读，熟读深思子自如"（苏轼《送安惇秀才失解西川归》）是也。

李寿山治学也有一套自己的理论和方法。他提出治学之道，实有"三忌"，即忌急、忌随、忌骄。常云：为医大病在于骄和急，更患无疑毁于随。

忌急，是指读书治学、临证治病必循序渐进，不可急于求成。往往遇有棘手的沉病痼疾，久治不愈，频频更方而罔效，何也？因慢性痼疾其来也渐，其去亦缓，辨证施治虽已正确，因难以速效而朝令夕改，结果欲速反不达，自己乱了阵脚，越急越乱，茫然不知所措，以至贻误病情。比如治疗慢性病，要有方有守。李寿山曾治疗一重症肌无力病人，以痿证独取阳明立论，调理脾胃半年余，间或醒脾，间或开胃，主方主药不变而获良效。

忌随，可以从两个方面理解。其一，读书不能人云亦云，读书不疑，难成大医。如孟子所云："尽信书，不如无书。"因此，对古人所论不应良莠不分，而应持科学态度衡定之。既不污古人之用心，又不负古人之苦心。其二，认证要准，不能随意。有一时认不清的证或无症可辨的病，要细心观察，从主要矛盾入手，切不可随心所欲，无的放矢，或以药试证，投石问路。要有根有据，调整思路，“观其脉证，知犯何逆，随证治之”。

忌骄，就是要戒骄防满。当临证顺利治好一些疾病时，容易沾沾自喜，不求甚解，骄傲自满。满而外溢则不能虚怀若谷，乐群为怀，学业就会停滞不前。李寿山回想起曾经诊治过的一例病人，感触颇深。那是一位伤寒发热的患者，高热不退，出汗很多，脉象洪大有力，他用了《伤寒论》中的白虎汤，但病人服之无效。李寿山非常纳闷：以前遇到这样的病人，白虎汤很有效，这回是怎么了？没招了，只能向老父亲求教。父亲仔细询问病人症状后，大声批评他：“你读书不求甚解，是不是小有成绩就骄傲了？”这话问得李寿山一头雾水。父亲又道：“给我背一下《伤寒论》的第25条和第26条！”李寿山赶紧应腔：“第25条……服桂枝汤，大汗出，脉洪大者，予桂枝汤如前法；第26条……服桂枝汤，大汗出，脉洪大，大烦渴者，予白虎汤。”话一出口，李寿山登时觉悟——原来，差就差在这个患者还没有出现“大烦渴”的症状，本该用桂枝汤，先把表热解除，可自己竟然直接用上了白虎汤，其结果是表热未解，就想清除里热，欲速则不达。给病人改用桂枝汤后，果然很快奏效。反省自己因为治好了一些疾病，小有名气，就骄浮轻狂，他不禁心生悔意。

李寿山把自己的学习体会、治学经验毫无保留地传授给弟子们，同时，反复告诫弟子们为医者必须要有医德。“当医生的要对患者尽职尽责”，是他常挂在嘴边的一句话。对病人一视同仁，耐心细致自不必说，更要循循善诱，关怀备至。弟子们都记得一件事：一名反复发作的胃溃疡病人，听说李寿山治这种病很拿手，便找上门来。吃了3剂药后，疼痛不见好转，便在诊室内大声抱怨：“李寿山有什么水平，还不是被大伙儿捧成名医的。”这样的言语很刺激人，一旁的弟子动怒了，可李寿山并不计较，他耐心开导病人继续服药，坚持治疗。不久，病人疼痛减轻，复诊时自感羞愧，主动向李寿山道歉。李寿山宽厚地一笑，继续给他治疗，直到痊愈。

如今，他门下的20余位弟子，都学有所成，各有建树。可谓是桃李满天下，杏林花争艳。

1990年和1997年，李寿山先后两次被人事部、卫生部、国家中医药管理局遴选为全国老中医药专家学术经验继承工作指导老师。他的学生白长川、李小贤、李志民和于家军后来都成了大连市的中医骨干。姜松鹤、白长川已成为第三届全国老中医药专家学术经验继承工作指导老师，开始开门授徒了。2007年11月，在广州举行的"第三届著名中医药学家学术传承高层论坛"上，李寿山又收了广东中医药大学、广东省中医院的硕士研究生导师王立新、包昆作为自己的徒弟。他的一儿两女全都承继父业，连最小的孙子，也在辽宁中医药大学就读，可谓名副其实的中医世家了。

调摄养生 倡导未病医学

李寿山擅治未病之病，对未病医学卓有研究。早在1998年国际未病医学研讨会上，他就提出"未病先防，已病防变，已变阻断，病后调护"的观点。他指出：《素问·四气调神大论》"不治已病治未病"的著名论点，是人类预防思想的最早记载。而《金匮要略》开篇"脏腑经络先后病脉证第一"即曰："上工治未病"，"若人能养慎，不令邪风干忤经络，适中经络，未流传脏腑，即医治之"，则可使"五脏元真通畅，人即安和"。

因为未病医学不等同于现代的预防医学。现代的预防医学是建立在生物医学模式的基础上，更注重研究生物体本身的结构和功能，及其对各种内外环境因素的生物反应与疾病过程，从而探索出针对于病原因子的有效的预防方法。而中医学认为，疾病的发生是由于人体正气即抗病能力和防御屏障的不足或下降，正常的生理功能紊乱，阴阳失调，外邪侵袭所致。所以要想预防疾病的发生，就必须从振奋人体的正气入手，调动自身的防御功能，讲究养生，同时以整体观念适应自然，调整自身，协调脏腑气血的功能，使“正气存内，邪不可干”，“阴平阳秘，精神乃治”。

重视后天之本，是未病医学独有的特色。中医学认为，脾胃为后天之本，人体的营卫气血赖水谷化生，而水谷之纳化输布则是脾胃所司，只有脾胃健运，才能纳化水谷，气血有源，五脏得养，生机旺盛，才有抗拒病邪、修合损伤的能力。药物入口亦赖脾胃运化输布才起作用。“胃乃六腑之本，脾为五脏之源，胃气弱则百病生，脾阴足而万邪息，调理脾胃为医中之王道，节戒饮食乃却病之良方”(《丹溪心法附余卷二十四》)。通过调理脾胃，以提高机体的免疫能力，使“四季脾旺不受邪”。对健脾益气中药的研究已有证实，该类药能提高人体的细胞免疫力，增强巨噬细胞的吞噬功能，提高辅助性 T 细胞的功能和活性，即提高机体的卫外之气，从而达到“脾旺不受邪”的境地。

李寿山潜心研究未病医学，并身体力行，用心领悟，总结出一套实用的养生要诀。他把自己的体会概括为三句话：一个目标三个不，四种方法为基础，逾越百岁当争取。一个目标，是说人的自然寿命应当如《黄帝内经》记载“尽终其天年，度百岁乃去”。三个不，是指八十不算老，九十不糊涂，百岁不卧床。四种方法包括畅情志、节饮食、适量运动、适应自然。只要注重调摄养生，掌握四种方法，就可以实现三个不，“逾越百岁”也不是遥不可及的梦想。

如今，这位望九之年的老人，仍然精力充沛，机敏睿智，这得益于他广泛的兴趣爱好和适应自身的运动方法。

李寿山酷爱中国象棋，他的棋风中规中矩，沉稳中常有灵动，犹如平川突现高峰，一招制胜。他从楚汉相争的棋道感悟医理：用药如用兵，平淡之中而见神奇。百草园的花木虫石，在杏林上工的手下，都是祛病的良将先锋。学棋对于李寿山来说，意义重大。多年后，李寿山在回忆这段经历时说："古人亦有学医如学弈的古训。下棋开化了我的脑子，锻炼了我的应变能力。我悟出了一个道理，下棋和中医触类旁通，都要全局着眼，局部突破，环环相扣，与诊病的整体观念、辨证思维有异曲同工之妙。"

李寿山喜好京剧，年轻时曾与四大名旦交往。他擅长京胡，闲暇时常和京剧票友切磋技艺，并操琴伴奏，乐琴声以释情怀。他的琴声清越、婉转，犹如行云流水，在过尽千帆之后，沉淀所有的波澜壮阔。每一个音符下，都埋藏着平静而坚忍的心灵。京剧、中医皆是国粹，唱、念、做、打，望、闻、问、切，五千年的文化、岐黄的对话，在这举手投足间尽显其源远流长。

李寿山还喜好诗词，他的诗句忧国忧民，朴实无华，直抒胸臆，堪称杏林文苑的行家里手。他在参加国内外学术会议或游览祖国大好河山时，往往有感而赋，以诗抒怀，目前已集诗200余首。

时值癸亥节端阳，重赏千山好风光。
往事尽去景犹存，花开花落几沧桑。
灵约犹在山湛蔚，喜看民殷国富彰。
岐黄之道待兴振，我辈共勉当自强。

这是1983年6月16日，李寿山参加辽宁省中医药学会年会暨辽宁省仲景学术研究会成立大会，返程途中，于端午节再游千山，面对"万壑松涛百丈澜，千峰翠影一湖莲"的自然风光写下的诗句。

闻鸡起舞，养气健身。李寿山参考五禽戏和八段锦，结合自身的体会创建了一套适应自己保健的八式运动法，并编了四句歌诀，便于记忆：

甩手三式背仰功，摇头摆尾运掌平。

前后登山骑马式，搓掌抚面站桩终。

对这套拳法，李寿山非常得意，自称为李氏健身太极拳，并在76岁高龄时题诗《七十有六，再学太极拳有感》铭之。

太极阴阳合而圆，前后连绵左右循。

升降抱球需到位，意守丹田同归心。

李寿山在每天繁忙的工作之余，坚持散步、练拳、赋诗、弈棋。他用自身的健康，诠释未病医学的神奇，也用自身的健康，造福更多的患者，让更多的人重获健康。

老骥伏枥 再铸医学丰碑

从事岐黄六十载，愿为人民立寸功。

不觉已近耄龄年，夙愿未尝惆心中。

岁月无情人亦老，奋蹄扬鞭创新成。

甘为人梯传心法，悬壶济世献终生。

这是李寿山在八十寿辰时写的一首诗，题为《八十自勉》。站在海边，极目远眺，鸥鸟低翔，天海相连，李寿山目光深邃，表情庄重，丝丝银发在风中倔强地直立着。呈现在我们面前的是一幅多么壮阔的画面。"老骥伏枥，志在千里，烈士暮年，壮心不已"，这是一位中医大师内心的真实写照。

1986年6月，李寿山到了退休年龄，他服从组织安排，从领导岗位上退居二线，但迄今仍然坚守在工作岗位上，从来没有间断临床、教学、科研工作。虽然社会上不少地方争着聘他出诊挣大钱，可李寿山不为所动，在他的心中，有比金钱更重要的东西。他依旧在大连市中医医院行医看病，闲暇时间笔耕不辍，整理自己一生的行医经验，传予后人。

几年来，他相继主编出版了《李寿山医学集要》《中医临证指南》《中医药治疗癌症临证精方》《中医消化病证治准绳》

《中国百年百名中医临床家丛书·李寿山》等5部著作，新书《中医全科临床证治简要》已完稿，近期也将由中国中医药出版社出版，可谓著作等身了。同时，他的科研工作硕果累累，共有7项科研荣获大连市政府及卫生局科技进步成果奖，3项课题荣获辽宁省政府科技进步成果奖，获国家知识产权专利局专利1项。2005年4月，科技部和国家中医药管理局启动了“十五”国家科技攻关计划“名老中医学术思想、经验传承研究”课题，李寿山在这项高级别、大范围、深层次的研究工作中，积极参与，毫无保留，为课题研究提供了高质量的研究素材，最终如期完成预定的目标，形成成果，通过了国家中医药管理局专家组的验收。

“满园春色关不住，一枝红杏出墙来。”中医文化的魅力早已跨越了国界，李寿山的名字也传到了国外。从1986年11月起，他先后3次应邀赴日本北九州、大阪市、佐贺县等地讲学、考察。在讲课之余，经常有一些日本友人请他会诊，解惑答疑。当时，在富山医科药科大学医院里，一位患有肾病综合征的病人，周身浮肿，排尿困难。日本的医生采用《伤寒论》里的“真武汤”治疗，病情不见好转。李寿山应邀会诊，开出的方子也是真武汤，但药的剂量加大了。日本医生有些惊讶，因为真武汤中的附子有大毒，他们从不敢加大剂量。病人重新用药后，症状明显好转。日本友人大为惊讶，称赞连声。李寿山说，中医的神奇，就在于它最讲究辨证施治，根据不同的人、不同的病证、不同的季节、不同的地域等因素而变化。中国医药博大精深，大步走出国门指日可待，现在一些国家已经承认了中医药的合法地位，我们要做的是以科学的态度、现代的观念，把中医药发扬光大。

1987年，李寿山在大连市人大八届代表大会上提出“振兴中医议案”，经市人大讨论通过，市委、市政府核准，下发文件，成立大连市振兴中医咨询委员会，李寿山出任副主任。

1992年1月，李寿山荣获全国卫生系统模范工作者称号。同年10月，开始享受国务院政府特殊津贴。

1993年，李寿山应邀赴韩国讲学、访问。

1994年11月，李寿山受聘于《中国中西医结合脾胃杂志》，任编委会高级顾问。

名医济仁寿，人生有青山。“一息尚存，不愿休闲。”李寿山在晚年就是这样要求自己的。他每周出诊6个半天，每次看病人20余位；遇到特殊的病例，不定期参加病房会诊、讲课；闲暇时读书、写书、操琴、对弈，不亦乐乎。在耄耋之年，仍然能为人民的健康事业贡献自己的力量，可谓夕阳无限好，老树更长青。

在大连著名的旅游风景区老虎滩附近的白云街，有一处不很起眼的临街建筑，“李氏诊所”、“寿山中医研究苑”就坐落在这里。李寿山除了在大连中医医院名医工作室出诊外，最喜欢去的地方就是这里。李志民、李小贤、李益民、张有民、王福民、李良、李戈等，他的子女及弟子们总喜欢闲暇时来看望他，围坐在老人的身旁，看他诊病查脉，谈医论道。伴着淡淡的茶香，悠扬的琴声，中医的薪火传承，就在这潜移默化中，在夕阳的余晖里，得以延续……

（撰稿人 于家军 李志民）

張镜人卷

张镜人（1923—2009）

勤以補拙，
謙以代驕，
慎以戒忽，
博以廣知。

鏡人座右銘

2001.12.12

张镜人手迹

勤以补拙，谦以代骄，慎以戒忽，博以广知。

——张镜人

张镜人（1923—2009），名存鉴，字恂簃、景纯，上海市人。主任医师，终身教授，著名中医理论家、临床家，1995 年被评为首届上海市名中医。2009 年由人力资源和社会保障部、卫生部、国家中医药管理局评选为国医大师。历任上海市第一人民医院中医科暨中医气血理论研究室主任，上海医科大学教授，上海市卫生局副局长、顾问等职。曾主持和承担《辞海·中医分册》《中医症状鉴别诊断学》《中医证候鉴别诊断学》《中医内科学》《中医治疗疑难杂病》《中医古籍选编》等书的编写任务，主要著作有《中国百年百名中医临床家丛书·张镜人》《中华名医治病囊秘·张镜人》《张镜人谈胃病》《张镜人诗集》等，学术论文有《上海张氏医学经验》《对慢性胃炎治疗经验的临床研究》等，并多次东渡日本讲学，交流中医药学经验。

张镜人继承家学，博采众长。于外感病以张仲景六经分证为经，叶天士卫气营血辨证为纬；于内伤杂病，以李东垣脾胃学说为干，张景岳杂病论述为翼。对发热性疾病、病毒性心肌炎后遗症、高脂血症、冠心病、慢性萎缩性胃炎、慢性肾炎、慢性肾功能不全、系统性红斑狼疮等疾病的治疗，独具匠心，另辟蹊径，取得良好疗效。他治疗慢性胃炎的临床研究成果突破胃黏膜腺体萎缩不可逆转的观点，为防治胃癌开拓了新的道路，引起国内外学者的重视，于1986年获国家中医管理局重大成果甲级奖，1987年获国家科技进步三等奖，治疗慢性肾功能不全的成果获得上海市中西医结合科研成果二等奖。

德高技精医传家

张镜人，1923年6月1日出生于上海南市老北门晏海路107号有名的上海龙华张氏世医家族。张氏世医自明崇祯末年至今已绵延近400年。其间张氏名医辈出，代有传人。其前辈事迹记载在《上海县志·艺术门》里的就有7代11人。

据张氏家承谱牒记载，上海龙华张氏的第14代时，出现了张氏医学的第一人——张君调（元鼎）。张君调出生于明万历三十七年（1608年），他聪颖好学，遍读经史百家，而特好医书典籍，因此走上了行医之路。张君调从13岁起，5年中相继失去了曾祖母蔡太孺人、伯父侍林公和祖母陈太孺人三位亲人。家门的不幸，致使父亲敬甫公因过度悲伤而病倒。张君调通过刻苦钻研《灵枢》《素问》，反复权衡处方配剂，使父亲得以痊愈。21岁时，他至爱的母亲去世。父亲中年丧妻，经不起打击，又一次病倒。张君调既予精神宽慰又以药物调养，终使父亲的病体逐渐康复。张君调医术高明，疗效甚好，且收取诊金低廉，因而受到乡邻的爱戴。

张氏第21代、世医第8代的玉书公（1821年生），名麟祥。他感念自已肩负传承家学的使命，益发精研方书，于《伤寒论》尤有心得，少时跟随父亲应诊，即崭露头角。独立行医后，更是“术益精，名日起，断人生死，历历不爽。日治人以百数，归家必在午夜”。他天性仁慈，奉行医德，对贫穷者不仅赠药，且济以养病之资。玉书公46岁时因吃河豚中毒而逝，时人甚为痛惜。

张镜人祖上先后有两位名医都患有耳聋之疾，被冠之以“张聋聱”的雅号，真实名字反而被湮没了。他们的人生对张镜人的影响至关重要。

张氏第22代，世医第9代，字晓云，名世涵，号竹云，是黻堂公的第二子。13岁时的一场大病使他落下耳聋重听的残疾。他专心致志攻读，最后学问大成，著手成春，沉疴立起，几乎没有不能胜任的疑难杂症，成为著名医家，被张家后人视为楷模。

另一位是张晓云之弟，张骧云（1855—1925），名世镳，一字景和，别号隐盦、冰壶；骧云13岁丧父，跟随兄长晓云、蔚云修习医道。晓云精伤寒，蔚云善调理，经过二位胞兄的悉心传授，很快地学到了他们的技能。骧云在29岁时因患重病，两耳失聪。他自己设计制作了一只喇叭形的助听器，诊病的时候，用来听取病人的主诉。张骧云禀性耿直，疾恶如仇。他傲王侯而薄公卿，对下层民众却十分平易谦逊。他一生最大的特点，表现在“勤”与“俭”。勤于探究医理，勤于为平民百姓服务；俭于自奉，收取诊费不及时医十之一二。遇贫苦患者，则常常主动退还诊费，裹药馈送，甚或解囊赠金。时大吏盛宣怀患温病，症情危险，骧云诊断为阳明热结，力排众议，而独用下法奏效。盛愿授十万金设中医学校，请其任监院长，骧云逊谢不就。他这种不趋附权势，不慕荣利，关心下层人民疾苦的品格，颇让后世钦敬。

张氏医家在世代传承中，逐渐形成了自己治疗伤寒热病的独门专长，医文并重更是张家一脉相承的传统。这些都给了张镜人以深刻的影响。

承父教诲振家声

当然，对张镜人影响最大也最直接的是父亲张益君。张镜人不仅与父亲外貌酷肖，而且言行举止与禀赋习性均传承了乃父之风。

张氏医学第11代传人张益君（1897—1946），名庆培，字益君，他20岁不到，就以深厚的家学渊源出而应世，疗效颇佳，在乡里有很好的口碑。

张益君生逢乱世，一生并不平静。他曾遭到绑架，被迫羁留魔窟1个月，后筹措了好大一笔赎金方才获释。1929年父亲去世，1939年母亲过世，1942年胞弟庆翰亦夭亡。他“悯诸犹子弱龄失怙”，主动承担起教养侄儿的责任，不仅延师家教，还亲自为长侄存教讲授典籍，临诊时令其旁坐抄录方剂，言传身教，以使侄儿尽快成长，继承家业。

“凡张家的长子长孙一定要继承衣钵悬壶济世”，这是张家世代流传下来的家规祖训。因而张家孩童自启蒙始，即在家塾功课中附加了许多中医学的基本课程，诸如《汤头歌诀》《药性赋》《医宗必读》《黄帝内经》等医书，是与《三字经》《幼学琼林》一起让孩童背诵的。稍稍年长的孩子便要学《金匮要略》与《伤寒论》。张家之所以名医辈出，与从小练就童子功是不无关系的。

1927年，张镜人4岁时启蒙，教师是黄先生。1932年起，教师是陈琴溪先生。1935~1937年，又延请了两位饱学宿儒，分别是清代贡生出身的徐慕郭和中医家沈墨仙。1937年8月，日军在沪发动“八一三”侵华战事，南市居民纷纷迁入租界避难，张家举家搬入黄陂南路（原贝勒路）2弄14号，并设诊所。张镜人由徐先生教读，念完《诗经》《易经》《古文观止》，还选学了唐宋八大家文集及诗词歌赋，以及专业书籍《内经》《难经》《伤寒论》《金匮要略》《温疫论》《温病条辨》《本草求真》，还有《东垣十书》《丹溪心法》《景岳全书》《温热经纬》等，打下扎实的专业根基。张益君对儿子实行极其严格的家塾教育，不许张镜人任意挥霍时间。

耄耋之年的张镜人回忆起这段往事时，仍难以掩饰他无奈的情绪。每当看到弟弟存熙（济）与姐姐存蕙傍晚与同学一起结伴同行放学回家的身影，那欢声笑语的声浪撞击他的耳膜的时候，羡慕之情油然而生。他是多么渴望与姐姐、弟弟一起上洋学堂，身边拥有那么多的少年伙伴啊。因为承担着岐黄传家的重任，他必须留在狭小的书房里，天天面对家庭教师那张刻板的脸，接受子曰诗云、汤头性味的说教，既远离小伙伴们如同天籁妙音一样的欢笑，也感受不到参与集体游戏的乐趣。

20世纪30年代末，张益君早已经是蜚声沪上的名医了，每天繁忙的程度是可想而知的。但再忙他也要抽出时间来督查孩子的专业课。中医老师每天布置下的歌诀以及医书章节，他都要孩子当晚背给他听，即使到了深夜也不会怠误。张益君既是严父又是慈父，作为过来之人，他深知让孩子背这些佶屈聱牙的汤头歌诀和典籍理论，实在是太勉为其难了，但事关日后张家事业后继有人的大问题，他不得不推车上壁狠下心来严加督责。

张益君看到儿子一脸的愁苦，体谅地说："《内经》文理是深奥了些。"又勉励儿子，"我16岁时已经单独开业行医了。"于是让张镜人跟随自己到门诊抄方，采取边临床边结合医案读书的方法，来提高儿子学医的兴趣。

当年的病人以伤寒发热居多，张家的祖传秘方，治疗效果很好，诸如葱豉汤、栀子豉汤、阳旦汤等。张镜人早已把父亲处方时的加减应用背得烂熟。有时父亲急诊外出，就由他单独抵挡，每逢这时他格外尽心。渐渐地，小张医生的名声在沪地传开，病家们赞不绝口。

骄傲情绪在年轻人的心中悄悄地滋长起来，张益君明察秋毫，及时鞭策儿子："大凡为医者有庸医与良医之分。庸医者，有不懂医道，只靠骗术蒙骗病家钱财的江湖骗子；抑或只求一知半解，略懂皮毛，对一般的常见病，尚能处理，而稍遇疑难杂症就束手无策。像这种庸医，我们张家是断不许有的。像我们张家这样的悬壶世家，所出只能是良医、名医。”“凡良医者，必定博览典籍而满腹经纶，但又不拘泥于典籍文本。所学之方典用于诊病，应该如水随于器，风从于隙。要达到如此境界决非一朝一夕之功力。为医者必能举一而反三，由此而及彼，由表而及里，才能不为种种表象所迷惑，才能具备起死回生之绝技。”

为了让儿子得到锻炼，张益君有时有意让儿子代替自己出诊，自己从旁密切关注，及时加以点拨。

有一次，张镜人随父亲到老友刘林家出诊，病人是刘家公子。因为两家有通家之谊，父亲就有意让儿子历练。刘林早耳闻张镜人有“小先生”之美誉，这时见他一表人才，心里喜欢，也想见识一下庐山真面目。张镜人经过认真四诊，诊断为伤寒热病。治疗热病，对于张家医道正是轻车熟路，常规用宣肺解表、透达表邪，“表透”二字正是本门传代的本领，张镜人娴熟此道，提起笔来不假思索地一挥而就。当他将处方递给病家时，却被父亲接了过去。父亲过目后略一沉吟，将处方上“淡豆豉”改为“清水豆卷”，又加入三味药，并将一剂改为三剂，然后交到刘林手里，说：“若病情有变化，可以随时找我。”父亲改方令张镜人有些尴尬，张家历来有“张一帖”之誉，不想在自己手里却成了“张三帖”！刘家公子服药后，果然汗出热退，霍然而愈。事实证明，父亲改方是对的。几天后，刘林带着儿子上门拜谢张家父子，张益君趁热打铁，因势利导给儿子讲解改方的道理：“淡豆豉透表的效果极佳，无疑是我们张家治伤寒热病的当家用药。但也要因人而异。平日前来门诊者劳苦大众居多，这些人体质较好，肌腠致密。患病感邪必甚，热势必壮。治疗时药力宜猛，药量宜重。淡豆豉经麻黄、葛根、柴胡、藿香、佩兰等药罨制，其发汗功效最佳，用在这些人身上当然恰如其分。但刘家公子却有不同，他虽感邪不重，唯邪郁气分不能宣达，故无汗而身热炽盛；若大发其汗，则伤其正气，邪必入里，势必导致气营两燔之证，病情将有增无减。因而应采用以三仁汤合清水浸制黑大豆而成的'清水豆卷'宣气化湿，解表疏邪，令汗出自然，则热退病除矣。"

聪明的儿子经父亲点拨，顿时彻悟，心中豁然开朗，不禁为自己当时的孟浪有些惭愧。父亲进而语重心长地教诲："我们医家所面对的是病人的身家性命，稍有大意便将铸成难以挽回之憾事……身为医家，我们对本业一定要精益求精，要兢兢业业，千万来不得半点的马虎与大意。"

多少年后，年逾古稀的张镜人忆及这次谈话时，仍感慨非常："就是这一次出诊，成为我在医术上一次飞跃的契机。这是我在行医道路上从被动到主动的一个转折点。"

挑战自我起沉疴

正是由于这种全身心的投入，张镜人的医术进步很快。在不久后的一例医案中经受住了考验。

病人是一个十三四岁的孩子，发热十余日，腹痛如绞，粪便暗黑如败酱，口中频频泛褐色苦水。张镜人见病孩面如死灰，气息奄奄，四肢冰冷；腹部焐着五六只冰袋，触之更是硬满疼痛；其脉沉细，舌干腻。张镜人神情严峻地说："湿热已入下焦，损伤肠络，而致便血之重症。眼下病势十分险恶。"病家已请过多位名医诊治，皆因病势危笃，望而却步。所以对年轻的张镜人并不抱多大希望，只求尽人事而敬天命："治好治坏都不怪你的。"张镜人心中却不以为然。他愿意向困难和自己挑战。当即处方：吴茱萸、干姜、川黄连3味药。药煎好后，张镜人亲手端过饲给病人。孩子不省人事，他就将玻璃管汲满药汁，轻轻掰开病人的嘴唇，将药汁一滴一滴地滴入病孩的嘴里。看到药汁沿着病人嘴角直往外流淌，病孩父亲泄气了。但张镜人不言放弃："看似药水都淌了出来，其实总有一部分会顺着牙缝渗进咽喉。"仍然不停地将药汁滴给病人。一个时辰过去，病孩咽喉里终于发出了“呼噜噜”的响声，小嘴唇不停地翕动着，张镜人信心陡增：只要止住上泛药液，就能救治有望。夕阳西下，张镜人临走前再次为病孩诊切脉象，觉得确已好转，便留言：“若是腹痛缓和，患儿腹部的冰袋还是要尽快撤除。我明晨一早即来。今晚倘有变化，可马上打电话给我，我即刻赶到。”次日一早，张镜人赶到病家，只见做父亲的早已喜形于色，迎候在门口。他一把握住张镜人的手，感激涕零：“昨日滴药到深夜3点钟，不再泛液，直到现在也不曾复发。腹痛黑便已止住。”只见病孩两眼微睁，四肢转温热，脉沉细稍起。唯精神仍感疲惫。张镜人当即据《温病条辨》中的三才、救逆、黄土、桃花汤等方意组方加减。经精心调治月余，病孩终于化险为夷。

数十年后，当张镜人回忆起这段往事时，感慨地说：“当时初出茅庐，敢于大胆地救治，关键在于占据我全身心的那股子渴求自我挑战的强烈愿望。年轻时希望能通过医治一些别人束手无策的棘手病例，来体现自身价值。所以我是全身心地投入进去的。”

就这样，不足20岁的张镜人成了沪上中医界声名鹊起的后起之秀。

沪上中医带头人

1949年4月25日深夜，黄陂南路张镜人诊所附近枪声不断，全家一夜无眠。次晨，张镜人推门开诊，只见偌大的一条黄陂南路两边竟躺满了席地而卧的中国人民解放军。张镜人心头顿时一热：宁睡马路而不扰民宅，这是一支纪律何等严明的军队啊！

待新的社会秩序稍稍恢复以后，张镜人想到了行医执照的问题。他手头的行医执照是国民政府发给的，新政府会不会承认呢？他怀着忐忑不安的心情，带着原先的行医执照走进了上海市卫生局医政科。接待他的是一位很年轻的女同志，态度之热情，换证之顺利，出乎他的意料。正当他要起身离去时，一位身材高大的军人礼貌地挽留他。这是军管会代表，名叫何秋澄（1951年后历任上海市卫生局处长、副局长、局长、党组书记、党委书记等职）。他紧紧地握住张镜人的手说："你们张家世代行医，医术高明，在上海人民中享有很高的声誉。"张镜人微微一笑："哪里哪里！"老何同志热情地说道："小张医生，你这么年轻，以后的道路长得很呐！如今新社会是人民当家做主人，我们共产党是为人民服务的，你行医也是为人民服务。希望你能积极参加社会工作，在为人民服务中多作贡献。"几句话说得张镜人心潮澎湃。

自鸦片战争后，西洋医学进入中国，逐渐在大城市中成为主导。而传统中医却受到旧中国当局的多方限制，气息奄奄濒于绝境。中华人民共和国初建百废待兴之际，中医的处境就已开始有了改观。这是旧社会从未有过的事实啊！年轻的张镜人心情舒畅，除了照常开业行医外，还将很大一部分精力投入到社会活动中去。

1950年嵩山区成立医务工作者协会时，张镜人当选为主任，同年又被提名为区人民代表。不久，嵩山区人民政府卫生科交给张镜人一项任务，让他在全区范围内组织开展一次预防天花接种牛痘的工作。在张镜人的精心组织和名医石筱山带头下，嵩山区的种痘工作不但顺利完成，而且在全市各区中名列前茅，受到政府的表彰嘉奖。

1952年6月，卫生局筹设直属公费医疗中医门诊部（原为石门1路251弄18号，后迁至青海路44号，称公费第五门诊部），中医事业正在用人之际，老何同志首先想到了在种牛痘工作中有出色表现的张镜人。他兴奋地告诉张镜人："市卫生局马上就要成立中医科了，我们需要一位精通中医业务的科长，打算调你来担任这一职务。"张镜人只觉得一股巨大的暖流冲击着自己的肺腑，一时竟说不出话来。老何说道：“这对你是一件大事情，先回去与家人商量一下，再作决定。”“这还用得着商量吗！”张镜人不假思索脱口而出。但老何想得远，想得深：“你是个有家有业的人，你会面临许多具体问题。”

温柔贤淑的妻子张仁蓉十分理解丈夫，但也提醒他，诊所里的挂号员、保姆、司机等员工的生计，均会因他的调动而受到影响。他确实感到了身上的压力。

张镜人想起一段往事，当年岳父因急性咯血而住院，他前去探望时为他诊治处方。不想，值班的护士当即喊来医生，将他逐出病房，并当场撕了药方。往事历历在目，旧中国中医的地位多么屈辱低下！如今国家振兴中医事业需要他，他还有什么可犹豫彷徨的呢！他一改平日的文弱拘谨，安顿好员工，毅然关掉了月收入千元的私人诊所。1954 年 7 月 27 日，是令张镜人难以忘怀的日子。他接到上海市人民政府市长陈毅署名的委任状，进了市卫生局，当了预防处中医科副科长。为了使自己真正成为一个为人民服务的国家机关工作人员，他脱去长衫，换上布衣，卖掉了私家轿车，每天挤公共汽车上班。虽然领取的工资每月只有 150 元（后国家补贴 100 元）。

在上海中医放弃自己开业参加政府工作的，他是第一人。这是何等的气魄！从此，他担负起历史赋予他的重任，成为上海中医事业振兴和发展的带头人。他感到每天的生活是那么充实有意义，前途是那么灿烂辉煌。没日没夜加班加点地忙碌着，兴奋，激动，浑身都是劲。作为一位卫生局主管中医工作的干部，他终日奔忙于各大医院之间，为在各医院设置中医科业务而操劳。在那几年里，他门诊看得少了，但宣传中医药学的文章却写了不少。他还积极地开设中医学习班，组织各大医院的中医们轮换进修培训。特别是 1958 年，毛泽东主席发出伟大号召：“中国医药学是一个伟大的宝库，应当努力发掘，加以提高。”从此中医事业发生了很大的变化。在党和政府的领导下，张镜人积极和有关处室配合，制订规划，建立机构，引进中医人才，使沪上中医走上了普及、发展、提高的正常轨道。

1954年7月，上海市中医学会成立，9月市卫生工作者协会成立，张镜人均当选为常务委员。10月嵩山区医务工作者协会改为上海市卫生工作者协会嵩山区分会，张镜人仍任主任委员。1954年10月5日，召开首次华东暨上海市中医代表会议，到会中医代表120人，其中有包括张镜人在内的9名上海代表。这次会议是上海市中医事业兴起的重大转折点，与会的张镜人等代表积极献计献策，作出了重要贡献。同年11月，原天主教教会医院安当医院为上海市卫生局接收，更名为市第一结核病医院分院，张镜人担任副院长。12月13日，上海市中医药学术研究委员会成立，王聿先任主任委员，石筱山、程门雪、黄铭新、曾广方、陆瘦燕、姜春华、顾伯华、张赞臣等30余位名中医为委员，年轻有为的张镜人名列其中。1955年2月，上海市卫生局设中医处，陈育鸣任处长，张镜人、黄器周等三人任副处长。

1954年，上海第一家中医专科医院——第十一人民医院（现上海中医药大学附属曙光医院的前身）建立。1956年4月，为了筹建上海中医学院（现上海中医药大学），举办2~3年学制的西医离职学习中医研究班，在河滨大楼临时校舍设立了办公室，由张镜人等负责。旋接卫生部中医司通知：北京、四川、广州、上海4个省市卫生厅（局）中医处各派1人赴京，商讨中医学院及西医离职学习中医研究班的教学大纲及有关任务。张镜人参加会议归来，即与章巨膺共同负责这项工作。同年9月1日，上海中医学院六年制首届新生和第一届西医离职学习中医研究班学员在河滨大楼正式举行了开学典礼。这是张镜人等为上海市的中医事业立下的奠基之功。1957年7月，中医带徒工作通过整顿，张镜人参与修订了《上海市中医师带徒暂行管理办法》，改变过去“分散带”的方式，提倡“个别带，集体教”，要求各区县设立中医带徒班，由带教老师组成教研组，规定教学计划和课程，既发扬中医师带徒的优良传统，又要保证教学质量，为中医师承教育改革作出了贡献。

这些中医事业的建树，无不与张镜人息息相关。一些重大事情的碰头会和紧急决策会，往往都是在黄陂南路张镜人的家里召开的。张家老房子里的一草一木都可以见证这段不平凡的历史，张镜人无愧为当代上海中医药事业的奠基人之一。

干校归来验“金方”

20世纪60年代中期，张镜人被送到崇明干校劳动。他性格敦厚，无论插秧、割稻还是挑担，都努力去做，烦人的事他也不去想。然而，他那深抑的事业心却总在不断地萌动。张镜人注意到，一位叫土根的老农在带领大家干农活的时候，总不时地随手采集一些不知名的野草扔进随身的背篓里。在与土根的交往中，他在仙鹤草、茜草根、大蓟、小蓟与茅根等治疗出血症之外，又学到了草药乌蔹莓治疗小便出血、鸭跖草退热等经验。他向土根的阿哥阿炳——一位80多岁的老农，学到不少中草药的经验。在那几年里，张镜人几乎访遍了附近的老农，收集到一批中草药的单方，也获得了许多新的知识。

张镜人1971年奉调到上海市“六二六”新针疗法门诊部当门诊医生。在那段极其繁忙的岁月里，张镜人见识了太多的奇病、怪病。这些病人几乎都是遍访全国各大医院而不治，抱着最后的一丝希望而来的。张镜人全身心投入、尽心竭力地为病人诊治，使许多被诊断为不治之症的病人得以痊愈，或者病情得到很大的缓解。

袁某，女，33岁，因患再生障碍性贫血，经多方求医无望，在外地医院输血400ml后急赴沪地以求生。当时她已形销骨立，面色苍白，口唇指甲也全无血色，心悸不止；脉虚，舌苔薄白，质淡；血色素仅2.8g。张镜人辨证认为：证由脾肾两脏亏损而致。中医处理，虚则补之，寒者温之；形不足者，当温之以气，精不足者，当补之以味；尚需人参、龟、鹿等血肉有情之品，以冀阳生阴长，缓缓图功。患者服药月余症情即转稳定，精神食欲皆好。复诊一直采用原方加减，经5年余随访，其面色红润，体质俱佳，步履有力，血色素达8g以上，早已恢复全天正常工作。

有一例被权威诊断为无法治疗的“神经侧束硬化症”的姚姓患者，经张镜人之手成功治愈，堪称奇迹。姚某原先是一位地质队员，常年在大西北做野外勘探工作。一年冬天，他意外坠入冰窟。虽然挣扎着爬了出来，但西北风刮得像刀子般侵肌透骨，身上浸饱了水的棉衣很快冻结得像一层冰铠甲，紧紧贴在身上，又重又冷。他用尽力气，连滚带爬总算回到营地，昏倒在那里。当他被人发现时，已经奄奄一息，与大地冻在一起。经过一段时间的调养后，他恢复了工作，但原先十分强健的肌肉开始逐渐萎缩。初时行走困难，继而双手提举无力，左侧面瘫呈进行性发展，咀嚼困难，最后只能彻底地躺倒了。同事将他护送到上海求医，神经科权威诊断他患的是侧束硬化症，属神经元疾病，无有效的治疗方法，是绝症。病人被送到张镜人面前时，他被惊呆了：只见病人左边脸部肌肉竟萎缩得像被刀削似的少了一块；左侧上下肢肌肉萎缩仅剩下皮包着骨头；当用力掰开他的嘴进行舌诊时，那舌头萎缩得竟如同一条风干的腊肠，眼看年轻的生命如灯油将尽。病人嘴唇嚅动，奋力发出求生的呼叫，语音却含混不清。病人那双深深凹陷的眼睛，流露出对生命的无限眷恋。了解了他的经历，张镜人更感到作为一个医生肩负责任的沉重。小姚的病证，中医学称之为痹证，他分析病因病机后认为：此病起于劳累罢极，又遭严寒冰冻，以致肾督亏损，脊髓空虚，精血匮乏，经络痹阻，筋脉失濡，引起全身性肌肉萎缩；治疗时应补肾督，益肝脾。张镜人对证处方，叮嘱他好好休息，坚持服药。病人服药2周后自觉好转，2个月后四肢肌力逐渐提高，并可自主活动；半年后即弃杖而行，1年后恢复工作。随访多年，病情一直稳定，饮食起居与常人无异，能骑自行车上下班，并经常赴外地出差。

香港《文汇报》曾专版载文曰："张镜人府上有一幅上海画坛百岁寿星朱屺瞻所绘山水，堪为朱氏笔墨之精品。原来10年前朱屺瞻患食道裂孔疝，病情危险，住入当时由张镜人任中医科主任的上海市第一人民医院，经中西医结合医治，康复出院，遂欣然作画相赠。已故篆刻大师陈巨来患有肝硬化腹水，经张镜人诊治，肝水消失。后亦未复发。"

张镜人善于灵活巧妙地运用中医"四诊八纲"的辨证理论与治病八法，治愈了诸如巨细胞病毒性感染、肾功能不全、病毒性心肌炎后心律失常症、多发性骨髓瘤等在当时被认为是治疗无望的重症。除此之外，他还治好了被称为疑难杂症的许多怪病，尤其是在治疗胃病癌变前期中另辟蹊径，突破了前人的诊治规律，赢得了"金方子"的美誉。

20世纪70年代中期，有一位早年熟识的领导干部老刘，在女儿的陪同下找到张镜人的家里。他患胃病，到了癌变前期，由于身体状况极差，不适宜做胃切除手术。张镜人诊其脉象，细弦且数；观察舌苔薄腻，质暗红，微胖，边有齿痕，舌下静脉瘀紫而增粗。根据中医传统观点，"寒则气滞"，气滞乃胀乃痛，所谓"脘痛因于寒者十之八九"。故治胃疾，多以散寒理气为主。张镜人当即依此开了一张温胃和中的药方，嘱其连服两周后复诊。孰料病人服药后症状未减，反呈加重之势。一向以用药精妙著称的张镜人不禁心头震动。当听老刘说，过两天要去医院做胃镜检查时，他当即说道："我跟你一起去，我要亲眼看看你胃里的情况。"这天老刘到医院做胃镜时，张镜人早已等在那里。他亲眼从胃镜中观察到，老刘的胃黏膜呈苍白色，其黏液壶中存留的液体十分混浊黏稠。见此情景，张镜人心中又是一震。《黄帝内经》病机十九条分明是说：凡液体澄澈清冷者皆属寒性。反之，凡液体混浊黏稠者必属热性。而眼前所见却与传统医书中胃脘痛“多因寒而起”的论点完全相悖。前人的结论与自己的亲眼目睹，这两者迥然不同，究竟孰是孰非、该何去何从呢？他苦苦地思索，终于恍然大悟，因为没有相应的仪器设备，根本无法亲眼见识病人胃里的实际情况，中医诊病具有望、闻、问、切四诊合参的特点，看不到胃内实际情况，就等于四诊中缺少了望诊的环节。张镜人毅然决定改弦易辙：既然老刘的胃病因热而起，就尝试着施以和胃清热为主的治法，在用药上偏重清热。考虑到病人久病气虚，势必脉络瘀滞，故而胃黏膜呈苍白色，且发现肠腺化生及异形增生细胞，如果只下寒凉药物，也可能会妨碍脾胃的机能，因而需适当地配之以温而不燥的理气活血之药，用以减缓病人的胀满症状。老刘服药两周后，喜滋滋地对张镜人说：“胃不痛，也不胀了，饭也吃得香了。”这让张镜人看到了在胃炎治疗上可能走出的一条新路子。老刘病愈不久，介绍了一位本来打算切除胃部4/5的胃窦炎患者，来到张镜人的面前。张镜人如法让他接连服药3个月，居然也霍然而愈。两例病人的治愈看似偶然，张镜人却从中摸到了必然的规律。他决心向胃癌前期病变挑战。

张镜人和他的同事在医院里设立了慢性胃炎专科门诊，开始对慢性胃炎进行系统的临床研究。这项工作分为三个阶段，从1977~1979年为第一阶段，一共接诊了患者3万余人次，制订了治疗的基本处方并辅之以相应的加减法。张镜人着重从中医气血理论的角度初步总结了立方用药与治疗的经验。第二阶段有选择性地对122例慢性胃炎（包括浅表性与萎缩性胃炎）患者于治疗前后分别进行胃镜检查，观察胃黏膜病理改变情况，得到了科学验证。临床显著有效40例，有效67例，总有效率达87.7%。取得了了不起的突破。

正在这时，市政府准备任命他为市卫生局副局长。是继续从事科研还是回到卫生局当官？这是个两难的选择。要是让他选择，肯定只愿留在医院，继续从事自己热爱的医学研究。不过张镜人最后还是服从组织安排，担任了市卫生局副局长。只是事先约定：每天只能当半天局长，另半天仍要回研究室攻他的课题。

张镜人第三阶段的研究是在前一阶段的基础上，对萎缩性胃炎的治疗与药物筛选做了进一步的深入探索，并对慢性胃炎的诊治提出新的理论。他认为：按照中医的病机理论，胃炎病变虽在胃，但亦涉及肝、脾二脏与少阳胆腑经。由于胃主受纳，脾主运化，其生理还依赖肝胆疏泄功能的配合，若肝胆疏泄功能障碍，气郁化热，犯胃侵脾，则形成胃黏膜病变。故浅表性胃炎，偏重肝胃失调，而呈气滞热郁的证候。而气滞热郁日久则必导致气虚血瘀，引起胃黏膜腺体萎缩。故萎缩性胃炎偏重脾胃不和而呈气虚血瘀之证候。气愈滞则热愈郁，气愈虚则血愈瘀，两者互为因果，遂演变为虚实错杂的病理变化与临床表现。胃黏膜也往往会发生肠腺化生及异形增生细胞。因此，在治疗上他注重“中焦如衡，非平不安”的法则。这是因为脾胃位居中焦，脾气宜升，胃气宜降；脾性喜燥，胃性喜润。两者相辅相成，犹如秤物之“衡”。两者之间不平则病，平则不病。据此，张镜人考虑既要有效地促进肝胆与脾胃功能调整，又要有利于炎症病灶及黏膜的修复，于是依据调气活血法，制订了“萎胃安”及其系列方，随症作相应加减。经过临床 113 例疗效观察，总有效率为 79%。其中腺体萎缩、肠腺化生、不典型增生恢复或显著好转率皆达 80% 左右。使腺体萎缩“不可逆转”的观点由此得以改变，病人的临床症状几乎百分之百得到了明显改善。

张镜人对胃病研究方面的创见：

一是揭示了诊治萎缩性胃炎的认识误区：以前将萎缩性胃炎

视为癌变前期，不可逆转，最佳治疗手段是手术切除。是张镜人首先指出：萎缩性胃炎并非不可逆转，并且萎缩性胃炎的手术切除也非一劳永逸的万全良策，许多动了手术的患者，因为残胃炎症反复发作，特别是吻合口炎症，致使近期癌变率增多。

二是揭示了胃炎手术后残胃炎之所以容易癌变的原因。张镜人依据中医“脾胃为后天之本”的观点，认为手术后必然使“后天之本”受到损害，造成整体营养供应严重不足，免疫功能下降。“正气存内，邪不可干”，“邪之所凑，其气必虚”。后方基地缩小，气血乏源，营养供应远远跟不上需要，癌细胞当然就会长驱直入，这是导致癌变的原因。

三是鉴于术后近期癌变率较高的现实，张镜人提出防守兼宜、攻守兼顾的忠告：对于萎缩性胃炎的治疗，在未确实找到癌细胞之前，以不动手术为宜，以免伤及根本，但应当坚持服药治疗（促使逆转），注意定期随访（监察癌细胞的侵害）。

此后，张镜人又通过不断深入研究，将经过实践反复验证过的方剂加以改进，制成中成药，以普惠天下。

承前继续贵阐扬

20世纪50年代，曾流传一段张镜人自告奋勇要求帮助程门雪整理校订《伤寒论歌诀》的佳话。程门雪在中医界被誉为“医中医”，是张镜人早年心仪私淑的前辈。他抓住这次机缘，向程门雪执弟子之礼，并就《伤寒论》的有关问题专门请教。程门雪对《伤寒论》作过专门研究并颇具独到创见，他知无不言，诲人不倦，对张镜人倾心传授，使其直通堂奥，获益匪浅。

张镜人是勤奋学习的典范，在中医界还流传着他严谨治学的故事。“醍醐重振旧家声，两字名言客尽惊。”著名中医学家裘沛然曾这样褒扬张镜人的医学成就，可诗中这令人“尽惊”的是两个什么字？又盖指何意？原来这就是指代表张氏医学临床经验独到之处的“表透”与“透表”。中医有汗、和、下、消、吐、清、温、补治病八法。表，即解表，就是八法之一的汗法，是治疗伤寒的重要方法。前者“表透”的“透”是解表的程度要求；后者“透表”是指出透的目标方向定位。因为忙于诊务，无暇顾及临诊经验的整理著述，所以长期以来，张氏丰富的临床经验只能在家族范围内承传，而得不到更广范围的交流和推广。有鉴于此，张镜人为了使张氏医学发扬光大，于20世纪60年代在临床实践的基础上，反复提炼成功经验，撰写《上海张氏医学经验》一文，对张氏世医治疗伤寒热病的学术经验，总结了突出“表”与“透”的治法，并对辨证论治的特色进行了系统阐述。

在治疗伤寒热病上，首先，张氏打破传统的汗禁，以“表透”二字为中心：张氏世医在治疗伤寒热病的长期临床实践中，发展了仲圣之汗法，既不拘于太阳一经，亦不限于麻、桂两方的辨证施治精神。结合天候地气，南方多湿，且无北地的寒凝，所以除太少两感的夹阴伤寒，邪在表者，若偏于寒，不必专赖麻、桂辛温，辛温反助邪热；偏于温者也不宜于桑菊、银翘的辛凉，辛凉恐遏邪湿。结合伤寒热病易于夹滞的特点，选取豆豉微苦微温，苦而不寒，温而不燥的性味，发汗不伤阴，并能除烦化滞，且无凉遏之弊。在伤寒热病整个疗程中，打破温热学派传统的汗禁，充分发挥豆豉既表且透的双重作用，灵活化裁葱豉、栀豉、黑膏诸方和玉雪救苦丹等丸散，贯彻表透为中心的精神，时时重在祛邪，刻刻护阴保津。表有发表、解肌以及育阴以滋汗源等区别；透也有清透、温透或者化湿以开达邪之路的异殊。在具体运用汗法时，张氏经验一方面着重于掌握适度，既不可失于表透，也不能过于表透，主张因势利导，以疏肌为主，取微微然自然得汗，导邪外达。不用强责其汗，以防伤阴劫津之变，所谓邪去热自已，热退津自还。另一方面重视汗源的变化，凡邪热燔灼，伤阴耗液者，急当养阴增液，以滋化源，达邪外出。即使仅初露阴液耗损之象，如舌燥、尿少、烦热不寐等症，亦当防微杜渐。临床经权在于育阴而不滞邪，祛邪而不伤正。根据张氏经验，当邪热内陷，出现化燥劫津、动血动风的重症时，常用“肘后方”黑膏汤加减出入，一般即可在服药两三天后，将原先黄灰糙腻、边尖露红，或焦黄、焦黑燥裂、质绛的舌象迅速化去，出现正胜邪却、热势渐衰、神识渐清的先兆。此法按沪语习惯称为“铲饭滞”。沪语把黄灰糙腻的舌苔形象地比喻为“饭滞”（即北方的“锅巴”）。有经验的医生认为“铲饭滞”要有真功夫，必须拿捏掌握住火候，即时间未到不能铲，铲得不好会铲破锅底；铲得恰当则邪湿痰热余蕴得以清彻，化源重获滋生，这里的关键，即在于主用生地黄、淡豆豉而外，还应该兼用天竺黄、胆南星。此时，虽大部分有形的邪湿已化成无形的燥热，大剂育阴清热，固可屏退炎蒸，然剩下无多的邪湿，必借豆豉的透达，胆南星的苦温，才能与痰热尽蠲。没有生地黄的柔润，天竺黄的甘寒，焦燥的舌苔脱不掉；没有淡豆豉的透达，胆南星的苦温，糙腻的舌苔铲不去。“铲饭滞”的运用，若非亲历其境很难言喻，然其疗效屡试不爽，确为匠心所在。

《上海张氏医学经验》一文发表后，得到上海中医学院院长程门雪先生和中医界的普遍称赏。

张镜人还摸索出了一条成功治疗心动悸、脉结代的经验，研究确立了“四参饮”的验方。他抓住时机，及时组织力量，确定课题，开展了病毒性心肌炎后遗心律失常的临床和实验研究。并根据教研的需要，创立了第一人民医院中医研究室，承担各项研究工作和培养研究生的任务。凡课题设计、理论指导、方药拟订、临床观察、资料积累和课题总结，他都不惮其劳，事必躬亲。

张镜人遵循中医理论，借助现代科学手段，十度春秋坚持不懈，探索慢性萎缩性胃炎的病因、病机和辨证施治的规律，创立了“调气活血”法。整个研究过程体现了他临床与研究工作的科学性和严谨性。在探索慢性萎缩性胃炎的病因、病机和辨证施治的规律时，他收治的3万余病例都是在住院病人中完成的。他事先要求所有病人都经过胃镜室内窥镜观察和活检，不仅要求3个月进行一次检查，而且要求由同一个电镜医生执行。当他诊治病人时，先从病变部位取标样活检，同时记录下取标本的部位与详情，经过治疗后，再由同一医生按照上次记录的相同部位取样做检验，以验证治疗的进展和疗效。而这样严格规定操作程序，就是为了确保治疗前后的真实性与可比性，同时也杜绝了在科研上因急于求成而弄虚作假的不良之风。

张镜人从事临床研究不允许急功近利，不允许将研究的结论建立在投机取巧的推理上，而是要求潜下心来，踏踏实实，一个病例一个病例地做下来，不允许有半点马虎。研究的结论只能在临床试验研究的最后，由归纳总结取得，而不应该由推理取得；要实事求是，不允许有半点欺瞒和掺假。张镜人不允许将初始的浅见推导出最终的结论，并仓促成文公之于众。张镜人发表文章很少，因为坚持著文与科研要有同样严谨的作风，使他始终惜墨如金。

参与《辞海》的修订是张镜人一生中的大事之一。1960年8月国家交给上海一项光荣任务——修订《辞海》。医药方面的辞目由上海第一医学院编写，其中中医药部分则归姜春华教授主持。姜春华向上海市卫生局求援，张镜人受命前往协助，后来中医药部分的编写任务移交上海中医学院承担。中医学院抽调有关教研组的中医教师组织了编写班子，并请姜春华、张镜人共同参与。1961~1962年，《辞海》中医分科内容由程门雪、章巨膺、裘沛然、丁济民、姜春华、严以平、钱伯文、黄沁、张镜人等10余人编纂，遇到问题或发现不妥之处，几位名家总是聚在一起，互相探讨，斟酌推敲，认真核检。当时程门雪曾赋七言律诗一首，中有“商量典籍心愈发”之句，即指此事。《辞海》(试订本)陆续发排后，在全国范围内大规模地征求意见。编委会决定组成4个征求意见工作组分赴各地，张镜人参加了中路工作组，由李俊民、鲁平带队。从1961年12月21日出发，到1962年2月3日返沪，在45天内访问了郑州、兰州、西安、成都、武汉、南宁等11个城市。通过座谈、咨询、访问，征得宝贵意见，圆满地完成了任务。

1979~1983年，张镜人又任《辞海》编委及中医学科主编，为《辞海》修订版的编纂再次尽心竭力。

张镜人无愧为张氏世医光大门楣的传承人，他不仅继承了前辈的优良传统，而且还有所创新和发展。

张镜人内科临床的诊治经验是多方面的，包括伤寒热病、心脑血管疾病、呼吸系统疾病、消化系统的肝胆脾胃疾病及泌尿系统的急慢性肾病、肾功能不全等，以及属于疑难杂症的肿瘤、痹证(红斑狼疮、类风湿性关节炎)等。

变应性亚败血症，是一种无特异症状表现及实验室指标、早期难以诊断的临床综合征。张镜人的经验是，因为本病以发热为主要矛盾，早期可见发热伴有恶寒、头痛、身疼等外感表证，因而基本可依循类似温热病的由表入里的传变规律诊治。早期治疗注重于湿热气营的病因病机，运用芳香清解、宣气化湿；后期当兼顾正邪，一方面益气养阴以扶正，一方面则化湿泄热以清邪。因为湿热交阻，病势淹缠，服药时间宜较长，因此，在用药上祛湿勿过燥，益气宜甘平和中，养阴勿滋腻留邪。他的忠告是：“炉烟虽熄，灰火未消”，谨防“死灰复燃”。

张镜人认为，高血压深层次的本质是血流供求不平衡，而血压升高本身又是体内为克服此不平衡而引起的代偿性反应，这就形成了血压升高与血管代偿反应的持续存在和恶性循环。他认为，中医治疗可全面调整各脏器之间的血流供应，因此，比单纯追求降压更加具有实际意义。

肾功能不全分为急性与慢性，急性肾功能不全是指各种原因造成的肾实质损害；慢性肾功能不全是慢性肾炎晚期的严重综合征，其临床表现与中医学“关格”证相类似，属于险恶的重症。其病机离不开湿与热，其病位离不开脾与肾。一方面湿热扰攘，脾肾受累，气阴俱虚，影响营血的生化与肾阳的蒸腾；另一方面则脾肾衰弱，湿热困聚，清浊蒙混，引起阴阳的乖乱与开阖的失序。这种本虚标实、虚实错综的病理产生了严重的连锁反应，因而病情危笃，险象环生。张镜人的治疗经验重在分析邪正：初起多由湿热蕴阻，耗伤气阴，后期是正气亏损，邪毒内盛；其次采取分阶段诊治；其三在治疗上慎用温法与泻法，关键在于分析病机。如果湿热羁留，以致气阴及营血耗竭，气损虽可及阳，但仍处于从属地位，只要气阴复则阳虚自复。如果妄投桂、附等刚燥之品，欲求温补，反而更伤阴血，误助邪火，可使部分病人的出血症状更加严重。此时应该遵循“善补阳者，必于阴中求阳，则阳得阴助以生化无穷”的法则。即使兼见阳虚证象，也应该参用补阳之品，如淫羊藿、巴戟天、肉苁蓉等温润两顾。尿毒症期，一般主张投温阳祛湿的“温脾汤”，冀从肠道排除氮质代谢物。其实，如果湿浊内盛，中气日益虚陷，阴血日趋衰竭，若投大黄，则破气伤正，附子耗阴助邪，那就犯了虚虚实实之戒。问题是大黄虽能导滞解毒，毕竟峻猛，诛伐太过，病体难支，因此张镜人主张改变给药途径，采用保留灌肠的方法，用大黄消导加生牡蛎收涩敛阴，此为峻药而缓用之法，所谓扬其利而制其弊。

有教无类大医情

张镜人作为全国老中医药专家学术经验继承工作指导老师，上海三位首席名老中医之一，热心于培养学术继承人，他先后培养了石蕴玉、张存钧、沈遐君、张亚声、徐国缨、朱凌云、王松坡、陈怀红、宋安尼、傅亚萌、张雯等一批年轻有为的中医骨干，和他们结下了深厚的师生情谊。

2002年张镜人八十华诞时，女弟子宋安尼撰文祝贺，其崇敬之情洋溢于字里行间。

正是张镜人从医德、学业、临床三方面的带教，使宋安尼很快成长为在临床上独当一面的副主任中医师。

那是1967年，20岁出头的宋安尼从新疆生产建设兵团病退回沪。那年10月，宋安尼得到机会在上海市第六人民医院下属的“六二六”新针疗法门诊部红医班里学针灸。第二年又一边在针灸门诊学习，一边学习解剖学等西医知识。

1971年12月，张镜人从干校归来，被安排到上海市“六二六”新针疗法门诊部中医科，边看门诊边带教工人医生和赤脚医生。宋安尼也得以成了张镜人的一名编外学员。开始时，她只是远远地坐在外围抄方。一则距离比较远，二则老师的语音低，更要命的是由于从来没有接触过中医，那些陌生的专业词语她根本听不懂，笔记也无法记全，这使她心中十分焦急。有道是勤能补拙。安尼每天很早到教室复习读书，冬天还主动生火烧水供大家取暖；为了补全笔记，她利用午餐后的休息时间向同学借来笔记本补抄，心无旁骛地埋头苦学，不像其他女孩那样稍有余暇就纵情嬉戏悠哉游哉。老师对这位每天早到的姑娘默默留意观察了一段时间，对她的勤勉、刻苦留下了很好的印象。一天中午，安尼正整理补抄自己的笔记。突然老师要求看看她抄的本子。姑娘有些窘态，怯怯地递上本子，说：“我听不懂。”老师认真看过，并安慰她：“不要急，慢慢来，我会讲得慢一点。明天坐到我的身边来。”老师的特许使宋安尼喜出望外。之后安尼又升级为张镜人的正式弟子，在老师的引导下，一步一个脚印地踏上了中医之路。当时，学员中大多数人不是来自医学世家就是从中医院校科班出身，是与中医颇有渊源的人。唯独宋安尼没有任何与中医相关的背景，她最初对中医的基本认识可以说是零。但令人想不到的是她竟然也被有教无类的张镜人收为了弟子。为了照顾初学者，老师的语速果然放慢了。他还反复叮咛学生，回家以后，要先找些医书读，一定要把药名搞清楚，还要求她背诵《药性赋》，记住每味药的性味与功效。老师说她的学习方法应该与众不同，正规学生是先学中医理论，然后学习临床，是理论结合实践。而她却是倒过来，先从实践开始，然后再学医论，她谨记老师的教导。

张镜人对学生非常严格，容不得学生犯临床错误。他明察秋毫，总能及时发现学生有这样或那样的不足，弟子们很少听到老师正面赞许。他的温情更多地表现在春雨般润物无声的行动上。他审阅学生抄写的处方时，像为小学生批改作业一样，一丝不苟，耐心地把错误和别字都一一纠正过来。开始时安尼写的处方老师几乎每一张每个词都要改。如果偶尔有一张方子没有被老师改动，安尼便认为是得到了老师的首肯，高兴得像得到一个大奖。

一年以后，这个学员班被迫停办。宋安尼极不情愿就此放弃学业，终日惴惴不安。老师却安慰弟子："不要紧的。你白天就到我家里去上班，我不在家时，每天会为你布置作业，晚上就在夜门诊跟我抄方。"当时，老师布置的作业就是为他誊抄笔记，把笔记本里零星散在的记录加以分类整理和抄录，这些都是老师当年在干校下乡时向老农收集的民间中草药验方，有七八本之多。后来这些笔记经过宋安尼的整理，都成为老师上课的良好教材。这对于宋安尼也是一种与众不同、效果良好的学习方式，为她日后能够协助老师整理学术文稿打下了坚实的基础。

张镜人所谓的"夜门诊"，是他对外界秘而不宣的"特殊门诊"。那时，不少老干部、老专家、艺术家、知识分子由于工作繁忙以及其他种种原因积劳成疾，得不到很好的治疗，为此张镜人在一天劳累之后，晚上特地在自己家中为他们开了"特殊门诊"，每晚几乎总要接待到10点钟以后甚至11点钟，不但认真仔细地诊病，有时还为他们买药，特别是嘱咐他们该如何保护身体。仁爱温暖体贴的肺腑之言，常使这些老同志感动得热泪盈眶。这样，一传十，十传百，晚上的“特殊门诊”队伍越来越壮大，张镜人只得把星期天的休息时间也用到了“特殊门诊”上。尽管累得筋疲力尽，但是他甘之如饴。这样坚持了多年，他凭着一颗仁爱赤诚之心和精湛医术，救治了一批老干部、老专家、艺术家和知识分子。宋安尼在长年的强化训练中，学识技艺也有了突飞猛进的成绩。

宋安尼是张镜人自干校归来后收下的第一个入室弟子，在她身上花的心血也最多，因而他们师生的感情最深。张镜人还特意为她赠诗两首，一首是为弟子书室命名为“崇景楼”而作诗：“仲景渊源景岳承，宗风远绍古来今。景纯此日传薪火，桃李成荫春已深。”一首是弟子赴德州工作时的饯别诗：“小窗几砚一帘春，灯下谈医意倍亲。医学传薪一脉承，今朝共话德州新。”对弟子的拳拳爱心与期盼，洋溢其间。

张镜人担任老中医药专家学术经验继承工作指导老师，在为学生制订读书和学习计划上所花的精力最多。2005年3月，上海市首席名老中医张镜人工作室成立。安排的第一次活动是在张镜人书房里的读书会。他亲自选定了程门雪的名著之一《书种室歌诀二种》，此书是张镜人协助程老一起编订的，所以介绍成书背景和内容最亲切生动。张镜人事先令学生自学，会上学生发言谈心得体会，老师提纲挈领，指点迷津。学生们说：“我们继承和发扬名老中医的经验和特色，就要像张镜人教授那样，学习名医的品格、医德，这就是老一辈给我们留下的宝贵精神财富。”

2004年8月，时值门人沈遐君60岁生日，张镜人不仅赠书题字，而且赠送他一幅亲笔绘画的彩墨佛手。佛手是张家治病的标志，以标志相赠即意味着衣钵相授的师承关系。又以六颗佛手象征六旬的寿数，表达了对门人的希冀与祝贶。

赠书中的题字简述了师生结缘的始末，表现出一位名中医诲人不倦、惜才乐育的慈爱之心。字曰："门人沈遐君一九七〇年毕业于上海中医学院，分配在上海市中医门诊部内科工作。余阅其在校成绩品学兼优，所写论文中医药理论基础扎实。余虽无好为人师之意，但爱才之心油然而生，遂顺口对他说：'中医药学历史悠久，典籍浩如烟海，皓首穷经，难能博览，你有志学习是很好的，但必须要下定恒心与决心，不应浅尝辄止。要有学到老学不了、学而时习之的精神。我允应当你的老师，也要树立诲人不倦的精神，当一匹识途老马，把你培养成一位医德高尚、医术高明的良医。'今年八月廿八日适值门人遐君六秩华诞，又是从余卅余年临床教授中医内科，特检赠近年所著《中国百年百名中医临床家丛书·张镜人》一册，首页详述余与遐君师生结合的过程与卅余年师生融洽的教学情景，作为祝贺，祝贺遐君夫妇健康长寿，家庭幸福。"原来，沈遐君是上海中医学院1970年的毕业生，同年9月分配到上海市"六二六"新针疗法门诊部。第二年张镜人调入门诊部内科工作。张镜人是沈遐君仰慕已久的德高望重的名中医，沈遐君早有拜他为师的心愿，于是向张镜人表达了拜师的意愿，并得到应允。从1972年开始，他就十分幸运地与老师同在一个诊室里，长期追随在身旁，聆听教诲。

其实，岂止是沈遐君，张镜人对所有愿意跟他学习的门人弟子都一样，捧出一颗心，一颗真诚的火热的心。

张镜人最敬仰药王孙思邈，崇尚他的"大医精诚"，不仅身体力行，而且用作引导学生的入门之道。他给学生们讲的第一篇古文教材就是孙思邈的《大医精诚》。张镜人认为，入我门来，首先必须具备的是医德，然后才是医术和医道；作为医生就意味着与病魔及死神搏斗，把患者解救出来，这就要求医生既要"业精"又要"心诚"。"业精"来源于"五勤"：勤学、勤读、勤问、勤写、勤实践。在学习前人经典时，张镜人主张广泛地摄取精华，融会贯通，“师古而不泥古”。他反对偏执一家，反对死读书。在辨证、立方、遣药上主张变通活用，自出机杼。几十年来，张镜人勤奋刻苦，潜心攻研，博览典籍达到废寝忘食的程度。即使他身兼数职、经常被包围在文山会海中，每天也总要挤出时间读书，作文摘卡。后来张镜人年纪大了，患有老年性青光眼病，视野狭窄，但是他读书学习的习惯仍保持不变，因而对现代医学的最新研究成果总能及时地了解与把握。

张镜人善于接受新事物。早在30多年前，张镜人就悉心学习研究西医内科理论、生理病理及诊断技术。为了研究胃炎，他向西医学习做胃镜的方法，在胃镜下面观察胃的结构、胃黏膜的形态等等。他发现胃的各种疾病在胃镜下的直观表现，与历代中医的理论有着共同点，更有不同点，这促使他进一步研究思考，总结出慢性胃炎病位在胃，其病机却牵涉肝脾二脏及少阳胆腑。因此，“见胃之病，徒知治胃，则有一烛之光所见微明之憾”，“务须审查病因、病机综合治理，庶可克奏肤功”。他的胃病理论及一整套的理、法、方、药，均具有中西医结合荣故鼎新的意义。

张镜人认为，作医生就要“业精”，除了高超的技能还要治学严谨。在总结一种新的辨证思路或治疗方法时，他在事先都要做大量的案头准备，查找典据，把前人总结的理论和实践经验都一一列出，然后与目前临床上的相应资料一一进行比较，找出其规律性，再与自己的思路及治疗方法反复作比较对照。经过去粗取精，去伪存真，再回到临床上反复实践，做好治疗前后的记录，跟踪随访，最后才是提炼总结，犹如十月怀胎一朝分娩。每一个新的思路和方法，张镜人都经过数年乃至于数十年的反复实践与修正，直到他认为取得显效无懈可击后才加以推广，例如：治疗慢性胃炎、慢性肾炎、肾功能不全的经验等。他最反对把尚未成熟的东西匆匆送去发表，他说急功近利，误人害已，这是人命关天的大事，千万不能马虎。

作为一个称职的医生还要“心诚”，要有一颗赤诚仁爱之心、大慈恻隐之心。张镜人推崇孙思邈：“若有疾厄来求救者，不得问其贵贱贫富，长幼妍媸，怨亲善友，华夷愚智，普同一等，皆如至亲之想。”在门诊部里就诊的病人，张镜人都是“普同一等，皆如至亲”。他对病人提出的各种问题，都不厌其烦一一认真解答，细致交代。病人若是个聋哑人，张镜人就与他笔谈，让他带着满意感激的笑容离去。遇到敏感的神经官能症病人问题特多时，病人一遍一遍重复地问，张镜人就一遍又一遍地回答，有时连病人自己都感到过意不去，张镜人反而安慰他：“不要紧的，这是我们的责任。”张镜人最反对那种板着脸，不屑多说一句话的医生。他常讲：“病人带着病痛来求你的帮助，这是对医生的最大信任，我们应该耐心地仔细聆听病人诉说，从中汲取对治病有用的资料。对病人提出的问题，要耐心地回答、解释，哪怕多讲一句话，对病人也是极大的安慰。有时候安慰比药治还灵验，这对我们来说并不费多少事，何乐而不为呢？况且解除病人的痛苦本来就是医生的神圣职责。”

张镜人认为，“心诚”的另一层意义是认真负责、一丝不苟。他特别推崇孙思邈的名言：“人命至重，有贵千金，一方济之，德逾于此。”这也是《备急千金要方》命名的由来。在几十年的行医生涯中，无论何时何地在何种情况下，他只要一接待病人，就把一切杂念全部抛去，全神贯注。张镜人强调说，医生一旦坐在诊疗桌前，就是上了战场，一定要用上全部精力，调动所有大脑皮层的脑细胞。他最反对带着杂念私心诊病，更反对在诊病时与人交头接耳、闲话调笑。他认为门诊室里应保持绝对安静，要详细地询问病情。张镜人在切脉查舌中最肯花时间和精力。他认为，查舌、切脉是医生综合病情、验证病人主诉、提出治疗方案、开出处方的时刻。此刻张镜人还要推详病情，反复几次看舌苔，有时甚至摘下眼镜，凑上去仔细辨识。他遣方用药更是再三斟酌，选用最佳方案。提倡既要守法度又不拘泥，主张“轻药愈病”，反对专求怪癖，哗众取宠。张镜人特别注意首诊病人，一定要嘱咐他们注意服药后的感觉，以便第二次复诊时反馈给他，作为调整治法的依据。张镜人常讲中医与西医不同，因为中药品种多，同一类药有许多种，但药味、药性、归经不一，用哪一味药就看医生的技巧及掌握病人的病情程度如何。他常把诊病比作调节收音机的微调，要细细地找出最佳位置--样，找出最佳药方，才会有最佳疗效。张镜人的“心诚”还表现在书写病案及处方时也一丝不苟，他对自己写好的每一张处方至少要看两遍。对学生的处方他更是从一笔一画、一撇一捺上都有严格要求，他最反对字迹潦草。医生写得不清楚，如果药工再马虎一点，药配错了，就要误大事，甚至会要了病人的命啊！

雅好三绝心怡然

张镜人自幼受家族影响，雅好三绝：爱收藏，喜作诗，善医道。这三者在人文精神、人格品位上相互促进，相得益彰。除了医道，张镜人的另外两项雅好亦可谓名闻遐迩。

一是收藏书画、扇子。当张镜人收藏达到500把名扇时，特地请篆刻家陈巨来为自己刻了一枚阳文斋室章“五百箑斋”。有张镜人自己的诗为证：“箑藏五百已阑珊，邺架存书聊可观。缅昔蒋翁辞溢美，家传清德德长安。”据说，他的藏扇最多时曾达七八百把，仅张大千所绘扇面即有二十多把。至今余存者仍令人叹为观止。其中既有“宫中藏物”（正面为明代文征明画，背面为清康熙帝御笔），也有近代大画家林风眠应其所邀画的一幅扇面。据说外界对这幅扇面喊价颇高。张镜人对此淡然处之。

张镜人家中客厅悬挂的多为名家作品，如谢稚柳的《葡萄黄雀》、唐云的《荷花翠鸟》、陆俨少的楹联“雨余千叠暮山绿，花落一溪春水香”等等，令人赏心悦目，给人以怡冶性情之乐。

另一雅好是吟诗。他爱好文艺和诗词是从年轻时代养成的，至老弥笃。他的一首长诗《黄山行》共106韵，气势迂回曲折、跌宕起伏，才华横溢，堪称佳作。他的小令无论咏物寄兴还是悲悼伤怀无不情涌笔端，真情直泄。在张镜人的诗歌中充满了夫妻之爱、朋友之爱、长幼之爱、事业之爱、山水之爱。他早年写与爱妻的《北京逆旅寄内》：“离家六日五封信，忆汝三更九转肠。赖有窗前明月色，照人南北共清光。”真可谓情真意切，感情缠绵缱绻。又如怀悼亡孙的《悼健儿》：“……幼苗遽摧折，老泪自沧滂。物在人遂杳，宵来一恸伤。”令人动容。

这些爱好，不仅帮助他结交了许多诗书画界的朋友，对于他在医学文化领域的开拓也颇有增益促进作用。他每每以诗词与医界和诗书画界的朋友互有赠答。他说：“已记不得作了多少诗了。”他晚年根据回忆补录的赠友诗如《题严二陵道长〈三点斋选录〉》：“医方名重严三点，湿热篇传薛一瓢。遗泽犹叹桑梓重，清芬应付枣梨雕。平居谊媲醇醪厚，仰屋嗟兴古旧寥。老眼惟愁窥细字，凭几抚卷夜灯挑。”写出挑灯夜读抚卷怀人的情景。程门雪和裘沛然与他更系互有赠答的诗友。程门雪曾赠七律曰：“旧家乔木记前尘，两辈交期意倍亲。青眼无花偏识我，白头有愿竟辜春。商量典籍心愈发，检点风怀梦亦真。犹喜剑风残客在（指裘沛然，裘自号‘剑风楼主’），瘦吟同借一枝新。”前四句写与张家两代人的友谊，后四句写三人共同修订《辞海》的情景。张镜人晚年将自己尚存的105首诗作结集付梓，以飨同好（《张镜人诗集》，2006年7月，上海古籍出版社）。

张镜人的书法宗王右军，但也颇喜元代赵孟頫的行楷。他遵循“字不必宗一体、书不必拘一家”的古训，汲取各家所长，形成了自己的风格。他的书法布局得体，一气呵成，运笔流畅洒脱，字体秀逸灵动，楷行结合，既不泥古又不落俗套，从书法风格也体现出他的学养风范。

张镜人平生不但字写得好，而且文章、医案也写得好，清词丽句，文理清通。文如其人，字如其人。他要求学生也如是。1973年，弟子宋安尼一度被派到山东德州工作，在饯行之际，老师送给她一首诗、一支毛笔、一段墨、一本赵孟頫临写的王羲之《兰亭序》，以壮行色，要求她每天临写，再把习作寄给自己批阅。后来小宋到了德州，果然不负所望，每天临池，每月装订成册，寄给老师。老师一一认真批阅后再寄回到德州。严师出高徒，小宋的书法果然有了长足的进步，都与老师所耗的心血分不开。

他于青年时代与著名学问家钱钟书的一段鲜为人知的交往即从呈正诗作开始。早年他家住复兴路黄陂路，有幸结识了因抗战避难来沪在复兴路上安家的钱钟书、杨绛伉俪。钱氏腹笥深厚，谈锋甚健，他常去请益就教，久而成为忘年之交。张镜人说，当时不敢与大学问家酬唱，但写了诗却总禁不住喜欢拿去向他请益，为此得到钱先生的赞赏。钱氏不仅为他修改润色诗稿，而且还馈赠他一部木版印刷的线装《苏轼诗集》，上面钱氏批注的细字，密密麻麻。而今此书纸张已经陈旧发脆，不敢轻易翻阅，被张镜人视为收藏中的珍品。

可惜张镜人当时年轻，诗词总是随写随扔，当时不可能有这种意识，没有珍惜和收藏起这些不可多得的钱氏手迹，至今深感遗憾，懊悔不已。张镜人说起赠诗，还随口吟诵了钱氏的两首赠诗。其一曰："觅句八叉手，处方三折肱。神奇芝配勃，圆熟芡磨菱。驱疟诗能效，论声病亦称。寻医吟久罢，酬答愧难胜。"其中"八叉手"指唐代著名诗人温庭筠，文思敏捷，精于音律，仅八叉手的功夫即能成韵。意思说张镜人像温八叉那样，是作诗的能手。这首诗医文结合，用典奇巧，颇切所赠对象的身份。另一首："家世张三影，宗风薛一瓢。频来顾蓬荜，还愧询刍荛。神往埋尻句，心伤叩角谣。摩天高取经，望古未为遥。”说的正是彼此密切的交往。“张三影”指宋代诗人张先，“薛一瓢”指清代医家薛雪，均影射张镜人的身份和经历。抚今追昔，张镜人常常缅怀这一段珍贵的感情。

张镜人的诗，炼意深刻。如述怀诗《题广州西樵山无叶井》：“甘洌樵山第一泉，井栏欹侧树参天。难容落叶玷流洁，自守清廉不计年。”堪称是张氏代表作，常喜书赠朋友。此诗是1988年赴粤，于南海县西樵山碧云村口遇见一口“无叶井”而作。井水“晶莹甘洌，汲之不涸”，“叶落井中即被流水涌去，故名无叶井”。这给他颇多启示，“为人、处世、行医都应如斯”，不禁有感而发。甘守清贫，廉洁自奉，“质本洁来还洁去，休教污淖陷渠沟”，这正是张镜人的自我写照。

战胜病魔志弥坚

张镜人个性温文尔雅，喜静不喜动。中年时的肥硕体态出自家族的遗传基因。到了晚年，体型反而消瘦了许多。白发肃然，精神矍铄，肌肤白润，仍找不到一般老年人的斑痣和皱纹。进入耄耋高龄，仍孜孜以求探微岐黄。20世纪90年代以来，他曾闯过多次大病的险关，终究化险为夷，得以康复。其中最严重的一次是1992年切除了胃的4/5和2003年的一次肠粘连梗阻。张镜人每次手术后，一直服用自组的处方。例如用大碗进服绿豆甘草汤清热解毒；用增水行舟法（《温病条辨》增液汤）缓解肠粘连引起的肠梗阻，使身体康复得既快且好，打破了一直以来“医不自疗”的禁区和陈规陋习，体现出对自己医道的豁达和自信。多年来张镜人借助“动静结合养生”之道和自我调养之术，得以延年益寿。

传统中医的养生之道，历来在指导思想上有两大流派，一是以“动”为主的运动养生，一是以“静”为主的清静养生。张镜人的观点是：动静结合，以静为主，静六动四。张镜人认为，《黄帝内经》说：“阴阳匀平，以充其形，九候若一，命曰平人。”故此无论运动养生还是清静养生，均如孔子所言的“吾道一以贯之”，是以阴阳和合，阴平阳秘为期，当以适合个人身体条件而定。

张镜人虽然没有深研道家学说，但他的“静”与道家传统的清静无为学说一脉相承。张镜人指出：“精、气、神为人身三宝，是维持人体生命活动的重要物质基础，尤其是神，它是生命的主宰，养生首先要养神，神的属性好静。所谓‘静’有两个含义，一是指机体不可过劳，二是心不可妄动。清静养神，就是要求人体要保持生理和心理的平衡。”张镜人主张的静养，除了保持每天8小时的睡眠外，还有早晚坚持做导引按摩、冥思静坐，白天坚持看书、看报和写作。

张镜人的“动”秉承了华佗的观点：“人体欲得劳动，但不当使极耳。动摇则谷气得消，血脉流通，病不得生，譬如户枢，终不朽也。”就是说人体需要经常活动，只是不要过度，通过运动可以使饮食中的养分得到充分的消化吸收，能使经脉气血流通顺畅，这样疾病就不会产生，好像一直在活动的门枢不容易朽烂一样。因此动而适度也是老年人养生必须遵守的。

张镜人结合自己的身体状况，自编了一套健身操，这套操的特点是自上而下，运动全身关节：

第一节，按摩洗脸，即所谓的“干浴面”：用手指及手掌摩洗脸部，特别是鼻翼两旁的迎香、鼻梁、双脸颊部位。

第二节，叩齿吞津：我国古代的养生八段锦里面就有叩齿吞津的练法。叩齿能坚固牙齿，吞津能滋养内脏。

第三节，运动眼球：远近上下左右多方位都要到位。

第四节，握拳振臂：双手握拳，左右臂轮换扩胸，挥拳抡出时要产生爆发力。

第五节，双臂弧圈圆抡：起势为双手撮指虚握，在脐前相对，然后将双臂悬肘沿着胸线缓缓上提，直达眉心，然后左右分开，展臂再回到起点，重点在于运臂提肩上移都要屏气运动。这一节动作有利于改善松解肩臂关节粘连，即伤科所谓的“五十肩”，此动作由沪上伤科名家李国衡教授所传，张镜人将其融入了自己的体操之中。

第六节，插手扭腰：要点是双手叉腰，双脚并拢，腰部摆浪抡圆，连同膝关节，幅度要大。

第七节，弯腰俯仰：要点是双脚并拢，前俯时弯腰，双臂下垂，指尖触地，后仰时双臂上举，上身尽量朝后仰，腰部尽量往前挺。

第八节，左右弹踢腿：要点是要有爆发力。

张镜人每天 7 点钟起床后坚持锻炼自创的养生操，使他受益很大。既保证每天精力旺盛，又解决了他的“五十肩”等问题。张镜人的“动”，主要就是做这套体操，加上每天上午和临睡前在家里绕室而行，做些散步。

膏方和滋补经验：张镜人学术博大精深，善用膏方调治慢性疾病，对于病患或亚健康人群的养生也有独特的见解。用药以脾胃同举，以平为期；注重调治精、气、神，脾肾并重；通补相施，寓治于补；选药精细，轻灵取胜。精、气、神为人身之三宝。精是人体生命活动的本原及物质基础；气是人体生命活动的根本和动力；神是人体生命活动的主宰及外在征象。张镜人重视精、气、神三者的关系，膏方中常以厚味药物如熟地黄、山茱萸、菟丝子之类养精填髓，以人参、党参、黄芪补中益气，以远志、茯神、酸枣仁等养心安神。他认为调补充益之膏滋，不离填精、益气、安神之道，临证处方虽有侧重，但三者不可偏废，补脾益肾固然重要，养心安神也不可遗忘。三宝兼顾，可得以聚精、养气、存神，实为祛病延年之道。张镜人十分重视脾胃功能的协调，极推崇吴鞠通“中焦如衡，非平不安”之说，尝谓：“脾胃为气血生化之源，后天之本。临证时无论养生或治病，都要把呵护脾胃放在首要地位。”因而在膏方中常以参苓白术散、六君子汤为底方，从中焦着手，调治百病。

冬令乃封藏之际，人体服用膏滋，多有补气养血、填精助阳、调养脏腑、充养机体之用。但是对有些虚实夹杂的患者一味投补，补其有余，实其所实，又往往适得其反，所以拟膏方既要考虑“形不足者，温之以气，精不足者，补之以味”，还要针对病人的症状及原有宿疾，做到“损有余而补不足”，调补兼施，寓治于补。故张镜人在膏方中每以熟地黄补血生精、滋养肝肾时，必佐以砂仁行气调中，以免过腻壅中；或在补益之中加用苍术，以其气味辛香，运脾化滞，既消膏方中补品的滋腻之性，又助脾胃运化之力。

张镜人认为，膏方作为传统中医的一种治疗方法，比较适合慢性病或急性病恢复期的调养，只可缓缓图功，不可急功近利，膏方用药应以脾胃接受为度。他在制膏方时主张温而不燥，寒而不偏，滋而不腻，理气而不破气，活血而不动血，当补才补，不滥用补法，以防壅滞中焦，用药以轻灵取胜，独具匠心。比如膏方中滋补肝肾每每首选二至丸及桑寄生、杜仲、川续断等，取其补而不滞、温而不燥；补益脾气首选太子参，取其药性轻灵、不碍胃气；调和脾胃则采用制香附、佛手、陈皮等理气和胃之类，忌选香燥过烈之品；健脾之品多选甘平，诸如莲子、白扁豆、山药等平补脾土。在药物剂量的使用上，也以轻为主，力避偏胜。

张镜人晚年最钟情单味野山人参，这是他病愈后长年服食的滋养补气之品。

通过书画诗词调养心性，也是张镜人怡情养心、延年益寿的方法之一。张镜人乐于游览祖国大好河山，常在游览名胜时，写几首诗以寄情抒怀。

1992年张镜人在上海第一人民医院做胃癌手术，在养病中他最惬意的事就是写诗。为了排遣心情，他写下《病中赋诗三绝》，序曰："客岁十一月忽罹胃恙，经施行手术，体力已渐恢复。病室疗养，赋诗三首。"其一："高轩迎送感人心，问疾礼贤情意深。逝水流年应奋起，春风桃李惜分阴。"后注："病中，中共上海市委、市政府、市政协、民盟市委、市委统战部、市教委、市卫生局领导亲临探望，深受鼓舞。"其二："上池洞见方垣景，心肾交通肺气纯。肝胆相照脾健运，无愁议政耿言陈。"诗后注曰："手术前经各项检查，除胃部溃疡外，其余脏腑均属正常，窃自庆幸。倘天假我年，今后在党中央领导下，参与多党合作制建设，当秉承肝胆相照之旨，联系自己专业及实践，直陈肺腑之言，为国家改革开放，竭尽绵力。"其三："病房批读闲难遣，汤液晨昏思郁陶。欲叩晴窗读未晚，箴言药石胜醇醪。"这是他读老友赵超构新作《未晚谈》时，兴至而作，故于诗后注："手术后旬日，晴窗读《未晚谈》，发人深省，得句呈赵超公（构），并寄裘沛然、冯之浚、徐鹏三兄。"最令张镜人难以忘怀的是这位《新民晚报》主笔、常发表犀利杂文、署名"林放"的赵超构，竟然不顾年迈前来探视老友张镜人。孰料，此后不久他自己竟撒手人寰。感念痛余，张镜人作《悼赵超公》："谦谦君子貌慈和，卅载交期诲益多。病榻犹聆勉慰语，铭心风义感难磨。报坛秉笔慎行藏，犀利文铮时弊匡。遗墨千秋留海内，一编未晚姓名香。"诗后留下伤心人语："今年初，余卧病医院，超公犹亲临探望，逾月遽归道山，一别竟成永远，恸如之何！"

自古皆道"仁者寿"，张镜人虽几经病魔侵袭，仍能得享高寿，与他儒雅的风范、高尚的情操修养与动静适度的养生之法是分不开的。

耄耋“归队”偿夙愿

中华人民共和国成立后，张镜人历任上海市卫生局中医处副处长、副局长，上海市立第一人民医院中医科暨中医气血理论研究室主任、主任中医师、教授，上海中医药大学、上海市中医药研究院专家委员会名誉顾问，全国政协第七、八届委员会委员，政协上海市第六届委员会常委，民盟中央委员会委员，民盟上海市委员会委员、副主任委员，中华中医药学会副会长，上海市中医药学会理事长，上海市科学技术协会常委等职。这些头衔，均同他对社会的贡献密切相关，是他对于社会的无私奉献得到的回报，这是人民给予他的荣誉。

自 1983 年始，张镜人从卫生局领导岗位上退而担任顾问，同时担任上海市第一人民医院中医气血理论研究室主任。他把自己的主要精力放到了中医气血理论的研究上，在极其繁忙的诊治与研究工作之余，张镜人还与有关电脑专家合作，将自己的诊治经验手法研制成软件，病人只要将自己的症状告诉操作人员，操作人员将信息输入电脑后，当即便会得到处方，而这张电脑处方与张镜人开出的医嘱与处方几乎一模一样。

张镜人通过长期临床实践和理论研究，逐渐形成富于自己独特个性的学术思想：对外感热病，主张以张仲景六经分证为经，以叶天士卫气营血辨证为纬；对内伤杂病，信守以李东垣脾胃学说为体，以张景岳杂病论述为翼；在临床治病方面，主张厚古而不薄今，师法而不拘方，用药如用兵，变化在我，唯胜是求；对于发热性疾病、病毒性心肌炎后遗症、高脂血症、冠心病、慢性萎缩性胃炎、慢性浅表性胃炎伴胆汁反流、慢性肾炎、慢性肾功能不全、系统性红斑狼疮等病，更是匠心独运，另辟蹊径，在辨证施治上多有独到之处。

张镜人曾九渡东瀛，进行学术交流。1989 年 6 月，张镜人应侨居海外的盛宣怀裔孙盛毓度先生之请赴日。

1991 年、1994 年、1995 年，张镜人先后三度应泰国华裔名人杨振东先生之邀赴曼谷为之拟膏方调治肺恙虚羸，进一步为中医赢得了国际声誉。

得知日本有 2000 万人信赖中医中药，仅针灸按摩师就有十八九万人，日本学者甚至声称三五年内要超过中国，汉医汉方将要改名为东洋医学，张镜人为此更加紧培养自己的学生，几乎达到了迫不及待、废寝忘食的程度。

张氏医学承传近 400 年，今番更胜于畴昔，因为已经突破了家族承传的狭隘园囿，进入了更加广阔的天地。在卫生部发起的名老中医带徒活动中，上海有 20 多名中医专家被指定为带教老师，张镜人是三位首席名老中医之一，为培养后继人才竭尽心力。

在张镜人的岐黄生涯中，获得无数荣誉。除了诸多国家与省（市）级科技奖项以外，还被人事部授予高级专家、终身教授，首批享受国务院政府特殊津贴待遇，1994 年还荣获上海首届医学荣誉奖；1994 年 11 月，张镜人主持的“中医脉象客观化的研究及分析”课题获国家中医药管理局中医药科学进步（部级）二等奖；1996 年获得中央保健委员会颁发的保健奖。

2006 年 8 月 1 日，84 岁的张镜人面对党旗庄严宣誓，这是他多年的夙愿。几十年来，他一直是以共产党员的标准要求自己，他在“入党申请书”上写道：“这是我唯一的也是最后的未了的心愿——我应该归队了！”

2009 年 6 月 14 日，张镜人因病医治无效逝世于上海华东医院，享年 87 岁。就在去世前不久，他被人力资源和社会保障部、卫生部、国家中医药管理局评选为国医大师。这是国家给予他的最高荣誉。对此，他是当之无愧的。

在荣誉面前，张镜人从容淡定，唯愿将自己全部的心血和能量献给人民的医疗卫生事业。他曾填词《醉花阴》，抒发自己一生为医为人的心迹：

绿遍葫芦瓜与豆，压架凌霄秀。篱落缀牵牛，小圃晴烘，采药香盈袖。

中医宝库称丰富，本草饶研究。愿效李时珍，泽惠神州，亿万人增寿。

（撰稿人 楼绍来）

王绵之卷

王绵之（1923—2009）

中醫方劑學是運用中藥使辨證論治具體化的一門學科，數千年來，積累了極其豐富的資料，蘊藏着寶貴的理論知識和實踐經驗，是歷代醫家心血的結晶，亟待整理研究提高，為發揚中國醫藥學，保障人民健康，作出新的貢獻！

壬戌閏四月寫

全國方劑師資進修班結業留念

北京中醫學院王綿之

王绵之手迹

幼承家学读岐黄，天生傲骨气不狂；禅参三指终有得，风雨十年幸无伤；辨证论治融新说，圆机活法有奇方；悬壶济世乃天职，我愿人人寿而康。

——王绵之

2008年12月我国发射宇宙飞船。“神七”的航天员需要在离地球300km左右的地方以每秒约7.8km的高速度围绕地球旋转，以如此高的速度运动，航天员的“生物钟”难免不被打乱。《素问·生气通天论》说：“阳气者，一日主外，平旦人气生，日中而阳气盛，日西而阳气虚，气门乃闭。”这句话的意思是说，人的生理状态随着一天里时间的推移而发生着改变。“神七”航天员在天上1天，等于地面已经过了16天。所以，他们的睡眠周期肯定会紊乱，心血管系统功能也会紊乱，骨骼、肌肉、情感都会发生不同程度的改变。但是，执行这次艰巨任务的3名航天员的身体状况非常好，比如，他们的心率无论是发射前，还是在飞行中，甚至在返回后，均为60~70次/分钟，欧盟、俄罗斯的航天员返回地面时心率在100次/分钟以上。为什么中国的3名航天员比欧盟、俄罗斯的航天员的表现还优秀？当然，原因有许多，不过中医药确实是功臣之一，因为这3名航天员均服用了特殊的中药。早在2005年7月，中国航天员科研训练中心找到一位已年逾八旬的老中医，希望他能为执行“神六”任务的航天员进行中药调理。这位老中医全然不顾自己年事已高，毅然决定出手相助。在航天员执行任务的前3个月，他每两周就要前往航天城，亲自为航天员把脉，辨证论治，根据航天员身体状况及时调整用药。飞船飞行过程中，人体机能经历着急剧的变化，他按中医病机理论推断，心阳浮动，气血逆乱，心肾阴液耗损，因此可从心肾入手，为航天员调节气血使之平衡。

“神六”返航后，航天员表示，服用了中药后的感觉效果很好。因此，中国航天员科研训练中心特地向这位老中医致信感谢，并决定让“神七”航天员继续服用中药调和气血。这才有了“神七”3名航天员惊人的气血稳定性。

这位老中医就是我国著名中医学家，现代中医方剂学创始人之一的王绵之，他曾历任北京中医药大学方剂学教研室主任、基础部主任、中医基础理论研究所所长、图书馆名誉馆长、学术委员会副主任、学位委员会副主任。他还曾当选第六、七、八届全国政协委员，并先后兼任国家自然科学基金委员会生物部医学学科委员、卫生部药品评审委员会委员暨中药分委员会主任、国家中医药管理局中医药科技重大成果评选委员会委员、中华中医药学会副会长、中药学会会长等职。王绵之最值得称道的就要属三项令人瞩目的成就：创建和发展中医方剂学科；组方防治太空病的中药“太空养心丸”，将传统中医与现代航天科学完美结合；治愈大量疑难病症，扩大了传统中医的治疗范围。这可说是王绵之这辈子对中医药发展的三大创新和三大贡献。

1942年，王绵之在故里江苏南通悬壶行医。开业不久，当地流行天花，他积极抢救病人，曾成功救活两名危重病人，从此声名大振，去他诊所求诊的人日益增多。1955年，王绵之以优异成绩进入江苏省中医进修学校（南京中医药大学前身）学习1年。毕业后，他留校筹建方剂学教研室，任教研组组长，并兼任学校门诊部的负责人。在此期间，他参加了《中医学概论》和《温病学讲义》的编写工作，并主编了《中医方剂学讲义》。1957年，王绵之奉命调至北京中医学院（北京中医药大学前身）工作，直至逝世。

他勤求古训，注重临床，精研医术，在长期的医疗实践中，总结积累了许多宝贵经验。他精于脏腑气血的辨证，尤其对中医望诊、切诊有高深的造诣。问诊切中要害，具有独到之处。他学识渊博，躬身实践，治病崇尚“王道”，遣药组方必周密筹划，不仅要求“祛邪而不伤正”，而且能做到“寓防于治”，对疾病进行前瞻性治疗，真正做到了“上工治未病”，达到了炉火纯青、出神入化之境界。他擅长治疗时疫、热病及内、妇、儿科的疑难重症，常使病人绝处逢生。对于老年病，强调从中年起即当留意，特别注重保护和增强心、脾、肾的功能。对于病人，提出“不仅要看到其生物性，更要看到其社会性”。把病人看作是社会人。注重人与社会、自然的一体性，并在治疗中根据不同患者的不同特点遣药组方，不仅做到“药与病合”，而且做到“药与人合”，既收到事半功倍的功效，又不遗隐患于病后。

王绵之对中医药博涉精研，有精湛的学术造诣和丰富的临床经验。临证中既坚持中医的辨证论治，又善于吸收和利用现代医学理论和方法，特殊情况下还兼用西药，力求对疾病做出符合实际的全面诊断，为临床正确地立法组方，提高疗效，奠定了坚实的基础。他临证处方，必溯本探源，察标求本，既严守绳墨，又灵活有理，圆机活法，通权达变，既继承先贤之神髓，又常发明古义之经纬，真正做到了“继承不泥古，创新不离宗”，务使药证尽合，故治病每每收到桴鼓之效。他创造性地治愈了多种当代疑难重症，如格林巴利征、类脂蛋白沉积症、脑干肿瘤、小脑萎缩、小脑星形胞瘤、脑垂体胶质瘤、脑软化、脱髓鞘病、全身性脱屑硬皮病、先天性免疫功能低下症、甲状腺肿瘤、肾囊肿、糖尿病、慢性萎缩性胃炎肠上皮化生、女子不孕、胎停育、男子性功能低下、病态窦房结综合征等难治之症，疗效显著，享誉国内外。

王绵之是一位有不凡业绩的医生、学者。1984 年，经卫生部特批，他被授予终身教授称号。1990 年，王绵之被人事部、卫生部、国家中医药管理局审定为全国五百名老中医药专家学术经验继承工作指导老师。1994 年起享受国务院政府特殊津贴。2007 年 10 月被评为国家非物质文化遗产项目（中医生命与疾病认知和方法）代表性传承人。2008 年获得北京市授予的“国医名师”称号。2009 年由人力资源和社会保障部、卫生部、国家中医药管理局评为国医大师。

中医世家 侠骨仁心

王绵之（1923—2009），是江苏省南通一个中医世家的第 19 代传人。原名祖泽，后来改名为绵之，家里希望他能“绵延祖业，不坠家声”。

据家谱记载，他的先祖曾为明代武将，为人侠气仗义，因不甘于受奸臣陷害而解甲归田。在辛苦耕作之余，为乡亲们治疗跌打创伤。此后世代相传，后代逐渐涉足内科、妇科、儿科。到清朝道光年间，王绵之的祖父王胪卿根据自己治疗脾胃病的经验，自创“王氏保赤丸”。此丸主治脾胃虚弱、便秘、喘咳、痰鸣等疾病，深受当地百姓的喜爱，王家也因此而声名大振。

王绵之的父亲王蕴宽天资聪颖，13 岁时就随王绵之的祖父王胪卿学医。王蕴宽 16 岁时，当地时疫流行，他积极施救，救活许多人，从此驰名乡里。他最擅长治疗内科、妇科、儿科疾病。他不仅医术高明，而且医德高尚，遇到贫困的患者，总是免费予以治疗。

“医乃仁术，当以济世为先”是王家的家训。王蕴宽教子有方，在王绵之开始懂事能读医书的时候，就把他叫到跟前问："你想学医吗？"王绵之回答说："想！"王蕴宽又问道："学不好，没有人找你看病，你没有饭吃，你怕吗？"王绵之回答说："不怕！"王蕴宽松了一口气，但停顿了一下继续问："如果你成了好医生，你会忙得没有时间吃饭，你愿意吗？"王绵之望着父亲不知如何回答。王蕴宽压低了声音一字一字地说道："你必须愿意！"

王蕴宽教子非常严格，近乎苛刻。王绵之在父亲的监督下刻苦攻读《医经原旨》《本草从新》《医方集解》《温病条辨》《伤寒论》《金匮要略》《黄帝内经》《医宗金鉴》《济阴纲目》等中医经典著作。完成学业后，王蕴宽才让王绵之侍诊，侍诊的基本工作就是抄药方。抄药方熟练后再襄诊，襄诊阶段允许王绵之写病案，开处方，但是需要获得王蕴宽首肯后才能生效。襄诊合格后再试诊，试诊阶段允许王绵之独立给常见病患者诊治，但是遇见急重症或疑难病时，需要征得王蕴宽的同意。在试诊阶段，王蕴宽经常让王绵之结合遇到的典型病例，联系所学中医理论进行串讲，并提出问题让王绵之解答。王蕴宽有时还要求王绵之默写出复诊病人前次的病案和药方，甚至要求王绵之精确比较服药前后的舌质、舌苔、面色的变化。在王蕴宽"学医必精，为医必仁"思想的影响下，王绵之的医术进步很快。

有一次，王绵之仅用一剂药，便令一位高热病人退热。王蕴宽问王绵之是何缘故，王绵之说不出道理。王蕴宽告诉王绵之："不仅要看如何退热，还要看是否会复起。之后 3 个月，要看病人的状况如何。高明的医生不仅能治病人当前的病，还要考虑如何乘机治愈病人原有的其他疾病。"王绵之当时很不理解父亲，认为父亲要求过于严格苛刻。他独立行医许多年后，才意识到父亲是要他治病不要忘记人，用药不能只取效一时。

王绵之完全继承了父亲王蕴宽的好强天性。他最强烈的心愿，就是弘扬中医传统，让中医能治愈天下所有疑难病症。有的时候，他的这个心愿强烈得如同宗教信仰。比如，他55岁那年，突发心脏病，许多同事劝他请西医治疗，他却坚持用中药治疗，最终，他依靠中医度过难关。王绵之不仅自己要强，也极力鼓励自己的学生要强。一位学生抱怨中医太难，而且埋怨自己没有像王绵之那样有一个中医世家的背景。王绵之听了后，鼓励那位学生道："祖传不是遗传。祖上留下的东西只能给我提供客观条件，能否继承和发扬祖辈的传统，还得靠主观的努力。"从此，那位学生不再畏难，终于学有所成。

王绵之是一个严谨的人。有一次，北京一家中医单位为了搞一个大型庆祝活动，让一位年轻的办事人员去请王绵之写一幅字。王绵之问道："用生宣，还是熟宣？"那位年轻的办事人员由于没有思想准备，一时竟不知如何回答。王绵之的严谨给这名办事人员留下了深刻印象。王绵之制定了很严的家规，要求孩子在长辈面前不能跷二郎腿；必须直立站着回答问题；不许靠着墙、扶着桌子说话……

王绵之治学非常严谨，他不仅认真阅读大量中医典籍，而且对重要段落进行背诵。他学习古人方剂，一定要追溯其学理渊源。例如，他讲二陈汤（以半夏、橘红、白茯苓、甘草组方，此方有燥湿化痰的功用）时，特别强调"用乌梅一枚同煎"这一煎煮条件，因为二陈汤既能敛肺气而生津，又不妨碍祛痰，还需要使燥湿化痰之品不致重伤津液，乌梅的作用非常关键。再比如，讲凉膈散（川大黄、朴硝、甘草各600g，山栀子仁、薄荷叶、黄芩各300g，连翘1250g）时，他非常强调中医用药的精细。一般讲，大黄、朴硝是泻下的常用药，但此方剂中的大黄、朴硝不是用作泻下的，这点非常重要。凉膈散的特点就是用清散之药去膈上之热，同时用泻下的药相配合，以达到上面清散透邪，下面通腑祛邪热的目的。所以，临床上要根据症状的轻重来加减用药。大黄在这里清热，兼可通大便，而且利小便。如果症状较轻，可选用制大黄，其泻下的作用更缓和。朴硝就是芒硝，但属未经提炼较粗糙的一种。研成粉末后的朴硝，其泻下作用较缓和。

王绵之最值得后学学习的是他诊治病人时的严谨态度。他常对学生说："患者主诉往往有侧重而具片面性，而且每个人的表述能力有差异，因此医生必须透过表面现象去发现病之所在。"他非常强调望诊和切诊。他认为，瞥一眼患者，不算是望诊，真正的望诊要全面地查看患者身体的各个部位。比如，小孩腹痛时，常常说不清疼痛部位。王绵之就观察小孩的眼结膜：如果白睛散布青蓝色的斑点，下口唇内侧有小白斑点，往往是肠寄生虫在作怪。王绵之特别重视舌诊，他看舌象异常仔细。比如，一般讲，瘀血之舌，非青即紫，但王绵之发现，如果舌尖见有红色的细疹，而患者又不是温热病，此时也是瘀血内阻的表现。他甚至能利用红点的明、暗、深、淡来判断瘀血之寒热与新旧。精细的切诊，就是要通过 24 种脉象，探测出万变的疾病。他常对学生说："脉有专着，仅是示人以规矩，要在实践中反复参悟，才能活用。譬如，脉多有兼象，或弦而兼滑，或虽弦劲挺指但不耐按。"王绵之曾用精细的切诊，发现了许多物理检测、化学检验未能发现的疑难病症。有一次，王绵之遇到一个体格健壮的海外华人，此人自称身体只是偶尔略感胸闷，西医体检指标，除了有点"血脂高"外，一切正常。王绵之看他的舌，红而不鲜，中部以后苔厚腻；切他的脉，弦滑，唯左寸细涩。王绵之告诉那人，希望他注意休息，不宜劳累，因他的宗气虚而痰瘀互阻，血脉不利而心失所养。那人不信，3 日后，他在打高尔夫球时，突发"心梗"。多亏送医院及时，捡回一条命。他写信给王绵之道："悔不该不听您的话。"

王绵之有广泛的兴趣，他把所有的病人都看作是良师益友，从他们那里汲取各种信息。比如，他遇到开出租车的司机来看病，就仔细询问开出租车的情况。他的学生问他为什么对开出租车也感兴趣？他告诉学生道："人的疾病很可能与他从事的职业有关。我想知道出租车司机因为长时间开车会引发什么样的疾病。"

他读书范围极广。他不仅阅读了大量中医典籍，还阅读天文、地理、哲学、文学等书籍。他的一位学生开玩笑说："只要有字的，他都读。"这话一点都不假。有一次，王绵之的小儿子买回一套金庸的《天龙八部》，他竟与儿子争着先看。儿子问他为什么读武侠小说那样投入，他回答说："我觉得好的中医师，特别像金庸笔下的武林大侠，不仅需要毕生追求医术的精粹，还要带着一身侠骨正气去普济众生。"王绵之就是一个一身侠骨正气的中医大师。也许，最能体现他侠气的举动，就是他无偿地将自己祖传的秘方奉献给国家。

早在20世纪50年代，他就将祖传的"王氏保赤丸"处方和特殊制作工艺献给了南通市政府，由南通制药厂生产。"王氏保赤丸"由大黄、黄连、制胆南星、川贝母等组成。大黄味苦，性寒，苦寒沉降，为寒性的泻下药，善荡涤肠胃，峻下实热，有攻积导滞、除痰逐水的功效。黄连味苦，性寒，苦能燥湿，寒能清热，功善清热燥湿解火。其泻心火，可治心烦不眠和热病烦躁；又能清热明目，治疗目赤肿痛；还能清泻中焦和大肠湿热。胆南星味苦辛，性热，有毒，有燥湿化痰、祛风解痉的作用，不仅善治风痰，而且能化顽痰，还可用于治疗痰饮阻滞的咳嗽。川贝味甘苦，性微寒，既能清热化痰，又可润肺止咳，善于治疗因痰热郁结而产生的痈肿。诸药结合，共奏清热泻火、化痰平喘、泄积导滞之功。该药品不仅对小儿呼吸、消化系统疾病卓有疗效，而且对成人脾虚胃弱、痰多咳喘、大便不调等亦有良效。该药于1982年获得国家级优秀产品银质奖章，目前的年产量高达5000万瓶以上。

1986年，王绵之又把自己研制的"健脾消食丸"献给北京同仁堂制药厂。该丸剂由白术、枳实、木香、草豆蔻、鸡内金、槟榔、荸荠粉组成。白术味甘苦，性微温，有补益脾胃之气和燥湿化浊止泻的作用。枳实味甘苦，性微寒，善消食化痰，行气破积，通利腹气，可以消除因食积痰滞、气行不畅引起的胸腹胀满，其药性峻烈，有较强的行气破积作用。木香味辛，性温，能驱散腹中的寒气，行胃肠中的滞气，可治中焦气滞的脘腹胀痛，因其善于调气，能治疗胸腹一切寒凝气滞作痛，有行肝气、理肺气的功效。草豆蔻味辛，性温，可治胃部受寒作痛，胀满呕吐，以及寒湿内停的胃口不开。槟榔味辛苦，性温，其下降行气力量较大，并有驱除肠道寄生虫的功效，也可用于治疗因痰水停留而致的胸腹胀满和因食积不消引起的泄泻。荸荠味甘，性微寒，能清热化痰、生津止渴、润燥滑肠，可治疗热病津伤烦渴、阴虚肺燥、痰热咳嗽、肠胃积热、大便燥结。该丸剂对于小儿乳食停滞、腹胀、食欲不振、消瘦、大便不调有很好的疗效，获得社会好评。

1990年，王绵之帮助解放军优生优育医药研制中心研制出“产复康颗粒”。该药品通过1800余例临床观察，以科学的方法（建立临床试验对照组）证明能补气养血，排瘀生新，理气健脾，滋补肝肾，益乳生乳，促进子宫复旧，降低产后发病率，促进伤口愈合，具有改善妇女健康状况、促进术后机体全面康复之功效，对促进妇女产后及人流、药流后康复，防治术后疾病有显著的疗效，总有效率达95%，而且长期服用安全可靠，未见任何毒副作用。该药品由益母草、人参、熟地黄、何首乌、当归、黄芪、香附、白术、桃仁、蒲黄组成。益母草味辛苦，性寒，有活血调经之功效，适用于月经不调、产后因瘀血不行引起的腹痛、头目眩晕等症。人参味微苦，性温，最善于补益元气，是峻补之品，可挽救大病、久病、大吐泻、大失血等重症。熟地黄味甘，性微温，是滋肾补血、补益精髓的首选药。何首乌味苦甘，性微温，有补肾益精、增强生殖能力的作用，不但能治肝肾精血亏损所致的虚弱证，而且可以增强人体的抵抗力。当归味辛甘，性温，其辛能行散，甘能补益，可用于治疗血虚亏损诸证，还能补血润肠通便，治疗血虚津液不足引起的大便秘结。黄芪味甘，性温，有补气升阳的功效，能补肺气，固卫气，是治疗气虚的良药。香附味辛微苦，性平，有疏肝理气解郁、通调三焦气滞的作用，能治气滞血瘀引起的月经不调和经行少腹胀痛等症。桃仁味苦甘，性平，有活血通经、破瘀生新的作用，能治月经停闭，也能治腹中有瘀血结块之症。蒲黄味甘，性平，既能治经闭不通和产后瘀血腹痛，也能涩敛止血，治疗子宫大出血。总体来看，该方剂的组成特点是：滋而不腻，补而不滞，伐而不伤。

王绵之所奉献的秘方，帮助天下无数普通患者驱走病魔，恢复健康，他不愧为一代中医大师，不愧为中医界的“大侠”。

继承传统　创新学科

中医的方剂起源很早。《汉书·艺文志》载有“医经七家”（共216卷）、“经方十一家”（共274卷），并解释说：“经方者，本草石之寒温，量疾病之浅深，假药物之滋味，因气感之宜，辨五苦六辛，致水火之剂，以通闭解结，反之于平。”所谓经方十一家，就是研究方剂的11家学说。

但是随着中医的发展，研究方剂越来越不易。明代《本草纲目》记载了8160个方剂，而此后不久的明代《普剂方》中则包括61739个方剂。当代编撰的《中医方剂大辞典》中有多达10万左右的方剂。研究这么大规模的方剂，没有一个科学的研究方法不行。特别是让学习者在海量方剂文献中寻觅自己需要的方剂，无异于大海捞针。王绵之是最早意识到这一问题的人之一。1956年，他为江苏省中医进修学校编写《中医方剂学讲义》时，就开始整理古代各家方剂学说，创建具有现代意义的中医方剂学。1980年，王绵之受邀在全国方剂进修班授课时，比较系统地阐述了如何建立符合现代教育体系的中医方剂学，他的《中医方剂学讲义》被公认是较为成功的中医方剂学教材之一。王绵之较系统地解决了中医方剂学所面临的几大问题，使古老的经方学问变成具有现代教育特征的方剂学。

王绵之解决的第一个大问题是如何给中医方剂学下一个定义。下定义，不仅要说明这个事物的特征，还要说明这个事物与同类事物之间的差异和关系。说出来容易，做起来难。王绵之认为：方剂学是研究和阐明方剂组成和运用规律的一门学问，虽然是中医基础课程之一，熔理法方药于一炉，但与中药学等其他基础课程不同，有其独立性、系统性，又与其他各科有较为深广的联系，是沟通中医基础和临床的桥梁课。有人曾指出：所谓方剂学，不过是中药学的一部分，不能成为独立的学科。王绵之不以为然。他认为，中药学主要是用四气五味、升降沉浮等概念来阐述具体药物的归经和功用。虽然中药学也介绍了一些临床应用和配伍知识，但是不可能像方剂学那样，在分析方药组成时全面细致地根据病机、治法，去深入阐明方剂中每一味药物及药物之间复杂的配伍关系。以桂枝汤为例，中药学除说明桂枝辛甘温、入肺和膀胱经、解肌发表、温经通阳外，也介绍了一些临床应用中与附子、吴茱萸、白术、当归、芍药等的配伍关系。但是这些只是一般性的讲解，无法深入。原因是讲授中药学时，学生对那些配伍还很陌生，如果讲得过细，势必会打乱中药的分类和学习的循序渐进，而且容易冲淡主题，喧宾夺主，使听讲的人由于联系太多而出现理解混乱。此外，中药学一般也不会在介绍桂枝汤时，进一步阐明桂枝汤、苓桂术甘汤、温经汤等著名方剂之间的内在联系。

基于这些考虑，王绵之指出：方剂由多味中药组成，这个多味中药的组成结构有它自身的学问；在辨证审因、决定治法的基础上，按照一定的配伍组合规律来选择切合病情的药物；然后要酌定合适的用量，确定适合的剂型和服用方式。所以他总结说，研究方剂不等同于研究方剂学，方剂学是阐明方剂与治法之间的关系及其临床应用规律。王绵之还指出：方剂学以治法和遣药组方的理论为基础内容，并选择临证常用而且有代表性的方剂，通过对各方主治和组成药物的理论分析，进一步说明治法和遣药组方理论在辨证论治指导下的具体运用。所以中医方剂学是一门专讲“论治”的学科，同时也是一种培养辨证论治逻辑思维的方法。王绵之的这些论断，为中医方剂学定义打下了坚实的基础。

王绵之为方剂学解决的第二个大问题是给中医方剂学制定了一组基本原则。方剂学只有依靠这些原则，才能维护自己的本质特征。他根据自己多年的理论研究和临床实践，提出了五条原则。

原则一，把握规律，以法统方。中医方剂数目繁多，在教学中应该注重掌握以法统方，便可以提纲挈领，收到事半功倍的效果。清代医家程钟龄在《医学心悟》中说：“论病之情，则以寒热虚实表里阴阳八字统之；而论治病之方，则可以汗和下消吐清温补八法尽之。”此可谓治疗八法。虽然八法不能穷尽中医治法，但它以八纲辨证为依据，体现了中医治法的重点所在。因而王绵之提出“法随证立，方从法出，以法统方”的原则，并在教学实践中付诸实施。例如汗法中的解表法，主要治疗外感表证。其病机主要是外邪客表，卫气失司，营卫不和，肺失宣降。治疗上首先根据邪在肺卫的特点，总以宣畅肺卫而解表为原则，用药则以辛散轻扬之品为主。但邪气有寒热，正气有强弱，病证有兼夹，故解表又有辛温、辛凉之分。若有夹湿、夹暑、化燥者，又当随证加减。若病人正气（气、血、阴、阳）虚者，又当治以助阳益气解表，或滋阴养血解表。若病证有兼夹，又当治以理气解表、化饮解表、透疹解表、消食解表等。即使是辛温解表，又有麻、桂剂以治表实、表虚证之不同；而辛凉解表剂，则有辛凉轻剂桑菊饮、辛凉平剂银翘散之区别。可谓法中有法。但变化虽多，法归于一，总以“邪从外来，仍从外解”之汗法为宗旨。如此讲解，既可使学生深入理解和熟练掌握各种治疗大法的具体运用和特点，又能防止孤立地、片面地死守一方一药，从而做到知常达变，触类旁通，灵活变化而不越乎规矩准绳，达到“师其法而不泥其方”之目的。以法统方，则多而不杂，详而有要，便于学生掌握。

原则二，突出重点，贯穿全面。方剂的组成原则是制方的规矩，没有规矩就不能成方圆。中医传统的十剂（宣、通、补、泄、轻、重、滑、涩、燥、湿）是制方的大法，不知大法，就不能组成适合于各种不同需要的方剂。

王绵之认为，方剂学要以讲解历代名方为手段，阐明治法规律和遣药组方的范例。以解表剂为例，重点要讲的名方有：麻黄汤、桂枝汤、小青龙汤、麻仁甘石汤、桑菊饮、银翘散。不讲透这些名方，就无法进一步理解对不同体质或病有兼夹的各种治法。

虽然讲解方剂都用君臣佐使来分析方剂组成，但是每个方剂应该突出的重点却各有不同。例如，麻黄汤主要是发汗解表，治疗表实无汗，麻、桂并用是重点。桂枝汤主要是解肌和营卫，治疗表虚有汗，桂、芍并用是重点。

原则三，结合临床，联系实际。方剂学熔理、法、方、药于一炉，与中医各科的关系密切。因而，王绵之认为，方剂学教学中应始终贯彻理论结合临床实际。在教学中，必要时应该采用分段式讲授。例如，在讲解肾阴、肾阳、肾精、肾气、阴中求阳、阳中求阴等中医基本概念时，可在讲清六味地黄丸的基础上，进一步讲解金匮肾气丸，并在以后结合暖肝煎、地黄饮子等有关方剂多次讲授，逐步深入，以达到理论上的不断深化。

王绵之认为，坚持结合临床能减少无用的争论。例如，古人有的说“补脾不如补肾”，而有的人说“补肾不如补脾”，以临床实践为准则，就能避免空谈，防止偏执于一家之言。

王绵之还认为，方剂的教学应该帮助学生养成良好的习惯——钻进去，跳出来，结合实践，在“悟”字上下工夫。有古人说，读仲景书，要于无字处下工夫。学习中医，要在“悟”字上狠下工夫。如何才能悟出中医的真理呢？要把中医理论知识，在临证中反复验证，才能收获真理。

原则四，追根溯源，搞清本意。王绵之认为，要搞清方剂的出处，并循着这条线索，深究原著和有关方论，只有这样做，才能理解不同时期的医家用药风格和原方主治证的本意及精神实质。例如，归脾汤的追根溯源。归脾汤出自《济生方·健忘门》，引自《永类钤方》，主治思虑过度，劳伤心脾，健忘怔忡。方由白术、茯苓、黄芪、龙眼肉、酸枣仁、木香、人参、炙甘草、生姜、大枣组成。《本草纲目》引归脾汤，有茯神，无人参、茯苓，生姜减量，亦注明出自《济生方》。明代医家薛立斋加入当归、远志，仍名归脾汤，但主治妇人脾虚不能统血，月经妄行，以及带下诸症。后世医家利用归脾汤主治心脾两虚、健忘怔忡、虚烦不眠、食少体倦、发热自汗、大便不调、妇人月经不调等。

心藏神，脾舍意。因思虑太过，心脾两伤，神意不足，所以健忘怔忡，虚烦不眠，食少体倦，大便不调。神是水谷的精气，而运化水谷，全赖脾胃。脾虚则水谷之精微不能化为气、血、精、津液，神自不足。脾虚则不能斡旋水火、交通心肾。心肾不交，亦可见虚烦不眠。是心脾两伤，以脾为主。脾主肌肉，是肺气之源。因脾虚而肺亦不固，所以气浮于外而发热自汗。心主血，脾统血，均与月经有直接关系。心虚则血无所主，脾虚则统摄无权，所以月经前期，经量逾常，淋漓不止，舌淡苔薄而润，脉虚而无大力，都是气血虚亏之象。综合上述，本方证是心脾两虚，脾虚为主；气血两虚，气虚为主。方用黄芪、人参、茯苓、白术、炙甘草健脾益气，当归、龙眼肉滋阴养血。补气与补血共伍，脾气旺而血自生，则补血之力更显。酸枣仁、炙远志养心安神，交通心肾。脾虚则升降无力，故用木香疏理脾气，使补而不壅。生姜和大枣调和营卫。纵观本方，立法配伍之妙有三：一是不拘泥于虚则补其母的常法，而以补脾气为主，使脾健则心得养，气旺而血自生；二是用甘温多滋的龙眼肉为主药，既合益气之用，又有补血之功；三是在大队滋补药中，配一木香，醒脾气而促进运化之功，使补而不壅。在充分搞清原方立法、主治、配伍、功用之本意的基础上，教会学生凡属心脾两虚，阴血亏耗而气亦不足之证，皆可根据临床病情随证加减。

原则五，引申发挥，扩大应用。中医传统非常强调环境对人体的影响。方剂学中所列举的方剂，多为历代名方，创方时的环境条件与今日相差甚远，所以利用古方治今病需要引申发挥。因而在方剂学教学中，除了要讲清原方本意外，还要注重讲解现代的引申应用，这样才能真正达到“古为今用”的目的。例如，养阴清肺汤出自《重楼玉钥》，原方主治白喉。近代由于预防接种的普及，白喉已经基本绝迹，但这并不意味着养阴清肺汤已经没有实用价值。在《重楼玉钥》中，原作者说：“此证发于肺肾，凡本质不足者，或遇燥气流行，或多食辛热之物，感触而发。”基于这种发病机理的认识，近人用此方加减治疗咽喉炎、扁桃体炎、鼻咽癌等症，多获良效。又如，乌梅丸出自《伤寒论》，原方主治蛔厥证。由于本方具有寒热并调、邪正兼顾之作用，近人常用它来治疗久泻、久痢、过敏性结肠炎、胆道蛔虫病，皆有一定疗效。再如，生脉散出自《内外伤辨惑论》，原方主治暑热汗多、耗气伤津之证。近人引申用于高温作业、汗多耗津之证。又根据“宗气者，贯心脉，司呼吸”之理论，以此方加味治疗冠心病、心绞痛、病毒性心肌炎，均获满意疗效。动物实验表明，该方有增加冠脉流量、减慢心率、增加心肌耐受缺氧的作用，从而为古方新用另辟蹊径。这样的例子，不胜枚举。

王绵之为方剂学解决的第三个大问题，是编写出好的方剂学讲义。一个学科，即使有好的定义、好的原则，如缺少好的教科书，也不是一个好学科。王绵之编写的《方剂学讲义》是教科书中的佳品，全书将方剂分17大类，一共收有200多首方剂，每首方剂的描述都包含了中医的精粹，首首是精品。现在摘录一首，以展示王绵之方剂研究之精妙。

六味地黄丸。此剂出自《小儿药证直诀》，方剂组成：熟地黄24g，山茱萸12g，干山药12g，泽泻9g，茯苓9g，牡丹皮9g。六味地黄丸为补肾阴的基本方，是非常有名的方剂。它是从肾气丸中减去附子、肉桂而成。这个方剂的特点就是三补三泻。三补有熟地黄、山药、山茱萸。三泻与三补相对：泽泻对熟地黄，牡丹皮对山茱萸，茯苓对山药。为什么既要补又要泻呢？就是因为肾的阴阳之间的平衡，特别重要，特别微妙。六味地黄丸主治的证是由于肾阴不足而引发的虚火上炎。所以在这个时候，这种火是不能泻的，这种火是人身的根本，只能保护而不能损害它。也就是以前提到的滋阴与降火的关系。这里主要是阴虚，而不是阳有余，所以不但不能泻，反而要保护它。因为阳没有阴来制约，所以就跑到上面来了，虚火就是这样产生的。上面似乎有热，下面火也不安，如咽干、潮热、遗精等都是由此引起的。因为虚阴不能制阳，火在下妄动，火动后，阳不得入阴，就引起失眠。另外，由于阳的妄动，扰乱了精室，就产生遗精。这种遗精有个特点，是有梦而遗。当然由于肾阴虚，腰腿也可见到酸软无力的症状。由于阴虚，还可以见到脚后跟痛的症状。

以上那么多症状，归根结底是由于肾阴虚。治疗肾阴虚的原则，在这个方剂中都体现出来了。肾藏精，精的来源有两个，一个是先天的，一个是后天的。先天之精与生俱来，补充的方法是通过后天之精。后天之精是五脏之精有所余则下藏于肾。这就要靠饮食所化，通过脾、肺分布到五脏，五脏有余下藏于肾，这样使得先天之精不断被消耗，又不断补充，从而保持始终充足。正因为肾精充足，才能够养五脏。所以实际上肾不仅是一个储存人身精华的地方，也是一个调节的地方，所以在肾阴虚的时候要考虑到五脏。

本方中既用了熟地黄，又用了山茱萸，还用了山药。熟地黄专补肾阴；山药不仅能够补气，还能养阴、涩精，是脾肺两经的药；山茱萸还可以补肝、补心。从这几味药的归经来看，五脏俱全，当然重点是在补肾。涩精还有一个作用，就是在补阴的同时，可以把火收摄在里面，使虚火不妄动。山药温补而作用平和，是平补的良药。

所以用补阴益精而又收摄的药作为配伍，补而兼涩。但鉴于本方证的病机是阴虚不能制火，虚火已动，首先就会使得下焦不温了。当然这是相对地讲，不能将它与肾阳虚的下元虚冷同等看待。也就是说，由于阴虚而相火动，那么下焦温化的作用就减弱了。因此，虽然肾阴虚了，并不是绝对没有了，只是由于温化的作用减弱了，阴得不到阳的温化，不能更好地发挥它濡养五脏六腑的作用，这是一个问题。第二个问题，由于下焦不得温化，气化不行，肾司二便的功能失常，首先是小便不正常。这里并不能单纯讲小便能不能出的问题，而是说小便是失常的，是开阖失常了。一个是阴得不到阳的温化，一个开阖失常，因此要泽泻利下焦之水。这个水不是肾水、真阴，而是邪水。邪水去后，反有助于下焦的气化，有助于真阴的恢复。

这里还用到山茱萸，有温有涩，能温肝肾、补精、涩精。而在阴虚的大前提下，阴虚已经导致火动，这时还用温肝肾的药，首先就要防止相火动，所以要配陈皮，通过配伍陈皮使得相火不妄动。这里还有一个问题，就是补阴和降火的问题。因为阴虚的阳亢，是由于肾阴虚，肾中阳亢，也就是命门火旺，所以在补阴的同时，必须要考虑到适当配一点清虚热药。丹皮用在此处还能起到制下焦虚火的作用。实际上正是由于它们下行，才能够使气分的虚热下行，故这两味药也兼有清虚火的作用。这样，六味地黄丸这个方剂，虽然用的是温药、涩药，但没有使得因阴虚而产生的虚火更盛，就是因为有这些配伍的关系。另外，这里要提一个问题，就是相火。安居在下的火是人身的根本，是人体的生机所在，在一般情况下，可以养不可以泻，只有在这个火特别盛的时候，才用苦寒泻火法，这就是处理补阴与降火两者的关系时要注意的问题。

此外，对于茯苓与泽泻的关系问题，茯苓除了帮助泽泻利邪水外，更主要的是它与山药配合起来，还有清水之上源的作用，使得五脏之精能够下行藏于肾。

究竟这几味药中谁是主，谁是次，从分量的配伍就可以看出是三补三泻，其中熟地黄量最大，为君；山药、山茱萸次之，为臣；余三药为佐使。由此可知，尽管刚才讲到相互之间的关系，最后还要突出一点，它是以补阴为主。所以这六味药不仅三补三泻，几乎每两个药之间都有交叉的关系，而这种交叉的关系结合了脏腑的生理特点，所以是比较复杂的。另外，有的参考资料说，六味地黄丸是可以变化来用的。六味地黄丸证的某一个症状突出了，那么在治疗的时候，可用某一味作为主药。

从六味地黄丸的本质来考虑，是采用“壮水之主以制阳光”的方法，是通过补阴来平虚火。所以在这个方剂的基础上，变化出不少复方。举例如下：知柏地黄丸是在六味地黄丸的基础上加入了知母和黄柏，这是个滋阴降火的方剂。为什么要用知母和黄柏呢？因为它的症状除了虚火外，火旺的情况已经很明显，有骨蒸和潮热，且特别突出。在这种情况下，需要适当地用一些苦寒泻火的药，把虚火、相火清了，然后才能保真阴，才能使得不足之阴通过药物得到补充，因为火就要消耗阴、要伤阴。该证的临床判断标准容易混乱，一个客观标准就是舌质，舌尖和舌根都要考虑。既然是阴虚火旺，舌质就得红。另外还得看尺脉细数到什么程度，有力无力的程度怎么样。这些通过临床注意来体会就可以掌握。

施教有道　哺育英才

王绵之自1956年开始从事中医方剂学教学，是著名的中医教育家。他讲课不仅有条不紊，循序渐进，而且深入浅出，生动活泼。凡有幸亲耳聆听他讲课的人，无不交口称赞。他积几十年教学经验，摸索总结出一整套方剂学教学法，分别适用于各级各类方剂学教学，为国家培养出大批本科生、硕士研究生、博士研究生。作为全国名老中医专家，1990年王绵之又承担了由人事部、卫生部、国家中医药管理局主持开展的师带徒工作，为培养新一代高层次的中医药专门人才作出了新的贡献。在王绵之的学生中，不少人已成为我国医药卫生部门的领导干部，很多人成为各个学科的带头人、专家、教授，他们正在为人民的卫生保健事业贡献着力量。

王绵之之所以能在中医方剂学教育领域取得如此大的成绩，是因为他注意按中医方剂学的教育规律施教。他的施教理念可以总结为8个原则。

原则一，示以规矩，教以权变。临床遣药组方，具有高度灵活性。然而，要使方药既切合病情，又能相辅相成，形成一个整体，则全在圆机活法。张介宾曾说："夫意贵圆通，用嫌执滞，则其要也。若但圆无主，则杂乱生而无不可矣。不知疑似间自有一定不易之道，此圆通中不可无执持也。若执一不反，则偏拗生而动相左矣。不知倏忽间每多三因难测之变，此执持中不可无圆活矣。圆活宜从三思，执持须有定见，既能执持，又能圆活，其能方能圆之人乎！"唯有执持者，制方才能圆活自如；如果不谙处方之道，圆活亦不可能，运用古方尤当如此。徐灵胎在《医学源流论》中指出："欲用古方，必先审病者所患之证，悉与古方前所陈列之证皆合，更与方中所用之药无一不与所现之证相合，然后施用。否则必须加减，无可加减，则另择一方。”只有这样，才能有的放矢，疗效显著。所以，王绵之强调，方剂学的遣药组方必须按照君、臣、佐、使的原则，方义明确，重点突出，配伍严谨，针对性强。他喜欢用具体例子教人以权变之法。

比如，大承气汤主治之阳明腑实证，属痞、满、燥、实四证具备之重证。当此之时，急下存阴以为“釜底抽薪”之计，方可当此重任。方中首选苦寒之大黄荡涤肠胃，泻热除积为君药，取后下之煎煮法，正是欲其气锐急下。又用咸寒泻热，润燥软坚之芒硝为臣药，助大黄泻积泄热。厚朴下气除满，枳实破气散结。二药相佐，推荡下行，助大黄、芒硝荡涤里实，共成峻下热结之剂。

再比如，清瘟败毒饮，主治气血两燔之证。方由黄连解毒汤、白虎汤、犀角地黄汤（犀角现已代用）三方加减变化而成。而方中独用大量生石膏为君药，是因为胃为十二经脉之海，气血化生之源。正如余师愚在《疫疹一得》中所说：“重用石膏，先平甚者，而诸经之火，自无不安矣。”

总之，王绵之认为，方剂学必须紧紧围绕病机和药理，把用法讲深讲透，示人以“药证相当，应手而效”的道理。

原则二，联系对比，加深理解。王绵之认为，方剂学应该注重引导学生对有关方剂进行联系对比，以便加深理解。联系对比的办法有许多，他具体指出几种对方剂学较合适的办法。

同类方剂比较法。比如，补益剂中的四君子汤、参苓白术散、补中益气汤都有益气健脾之功效，主治脾胃气虚证。但是，四君子汤温而不燥，补而不滞，为补气的基本方，可广泛应用于脾胃气虚之证。参苓白术散主治脾虚夹湿之证，故该方在四君子汤益气健脾的基础上，加用白扁豆、薏苡仁、山药等健脾渗湿之品，尤其是加一味桔梗，开启肺气，以畅水道，使其健脾益气、和胃渗湿功能更显著。补中益气汤主治脾胃气虚、清阳下陷之证，故在益气健脾的基础上，加用升麻、柴胡升阳举陷，使中气足，清阳升，诸证自愈。三方既有共性，又各有特点，通过比较，学生能加深理解。

主治证相类似之方剂比较法。比如，麻杏甘石汤、小青龙汤、泻白散、苏子降气汤、定喘汤都能治咳喘，但麻杏甘石汤证为肺热壅盛，肺失宣降；小青龙汤证为外感风寒，内有寒饮；泻白散证为肺有伏火，肺阴受伤；苏子降气汤证为肺肾两虚，痰涎壅盛；定喘汤证为风寒外束，痰热内蕴。诸方证的病因病机不同，组方用药自然各异。

同一味药在不同方剂中配伍的比较法。比如，虽然黄芪出现在当归补血汤、补中益气汤、玉屏风散、防己黄芪汤、补阳还五汤、透脓散之中，但其在当归补血汤中所起的作用是益气生血，在补中益气汤中的作用是益气升阳，在玉屏风散中是益气固表，在防己黄芪汤中是益气利水，在补阳还五汤中是益气补血，在透脓散中是益气托毒。

同一味药由于剂量不同所起的作用不同的比较法。比如，用柴胡疏透外邪，用量可适度大些；用作疏肝解郁，需要考虑病人体质，如遇体弱之人，用量宜小；用作“火郁发之”的目的，须配伍清热泻火之品，且用量宜小；用作“升阳举陷”之目的，须配伍健脾益气之品，用量也宜小。

同一味药煎煮方法不同其作用不同的比较法。比如，大黄在大承气汤中不仅量大，并须后下，使其气锐而先行，从而有峻下热结的功效。在茵陈蒿汤中，大黄量小，且用同煮之方法，取其清利湿热之功。

剂型比较法。同一方剂，由于剂型不同，功效各异。比如，《伤寒论》中的理中丸与《金匮要略》中的人参汤，均由人参、白术、干姜、炙甘草组成，但一为丸剂，一为汤剂，主治证就不同。理中丸主治中焦虚寒，自利不渴，呕吐腹痛，舌淡苔白，脉沉迟者。人参汤主治心胃阳虚的胸痹。

原则三，利用图表，直观易懂。因为药味之间的配伍关系复杂，并且数目众多，所以方剂学是一门复杂的学问。王绵之建议多采取图表的方式教授方剂学。具体讲，他习用的图表有几种。

方剂组成图为其一。这种图用来分析方剂的内在联系，清楚地标明其组成方法和配伍关系，使学生更便于理解和掌握方剂的组成原则。复方图为其二。这种图标明某方是由哪些基本方剂组成，使学生一望就知道其主要的功用和发展关系。对比方剂图为其三。这种图主要通过同类方剂的药物组成、功用、主治、病机的对比，突出各方的精髓。归纳图为其四。这种图以一个方剂为主，将有关系的方剂都归纳在一起，使学生获得较系统的理解。

原则四，课堂讨论，集思广益。王绵之认为，学习方剂学必须有课堂讨论。有了课堂讨论，学生才能有独立思考的能力。他建议，为了更好地搞好课堂讨论，首先要拟定讨论提纲，然后要认真组织讨论，第三要注意辅导讨论，第四要对讨论的结果加以总结。

原则五，处方锻炼，学用结合。由于方剂学是中医基础课之一，在这个阶段，学生进行临床实习的机会不多。为了使学生加强对方剂学的理解，培养运用方剂的能力，可以组织课堂处方锻炼。由主讲老师提供合适的病案，要求学生在规定的时间内完成辨证、立法、处方。事后，再由老师批阅，给出答案，并给予讲评。

原则六，辅导答疑，启发为主。王绵之认为，方剂学必须有辅导课，回答学生的疑难问题。方剂学涉及的知识点众多，学生难免有疑难，尽快帮助学生解决疑难，能使学生终生受益。

原则七，临床带教，精心安排。中医典籍都用古文写成，现代学生很难理解。此外，有些重要的概念也很难用语言说明白，譬如：脉浮、脉沉、脉滑……只有在临床中，通过老师的言传身教，学生才能真正理解中医真谛。王绵之建议，学方剂学要“早临床，多临床”。

原则八，因材施教，方法各异。学习方剂学，可深，也可浅，这要看培养人才的目标。对本科生，王绵之认为，基本理论、基本知识、基本技能是关键。培养硕士和博士研究生，则需要增加科研能力的培养。总之，教方剂学需要有的放矢、因材施教。

圆机活法 临床高手

王绵之不仅是中医理论精英，也是临床高手。他自1942年在江苏南通悬壶行医起，就开始治病救人。1957年，他调入北京中医学院后，虽然一度离开临床，但他利用业余时间在家里为患者治病。每逢星期日，他家门庭若市。后来，北京中医学院成立了门诊部，他便经常去门诊部应诊。由于他给人治病疗效显著，全国各地有许多病人慕名而来，每逢他应诊之日，虽说以50号为限，仍然不能满足要求，经常有患者家属半夜来排队等号。在这些病人中，有许多人因为误治而备受疾病折磨，这些人引起王绵之的特别注意。他努力运用自己丰富的临床经验，纠偏救误，成为中医界的佳话。

1989年，来了一个5岁大的小患者，家长说孩子得了麻疹，已经有6天，疹未出齐，昨晚突然发高烧、咳喘而精神不振。王绵之仔细观察发现，小患者面色不红而肌肤灼手，口唇色青，呼吸急促，时作呛咳，疹子淡红而不密，舌边尖红，苔白薄腻，脉数尚匀。王绵之立刻追问病史。原来，小患者最初是感冒，服退热片后有汗不解，第三日见疹少许，送到当地医院诊治，那医生识证不真，竟然投板蓝根、栀子、生石膏等凉药，已经服用两剂。王绵之认为，由于医生的误诊，以致邪毒内陷，酿成逆证，所幸邪毒尚在肺卫，疹点未隐，还有外解之机，应以宣透为法。他的处方是：炙麻黄3g，杏仁9g，桔梗6g，荆芥穗6g，金银花9g，连翘9g，桑叶12g，生甘草6g，前胡6g，葱白2枚，鲜芫荽1小棵，急煎即服。服第1剂后，小患者面色转红润，呼吸稍平，咳增而有痰，有汗但不畅，体温仍高。4小时后服2煎，小病人的疹随汗出，色红而鲜，体温由39℃退至38.2℃。在第二诊时，王绵之观察小患者，疹出喘平，这表明邪毒渐透，仍有发热、咳嗽、目赤，这些都是必然之症。二诊处方是：原方删去荆芥、麻黄，加紫苏叶5g，再服1剂。到第三诊时，小患者的疹出至手足，体温已经正常，大便通畅。王绵之嘱咐按原方再服1剂，注意避风，饮食宜清淡。1周后，疹子逐渐收没，诸症悉除而愈。

还有一次，一位经商的中年男子来找王绵之看阳痿症。此人阳痿、早泄已经数年。自服补肾壮阳药，没有效果。曾请一位医生看过，仍说是阳虚。为求速效，滥用辛热之品，譬如大剂仙茅、淫羊藿、鹿茸粉、巴戟天、阳起石。起初，服补药后略见效果，不久则渐渐失效。王绵之发现患者的脉弦细而数，舌红苔薄不润，随即问病人的生活状况。患者诉心烦少寐，腰酸腿痛，口干舌燥。王绵之说："你劳心过度，睡眠不佳，耗伤心肾，以致阳痿、早泄，本非不治之症，但误用辛热，煽动虚火，更耗真阴，以致肾气化生无源，必然痿废不用。治疗先当纠偏救误。"王绵之的纠偏处方是：生地黄、熟地黄各12g，天冬、麦冬各6g，枸杞子12g，当归18g，白芍18g，炒杜仲12g，炒知母5g，炒黄柏5g，制香附12g，怀牛膝10g，炙远志6g，山茱萸6g，生龙牡（龙骨、牡蛎的简写）各15g。患者连服了3周后，脉转细弦，舌上渐润，虚火之象平而精神渐振。王绵之认为，此时应该转为益肾气、补心阴。新处方是：生地黄、熟地黄各12g，枸杞子12g，当归18g，炒酸枣仁12g，赤白芍各12g，杜仲12g，淫羊藿9g，炒韭子9g，牡丹皮6g，怀牛膝10g，炙远志6g，炒枳壳9g。调治4个月后，该患者阳刚之气恢复正常。

后来，王绵之总结这个病例时说："男子性功能减退，多是肾亏。若确属亏虚者，治则当补。如何进补，大有讲究。肾为元阴元阳之府，为人体生长发育之根，脏腑机能活动之本。细分又有肾阴、肾阳、肾精、肾气。掌握好相互的关系，是治疗成败的关键。以补肾而论，张景岳有名言——善补阴者，当于阳中求阴；善补阳者，当于阴中求阳。"

王绵之给人治病，深谙中医的"同病异治，异病同治"之妙，他的手段极其丰富。他遣药组方，常常出人意外，正所谓"运用之妙，存乎一心"。比如，有一来求诊的妇女，年近古稀，患大便干结，常三五日一行，已五年有余。初时经常自服泻药，药后大便虽行，药过则大便干结依旧。于是，她增加药量。但随着药量日渐加大，其大便干结如故，且有逐渐加重之势，不胜其苦。现大便已经一周未行，脘腹胀满，苦不堪言。王绵之见她舌质暗红，苔白根部微腻，脉虚细而涩。王绵之认为，肾司二便，脾主运化。《素问·阴阳应象大论》云："年六十，阴萎，气大衰，九窍不利……"今患者年事已高，脾肾两虚，再屡误用药，既损中阳，又伤阴液，致使胃无降浊之能，脾失散精之道，肾失开阖之机，遂成"虚秘"之证。此与津液枯竭，肠燥便秘者迥然两途。故苦寒泻下，既所当戒；单纯滋阴润肠，亦未必水增舟行。当益气温肾，滋阴润肠，兼以行气活血之品，方能气阴得补，命门得温，下焦气化得行，自然腑气通顺而积浊自降，痛胀自解。一诊的处方是：炙黄芪 18g，党参 18g，炒白术 12g，肉苁蓉 12g，生地黄、熟地黄各 15g，麦冬 12g，木香 5g，炒枳实 9g，大腹皮 12g，当归 20g，生白芍 18g，桃仁 9g，红花 9g，火麻仁 12g。服 7 剂后，女患者的大便已通，两日一行，但不爽，仍有腹胀，少腹有热感，舌苔白而少津，脉细缓。王绵之认为，这说明女患者的腑气已通，气阴未复，守原法加减再进。二诊的处方是：炙黄芪 18g，党参 18g，炒白术 12g，当归 20g，赤生白芍各 12g，桃仁

9g，生地黄、熟地黄各15g，广木香5g，炒枳实9g，大腹皮12g，肉苁蓉12g，丹皮9g，炒小茴香5g。又服7剂后，大便两日一行，自觉通畅，无其他不适感。王绵之见女患者胃纳转佳，舌上少津，白苔减，根部微腻，脉细缓，决定再以益气滋阴、健脾助运巩固之。三诊的处方是：当归20g，生地黄、熟地黄各12g，麦冬12g，党参18g，肉苁蓉12g，炒枳实9g，茯苓18g，木香3g，怀牛膝10g，生姜3片。再服7剂。1年后，患者的饮食、二便均正常。

王绵之精于脏腑气血阴阳辨证，深谙活血化瘀之道，一生积累起众多成功的病案。有一次，一位3年未孕的女青年来求诊，她自述婚前因月经不调而常服活血通经之剂，虽当时奏效，但逐渐演化为月经错后，量亦极少，且色黑难下。王绵之见她口唇紫暗，毛发焦脆，舌青有瘀斑，舌尖多瘀点，其脉弦细而涩。王绵之认为，此女病人患久瘀而气血大虚之证，不祛瘀，经脉不通，但一味祛瘀，气血更虚，况瘀血虽阻于某处，但对全身气血之生化濡养并非无碍。瘀血不去，新血不生，今久服活血通经之剂，伤气耗血，其人必虚，因而，治疗方药宜缓宜曲。缓者，戒专事猛攻，久瘀则平，胶固坚结，攻之不当，瘀不得去，反而徒伤好血，血虚愈甚，且耗损正气。曲者，按经期前后，分期而治，灵活加减。如果经前攻多于补，经期以攻为主，促其瘀下，经后则注重调补。所以，王绵之决定先用和血化瘀法，他的处方是：当归18g，丹参15g，红花9g，桃仁9g，生茜草12g，卷柏9g，怀牛膝10g，清半夏12g，桔梗6g，制香附12g，茯苓18g，陈皮10g，共服14剂。二诊时，女病人的舌质有改观，紫暗稍退。王绵之推算目前正是她月经应至之时，应当利用行经使瘀血顺势而出之机，加强逐瘀之力。二诊处方是：水蛭6g，土鳖虫6g，生大黄6g，桂枝5g，丹参15g，当归18g，红花9g，桃仁9g，卷柏6g，桔梗6g，怀牛膝10g，制香附12g，茯苓18g，服14剂。服至第10剂时，患者月经至，小腹阵痛，经量较前明显增多，但色仍然不正，且多紫黑色血块。三诊时，王绵之从方中移去水蛭、土鳖虫、大黄、桂枝、卷柏、桔梗，目的是防其动血太甚，转而增加五灵脂9g，生蒲黄9g，制乳香、制没药各3g，生地黄15g，服两周。患者自觉药后效果良好，竟然连服21剂。患者在第四诊时自述："月经又行4日方净，下黑血及紫血块甚多，每次下血块时腹部疼痛，但可忍耐，血下后反觉周身轻松。"王绵之让患者再按原法加减调治，3个月后月经基本正常，舌质转红，瘀斑瘀点大减。继续按原法治疗至5个月后，月经过期不至，患者一验小便，原来已经怀孕。她后来足月产下一男婴，母子俱健。

王绵之临证处方，圆机活法，通权达变，很好地继承了先贤之精髓，真正做到了"继承不拘泥，创新不离宗"，追求药证尽合，创造性地治愈了许多当代疑难重症。现在举几例疑难重症案，借以说明王绵之高明的辨证论治。

原国家冰球队员梅某，自1989年7月开始出现头晕、呕吐、复视、吞咽困难等症，并发现身体无力，呈右侧偏瘫步态，经过反复检查，最后由神经内科诊断为"脱髓鞘病"。患者接受激素治疗近3个月后，病情有所好转。但是，必须用激素维持，激素量一旦减少，病情随即加重。患者的身心异常痛苦，于是慕名而来，求王绵之予以诊治。王绵之看到，患者体胦面圆，周身痹楚，右手麻软，步履艰难，需人扶持，脉细弦涩，舌胖嫩，苔薄而干。王绵之认为，患者肾亏则骨弱，气虚则血滞，治宜从肾入手，兼以益气活血。一诊处方是：生地黄、熟地黄各10g，天麦冬各6g，枸杞子12g，生黄芪19g，丹参15g，红花9g，桃仁9g，赤白芍各9g，炒杜仲12g，川石斛12g，川牛膝12g，地龙9g。服药两月后，患者症情明显好转，能自行举步。于是，王绵之让患者减少激素用量。最初，患者感到食欲、腿力有下降，并且右侧皮肤的温度稍低于左侧。王绵之立刻在方中加淫羊藿、肉苁蓉、川芎、制香附。至4个月后，完全停用激素。继续服药约1个月，诸症悉减，生活均正常，甚至能骑自行车。王绵之继续予以补益脾肾之剂。第二年，其妻怀孕，产下一健壮男婴。

王绵之后来总结这个案例时说："本病来势急骤，病情凶险，西医诊断为'脱髓鞘病'，经西医药物治疗，病情得以控制。但激素长期使用后效果不显，且副作用加重。在治疗过程中欲以中药取代激素，并望痊愈，难度颇大。使用激素，多伤肾阴，而后肾阳亦伤。等到激素的效果不明显时，往往是阴阳俱虚。所以，治疗此病要辨证准确，其关键是掌握好中医理论中'肾阴、肾阳、肾精、肾气'的关系，遣药组方一定不能忘记阴中求阳、阳中求阴的原则，切忌一味滋阴，或过度使用辛热之品以求速效。本案正是遵循原则，最终取得满意效果。"

小脑共济失调是一种疑难病症。人体运动必须有主动肌、对抗肌、协同肌和固定肌四组肌肉的参与才能完成，而神经系统则起协调和平衡的关键作用。如果小脑的神经系统出现病变，将导致人体运动的协调不良和平衡障碍等，医学上称之为小脑共济失调。西医诊断此病较容易，但治疗效果不佳。王绵之曾治愈10余例此疑难病症。现举一例说明之。

1990年5月间，有一位年龄30岁的男性小脑共济失调患者，慕名来向王绵之求诊。该患者步态不稳已经多年，经多方检查，诊断为小脑共济失调。做手术后，病情曾一度有所好转，不久又反复，且日渐加重，下蹲后不能自己站起，步履蹒跚，经常跌倒，服用多种西药仍然无效。王绵之发现患者脉弦而缓，舌胖嫩，苔薄滑，右眼睑和口角下垂，语音不清。患者自述，小便频急不畅，夜间有时盗汗。王绵之认为，患者肾虚髓亏，脑失所养。一诊处方是：熟地黄20g，菟丝子12g，肉苁蓉12g，枸杞子12g，制何首乌15g，怀牛膝10g，炙远志6g，生黄芪15g，石菖蒲5g，牡丹皮6g，川芎5g，僵蚕9g，当归12g，泽泻6g，磁石19g。一共60

剂，每日1剂。服用60剂后，诸症均有好转，步态渐稳，可独立行走，下蹲后能自己起立，但自觉膝以下仍不温暖。二诊处方是：去石菖蒲、远志，加生地黄15g，天冬、麦冬各6g，赤白芍各9g，一共80剂，每日1剂。服用60剂后，患者终于获积累之效而痊愈。

慢性胰腺炎也是一种疑难病症。胰腺在腹膜后，其分泌的多种消化酶在食物消化过程中起着很大作用，特别是对脂肪的消化。慢性胰腺炎的病人，常常稍吃油荤即腹泻，加之长期难以根治，故容易出现营养不良。1991年9月间，一位50岁的男性患者慕名来向王绵之求诊。该患者素有哮喘病，3年前曾因上腹部疼痛而住院治疗，经B超、消化道造影等检查未见异常，于是按十二指肠溃疡治疗，病情缓解后出院，但上腹部仍然不时疼痛。1年前又因上腹部疼痛加剧、恶心、呕吐再度住院。B超检查发现患者胰头4cm，胰体2.6~2.8cm。稍后出现梗阻性黄疸。怀疑是胰腺癌，进行剖腹探查术，发现是慢性胰腺炎。进行手术治疗后，黄疸消失，但腹痛仍然不时发生，左胁牵及脘腹时有疼痛，胸满纳呆，腹胀便溏。王绵之发现患者舌嫩苔白腻不厚，但板结，尖部多裂纹，舌左侧有瘀斑，脉细弦涩。王绵之认为，患者之证为肝脾两虚，气血俱乏而又有瘀血之证，治宜先和血疏肝，理气健脾。一诊处方是：柴胡3g，川楝子9g，赤白芍各12g，当归18g，炒枳壳9g，清半夏12g，炒白术12g，桃仁9g，红花9g，茯苓9g，广木香3g，泽泻9g，紫苏梗5g，一共7剂。服用7剂后，患者的胁痛、胸闷症大减，腻苔亦退，舌中青紫清晰可见，舌苔薄白，有裂纹，但不干；脉弦细，但较前柔和。王绵之认为，这表明气机渐舒，但中气未复，血瘀未化，所以需要加强益气和血，俾土实木荣，五脏皆受其荫。二诊处方是：四君子汤加当归、白芍、川楝子、郁金、木香、炒枳壳、桃仁、红花。患者连服14剂，诸症悉减。不幸的是，患者连日感受风寒，引发哮喘宿疾，而致胸闷憋气，喘息不得平卧，痰清而黏。舌中部青紫，苔薄白不匀，脉弦细缓。王绵之认为，此时应该以益气化痰、肃肺平喘为主，兼顾肝脾。三诊处方是：六君子汤加旋覆花、浙贝母、炒枳壳、桔梗、当归、赤白芍、丹参。服用7剂后，哮喘渐平，唯觉体力不佳，夜寐不宁。王绵之认为，此为喘平而正气犹虚，心亦失养，治以益气健脾、养血宁心。四诊处方是：四君子汤与当归补血汤合并，加生地黄、白芍、炒酸枣仁、桃仁、红花、丹参。连服14剂，症状大减，眠、食转佳，体力有增。王绵之在原方的基础上再加生牡蛎以软坚散结。再服30剂后，患者病情稳定，舌上青紫几无，周边亦转红润，自觉无明显不适。为巩固疗效，王绵之继续以健脾和肝、益肺养心为法，调治半年，诸症悉除，饮食、睡眠日渐正常，二便亦调。患者体重由原来的51kg增至53.5kg，接受西医B超复查，胰头1.7cm，胰体0.7cm，胰管内径0.2cm，胰管已经不扩张。随访半年，诸病均未复发。

王绵之认为，中医从未论及胰腺，但现代医学包括许多胰腺常见病。急性胰腺炎表现出剧烈的腹痛、黄疸、舌苔黄腻或白腻。慢性胰腺炎表现出脘腹痛、腹泻、脂肪泻、体重减轻。无论是急性还是慢性，都与脾有关。脾主运化，主四肢肌肉，主升清，斡旋中焦气机，所以脾失调引起的病证与急性、慢性胰腺炎相似。因而，胰腺的病证应属中医脾病的一部分，治当从脾，而脾又与肝关系极为密切。《素问·经脉别论》说："食入胃，散精于肝。"这说明脾胃的消化吸收功能，需要得到肝疏泄、生发之气的资助，而肝脏精气的补充，需要通过脾胃的化生、转输，故又有"木得土而荣"之说。肝脾在生理上互相依存，在病理上互相影响。《金匮要略·脏腑经络先后病脉证并治》有："夫肝之病，补用酸，助用焦苦，益用甘味之药调之……此治肝补脾之要妙也"，正是针对肝脾二脏在互相影响的病理状态下的治疗要诀。慢性胰腺炎是中医的"土虚木郁"证。若迁延失治，或治不如法，必然气血俱虚，湿停血瘀。因此调治肝脾就成为治疗慢性胰腺炎的关键。就本案而言，脾虚为本，肝郁为标，故健脾和肝是治疗的第一要务。案中健脾益气重用茯苓，是因其能补益心脾之气以治其本。结合病人素有痰饮哮喘，又寓“治痰之源”之义。《素问·经脉别论》说：“饮入于胃，游溢精气，上输于脾，脾气散精，上归于肺，通调水道，下转膀胱，水精四布，五经并行。”茯苓利湿治痰，是通过健脾、散精、归肺、通调水道而实现，故无伤阴之弊。其与白术相伍，功效更显。活血化瘀重用丹参，是因为丹参兼有养血功能，故对血瘀之证最合宜。且药理表明，该药有抗纤维化的作用。养血柔肝重用白芍，是因其养血敛阴而不涩滞，兼有破结之功效，故对血虚肝郁并兼有血瘀之证最为合拍。赤、白芍同用，则养血敛阴、破结化瘀之力更著。

肿瘤是一种常见疑难病症，西医治疗肿瘤无外三种方法：手术、化疗、放疗。这三种方法都有各自的副作用。但是，中医依靠辨证论治，往往有惊人的效果。王绵之曾成功治愈一位女患者的听神经鞘瘤。患者于1983年曾在北京某医院手术治疗，但在1984年复发，又于1987年再次手术。手术后，患者慕名请王绵之诊治。王绵之观其人，形体丰腴，面色萎黄无华，口眼歪斜，右耳失聪，右眼睑瞤动不止，同侧面肌亦时有抽搐，语言迟涩，步履蹒跚，舌向右歪且颤抖不已，舌胖质暗，边有瘀点，舌苔薄白，根部微腻，脉细滑少力，不耐重按。王绵之认为，患者证属气血两虚，不能上奉清窍，且有痰瘀互阻，肝风内动，治宜以益气和血、化痰散结、开窍息风为法。一诊处方是：生黄芪、川芎、怀牛膝、生地黄、丹参、红花、桃仁、炙远志、僵蚕、地龙、石菖蒲、生龙齿、生石决明等。服用14剂后，舌已正，面肌抽搐止，但右眼睑仍瞤动，语言、步履稍有好转，唯夜寐欠安。王绵之认为，患者肝风趋平，而心血有不足之象，于是在一诊处方之上加酸枣仁、茯苓、夜交藤、赤白芍等养血安神之品。再服14剂后，诸症继续好转，患者自觉目睛仍时有胀痛。王绵之认为，目为肝窍，因而在二诊原方之上加僵蚕、地龙、青葙子等加强养肝通络之品。再服14剂后，目胀痛已除，眼睑仍有瞤动，语言、步履继续好转，舌质渐转红润，脉象渐起。显然，这是正复邪却的好征兆。由于患者不能久留北京，王绵之在原方随证稍事加减后，嘱病人继服。半年后，患者来信说，各种症状基本消失，自觉一切正常，生活已能自理。随访5年，患者期间曾作CT检查，证实病未复发。

后来在总结此病案时，王绵之认为，颅内肿瘤多为痰湿之邪凝聚于脑，致使脑部气滞血瘀，痰瘀互结所致。由于痰瘀互结，脑络痹阻，日久化热伤阴，终致肝肾亏损，水不涵木，肝风内动。此病缠绵难愈，日久必致气血匮乏，不能上奉清窍。因此在治疗上，益气和血、化痰消瘀、软坚散结、平肝息风、滋补肝肾是其基本治法。本案中，为使药物直达病所，气血上奉清窍，选用了生黄芪与川芎相配，用其补气而升阳的特点，解决了气血、药物上行的问题。同时配伍化痰和血及重镇息风之品，使症状得以缓解。继以活血化瘀、化痰散结法治疗，而使病人日趋康复。

妇科疾病是常见病，给广大妇女患者带来痛苦。王绵之长期潜心研究治疗妇科疾病之道，希望消除妇女患者的病痛，使她们过上幸福生活。他曾成功治愈许多妇女的妇科疾病。患者王某，32岁，1990年8月1日初诊。经行不畅，先后无定期数年，眩晕烦躁，夜寐不酣，小腹凉，带下，腰酸，胸胁胀满，下连左少腹，上涉胸乳。据诉曾多方求治，屡服疏肝活血调经之剂而症情有增无减。虽一派肝郁之象，然细察舌脉：其脉虽弦，只在关部为甚，而左寸小、右尺沉，舌质淡苔白。四诊合参，辨为血虚肝郁，累及冲任。血虚为本，肝郁为标。治当养血调肝为主，辅以健脾温肾。处方：生地黄18g，当归18g，赤白芍各12g，柴胡3g，川楝子9g，炒白术12g，茯苓18g，酸枣仁12g，炙远志6g，陈皮

10g，淫羊藿9g，红花9g，生杜仲12g，牡丹皮6g。7剂，日1剂，水煎服。以此方为基础，在随后的两诊中对症加减。最后，月经按期而至，经前、经期诸症消失，小腹凉感亦减。几个月后，病人上门致谢，她告诉王绵之，自己诸症悉除，且精力甚旺。

王绵之审察病情，明察秋毫；遣药组方，微妙精深；参考药性，斟酌用量。他的处方，无不与所治之证紧密相连，投之辄有奇效。特别是他运用对药的手法，更是精深奇妙，深为医家和患者所称道。下面是几个他常用的对药。

升降配对。比如，升麻助生地黄上行，以达到清肺胃之热而凉血止血之目的。《本草新编》说："夫吐血出于胃，衄血出于肺，止血必须地黄，非升麻不可止。"他对此段经文深思敏悟，颇具见解，且更有发挥。他认为，《本草新编》所说的生地黄非配升麻不效，是因为生地黄虽甘苦而寒，能清热凉血止血，然性主沉降，属下焦肝肾经药，升麻性主升举上行，伍以生地黄，可引载生地黄甘苦寒凉之药性上达肺胃而清肺胃之热，以达凉血止血之功。然而，升麻毕竟辛散升发，性主上行，量大耗气，动血而有碍于止血。因此，他强调升麻虽需用，但剂量宜轻，且佐微量黄连以坚阴降火，方能相济而成功。

有一次，一位支气管扩张咯血患者，形体羸瘦，干咳少痰，咯血鲜红，舌红少苔，脉细数。王绵之认为，患者咯血当属阴虚火旺、肺络灼伤所致。他的处方是：生地黄15g，升麻2克，黄连15g，玄参10g，茜草炭10g，黛蛤散10g，生甘草10g。每日1剂，水煎服。连服5天后，咯血渐止，干咳、咽干、五心烦热亦相继消失，继续使用六味地黄丸调治月余而痊愈。

动静配对。比如，桂枝配伍白芍，从阳而扶卫，走阴而益营，解表邪，和里气，营卫自调。桂枝配伍芍药，具有良好的调和营卫气血作用。对其配对的作用机制，他认为，桂枝辛甘而温，气薄升浮，能解肌表、通阳气而入卫祛邪。芍药味酸而寒，性涩收敛，能敛阴液、养营血而入营和里，二药合用，一气一血，一收一散，一动一静，开阖相济，融“汗”、“补”二药于调和营卫一法，使表邪得解，里气和而营卫自调。他还认为，桂枝主辛散，芍药主酸敛，芍药从桂枝则桂枝不峻，桂枝从芍药则芍药不寒。二者同用，还具有使桂枝辛散而不致伤阴，芍药酸寒而不致恋邪的相互制约作用。他将此组对药灵活加减化裁，既用于发热汗出、恶风、脉缓的外感风寒、太阳中风证，也广泛运用于各种气血不和、自汗恶风的内伤杂病。

寒热配对。比如，黄连伍肉桂，泻心火，制阳亢，使心中之阳下归于肾，而不独盛于上。此配对首次出现于《韩氏医通》，后冠名为交泰丸。王绵之对该二药的配伍关系独具见解，他认为，黄连味苦性寒，寒可清火，苦能降泄，故能泻心火、降心中之阳下归于肾而不独盛于上；肉桂辛甘大热，能温肾阳，引火归元，致肾中之阴得以气化而上济于心。如是一寒一热，一阴一阳，相反相成，可使肾水与心火升降协调，彼此交通。他将此二药配伍，用于因肾水不能上升涵心、心阳不能下降温肾，症见心悸怔忡、失眠多梦、心烦不安等心肾不交证。

有一次，王绵之遇见一位久治不愈的遗精患者。该患者常年头晕耳鸣，腰酸梦遗，夜不能寐，心悸怔忡，五心烦热，舌红，脉数。他的处方是：黄连 15g，生白芍 15g，肉桂 3g，阿胶 10g（烊冲），生龙骨、生牡蛎各 15g（先煎），炙甘草 10g。每日 1 剂，水煎服。5 剂后诸症显著减轻，后随病情变化而略做加减，共服药 20 剂病愈。

苦辛配对。比如，黄连合半夏，辛开苦降，调肠胃，畅气机，善治胃热痰结、呕吐。黄连与半夏同用，重在调胃肠，理气机，和阴阳。王绵之认为，黄连苦寒，功擅清热燥湿，和胃止呕；半夏辛温，善化痰浊积聚，降气宽中。二药同用，取黄连之苦降，以清痰湿所生之热，用半夏之辛开，理痰湿所壅之结。如是，辛开苦降，调理气机，调和胃肠，寒温并施，清热而无妨祛湿，燥湿而不碍清热，共奏泻热和胃、开胸除痞之功。他常将此法运用于伴有心下痞闷、胸脘胀满，或呕逆欲吐，或咳痰黏稠，或肠鸣泄泻，舌苔黄腻，脉象濡数等痰热互结，或湿热中阻、气机失畅的多种病症，屡获效验。他还将此法变通剂型，移用于小儿胃热呕吐病症，每每得心应手。方法是取黄连、清半夏、干姜，药量比例依次为1∶2∶3，各研细末后过100目筛，并用均筛混合法充分和匀，储瓶备用，用时按小儿体重和病情，每服0.3~1g，每日2~3次，温水调下。

酸甘配对。比如，芍药伍甘草，甘酸化阴，有缓肝和脾、益气养阴、缓急止痛等功效。白芍与甘草同用，乃《伤寒论》芍药甘草汤，亦是伤寒家推为群方之魁的桂枝汤基本组成方剂之一。该方是张仲景为治疗伤寒脉浮、自汗出、小便数、心烦、微恶寒、脚挛急者所设。在《伤寒论》中有31方用芍药，70方用甘草，24方芍药和甘草同用，用芍药而不配甘草的只有5方。王绵之极为推崇此二药的协同作用及其在方剂学中的地位，称赞芍药甘草汤起到“开酸甘化阴之先河，标调和肝脾之楷模”的作用。他认为，白芍酸收苦泄，性寒阴柔，与甘缓性平冲和之甘草合用所具有的敛营气、泻肝木、和逆气、补脾土之功，是治疗肝脾不和、气血失调所引起的胸胁不适、腹中拘痛、手足挛急等多种病症的有效基础。临床只要辨证准确，诚然不乏其用。王绵之临证时，把握法度，知常达变，常将二药配伍，广泛用于具有肝脾不和、气血失调等见证的各科病症，取效甚众。如治一诸药不效达一月之久的顽固性呃逆患者，王绵之据其呃声急促，伴有口干舌燥、舌红脉细数等特征，施以芍药甘草汤合益胃汤化裁：生白芍15g，炙甘草10g，黄连115g，北沙参15g，玉竹15g，麦冬10g，绿萼梅6g(后下)，佛手花6g(后下)。先后服药10剂，呃逆即止，口干舌燥亦渐除。

相使配对。比如，浙贝母合连翘，清热毒，化痰浊，开郁滞，有散结消肿之功。浙贝母味苦性寒，有清热化痰、开郁下气的作用；连翘味苦性凉，具清热泻火、消肿散结之功效。《药品化义》谓其“总治三焦诸经之火，一切血结气聚，无不调达而通畅也”。王绵之对此二药配对所形成的清热毒、化痰浊、开郁闭、散结肿之功能尤为赏识，临床时将其相使配对，且加大剂量，掺揉于治疗痰火郁结而致的瘰疬、瘿瘤等方药之中，因药力专宏，屡治屡验。如治一数年经治不愈的淋巴结核患者，他抓住口苦、便结、舌红、苔黄燥而腻等主症，拟方：浙贝母 15g，连翘 15g，玄参 15g，皂角刺 15g，海藻 10g，昆布 10g，生大黄 10g（后下），生甘草 10g。随症略作加减，共服 25 剂，结核消散，诸症悉除。

气血配对。比如，当归伍桂枝，补中有行，行中有补，既可补血温经，又能通阳行血，乃血虚寒凝所宜。王绵之认为，当归虽主入血，然其味甘、气轻、质重，集补血、行血、温阳于一体，故血虚者能用，血瘀者亦能用；桂枝虽入气分，然其味辛甘而气厚，味辛通阳，气厚助热，甘则补虚，故阳遏者能用，阳虚者亦能用。且归桂合用，即属气血配对，内涵动静相兼，寓补于行，寓行于补。本组对药广泛适用于具有血虚寒凝的多种病症。王绵之十分重视此二药在《伤寒论》当归四逆汤中的配伍作用，临证常以二药为主，配合其他药物，治疗血栓闭塞性脉管炎、小儿麻痹症、雷诺病等，收到良好效果。

为坚持“济世活人”的夙愿，王绵之在提高自身业务水平上坚持不懈、狠下工夫。

普及中医　享誉中外

有人认为，中医复兴只需树立几个中医大师就行了。王绵之用行动否定了这种错误观点。他认为，如果没有广大人民群众愿意请中医医生看病、吃中药，中医就会自动消亡。所以努力普及中医知识是复兴中医的重要工作之一。王绵之身为国医大师，却毫不轻视普及中医知识工作，竭尽全力让更多的人理解中医的精妙。他普及中医知识，从自己的患者开始。他不厌其烦地向每个患者耐心讲解中医药的基本知识。他深信多一个人相信中医药，中医药的前途就多一分光明。

首先，王绵之教患者如何煎煮中药。中药以干燥的植物根、茎为主，煎煮前必须用水浸泡。浸泡的时间长短，应该视药材的质地而定。王绵之曾对中药做过深入研究，他不仅熟悉中药的四气、五味、归经、功效，而且熟悉中药材的形态、质地、产地，所以他能非常准确地告诉患者浸泡和煎煮的时间，使患者最大限度地获取中药的效力。根据王绵之的经验，补益调养之剂，煮沸后，再以文火煎煮 10~15 分钟；解表发散之剂，煮沸后，再以文火煎煮不超过 5 分钟，否则药性耗散而力薄效微。贝壳类和矿物类，先煎往往应该在半小时以上，后入者又当文火时投入。

其次，王绵之教患者怎样服用中药。他不提倡“晨起空腹”服用中药，尤其慢性病服药时间较长，须提防其伤胃。他建议餐后 1 小时或餐前 2 小时服用。解表退热药多是下午三四点之间服头煎，隔四五小时再服第 2 煎。此即利用天地阴阳交替之机助邪外出，往往一剂而解。同时还应注意药后当避风寒，并忌生冷之物。除特殊情况外，一般应该乘药汁温热时服下，不可服冷药。

第三，王绵之尽量向病人传授中医养生治病延年之道。他比较强调三个原则。一是要使气血生化有源。脾胃为后天之本，气血生化之源，位居中央，斡旋上下，为气机升降之枢。水谷入胃，经脾胃受纳腐熟运化，化生精微之气，上奉心肺，化气生血，以滋养五脏六腑、四肢百骸。其水液糟粕下输膀胱，传导于大肠，从而维持机体的升降出入平衡。二是调补后天以养先天。阴阳之气察于肾元，生化之权操于脾胃，故肾为先天之本，脾胃为后天之本。先天促后天，后天养先天，脾与肾在生理上存在着相互资助、相互促进的关系，在病理上也相互影响，互为因果。三是脾胃健旺可充分发挥药效。有病之人脾胃虚弱，多虚不受补，益肾补气之品易壅塞气机，养阴生精之药易滋腻碍胃，温阳补益又易化燥助热。若滥用补益剂，则使脾胃呆滞，不仅水谷难进，而且也影响药物的吸收而难以发挥其应有的疗效，故应先治其脾胃。

为了较系统地普及中医知识，王绵之曾花费大量的时间和精力编写了《汤头歌诀白话解》一书。汤头，是中药汤剂的俗称。在中国传统的中药方剂中，一副汤剂往往要由多味药材组成，制法繁琐，药材名称抽象枯燥，不便记忆和掌握。因此，古人便尝试着将一些传统的灵验药方改成诗歌，使其具有合辙押韵、朗朗上口的特点。此举不仅提高了学习者的兴趣，也方便了识记。清朝康熙年间，汪昂整合古方编著了一本《汤头歌诀》，选录名方320个，分为20类，用七言诗体编成歌诀，将每个汤剂的名称、用药、适应证、随证加减等都写入歌中，内容简明扼要，音韵工整。王绵之对原书进行了简要的白话解释和个别内容的增删修订，文字浅显简要，便于初学者学习。此书一面世，即被抢购一空。虽然多次再版，发行逾500万册，仍然供不应求。

王绵之考虑到，中国还是一个发展中大国，能进入大学系统学习中医的人仍然是少数，所以他积极利用高等教育自学考试这种特殊教育形式，大力推广中医知识。他曾任光明中药函授学院院长，并亲自执笔编写了数十万字的《方剂学自学考试提纲》，受到广大自学考生的好评。

王绵之在海外也有非常高的声誉。他曾多次应邀去日本、泰国、澳大利亚等国家及我国的香港、台湾等地讲学，受到当地医学界的热烈欢迎。日本《汉方》杂志社特别邀请他写了一组8篇《古方钩玄》的文章介绍中医药。

1983年11月5~16日，王绵之与其他几位中医专家组成一个中医中药专家组，去泰国首都曼谷举办了“中国今日中药展览”。由于泰国观众十分踊跃，筹办这次展览的泰方有关负责人决定，特加一场由中国专家讲解的中医中药学术报告会，其余的时间则为泰国患者诊病。学术报告会共9篇论文，包括中国医史、针灸、中药方剂、按摩等诸方面内容。这个报告会非常火爆，大约有4000余听众，有来自泰国各地的中医中药人员，有泰医泰药人员；有来自泰国各大学、科研单位的专家、教授、学者，还有从新加坡、马来西亚、韩国及我国香港和台湾特地赶来的学者。他们之中有不少是第一次听到中国的中医中药专家作学术报告，报告引起了与会者的极大兴趣。他们纷纷要求与中国专家建立学术上的联系，加强学术交流。有的泰国朋友还提出希望能到中国学习中医。在接下来的一周时间里，王绵之与其他专家一道为泰国患者诊病。专家组的住地立刻就成了患者络绎不绝的诊室，甚至连展览会泰方负责人的家里也成了临时诊室。从早七点至深夜一两点钟，除了吃饭外，总是有人登门求诊。许多人需要等上一两天才能看上病。

王绵之在社会上有很好的声誉，不仅是因为他医术高明，宅心仁厚，而且由于他淡泊功利。无论多么穷的病人，他绝不嫌弃。无论多么富的病人，他绝不会丧失自己中医大夫的尊严去讨好。

2009年7月8日，王绵之在北京因病医治无效逝世，享年86岁。

纵观王绵之一生所取得的成就，实在是多得不可胜数。最能反映他的学术思想和临床经验者：一是继承中医两千年研究方剂的传统，创建符合现代教育体系的中医方剂学；二是创造一切条件为患者诊治，他的医术可谓圆机活法，曾治愈疑难杂病无数。

王绵之为人谦逊豁达，治学处世，端方自首，不媚流俗。闻他人行有善举，学有建树，辄击节称赏；见陋习劣迹，则拍案而起，直指其非。他襟怀坦荡，刚正不阿，纵使常人侧目，终不改易节操。王绵之在八十述怀中曾写道：

幼承家学读岐黄，天生傲骨气不狂；
禅参三指终有得，风雨十年幸无伤；
辨证论治融新说，圆机活法有奇方；
悬壶济世乃天职，我愿人人寿而康。

这首诗胸怀涵广，颇见傲骨仁心，是他简单而又不平凡一生的真实写照。大师已逝，风范长存。

（撰稿人　何卫宁）

方和谦卷

方和谦（1923—2009）

公元二〇〇五年五月

胆大心细

智圓行方

方和谦书

方和谦手迹

待人接物须德取延和，义本泰康；执行医事要胆大心细，智圆行方。

——方和谦

方和谦（1923—2009），当代著名中医临床家、教育家，出生于山东烟台莱州。12岁随父习医，19岁考取医师资格，开“方和谦诊所”行医。1952年参加“中医学习西医进修班”学习西医知识2年。1954~1958年在北京市卫生局中医科任科员，主管中医师资格审批，参与北京市中医医院及综合医院中医科组建工作。1958年调北京中医医院任内科医师、教研组组长，兼任北京中医进修学校伤寒教研室组长，教授《伤寒论》课程。1968年任北京朝阳医院中医科主任、主任医师，兼任首都医科大学教授职务。从1978年起曾任中华中医药学会理事、中国红十字会理事、北京中医药学会会长、北京市科协常务委员、《北京中医》杂志常务编委、北京中医药大学顾问等职。1993年始享受国务院政府特殊津贴。1991~2008年先后担任全国第一、二、三、四批老中医药专家学术经验继承工作指导老师。2009年由人力资源和社会保障部、卫生部、国家中医药管理局评选为国医大师。

方和谦幼蒙庭训，熟读经典，钻研灵素之学，潜心伤寒之论，奠定了深厚的理论基础。在其60余年的行医生涯中，积累了丰富的临床经验，不断创新，成就了独到的学术见解。方和谦将中医学视为哲理医学，重视人和自然的统一，形成“燮理阴阳，以平为期”的生理观；遵循治病求本的思想，强调正气为本，扶正以祛邪的治疗观。他重视先后天之本的理论，长于运用补法、和法，提出“和为扶正，解为散邪”的独到见解，拓宽了和解法的应用范围。在长期的临床实践中，他总结并创制了“和肝汤”、“滋补汤”等有效方剂，广泛应用于临床治疗内、外、妇等各科杂症，取得了显著的临床疗效，以此造就了他卓越的临证思辨能力，形成了独特的学术思想。

方和谦自幼立志“大医精诚”，一生行医以诚为本，遵循实事求是、精益求精的准则。他医术精专，注重疗效，临证对方剂的应用提出一病一方的观点。他认为，21世纪中医学术的发展，不能墨守成规，要在前人思想指导下开拓创新，古为今用，洋为中用，不拘经方时方，以提高疗效为主，加以继承和发展。

方和谦从事中医药教育事业50余年，培养的中专生、大学生、进修生和西学中医生遍布京城内外，如今大都已成为中医药事业的骨干和栋梁。

方和谦总结自己成功的要素为：注重临床，熟读经典；以人为本，与时俱进。他多次发自肺腑地说，医生的工作关乎患者的生命，一定要实事求是，绝不能患足已不学，既学患不行。他的治学格言是“学然后知不足，度然后知长短”。

幼蒙庭训　以医为业

8月的京城，槐花幽香。东四南箭厂胡同9号院里，6岁的方和谦与9岁的哥哥方鸣谦一边玩耍一边捡拾槐花。槐树又名金药树、护房树，是北方的常见树木，槐花性味苦、微寒，是中药中泻热、凉血、止血良药。兄弟俩将槐花小心地放在笸箩里，拿到院中晾晒，兴奋地等待着父亲把这些清香的槐花炒至焦黑色，然后略喷清水，取出晾干，研成粉末，装进那些神秘的、散发出阵阵奇异香气的小药柜。

父亲方伯屏管教极严。兄弟俩每日除了在私塾读书学习之外，还要反复练习书法。天资聪颖的方和谦此时已能熟练诵读《陈情表》《兰亭序》等文章，还习得一笔有模有样的颜柳体。哥哥方鸣谦也已随着父亲似懂非懂地背起了《药性赋》《汤头歌诀》等医书。毕竟是童心未泯，稍有闲暇，他们便看父亲在家里研制花样繁多的丸散膏丹。每每看着大自然中生长的四时花草果实被父亲神秘地戳戳捣捣就变成或粉或丸的中药，又妙手回春地治好一个个前来应诊的病人，他俩就抑制不住心中的兴奋和好奇。

日复一日，读书、学习、听父亲讲医理、帮父亲的诊所打下手，在父亲神秘药柜的香气中，在一个个病患痊愈后对父亲"妙手神医"的称颂和感激声中，他们的童年与中医结下了不解之缘。

说起方伯屏的学医经历，还有一段医界广为流传的拜师佳话。方伯屏本名方金城，1891 年生于山东掖县。幼年随父母在家务农，因家道中落，贫困无奈，与兄弟三人随姑丈流落京城。起初兄弟三人在京城有名的同和馆饭馆当学徒。时值晚清末世，在一场兵乱中，许多店铺被洗劫一空，同和馆也未能幸免。兵乱发生时，只有方金城一人留守店铺。兵乱过后，老板从外地赶回来，见店铺已是面目全非，料定店内银元已被乱兵全部劫空，万念俱灰中，打算关门歇业。而此时方金城平静地告诉老板，店里的银元都被他藏到了泔水桶里。老板兴奋至极，对眼前这个聪明伶俐、胆大心细，救自己于危难之中的小伙计无比感激。老板表示可以分店里的股份，也可以分一部分家产给他。方金城沉思良久，终于将想拜师学医的想法告诉了老板。

原来，末代皇帝溥仪的太医赵云卿和许多宫廷御医经常来这里用餐。当时，赵云卿还在景山东面的山老胡同开馆授业。年幼时便对中医有着浓厚兴趣的方金城，希望老板推荐自己去那里学医。

老板当即爽快地答应了，并通过熟人引荐，让方金城拜赵云卿为师。由于他勤奋好学，很受赵云卿的喜爱，特许为入门弟子。期间他还得到谈镜人（法明代医家周慎斋学派，得清代名医陈贞乙真传）老先生教导，尽得其真传。方金城刻苦学习，迅速成为班中的佼佼者并以优异成绩毕业。赵云卿对他青睐有加，遂正式收为弟子，赐名伯屏，并一直沿用。

3年后的1915年，24岁的方伯屏正式在东四南箭厂胡同9号开馆行医，边行医，边教学，从此开始了30余年的行医和教学生涯。方伯屏临证注重辨证，淡化派别划分，反对门户之见，重视医德修养。他经常诊治到深夜，且经常免收贫困患者的诊金。在尚不甚富裕的情况下，方伯屏自配“万灵百效膏”与“七味保婴散”向广大病患施送，因此颇得百姓赞誉。此外，他还将自己珍藏的明代周慎斋《医家秘奥》一书于1930年刊印发行，并为之作序，为研究和继承周慎斋学派的学术经验提供了宝贵的资料。

方伯屏专长中医内外科，在行医的同时，还在家开办中医讲习班传授中医经典，并先后执教于孔伯华任院长的北平国医学院、施今墨任院长的华北国医学院，担任四部经典的授课老师。方伯屏在中医界的名气越来越大，后被当时的《北京地名典》评为“十大名医”之一。

方伯屏酷爱藏书、读书，家里除收藏了大量医书外，经史典籍也颇多。他不仅医学理论精湛，国学基础也相当扎实。据方和谦回忆：“先父除了擅研明代周慎斋及薛立斋遗著，在医事中侧重温补学派外，尤通四书五经，以《易经》为最。”

方伯屏十分重视中医学和中国古典文化的融合与传承，对方和谦、方鸣谦兄弟俩进行了严格的国学教育。在中医家庭的熏陶下，兄弟俩从少年开始，就参加了父亲开办的中医讲习班，学习了《医学三字经》《药性赋》《汤头歌诀》《医学心悟》《黄帝内经》《伤寒论》《金匮要略》等医学专著，从不理解的背诵起步，到渐渐理解其中医理，在反复诵读学习中打下了深厚的中医理论基础。

从兄弟俩懂事起，只要有机会，父亲接诊、出诊时就把他们带在身边。而方伯屏也深谙教书育人之道，常常将中医学的很多知识用一种非常浪漫写意的方式表达出来，其构思之奇特，用词之精巧，往往使人惊叹不已。中医药理论的高深微妙，被父亲以形象的"人与自然的高度统一"加以阐释，更加增强了兄弟俩的求知欲望。幼年的方氏兄弟尽管对这些高深的理念颇感深奥，却甘之如饴，朦胧中被这些神奇而高深的理论所吸引。父亲让他们在懵懂中就开始接受中医精华的熏陶和浸润，也让他们亲眼看到中医普救苍生的神奇。

方和谦15岁那年，北京六里屯一位年逾六旬的白姓老人找到方家诊所。这位有糖尿病史的老人颈部患蜂窝组织炎，面积大，坏死组织不脱落，局部红肿疼痛难耐，经西医多方诊治无效。诊时见脖子上的疮口有拳头般大小，脓血淋漓。父亲仔细观察了那位老人的伤口，并详细切脉问诊，决定用《备急灸方》(宋)中的"骑竹马灸法"治疗。所谓"骑竹马灸法"，就是将病人架空骑在一根包裹着棉被的竹杠上，用点燃的艾绒灸穴位。

年少的方和谦看着病人骑在竹马上，豆大的汗珠一颗颗滚下，心悬了起来：偌大的疮口，这样能治好吗？当灸10壮左右，坏死组织脱落；内服托里补中生肌加清热解毒汤剂（大剂量金银花、连翘、生黄芪之类），疮口结痂痊愈。方和谦啧啧称奇。

时代更迭，西学东渐。在父亲的支持下，读完私塾的方和谦开始接受新学教育。初中毕业后，方和谦考入中央日本语学院日语系学习日语4年，其间读青年会英文学校初、中、高级班一年半，熟练掌握了英、日两门外语。

少年方和谦风华正茂，踌躇满志。自从接受了新学教育，频频接受新鲜事物的他，当时并未打算子承父业。

方伯屏的大名享誉京城，前来求医问病者络绎不绝。1932 年，方伯屏租下灯市口大鹁鸽市 4 号一座三重的院子扩充医馆规模，以应时之需。1935 年，方伯屏又从永顺通汽水公司手中买下了东四人民市场街一座占地面积千余平方米的大四合院，人称“方家大院”。由于方伯屏思想开明，对先进文明接受较快，也为了行医方便，方家成为全京城中最早安装电话和购买轿车的医家。

轿车在当时可算是稀罕物，方和谦对这台有趣的“可以奔跑的机器”充满了好奇，整天跟在哥哥屁股后面爱不释手地东摸摸西碰碰。在那些曼妙的少年梦中，小方和谦梦想的是成为一名制造汽车的工程师……

三分人事七分天。1937 年 7 月 7 日，卢沟桥事变，日军入侵中国。京城百姓饱尝被日军奴役之苦，悬壶济世的方家也难以幸免。

大片国土的沦陷和被侵略者蹂躏的屈辱改变了小方和谦的理想。

知子莫若父，方和谦未来职业的选择在父亲心中已早有定数。面对动荡的世事，父亲立下家训：“从医不从政，治病救人当先。”而此时的方和谦也逐渐认识到，继承父亲衣钵，治病救人，普济苍生，正是立志为国的最好方式。最终方和谦毅然选择了中医事业，并将其作为自己挚爱一生的职业。

在父亲的严厉家教下，方和谦开始广泛涉猎医学书籍，如《黄帝内经》《伤寒论》《金匮要略》《医学心悟》《证治汇补》《赤水玄珠》《医学汇海》《医钞类编》等，此外较为受益的非专业书籍为《古文观止》。每天随其父临诊 6 小时后，坚持读书 3 小时，从小养成的诵读习惯，为方和谦日后行医打下了坚实的理论基础。

初入杏林 矢志不移

“六月荷花香满湖，红衣绿扇映清波。”荷花塘前人头攒动，赏花者络绎不绝。

人群中，刚刚步入青年的方和谦在赏花时，看的不只是荷花“从来不着水，清净本因心”的怡情遣兴，而是“映日荷花别样红”的药用价值：荷花花瓣干燥后，性温味苦，有祛湿消暑、活血止血的功效；莲子，性平味甘、涩，有补脾益胃、益肾固精、健脾止泻的功效；莲心，性寒味苦，有清心安神的作用，用于治疗高血压效果很好；莲蓬性温，味苦、涩，具消炎、止血、调经祛湿的功效；荷叶，性平味苦，有解暑清热、升发清阳的功效。

中医素有“人体小宇宙，宇宙大人体”之认识。作为中医理论圭臬的《黄帝内经》，不仅将人体内脏看成是一个有机的整体，而且将人与宇宙自然界看成是一个相互感应、相互影响的大系统。其“五运六气说”认为气候的变化及人所处的地理环境对人体的健康和疾病有重大影响。《黄帝内经》提出的藏象学说、病因病机学说、诊断辨证学说等无一不是建立在以阴阳五行为代表的整体思维模式基础之上。人与自然界的高度统一，吸引并纠缠着青年方和谦以巨大的热情沉醉于博大精深的中医学之中。

“小荷才露尖尖角，早有蜻蜓立上头。”1942年，方和谦年逾19岁，在随父学医数年后，哥哥方鸣谦已取得正式行医资格。在兄长的启发下，方和谦也报名参加了当局的中医考试。面试答辩时，主考官杨淑澄老师向他提问：“中药为何能治病？”方和谦略作思考，张嘴便答，“天食人以五气，地食人以五味”，“夫五味入胃各归所喜攻，酸先入肝，苦先入心，甘先入脾，辛先入肺，咸先入肾，久而增气，物化之常也”，将《素问·六节藏象论》和《素问·至真要大论》的经文脱口背出，以说明药物的性味各有所偏，药物之所以能够治病，就是取用药物性味的偏胜，以纠正与调和人体脏腑不协调的状态。对其简捷精辟的回答，老师给了满分。笔试的题目是寒厥、热厥病的治疗，方和谦很快作出附子汤治疗寒厥，白虎汤治疗热厥的答案。这次考试虽排名第27位，但已显现出方和谦中医基础有扎实的功底。这次考试的对答，也在当时的医界一时传为美谈。年仅弱冠的方和谦被医学前辈寄予厚望。

19岁的方和谦取得执业资格后，开始正式独立行医。他在开馆应诊的同时，仍抽出时间在父亲的医馆潜心观察，用心学习，一面继续深化自己的理论基础，一面不断丰富自己的实践经验，逐步完善自己的行医理念。

另一个对他医学生涯具有深远影响的人是哥哥方鸣谦。方鸣谦充分继承父亲的学术思想，逐步形成“上病下取，下病上求”的辨证治疗思想，强调在严谨以求的情况下，对于症情要识其端委，得其虚实，然后再对症下药，自然能应诊获效。

方鸣谦医术高超，对于内、外、妇、儿各科疾病的辨治均有丰富经验；对治疗晚期肿瘤、胶原性疾病、崩漏、不孕症、原因不明的低热等多种疑难重症均有独到疗效。

在父亲和哥哥的影响下，方和谦对中医的认识逐渐成熟。他认为，中医学属于哲理医学的范畴，融合了人文科学、自然科学、社会科学的思想和内容。“医者，易也”，医学和易学关系密切，唐代医家孙思邈即有“不知易，不足以言大医”之说。近代名医恽铁樵亦有“《黄帝内经》之理论，即《易经》之理论”，“《易经》不明，《黄帝内经》总不了了”的感叹。“医易同源”的思想，实际上是人类对自然和人体自身认识的不断深入，由此导致医学的进步和发展。古代各种哲学思想对“天、地、人”的看法必然反映在中医学中，遂逐渐形成中医学的理论。其中对中医理论影响至深的莫过于“道”的思想，所谓“道生阴阳”，“一阴一阳谓之道”。中医学受古代哲学影响，其观点集中体现在“天人相应”和“阴阳协调”的思想认识上，这恰恰也是影响和形成方和谦医学思想的基础。

在临证的治疗方法上，方和谦主要受其父亲的影响，注重应用补法。方伯屏师从太医院医官赵云卿，作为御医平日诊治的对象多为达官显贵，这些人养尊处优，淫逸享乐，戕贼元气，多患阴虚阳衰之证，须用补法对其进行调养。此外，当时的社会生活水平相对落后，老百姓衣食难济、营养不良，遂成为很长一段时间内绝大多数患者应诊的主要病因之一。

方和谦补法的应用，体现在扶正培本的治则中。他认为，扶正就是扶助正气、补益气血阴阳；培本就是培补脾肾，恢复脏腑功能，具有增强机体抗病能力，促进正常生理功能恢复的作用。明代医家张景岳曾经说过，“世未有正气复而邪不退者，亦未有正气竭而命不倾者”，可见治病之关键在于扶助正气。许多疾病，特别是危重症及内伤杂病后期，均影响到脾肾，治疗必须从培补脾肾入手，方能得效。扶正培本法还内含“防微杜渐，事先提防，以防疾病进一步发展”的治未病思想。所谓“无虚不受邪”，“邪之所凑，其气必虚”，“先安未受邪之地”，助其正气，固其根本，防止疾病转变。方和谦常用的“滋补汤”是他治疗虚证的代表方剂，其组方的核心就是培补先后天之本，调和阴阳气血，以治五脏虚衰之候。

“调补见长，善用补剂”也成为日后方和谦成为一代国医大师的主要成就和行医特点。

1948年，方伯屏因诊务和教学工作繁重，积劳成疾，不幸罹患肝硬化病故。方和谦心中时刻铭记着父亲生前的嘱咐：“不谋其他职业，仍当业医工作。”

1949年10月1日，中华人民共和国成立。国家新生，百废待兴。然而，中医的发展与新中国成长的命运紧紧相连，也走过了艰难曲折的历程。

中华人民共和国成立初期，因多种原因，个体行医暂时取缔，方和谦医馆被迫关闭。方和谦成为无业人员，为了生存，他只得另谋职业，先是在私营的通瑞油庄做店员，之后在国营双桥砖厂当起了工人。

不难想象，一名生长于中医家庭，矢志不移地忠于中医事业的继承者，一名大有可为的优秀青年中医师，被迫放弃自己钟爱的中医事业，该是怎样的一种痛苦和无奈。青年方和谦在自己的中医事业蒸蒸日上之际，突然面对这种境遇，不啻是一种悲哀！

唯将终夜长开眼，报答平生未展眉。方和谦没有放弃，他耐心地等待着机会。工作之余，他一边埋头于医学理论的研究，一边帮助身边的人解除疾病的痛苦，日复一日。

命运总是眷顾那些有准备的人。方和谦是幸运的，命中注定他会与中医结下一生之缘，注定他的一生将要奉献给他所钟爱的中医事业。

双桥砖厂的厂长是一个爱才之人，他非常欣赏方和谦的医术和人品，对方和谦十分关爱。他对方和谦说："你干烧砖确实不在行，但是你太适合医生这个职业了，有机会还是去做你的医生吧。"

不久，厂长以单位选派进修的名义，把方和谦送到位于西四附近的一个进修班学习。这里是市政府举办的一个中医学习西医进修班，方和谦成为这里的第九班学员。当代名医干祖望、焦树德、路志正等均与他同期或先后在此班深入、系统地学习西医生理、病理基础课及传染病、内科、妇科、儿科的临床课程。从此，方和谦彻底摆脱了"个体行医"的背景，成为"为人民服务"的国家医务工作人员。

失之东隅，收之桑榆。险些与中医事业失之交臂的方和谦不仅重新回到医学探索的行列，而且还学到了系统的西医理论，进一步丰富了自己的医学知识，填补了学科空白，获得了西医执业资格，为他日后在综合医院工作和研究中西医结合工作打下了基础。方和谦曾开玩笑地说："这次机遇，算得上是歪打正着、一举两得。"然而，我们不难看出，恰恰是他对医学事业的矢志不移，才使他"意外"地获得了这样宝贵的机会，将命运牢牢地抓在自己手中。

学宗伤寒 终成正果

唯有牡丹真国色，花开时节动京城。

1954 年，方和谦调入北京市卫生局中医科工作，成为一名国家正式的卫生工作者。方和谦常说："1954 年，是我行医生涯的重要转折。"从此开始，一个更加成熟、全面的医者，以一种全新的姿态出现在中国医学界。

1954~1956 年间，方和谦在北京市卫生局中医科任科员，主管医务行政，包括医师资格的审批、参与北京市中医医院的组建、北京第七医院中医科及市级综合医院中医科的筹建工作。1956~1962 年，在北京中医医院工作，并兼任北京中医进修学校伤寒教研组组长。

此时的方和谦正值盛年，精力充沛。在积累了丰富临床经验的基础上，他的理论学习也逐步进入系统、全面、精深的阶段，开始向中医学的高峰发起冲击。

1965 年 7 月，42 岁的方和谦从北京中医医院调到北京朝阳医院工作，任中医科主任。以西医为主导的综合医院，中医科不受重视，但患者对中医的认可，使其拥有可观的门诊量及相对固定的患者群。较之中医医院，综合医院中医科不分科，内、外、妇、儿各科患者全有，方和谦很好地发挥其擅长治内科病，其他各科亦有所长的优势，有很高的门诊量。只要他出诊，每半日能接待30人次以上的病人。丰富的临床经验为方和谦的理论与实践相结合提供了广阔空间。

《伤寒论》对方和谦学术发展影响最大，是形成他学术思想和临证诊疗的重要基础。《黄帝内经》虽然奠定了中医学的理论基础，但成书在汉以前，有法而无方；汉以后，《伤寒论》和《金匮要略》理、法、方、药开始统为一体，创立了辨证论治的理论体系，故后世奉之为“经典”，视为“医门之准绳，治病之宗本”。因此，方和谦不同意将《伤寒论》和《金匮要略》仅作为各家学说的一家之言看待，认为它们是学习中医的必修课、基础课，应终生研读。他对《伤寒论》的397条论述113首方剂不仅熟读背诵，而且结合临床体会条分缕析，学以致用，在临床经验的基础上逐步形成了自己的学术观点。

方和谦认为，六经辨证是张仲景对外感病证治规律的总结，反映了人体在外感病阶段生理病理的一系列变化特点。他特别推崇柯韵伯在《伤寒来苏集》中阐明的“六经中各有伤寒，非伤寒中独有六经”的看法，认为要全面理解六经的证治特点，正确指导临床的辨治，从更高的层次和更广泛的方面来深入认识六经辨证。六经辨证虽然总结了外感伤寒的辨证规律，但“非伤寒中独有六经”，六经辨证用于其他外感病的辨治亦同样有指导意义。方和谦认为，“温病学说”是在伤寒基础上发展了伤寒学说，在“温病学说”形成之前，多按六经辨证来治疗温病，而“温病学说”的形成，大大提高了中医对温病的认识和治疗水平。但其基础还在于张仲景的“六经”，只不过是“六经”之方药对温病来说局限性太大，而温病之治法方药则比伤寒更丰富，针对性更强。特别是北方外感病，风寒仍是重要致病因素，所以方和谦在治疗外感病时常师伤寒之法，而参合温病之方，即使是杂病或脏腑之病变，亦可以“六经”归类，只要出现“六经”证候，同样可以按六经辨治而取效。

方和谦对《伤寒论》的研究，是在理解张仲景学说基本原则的基础上，深刻挖掘其内涵，正确指导临床实践，不仅掌握其基本要领，而且有所发挥，充分掌握了张仲景学说的真谛。这集中反映在其对少阳病的认识上。

“少阳为枢”的论述，载于《素问·阴阳离合论》，是对人体经气出入于六经的高度概括。《伤寒论》以六经辨证为纲，对少阳病的认识从“少阳为枢”的生理特点出发，论述少阳病、脉、证、治、方诸方面。

一是对少阳病位的理解。如何理解“少阳为枢”，如何理解“半表半里”，从而如何正确认识少阳病位，这是方和谦多年学习和研究《伤寒论》的一个重要心得。他认为“少阳”含义甚广。就经脉而言，有手有足；就联系脏腑而言涉及胆和三焦，且胆附于肝，而三焦又可包括上焦心肺、中焦脾胃、下焦肝肾，故少阳三焦之病变可涉及五脏，临床上少阳病可引起许多复杂的病证。

二是少阳之病机变化。如何从“少阳为枢”理解其病机变化。“枢”为“枢纽”、“枢机”，乃经气升降出入之所。而邪正交争，亦为邪气出入病机转变之所。少阳之邪，外可出于太阳，内可深入阳明，枢机不利不仅影响脾胃，而且上及心肺，下至肝肾。故少阳病可由里及表，亦可由表及里，或处于半表半里状态。故从病势而言，少阳病具有升降出入转变之机。治疗得当则由里出表，失于治疗则由表入里，或邪正交争，则结于少阳胁下。故临床上少阳病变较多，且有诸多合病、并病和兼症。医者应抓住病在少阳，有转变出入之机而正确施治。尤其是现代社会由于体质及医疗条件的关系，典型的太阳伤寒、中风已经少见，多数病人就医时已见少阳病证，且各种杂病见于少阳者亦不少，这就形成了方和谦重视少阳病证的临床观点，认为应抓住“病在少阳有出入转变之机”而正确施治以达到祛邪扶正的目的。

三是少阳病之治疗原则。从“少阳为枢”这一特点出发，由于具有邪正交争，出入转变之机，而采用和解之法为其基本治则。方和谦对少阳病的治疗，一是考虑其病位，二是从邪正关系的理解，有了对“和解法”的全新认识，提出了“和为扶正，解为散邪”的精辟见解。因此，善用和解法形成了方和谦临证的一大学术特点。

方和谦认为，学习仲景学说，应重在从学术思想上领会，做到灵活施治，融会贯通，而不可执于一方一药，拘泥不变，切实做到“师其法而不泥其方”。比如和解法是《伤寒论》常用治法，其中有许多和解法之方，如小柴胡汤、黄连汤、四逆散等。方和谦在总结伤寒和解法的基础上，自拟“和肝汤”，广泛应用于肝脾不和、肝胃不和、冲任不和、气血不和等不同病证。

一、和肝汤的应用

“和肝汤”是方和谦积多年临床经验，师《伤寒论》小柴胡汤和解之法所拟，方剂由当归、白芍、白术、柴胡、茯苓、薄荷、生姜、甘草、党参、紫苏梗、香附、大枣 12 味药组成。全方具有养血柔肝，健脾益气，疏肝理气解郁的功效。和解之法，其中的“和”是增加之意，增强机体抵抗病邪的能力，是为扶正，在本方中是养血柔肝、健脾益气之代名词；“解”是解表、解散、解除之意，是为祛邪，在本方中代表疏肝理气、解郁之意。和解之法，绝不是简单的调和之法，而是扶正祛邪之法，因为“正”与“邪”之间是不能调和的。从本方的组成可看出方和谦的用心良苦，扶正以祛邪，强调了人体这个整体的作用和能力，整体强壮，抗邪能力就会增加，具体到本方所治之“肝郁脾虚”证而言，就是肝血充足，疏泄得畅，脾气健运，郁自何来？《金匮要略》中有这样的论述：“夫治未病者，见肝之病，知肝传脾，当先实脾。”和肝汤中所用党参、白术、大枣、甘草就源于此意，这也是整体思维的体现。

和肝汤的临床应用非常广泛，可用于多系统的疾病治疗，疗效非常显著。

高某，女，37岁，因转氨酶单项高而求治中医，症见疲倦乏力，食欲不振，右胁隐隐作痛，腹胀，大便黏滞不爽，小便黄，舌质红，苔黄腻，脉弦细滑。方和谦辨证属肝郁脾虚，湿热内蕴。拟方：和肝汤加青连翘12g，茵陈10g，白芷5g，炒谷芽15g，意在疏肝健脾，清热化湿。患者服用8剂后精神转佳，体力渐增，又继续服用16剂，1个月后，复查转氨酶已降至正常。本例患者病在肝胆，湿热内蕴，殃及脾胃受损、气机阻滞。肝胆脾胃同病，方和谦用和肝汤调理脾胃，加连翘、茵陈化湿清热；加白芷、炒谷芽和中调胃而痊愈。

何某，女，39岁，因胃胀，嗳气呃逆频作，食欲不振2~3个月求治中医。患者胃胀时牵扯两胁，情志不畅，睡眠不实，二便尚调。胃镜检查示：慢性浅表性胃炎。患者曾用吗丁啉等西药，自觉效果不理想，故欲用中药。方和谦辨证分析：患者舌质正常，舌苔薄白，脉弦缓，属肝胃气滞。拟方：和肝汤加焦神曲6g，炒枳壳10g，砂仁6g，陈皮5g，疏肝理气和胃。患者连服14剂，食欲渐增，胀气消失，情志舒畅。本例患者病在胃，其病机是肝郁气结所致，肝气犯胃，故拟和肝汤疏肝解郁健脾。加焦神曲、枳壳、砂仁以和胃，肝胃气和则胀消寐稳。

宋某，男，67岁。冠心病史数载，经常感到胸闷憋气，喜长叹息，自觉胸背两胁时有窜痛之感，每因情志不遂时则窜痛加剧，经常服用“三硝”、“消心痛”、“速效救心丸”等药物，平素易烦躁，睡眠不佳，大便不畅。方和谦辨证：属肝郁气滞、胸膈不利。拟方：和肝汤加百合12g，郁金10g，宽胸理气。服8剂后，患者自觉胸部舒畅，心情愉快，“速效救心丸”等药物服用次数已由原来每天3~4次减至每周2~3次。本例患者，病在胸胁，胁为肝之分野，肝脉布之，病之本在肝失疏泄，气机不畅。故拟和肝汤疏肝以调畅气机；加百合安神定志以养心；加郁金增强行气之力，气畅则痛消。

和肝汤在临床还能治疗许多疾病，如乳腺增生、带状疱疹、肝囊肿、不明原因的低热、颈椎病、末梢神经炎、老年抑郁症等。这些病涉及多学科、多领域、多系统、多脏腑，但在辨证施治上，方和谦并未将主攻方向放在具体症状上，而是通过脏腑与脏腑之间的内在联系，脏腑与经络之间的内在联系来从整体中寻找病因病机。方和谦认为，病机相同，治则就应该一致，所以选用了具有养血柔肝、健脾益气、疏肝理气解郁功用的和肝汤为方剂主体，调治因肝的疏泄不利导致的多种病症。

从和肝汤的临床应用可以看出方和谦的整体思维观。其治法虽宗仲景之学，却真正做到"观其脉证，知犯何逆，随证治之"，是对和解法应用的发展，是中医"异病同治"理论的临床具体体现，可谓深得仲景学说之精髓。

二、滋补汤的应用

方和谦熟读经典，学宗"伤寒"，但他认为，临床病情复杂，内、外、妇、儿各有不同，随着时代的变迁，外在环境、致病因素、病人体质和病情表现均在变化。《伤寒论》提出了治疗原则，而具体到治疗方法，代有发展，应吸取各家之长，故对各家学说应博采众长，择善而从，以应对错综复杂的临床变化，来丰富自己的临床经验。如对内伤杂病的认识，他推崇李东垣的《脾胃论》，认为李东垣十分重视脾胃的升降气化功能在人体整个气化活动中的重要作用，清升浊降，唯以脾胃为枢；若升降异常之疾从调理脾胃着手，就能执简驭繁，其治心、肝、肺、肾有余不足，或补或泻，唯益脾胃之药为切。

方和谦尤其重视脾胃之阳气，着重脾胃的生发，组方从升阳补气着手，灵活运用李东垣升阳益气、健脾养胃的方剂，如补中益气汤、升阳益胃汤、调中益气汤等。与大多数医家济急时常常加大黄芪用量不同，方和谦吸取李东垣用药力专而药量轻的特点，遣方用药配伍得当，丝丝入扣，补气不壅，升阳不燥，从调理气机升降入手，注意甘温与苦寒同用，甘温与甘寒互参，将李东垣升阳益胃的思想应用于临证实践中。因此，方和谦学《脾胃论》多有所获而验之临床，在升举清阳，补中培土的基础上审慎辨证，灵活掌握，应用补中益气汤化裁治疗多种疾病疗效显著，同时也再次体现了"异病同治"的学术思想。

患者宁某，女，31岁，1996年4月6日初诊。

初诊：患者因"急性粒细胞白血病伴高热"收住某医院血液科病房。入院后给予化疗药物，血红蛋白下降到40g/L，血小板 10×10^9/L，机体抗病能力明显下降。西医考虑继发感染而发高热，腹泻，病情危急，故请中医协助诊疗。诊见：病人面色苍白无华，精神极差，卧床，面部虚浮状，语言低微，双下肢浮肿。发热40℃，口干但不欲饮水，身不冷，气短乏力，心悸，翻身则加重，恶心欲呕，腹泻不止，每日7~10次之多，无腹痛及里急后重，脉细无力，舌质淡白，无苔，少津液。中医辨证：元气大虚，气阴两伤，中焦衰微，无权运化。治以：益气养阴，补中止泻。药用：西洋参15g（单煎兑入），麦冬10g，五味子10g，陈皮10g，白茯苓15g，炒白术15g，柴胡10g，炙甘草10g，炒谷芽15g，玉竹15g，炒白扁豆15g，砂仁3g（后入），炒山药15g，3剂，水煎服，每日1剂。

二诊：药后腹泻减轻，精神有所好转，体温略下降到38.6℃，仍觉手足心热，皮肤见散在出血点。考虑为热伤血络，前方加牡丹皮10g，白薇15g，3剂，水煎服，每日1剂。

三诊：服药两剂腹泻又作，次数明显增多，不能控制，病情急转之下，危在旦夕。急请方和谦会诊，嘱上方去牡丹皮、白薇，易西洋参为红参15g，加炙黄芪30g，当归10g，3剂，水煎服，每日 1 剂。

四诊：药后泻止，体温降到 37.8℃，精神明显好转，原方不变，继服 3 剂，病情转危为安。

[按语] 急性白血病是一种死亡率极高的危重疾病，往往在应用大量化疗药物后，病人抗病能力明显下降。西医多认为，如易致继发感染和高热，会使病情愈加危重。首诊时先投固摄元气、益气养阴、补中升提之剂。症情有所改善。由于注意到患者手足心热，皮肤出血点，误认为是热伤血络，加用较多量的白薇、牡丹皮，使腹泻复作不止。因气为血帅，血为气母，气脱血亦脱，有形之血难以速生，无形之气所当急固。后去白薇、牡丹皮，易西洋参为红参，加炙黄芪、当归，病人转危为安。方和谦在分析病情时指出，患者较长时间大量应用化疗药物，损伤正气，元气大虚，以气脱为主，高热属气虚发热，腹泻为中气下陷。应首先考虑应用大量参芪以固元气，培补中焦，补气之中求止血，甘温之剂来除热方为上策。著名医家陆渊雷曾说："津伤而阳不亡者，其津自能再生，阳亡而津不伤者，其津亦无后继。是以良工治病，不患津之伤，而患阳之亡。"方和谦于临证之中细究明辨，认真分析，辨证准确，以得桴鼓之效。

随着方和谦中医学术思想的不断成熟，渐渐形成"燮理阴阳，以平为期"的生理观，"正气为本，扶正以祛邪"的治疗观，并提出了"和为扶正，解为散邪"的精辟见解。其创制的"滋补汤"即是"谨察阴阳所在而调之，以平为期"学术思想和扶正以祛邪的治疗观的具体体现。

方和谦在《金匮要略·血痹虚劳》篇补法九方的基础上，加以概括总结，自拟"滋补汤"作为补虚扶正的基本方剂。本方由四君子汤合四物汤化裁而来，在两方的基础上，减川芎，加肉桂、陈皮、木香、大枣四味，集脾肾气之补于一身，又具疏通之性，有阴阳双补，气血两滋之功。

方中用四君子汤之党参、茯苓、白术、炙甘草补脾益气，培后天之本；四物汤之当归、熟地、白芍滋阴补肾，养血和肝固先天之本。佐肉桂、陈皮、木香、大枣温补调气，纳气归元。全方既有四君、四物之脾肾两助气血双补之功，又有温纳疏利之力，使全方补而不滞，滋而不腻，补气养血，调和阴阳，养心健脾，柔肝和胃，益肺补肾，面面俱到，既以顾护先后天之本为先，更以调补中州为主。所用之药看似平常，实则配伍严谨、立法有度，其专为虚证而设，不管临床表现如何，但见气血不足，五脏虚损之候，即可灵活加减应用，恢复脏腑功能、改善临床症状。

患者修某，女，43岁。2003年3月17日初诊，患抑郁症10年，曾服用“百忧解”、“黛立新”等西药，无效。睡眠差，头晃动，手颤，颈项拘紧，偶有心慌，心悸，苔薄白，脉弦缓平。方和谦辨证：内风证，属肝肾不足，血不荣筋。拟方：滋补汤化裁，党参12g，茯苓12g，白术10g，炙甘草6g，熟地黄15g，白芍10g，当归10g，肉桂3g，木香5g，大枣四枚，枸杞子10g，麦冬10g，炒枣仁12g，丝瓜络10g，五味子5g，焦神曲6g。12剂，水煎服，每日1剂，服6天停1天。

2003年4月1日，用药两周后，患者感觉药后舒畅，颈项强、拘紧感减轻，舌苔白，脉弦缓平。方和谦继续守方治疗，减枸杞子、麦冬、炒枣仁、丝瓜络、五味子、焦神曲，加百合12g，白薇12g，竹茹10g。12剂，水煎服，每日1剂，服6天停1天。

两周后，患者一般情况良好，精神状态好，头晃明显减轻，四肢抖动改善仍不理想，舌洁，脉缓。方和谦又在上方中加木瓜10g。12剂，水煎服，每日1剂，服6天停1天。诸症明显好转后停药。

此病人表现属于中医学中“颤振”、“振掉”、“内风”病证的范畴。《素问·至真要大论》云：“诸风掉眩，皆属于肝。”其中的“掉”，即指颤振、振掉，属于内风证，与肝有关。肝藏血，肝血不足，不能濡养筋脉，则见振掉。《证治准绳·杂病》谓："颤，摇也；振，动也。筋脉约束不住而莫能任持，风之象也。"并指出"壮年少见，中年之后始有之，老年尤多"。患者43岁为中年之身，且患抑郁症10年，长期服用西药，病久则正气亏损，气血不足，病位涉及心、肝、肾，为肝肾不足，虚风内动，心失所养而致。因而方和谦用滋补汤补益气血，养血息风，加用枸杞子、百合、炒枣仁、五味子养心安神；用麦冬、白薇滋阴清热；用丝瓜络、宣木瓜活络通经，共奏益气养心、和肝息风之效。

此则病例中，方和谦从诸多症状中抓住了血虚、筋脉失养之关键，用培中养荣、滋阴和肝改善其气虚、血不荣筋的病理机制，使患者多年痼疾明显减轻，此法合宜。

三、中风病的临证

方和谦在以西医为主的综合性医院的中医科工作，什么病都要看。从事中医内科临床工作60余年，他积累了丰富的诊疗经验，尤其擅长中风、咳嗽、心悸、眩晕、发热等内科杂病，在长期的临证实践中，逐渐形成自己独特的临证思辨特点与诊疗规律。

他认为，中风以"风"字立名，实寓"风性多变"、病起卒暴之意。张仲景在《伤寒论》和《金匮要略》中，一直沿用了"中风"这一病名。唐宋以后，在医治和病名讨论中，产生了很多不同的论点，如元代王履有"真中"和"类中"的学说。

中风病的病因病机，历代各家抒见不一，唐宋以前多以"内虚邪中"立论，主张外风致病。至后河间主火，又东垣主气，丹溪主痰湿生热。到了明代张景岳又提议"非风论"。清代王清任专以气虚血瘀立论。有叶天士、张山雷专主以内风立论。方和谦认为，上述各家对风、火、痰、湿、虚、瘀血等致病因素都分别作了探讨，使中风的病因学得到了全面、充分的发展。

在充分吸收前人理论的基础上，方和谦十分注重对中风病的诊断。问诊时，首问中风发作时间以明病期，再问有无神志改变以辨明中脏中腑、闭证脱证，详问有无肢体麻木及活动障碍、有无饮水发呛、大便是否通畅、语言是否流利等病情，细观面色舌脉，以查病位、病性、病势顺逆，并问既往有无高血压病、冠心病、糖尿病等病史以了解中风所及脏腑的范围。

他对于中风急性期的辨证思路是：中风急性期为发病后4周以内，此期病情呈发展趋势，易出现变化或加重。病机多以痰热腑实、肝风上扰为患，以标实为主要表现。强调急性期要首辨邪之在经在腑，中脏腑者当分辨“闭”“脱”之证候。

患者李某，女，65岁。2004年7月20日初诊。患者两周前突发语言不利，西医诊断为：再发脑梗死。经西医治疗有所好转。来中医科就诊时，患者症见语言不利，左上肢、右下肢运动不利，喝水发呛，大便5日未行。方和谦察其舌脉：舌质淡红，苔薄腻，脉象沉弦。诊其为：中风，中经络（脑梗死）属风痰阻络证。消渴证（糖尿病）。

方和谦分析，患者年老体弱，多种疾病缠身，气血虚弱，脉络空虚，内风挟痰横窜脉络而发半身不遂、语言不利。痰阻中焦，传导功能失司，腑气不通而便秘。治法，应以通络化痰为先。

处方：天麻10g，陈皮10g，石斛10g，竹茹10g，钩藤12g，莲子心5g，石菖蒲6g，僵蚕3g，薄荷5g（后下），桑枝15g，麦冬10g，丝瓜络6g，火麻仁10g。水煎服，每日1剂，6剂。

1周后，患者复诊：语言不利，左上肢、右下肢运动不利，饮食发呛，大便难。舌质淡红，苔薄腻，脉沉弦。方和谦认为，前方有效，效不更方，继续通络化痰。前方加生薏苡仁15g。10剂。

患者服药11天后，语言不利及左上肢、右下肢运动不利好转，饮食不呛，大便难。舌质淡红，苔薄腻，脉沉弦。前方有效，效不更方，方和谦继续前方15剂。每日1剂，服3天停1天。

20天后，患者病情大为好转。

在这个病例中，方和谦认为，病已成而后治之，非一朝一夕所能奏效，只要坚持治疗，养正祛邪，患者康复时日已待。他针对病因病机，选药组方，方中天麻、钩藤、僵蚕平肝息风止痉；石菖蒲、陈皮化湿祛痰；石斛、麦冬养阴；桑枝、瓜络、生薏苡仁通络利关节；莲子心、竹茹清心化痰除烦；火麻仁润肠通便。诸药配合，化痰通络，使患肢功能有所恢复。

对于中风恢复期的辨证思路，方和谦认为，发病后1~6个月为恢复期，该阶段实邪未清，正虚已现。痰邪瘀血内阻，耗伤气血，脉络失荣，机体失养，法当益气活血化痰，疏通经络。恢复期的重点在于认真巩固急性期的治疗效果，采取各种有力措施，促进神志或语言的恢复，促进肢体功能的恢复，鼓励患者战胜疾病重返社会的信心。他认为，此期患者的治疗原则应为"扶正以祛邪"。因痰、瘀等病理因素贯穿中风病程始终，邪不去则正不复，但祛邪不扶正，会耗伤正气，不利于病变的康复，故扶正祛邪同用。

关于中风病的预后，他指出："脱证较重，见'五绝'候者，证多难医，预后较差。迨急期缓和，神识渐清，视其瘫痪的轻重程度，选针择药，须抓紧投治，以促其恢复之机，投治愈早，贻患愈轻，若迁延岁月，数月至经年以上，则多成后遗症，终身不愈。"

对于防治中风病，方和谦认为，首要应从预防着手，因为本患早期发病时多有征兆，如能见微知著，则防胜于治。前人有"年老但觉手指麻木，三年之内必有风疾"之说。诸如眩晕、振颤、颠仆、耳鸣、语謇、呛逆、尿失禁等症状的出现均为中风先兆。故应及早结合病情，防微杜渐，临证应用药饵防治此疾是十分重要的。具体临证的治疗思路，方和谦是按急性期、恢复期、后遗症期分期治之，抓住各期不同的病理特点，针对性地辨证施治以提高疗效。

四、心悸的辨证思路

心悸的病机有虚有实，或虚实夹杂。《黄帝内经》对此病有描述，如“心中淡淡大动”，“心惕惕如人将捕之”，“心如悬若饥状”。汉代张仲景提出心下悸、心动悸的病名，认为病因有惊恐、水饮、虚损和汗后受邪。元代朱丹溪提出心悸当“责之虚与痰”的理论，明代张景岳则认为心悸为阴虚劳损而致。清代王清任《医林改错》论述了“瘀血”所致的心悸，总之，以虚证为多。

方和谦认为，心悸只是一个临床症状，很多疾病都可以出现心悸。如西医的冠心病、高血压性心脏病、心力衰竭、病毒性心肌炎、甲状腺功能亢进、贫血、植物神经功能紊乱等。所以，心悸虽然病位在心，实际上与其他相关脏腑功能失调有着密切关系。病因与气血不足和气机失调最为相关，故在治疗上，他以调和肝气及补益脾肾为常法治疗，有其独到之处。

方和谦诊断心悸掌握的要点，主要是询问心悸发作诱因、时间长短及频率，心悸伴随症状，有无胸闷气短，饮食、二便及睡眠情况。望患者的精神状态、神志、面色、形体的胖瘦、舌苔的变化以辨别病性、病位；询问既往有无高血压病、冠心病、甲状腺功能亢进等病史。对于女患者要询问月经情况、是否已绝经。对此病诊脉，方和谦要详辨数、结、代、沉、迟的变化，以明病情轻重和病势顺逆。有时他也用听诊器听患者心律及有无心脏瓣膜杂音，以了解心悸的性质。

对于治疗心悸，方和谦提出了两条思路：一是调肝理气治心悸；二是补益脾肾治心悸。

调肝理气治心悸的辨证思路是：《灵枢·经别》谓：“足少阳之正，绕髀入毛际，合于厥阴，别走入季胁之间，循胸里属胆，散之上肝贯心。”说明肝与心在经络上有着密切的联系。《素问·阴阳应象大论》云："肝生筋，筋生心。"阐明了肝与心的相生关系。肝为风木之脏，为心之母。心为五脏之君，为肝之子。心主血脉，肝主藏血，二者生理上相互联系，功能上也相互协调。王冰曰："肝藏血，心行之，动则血运行于诸经，人静则血归于肝。肝主血海故也。"在情志活动方面，心主神志，所谓"心者，君主之官，神明出焉"；肝主疏泄，所谓"肝者，将军之官，谋虑出焉"。人的精神意识和思维活动主宰于心，又通过肝的疏泄功能条达气机，和畅气血，来调节人体的高级神经活动。在病理上，心肝有病相互影响，母病可以及子，母虚则子亦虚，子病亦可及母，子乱则母亦乱。《素问·灵兰秘典论》谓："肝者，将军之官，谋虑出焉。"若情志不遂，肝失调达，气机阻滞，则致气郁、气滞。而心血的运行，赖气的推动、气的温煦。气行不利，血行不畅，故而出现心悸。正如唐容川在《血证论》中所说："肝属木，木气冲和调达，不致遏郁，则血脉得畅。"方和谦正是基于心肝两脏生理病理上的密切关系，用调肝理气法治疗心悸。

处方用药上，方和谦常用和肝汤、逍遥散加减。若兼见痰湿阻滞者，则多加入瓜蒌、竹茹、焦神曲；血瘀明显，加丹参、石菖蒲；气郁较重加紫苏梗、香附；若病久及肾，肝肾两亏，加枸杞子、石斛等，以达到疏肝理气、益气养心的作用。

周某，男，33岁，2004年3月23日初诊。

患者主诉心慌、心悸3个月。既往有高血压病史。3个月前无明显诱因突发心慌，到鼓楼中医院就诊。心电图示：左室肥厚劳损，心脏彩超确诊为扩张型心肌病。予服倍他乐克等西药未见明显好转。现动则心悸气短，多汗乏力，胸闷。舌体胖，舌红苔白。脉虚弦大。血压135/90mmHg。中医诊断：心悸，肝郁脾虚证。方和谦以黑逍遥散加减，处方：当归10g，白芍10g，北柴胡5g，太子参15g，茯苓12g，白术10g，炙甘草6g，陈皮10g，半夏曲6g，炒谷芽15g，薄荷5g（后下），干姜2g，熟地黄

12g，大枣4个。12剂。并嘱其避风寒，忌劳累。二诊时，患者自觉药后胸闷减轻，偶发早搏。方和谦认为治疗初见效果，继予前方加黄精10g。12剂。三诊时，患者诉心悸、胸闷明显缓解，精神好。方和谦嘱上方再加麦冬5g。15剂。1个月后患者来告，已无明显不适，能正常上班。

补益脾肾治心悸的辨证思路是:《素问·经脉别论》云:“食气入胃，浊气归心，淫精于脉。”《灵枢·营卫生会》指出:“人受气于谷，谷入于胃，以传于肺，五脏六腑，皆以受气，其清者为营，浊者为卫，营在脉中，卫在脉外。”《灵枢·决气》云:“中焦受气取汁，变化而赤，是谓血。”为此，方和谦指出：心主血，脾统血。脉中气血之盈亏，实由脾之盛衰来决定。在正常情况下，胃纳脾运，心血充盈，在宗气的推动下运行全身。若脾胃功能失司，化源不足，心失所养，从而出现心悸怔忡。

肾为水火之宅，阴阳之根，寓元阴元阳。五脏六腑之阴阳均有赖肾阴、肾阳的资助和生发。心为火脏，居于上而属阳，以降为顺。肾为水脏，居于下而属阴，以升为和。若心肾不交，水火不济，可造成心悸。另外，肾精的盛衰又要依靠后天脾胃之气的不断补充。若脾胃已亏，生化无源，日久必可及肾。肾精亏虚，则心血不充，心脉失养。肾阳不足，心阳亦弱，鼓动无力，均可发心悸。他根据心、脾、肾三脏生理病理的相互关系，从培补先后天之根本治疗心悸，获得良效。在遣方用药上，他应用自拟方滋补汤加减治疗心悸，取得了非常显著的临床疗效。滋补汤取四君子汤合四物汤去川芎，加肉桂、陈皮、木香、大枣，全方具有益气养血、养心安神、健脾和中之功。脾胃不足，加生炙黄芪、黄精、炒谷芽益气健胃。脾肾阴虚，加枸杞子、麦冬、玉竹滋阴补肾。脾肾阳虚，加附子、干姜、细辛、巴戟天等温阳益肾。如出现心力衰竭征象的则予红参回阳救逆。以此达到交通心肾，益气培元的作用。

五、咳嗽的辨证思路

咳嗽一证，有外感内伤之别，又有寒热虚实之异，《黄帝内经》云："五脏六腑皆令人咳，非独肺也。"咳嗽也是多种疾病出现的症状之一。方和谦治疗咳嗽，无论内外寒热虚实，若以咳嗽症状为主者，总以调和肺气为法，强调肺宜宣降，灵活运用宣肃二法，调畅肺气则咳嗽自止。

宣肺法是用具有辛散宣发、开泄肺气的药物，宣发肺气，促使卫气充肤温肉以卫其外，熏肤泽毛以散其邪，如麻黄、荆芥、紫苏叶、桑叶、牛蒡子、桔梗之类。多用于表邪郁闭之肺卫不宣之证。肃肺法是用具有清肃下降肺气作用的药物，促使肺中津气下行而行肃降之权，或取降泄下行以祛痰下气，调畅气机升降之枢。如桑白皮、紫苏子、莱菔子、葶苈子、枇杷叶、杏仁、厚朴之类，多用于肺失清肃，气逆于上之证。

方和谦的辨证思路是：宣肺与肃肺之法各有不同的功能和适用范围。若初病风邪束肺，卫气被遏，肺气不宣，则忌过早施用肃肺降泄之法，投之反致恋邪，或引邪入里。若病久咳，肺失清肃，或痰浊内阻，肺气壅塞，清肃之令不行，又忌单纯宣肺，投之则气逆，痰浊不降，反耗伤肺气。宣肺、肃肺是针对两种不同病机而运用，二者又是相辅相成的。宣能促降，降能助宣，宣肃相济，则上通下达，肺气得畅。

在用药方面，方和谦提出宜顺其肺气宣降之性，而采用辛开苦降之品，首选苏、杏、前、桔。紫苏辛、温，发表散寒，行气宽中。杏仁苦、微温，苦泄降气，止咳平喘，润肠通便。前胡辛、苦，降气祛痰，宣散风热。桔梗苦、辛、平，开宣肺气，祛痰，排脓。苏、杏、前、桔同为辛苦之品，苏桔相配，偏于宣开。杏前相伍，重于下气。亦宣亦降，使气道通利，肺气宣畅则咳嗽自止。

根据以上的认识，方和谦常用的代表方剂为“止嗽散”，宣肃配合，治疗“诸般咳嗽”。止嗽散出自《医学心悟·咳嗽》。他说：本方由7味药物组成，一组为敛：炙紫菀、白前、百部；炙紫菀苦甘微温，归肺经，有收敛止咳的作用，他特别强调此敛肺非罂粟之作用，而有化痰抗炎，减少气道分泌物，祛除炎症的作用。白前辛甘平，归肺经，祛痰，降气止咳，寒证、热证都可用之。百部甘苦平，归肺经，润肺收敛止咳。一组为宣：陈皮、荆芥、桔梗。陈皮辛苦温，归脾肺经，理气、调中、燥湿，化痰调理气机，宣发止咳；荆芥辛微温，归肺肝经，祛风解表，止血，因肺外合皮毛，开窍于鼻，解表汗散也起到了宣发止咳的作用；桔梗苦辛平，归肺经，开宣肺气，祛痰排脓；炙甘草调和诸药。本方有宣有敛，宣敛结合，表里兼顾，治诸般咳嗽，如经服解表宣肺药后咳久不愈者，或内伤咳嗽如肺结核、老年慢性支气管炎等都应视具体情况化裁用之。

六、临证对古方的应用

方和谦临证，辨证论治，随证治之，每获良效。通过临床，他认为，囿于经方一隅，不能解决所有外感热病，必须结合温病辨证与时方合用，才能取得疗效。以治流行性乙型脑炎为例，仅以六经辨证，受到阳明经证的局限，何况邪气有异，临床有暑热及湿热的不同证型。外感热病，表现复杂，其证候不是六经辨证所能涵盖，也不是单用经方所能解决。温病学说羽翼伤寒，由伤寒发展而来，其中也沿用了一些伤寒的方剂。因此，伤寒和温病是外感热病的两大类型，彼此既有所区别，又有所联系，各有特点，其理论核心都是要落实到脏腑经络之上。因此，方和谦倡导六经、三焦、卫气营血辨证密切结合，根据具体病情，灵活掌握，经方时方统一运用的观点，是临床取得疗效的基础。

张某，男，73岁，初秋突发高热伴腹泻，日泻10余次，服中西药罔效，病情危重，求诊于方和谦。见其精神恍惚，烦躁气促，身炽热有汗，泻下褐色水液而恶臭，腹痛不著，纳呆不吐，尿少色深，舌质红，苔黄腻，脉弦滑数。方和谦按太阳阳明合病，协热下利之表里证论治，投以葛根芩连汤治之，1剂泻止热退，3剂而病瘥。

高某，男，59岁，发热10天，用西药退热后，半月来不饮不食，昏睡不语，时长出气，10天无大便，舌苔白厚腻，脉沉弱难寻，他医无良法，请方和谦会诊。方和谦辨证为邪热内陷，痰热郁结，气机闭塞，而予小陷胸汤原方加玄明粉6g，病人服后安睡不出长气。次日晨起，患者诉饥饿索食物，给予食之。服2剂得畅便，精神转好，再进2剂，神态自如，其病若失。

方和谦对古方学以致用，结合临床实践不断发展，如从《金匮要略》“竹皮大丸”方中取竹茹、白薇二味加入酸枣仁汤方中，治疗阴虚脏躁的失眠症而有良效；又如，运用“阳和汤”化裁治疗淋巴结核；用“仙方活命饮”的托补作用治疗脉管炎，使患者免受截肢之苦。以此显示了方和谦选方用药的机动灵活和独到之处，也为促进方剂学的发展作出了有益的探索。

七、突发传染病救治的启迪

在方和谦60余年的行医生涯中，有两次传染病的救治经历，对他的行医历程起到了引领、教育、受益的重要作用。

第一次发生在1955年8~9月上旬。当时流行性乙型脑炎在全国爆发，传播很严重，连续2~3年方得遏制。1956年，北京发病者约1000例左右，北京地坛医院收治约200例，以后佑安医院、各大综合医院的儿科和儿童医院均收满流行性乙型脑炎患者。

在那段日子里，方和谦深入基层，直接参加到佑安医院的流行性乙型脑炎的抢救治疗中，自始至终战斗在第一线。从发病季节上讲，每年8~9月上旬，是流行性热病容易发生的季节，此时温度高、湿度大，给致病原提供了滋生条件。流行性乙型脑炎传染性强，发病急骤，病情重笃，死亡率高，这是大家公认的。中医学说“五疫之至，皆相染易，无问大小，病状相似”，“人感乖戾之气而生病，则病气转相染易，乃至灭门”。这些论述，记载了古人对烈性传染性疾病的认识。

当时各家医院都面临着紧张的局面，尚未有比较成熟有效的治疗方案。北京市卫生局遂倡导用中医中药防治此病。1955年，治疗散发的流行性乙型脑炎时，石家庄的中医治疗经验是用“白虎汤”作为基础方加减治疗，取得了很好的疗效。而到1956年，在遵照此方化裁治疗时，竟毫无效果，原因何在？为此，卫生局专门请著名老中医蒲辅周进行学术讲座，蒲老长于运气学说，认为“必先岁气，勿伐天和”。1956年是湿邪当先，湿重于热，患者病情与1955年有异。1955年是燥火当令，阳明内热，患者的症状见高热惊厥、谵妄、舌苔黄厚，此时用白虎汤加减治疗恰当对证，故有效。而1956年，当年雨水多，湿气重，病人虽也为高热惊厥，发热不退，但观察舌脉，舌苔薄腻湿润，脉象濡缓，是湿热为病，应改用芳香化浊，透表散邪，用藿香正气散一类方药治疗。因为当年是暑热挟湿，湿盛重于暑热，清热太过必致湿邪黏滞不解，并阐述了伤寒与温病的关系。方和谦听后受益匪浅。

这次群体性流行性乙型脑炎治疗的诊治经过，给方和谦留下了深刻的印象。他体会到，中医诊病的疗效是靠正确的辨证论治。蒲辅周老医师的点拨，促使他重温《温病条辨》《温热经纬》，加深了对风寒暑湿燥火之六淫致病特点的认识，体会到湿温为病，应慎用石膏清热，暑必挟湿。《温热经纬》云：“湿热为病，当需两解之，湿热在里应化湿清热两解，湿热在表则芳化之。”故对发热的治疗，辨证准确是其关键，不能一见高热就投寒凉药，造成误治的后果。

1957年，方和谦主编《北京市1956年流行性乙型脑炎治疗总结》手册，书中收集了200多例验案，由卫生局印发200册，下发到各医院。他撰写的《参加流行性乙型脑炎工作的点滴体会》一文作为晋升主任医师的评审论文，关幼波、赵炳南二位专家对该文进行了充分的肯定，论文评语为："对乙脑的中医治疗，自1955年石家庄经验被介绍以后，各地应用较多，类似报道亦较多，唯本文在中医分型上，除偏湿偏热的不同以外，又提出'表邪郁闭'这一类型，在治疗上采用透表为主，而获得较好疗效。在辨证上，强调温病的卫、气、营、血，三焦辨证和伤寒的六经辨证密切结合，不能偏废。以上两点有独特见解。"这次在乙脑事件中所获的经验，对方和谦以后治疗传染病是有益的借鉴。

第二次是在2003年传染性非典型肺炎爆发流行时，80高龄的方和谦主动报名应征，要求到抗击非典型肺炎的第一线工作，希望对传染性非典型肺炎的治疗有所贡献。他说："作为中医工作者，在任何情况下，都要当仁不让，在卫生战线上，在治疗急危重难的疾病中，争取一席之地是很光荣的；在关乎百姓生命攸关的重大战役中，中医中药应有所发挥。"虽然最终由于年高体迈，领导爱护，方和谦未能进入一线工作，但是他对后学给予了及时正确的指导，指出传染性非典型肺炎发病不同阶段有夹寒夹湿的区别，仍应强调辨证论治。

八、中西医结合的认识

方和谦倡导中西医结合，优势互补。他认为，不能把中医和西医学术对立起来。中医学术、西医学术都需要古为今用，精益求精。二者可以相互补充，但绝不是相互凑合。作为一名现代中医，可以利用现代医学诊查手段，配合四诊合参，有利于中医诊断，以发挥中医治病求本，经验实践与理论相互结合的作用。但不能唯检查论，丢弃辨证论治。

在西医医院，许多危重病人治疗无效，常请方和谦参与会诊，在同西医同道的会诊中，他抱着边治边学的态度，也学到了许多新知识。

他曾经与翁心植院士多次共同会诊，见到系统性红斑狼疮病的肺浸润，高热不退的类风湿病肝浸润，肝豆状核变性脑病等疑难病，二人相互切磋，最终救患者于危难之中。

多年来，方和谦在综合医院工作，门诊和会诊诊治了许多疑难病例，他从不墨守成规，固步自封，不断汲取西医有益的经验，临证亦采用先进的诊疗手段帮助诊断。他认为，社会的发展和疾病谱的变化促进了医学学科的发展，他在青年时期虽然学习过西医，但在综合医院工作，耳濡目染，医疗实践要求自己的知识不断更新，要活到老学到老。中医、西医要有同等的地位，中医医疗、科研、教学的思路都离不开现代医学的辅助佐证。因此与西医合作，要相互取长补短，业务水平才能不断提高。

方和谦应诊注重中医的“证”，辨证施治，但绝不排斥西医的“病”，结合西医诊断，取长补短，相得益彰。“证”和“病”是中医和西医两个不同医疗体系对疾病过程的认识。辨证与辨病相结合，并不是按照西医的诊断应用中药，而是立足于中医的理论，运用中医整体观念和辨证论治的思维方法，吸收现代医学对病因、病理的认识和科学的现代检测手段，以认识疾病、观察疾病的进退和疗效。他一再教导学生们，一定要把疾病全过程的统一性和各阶段证的特殊性结合起来，既考虑到病的各阶段证的变化，又不能忽视疾病的本质。

方和谦的弟子，第三批全国老中医药专家学术经验继承人、副主任医师权红，曾经这样说：“方老师认为，继承发扬中医学的目的是古为今用；学习现代医学知识是洋为中用，不能形成两个相互抵触的堡垒，相互攻击。方老师运用起西医查体及检查手段来驾轻就熟。作为一个全国知名的老中医，他对新的检查方法，欣喜并谦虚下问，总能很快地运用自如。方老师在四诊合参的基础上，遇有疑问，必建议患者进一步做西医的影像检查，往往有很高的确诊率。利用现代科学工具，采用各种现代化检测手段明确诊断，再发挥中医治病求本，实践经验与理论相结合的优势，实为人类战胜疾病的有力武器。”

方和谦经常对学生们说：“在处理好中西医关系的同时，我们中医自身也还有许多亟待解决和完善的地方。例如目前对于单病种的研究，我认为应该加强‘同病异治’，病治结合，但也不要忽略‘异病同治’相应的指导。另外，中医病例书写格式还需进一步探讨。繁琐复杂，机械填表式的病历，往往起不到病历的作用。中医病历要切合实际，以实用为主，反映出辨证论治、辨病论治的思维路径，具体模式还必须在实践中不断探索。”

守旧容易创新难。方和谦提出，21世纪中医学的发展，不能墨守成规，既要继承传统中医学的经典和精髓，又要与时俱进，大力弘扬和发展符合时代特色的中医学。他在深刻领会仲景学说的基础上，融会贯通，灵活应用，师其法而不泥其方，对经方学以致用、有所创新。“和为扶正，解为散邪”的精辟见解，是他学术思想的集中体现，也是对中医学的继承与创新。正是这种来源于刻苦钻研与广泛实际相结合的创新思想，与“调补见长，善用补剂”的临床特色，最终成就方和谦成为一代国医大师。

大医精诚　润物无声

春光明媚，北京朝阳医院的特需门诊里，方和谦正在与带教的青年医师探讨天然植物的药用问题，不时引用古典医籍中的原文，如数家珍，脱口而出。如果不是亲眼所见，难以相信眼前这位精神矍铄、思路清晰的国医大师竟然已有86岁高龄。

在北京中医界，提起北京朝阳医院，人们会不约而同地提到方和谦的大名。他在患者的心中是著名老专家、好医生，在科室同事的心中是好领导、好前辈、好老师。他在北京及全国的名望，来自于渊博的学识、高超的医技与谦和的人品。

这位德高望重的名医师一直以“医疗战线上的一名小兵”自居，一句“老牛已知夕阳晚，不待扬鞭自奋蹄”，让人对他孜孜不倦、勤于治学的奋斗精神敬佩不已。

方和谦的成名主要是有很好的临床疗效，每日门诊慕名前来求治的患者络绎不绝。他认为，医生成功的途径是临床实践，方法是“勤于临证，潜心钻研”。他珍惜出诊时间，定好的出诊时间从不轻易改动，即使在“十一”、春节长假期间也不停诊，为的是不失信于病人。2006年，年已83岁的方和谦每周仍出6个半天的门诊，每次要接待30名左右的病人，其精神令年轻人叹服不已。为减轻病人经济负担，他主动将特需门诊的200元挂号费降至100元。

方和谦担任中医科的主任20余年，为科室的建设倾尽心血。作为科室带头人，他一贯以身作则，为人师表。对待病人，不分尊卑贫富，一视同仁，无论病情轻重，均认真对待。诊治有情志疾病的患者时，不仅辨证处方，并且耐心开导。在收到寻医问药信件时，均一一解答函复。

为提高科室业务水平，培养人才，他多次向中医管理局及院领导呼吁申请建立中医病房，并四处筹集资金。在医院床位紧张的情况下，1986年，中医科率先在首都医科大学附属综合医院建立了中医病房。成立初期虽然仅有8张病床，方和谦却十分珍惜这块中医发展的基地，按时查房，遇有危重病人，不分昼夜，研究治疗方案。在他的领导下，中医病房发挥中医药的诊疗优势，初期在诊治痹证及肾病方面积累了丰富的经验，为创“三甲”医院作出了积极贡献。在他的影响下，20年来，医院几经变革，中医科病房克服重重困难、不断发展，现已拥有以中西医结合诊治脑血管病为特色的 20 张床位的病房。

在方和谦的领导下，科室建设发展较快，门诊量居全院前茅，拥有 14 台专家门诊、4 台专病门诊，20 张床位的病房，形成了专业特色突出，科研成绩显著，人才梯队合理，团结和谐，不断进取的科室。2004 年，被评为北京市首批综合医院示范中医科。

方和谦的医术在中医界有口皆碑。北京许多综合医院在危重病人治疗无效时，常请方和谦会诊，他独到的医术使许多疑难病患者起死回生、转危为安。

几年前，一位 81 岁的老人长期患糖尿病，出现严重的并发症，四肢浮肿，左脚趾亚急性坏死，脚趾呈黑紫色已 1 个月有余，行动十分困难。西医认为只有截肢，老人和家属处在两难之中。后经人介绍，老人找到了方和谦求治。方和谦仔细诊查后，确认此病因元气不足、气阴两虚引起。遂投以“滋补汤”以培补元气、扶正祛邪。两周后，患者用完 12 剂“滋补汤”，四肢浮肿均有好转。6 周后，患者脚趾组织坏疽痊愈。再来院就诊时，但见老人面色红润，活动自如，已可以缓慢行走。

方和谦的医术不仅在国内具有很高的声望，国外一些华人朋友也常常慕名而来。2004 年，他接诊了一位美籍华人姜先生。姜先生 9 年来持续腹泻、腹痛、便血，在美国被诊断为“克隆病”。姜先生在美国就诊西医，治疗近两年均不见起色。美国医生表示无药可治，建议姜先生手术治疗。姜先生回国后在多家医院求助于中医，服用各类方剂一年多，但仍未痊愈。方和谦见其形体消瘦，问诊得知患者腹痛、腹胀、大便溏泻多年。病人的钡餐造影检查结果为：回肠节段性狭窄，假性憩室形成。方和谦确诊其证候为脾气亏虚，湿停气阻。随后，辨证用药，采用参苓白术散组方健脾化湿，香连丸理气止痛。一周后姜先生再次来就诊时，病情明显好转。两年间，姜先生坚持往返于两国之间，每次回美国都随身带六七十剂方和谦开的中药，最终痊愈，令美国医生称奇不已。

方和谦常教导身边弟子，“患者是我们的衣食父母”，“医乃仁术也”。患者不论职位高低、贫富亲疏，都要一视同仁、高度负责。他处方用药，药少力专，绝无大处方，力求简、便、廉解决问题，一剂药通常才几块钱，最多十几块钱。方和谦用药特别注意顾护脾胃，每每加生稻芽、焦神曲等“保胃气，存津液”。他开汤药时，十分注重口感，太苦或太难闻的药尽量不用。

桃李无言，下自成蹊。方和谦于20世纪50年代初开始从事中医药的教育事业，所培养的中专生、大学生、进修生和西学中医生，遍布京城内外。如今他们都已成为中医药事业的骨干和栋梁。他的第一、二批国家级名老中医继承人已有3名先后作为中医科和中药房的主任，成为科室建设的领导者。

科室发展需要人才，从20世纪60年代末起，方和谦积极引进中医院校毕业生，关心他们的业务学习，并送他们到西医科室及外院学习。为了提高全科中医基础理论水平，他组织科室利用业余时间学习经典著作，结合临床实际讲授的《伤寒论》课程，对全科医生“学经典，用经典”产生很大影响。

与此同时，方和谦还担任首都医科大学的教学工作。西医院校的学生不重视中医理论的学习，为此他注重因材施教，讲课时条理清晰，重点突出，深入浅出，旁征博引，涉猎广泛，声音洪亮。为启发学生对中医的兴趣，他格外注重讲课的艺术性和趣味性，把与中医学有关的诗词、歌赋引用到教学中来，频频引来学生的喝彩。听过他讲课的学生都交口称赞。至今西医科室的老大夫用中药时还念念不忘他的教诲。

为了在教学中更好地考据求源、引经据典，他对《伤寒论》《金匮要略》的内容逐字逐句剖析，深入图书馆，凡有关《伤寒论》的百家注解，如柯韵伯、尤在泾等人的著作均借阅过。讲内科医案时，他翻阅了《王旭高医案》《薛立斋医案》《名医医案》等大量医案，授课时将之与《黄帝内经》《伤寒论》《金匮要略》的理论有机结合起来，并结合临床实际，深入浅出，纵横贯通，令学生茅塞顿开。

20世纪90年代，国家极为重视老中医的继承工作，方和谦被评为第一、二、三、四批全国老中医药专家学术经验继承工作指导老师，先后培养徒弟8名。他教学生和蔼、耐心、循循善诱，有问必答，有求必应，对学生从学习、工作、生活、家庭等各方面都关怀备至。在学术上，方和谦对学生毫无保留、无私奉献。他在81岁高龄患肺炎住院治疗之际，仍不顾病体未愈，坚持在病床上备课，带病为继承人讲大课。他熟记唐代孙思邈《备急千金要方·大医精诚》篇中之名言“若有疾厄来求救者，不得问其贵贱贫富，长幼妍媸，怨亲善友，华夷愚智，普同一等，皆如至亲之想。亦不得瞻前顾后，自虑吉凶，护惜身命。见彼苦恼，若己有之，深心凄怆，勿避险巇，昼夜寒暑，饥渴疲劳，一心赴救，勿作功夫形迹之心。如此可为苍生大医”用以终生自勉。

2007年11月，北京市中医管理局批准建设“方和谦名老中医工作室”。为启发后学，方和谦不顾85岁高龄，主动请缨，在“名医大讲堂”中给学生和青年医师们系统讲解《伤寒论》。方和谦说，中医经典著作百学不厌，告诫学生要读活书、活读书、读书活，而且身体力行，活到老，学到老。

弟子们都体会到，跟师学习不仅学到了老师的学术思想、临证经验，更学到了对待病人高尚的医德和培育后学诲人不倦的精神。弟子们常说：“先生的思想、学风、医德、医术，这四者得一皆可以受益终生，成为中医界一代大师。”

方和谦是一个极有生活情趣的人：京剧、象棋、汽车样样爱好，还写得一手漂亮的毛笔字。他又是一位美食家，在饭店尝到可口的饭菜一定要学为已用。他思想开明，乐于接受新鲜事物。年轻时曾学习日语4年，如今闲暇时喜欢读读日语，弟子们戏称老师的发音是“大阪味的”。他还一直学习英语，当下流行的手机短信也发得“很溜”。80高龄的他，仍骑残疾人摩托车上下班，载着老伴去菜市场买菜，甚至还一度向往重新拥有机动车驾驶证。

方和谦说，医学与所有学科都有关联，医学与世界万物有着分割不断的联系，做一个明理的医生要兴趣广泛，深究事物之间的因果。万物苍生都有它的规律，掌握了规律，许多问题也就迎刃而解了。只有心情平和、恬淡，才能把自己融入自然之中，达到天人合一的理想境地。

佳节将临，方和谦照例邀请学生们来家里做客。学生们兴奋不已，因为他们知道，大快朵颐的时候到了。方和谦烧得一手好鲁菜，“糟溜鱼片”、“红烧肘子”等拿手菜肴让尝过的弟子们想起来就垂涎欲滴。当“掌勺大厨”方和谦忙不迭地端出一道道美味佳肴时，学生们已经顾不得礼仪，上下其手直取盘中物了。年逾八旬的方和谦也乐得在一旁微笑地注视着这些狼吞虎咽的可爱学生。

方和谦说，“药”“食”同源，做饭和中医处方有异曲同工之妙。好菜讲究主料和辅料，放什么、放多少、如何搭配，才能使菜品色香味俱全。食疗食养是中国饮食文化与中医药文化相结合的产物，厨师调五味，医生亦调五味，既有共性又有不同之处，对食疗的把握即是将二者巧妙地结合在一起，无论是从历史源流、方药构成、制作过程、科学分析各个方面来看，还是从煲、炖、蒸、煮、粥、酒、汁、茶、面点等烹饪技艺来看，它都是饮食与医药的精华所在。

曾经有人向方和谦询问养生的秘诀，他总是轻轻一笑，言道：唯“简单生活”四字而已。他说，任何补品和营养品，都不如按时作息来得重要。人与自然休戚相关，按时而作，按时而息，天道循环，是为真理。

在中医的养生之道中，最讲究的就是“养心调神”。《黄帝内经》有云：“恬淡虚无，真气从之，精神内守，病安从来？”意思是说，一个人只要保持恬淡宁静的心态，使真气顺应规律变化，精气和神气不要外泄，就什么病都不会生了。方和谦所倡导的“简单生活”养生术与此可谓一脉相承。

方和谦认为，中国传统文化博大精深，其中蕴藏着不少养生智能，《论语》中所说的“一箪食，一瓢饮，乐在其中”，指的就是“一粥一饭皆养生，健康就在唇齿间”的简单生活理念，这是一种很好的养生法则。这种简单的生活，能够让人平心静气，不为过多的欲望所累，真正使自己的人生过得健康、有品质。

只有简单，才能从容、快乐。不奢求华屋美厦，不垂涎山珍海味，不追时髦，不扮贵人相，过一种简单自然的生活，外在财富也许不如人，但内心可以享受充实。当然，简单生活不是吝啬，不是“苦行僧”，而是最自然的生活，有劳有逸，有工作的乐趣，也有与家人共享天伦的温馨及自由活动的闲暇。

何人不爱牡丹花，占断城中好物华。多年来，方和谦兼任北京市科技委员会理事、北京中医药大学顾问、同仁堂药厂顾问等诸多社会职务，繁忙的社会工作，外出参会及讲学，使他有机会在更高的层面接触中医界学术权威和学科的领军人物，使京外乃至全国的专家了解自己的学术见解，扩大了自己的影响。他曾出任全国中医药学会中风专业组组长，1985 年，在《北京中医》刊登《中风浅议》一文，为中风病的诊治提出重要见解，对内风、外风论治形成自己的思想体系。

在任北京中医学会理事长期间，他努力团结全市中医同道，发展各学科分会的建设，为北京市中医药事业的发展作出了不懈努力和贡献。

中医学源流久远，流派极多，学术见解各有千秋。方和谦谦虚好学，不耻下问，获得诸家之长。学术和实践上常与现代医家交往，互相切磋，如与朝阳医院翁心植院士共同会诊，与著名老中医路志正、焦树德、谢海洲、巫君玉、陈文伯等探讨中医学术，并与路志正、巫君玉等成为莫逆之交。

方和谦总结自己成功的要素为：熟读经典，注重临床。经典是基础，应用是关键，真知卓识来自于临床实践，疗效是检验医疗水平的唯一标准。他多次发自肺腑地告诫后学，医生的工作维系患者的生命，一定要“实事求是”，决不能强不知为已知。他的治学格言是：“学然后知不足，度然后知长短”。他寄语后学的期待与希望：要与时俱进，不断开拓进取。

前不久，一项全国百名“名老中医临床诊疗经验及传承方法”研究项目正在紧张进行之中，在这张名单上，北京入选的名老中医只有 4 位，方和谦就是这 4 位名医之一。年过八旬的方和谦行医 60 余载，他的一生历经战争与和平的演变，历经时代改革的变迁，作为一名国医传人，他坚定的人生信念，传奇的人生经历，生动地展现出一代中医大家的风采。

2009 年，人力资源和社会保障部、卫生部、国家中医药管理局评选方和谦等 30 位老中医为国医大师。

国医大师的评选，既是对方和谦 60 余年行医生涯的充分肯定，也是为了营造全社会关心支持中医药事业发展的良好环境，弘扬中医学，振兴中医药行业，促进中医药学术思想和临床经验的传承。

对于国医大师的称号，方和谦说：“‘国医大师’的荣誉激励了自己。‘老牛已知夕阳短，不待扬鞭自奋蹄’。目前我的中心工作就是讲课、带徒。”同时他也提出，中医药人才的培养要注重中医传统理论和临床经验的传承，更需要进一步与现代科学知识相结合。“中西汇通，医书无种”。未来中医学与现代医学必须从实际出发，逐步结合。“中西医结合是手段，不是目标。目标是在实践中更好地应用中医药，提高临床疗效”。

耄耋之年，方和谦除了门诊外，还承担北京名医大讲堂中医基础医学的授课工作、北京薪火传承“3+3”工程的带徒任务。

虽然年事已高，又患有肺病，依然战斗在医疗一线，接近米寿的方和谦仍时常对人说：“我虽年迈，始终感觉学习不足。至今大有‘书到用时方恨少，事非经过不知难’及‘学无止境’之感。寄予同道，以俟来日。”

“有生必有死，早终非命促”。2009 年 12 月 23 日，噩耗传来，方和谦在北京因病辞世，享年 87 岁。

一位普通患者在网络上这样哀悼：“方大夫您好！我是一位普通的患者，也是您的街坊，在我最困难的时候，您向我伸出关爱之手，免费为我诊病、开药，陪我聊天，为我开导。当时为了少花钱，我停了很贵的西药，喝着您给开的一剂几块钱的中药汤，很快就解决了问题。我一直记着您对我的恩情，很想再到医院看您，可又怕影响您休息。没想到您却走了，我心里太难受了。您给病人带来幸福，自己的生活却那么简朴平实，我无法抑制住难过的心情和泪水，只有默默地祝您老人家一路走好。我会永生为您祈祷，感恩！”

“死去何所道，托替同山阿”，人们在沉浸于方和谦离世的悲痛时，也将永远铭记他谦和的为人和精湛的医术。

（撰稿人　红　雷）

印会河
卷

印会河（1923—2012）

聞鷄慷慨蒞蕪寧不習奐蟲不
競名祇覺醫林方殿々欲憑爝。
火振明々從來科學無夷夏畢
竟人才有古今願作長風揚萬
里好浮鯤翮上霄青 内科新論既成即興一律
辛酉之秋 江蘇靖江印會河并書

印会河手迹

中医要勇于变革，敢于创新，要有意识地吸收和应用现代科学技术，剖析和验证中医学的科学内涵，发展中医，造福人类。

——印会河

印会河，名石，字枕流，1923年出生，江苏省靖江市人，著名中医学家、临床家。13岁开始学医，已从事医疗工作70余年。1928~1934年，念私塾。初中毕业后随父学医。1940年，悬壶靖江。1943~1945年，在江苏武进开诊所。1946~1949年，通过上海市中医考试，取得开业执照后在上海行医。1956年，任江苏省中医进修学校（南京中医药大学前身）中医教学业务组长兼金匮教研室组长。1957~1984年，奉调率队支援北京中医学院，历任金匮教研室主任、附属东直门医院医务部主任兼内科教研室主任、温病教研室主任、中医基础教研室主任。第一批被评为中医教授职称，第一批享受国务院政府特殊津贴，第一批被授予全国老中医药专家学术经验继承工作指导老师称号。

1984年，任中日友好医院副院长、学术委员会副主任、中央首长保健医生。1994年7月，被聘为国际肝病研究协作交流中心学术委员。2008年，被评为“首都国医名师”。2009年6月，获得中华中医药学会成就奖，被聘为中华中医药学会终身理事。入选英国剑桥《世界名人录》。

印会河擅长治疗内科疑难杂症，并取得多项科研成果。他治疗晚期梅毒脊髓痨有效率达80%以上；曾治愈我国第一例大肠杆菌肺部感染引起的大面积肺炎，用鹿附汤加人参治愈骨髓炎。他尤其擅长医治肝胆疾病，完成了国家中医药管理局科研项目“开肺气、利三焦”，以自拟“消臌汤”为基本方，治疗慢性肝病、肝硬化，并通过一期临床鉴定。印会河治疗泌尿系统疾病亦卓有成效，他研制的中成药泌感灵（后改名为泌尿宁）通过国家鉴定并已投入临床应用。治疗失眠、神志病也是印会河的长项，曾在美国华尔街为大量患者治愈此病。使用攻下法治疗肠道疾病以及外感热病等也是他的“神来之笔”。印会河通过大量的临床实践提出，从辨证论治到辨病论治到抓主症是解决问题的关键，并总结出抓主症120方，这也是他进行中西医结合研究的成果。

印会河在发展中医理论方面进行了诸多的有益探索，对缺乏科学依据的一些中医理论进行针砭，并创立了外感热病的辨治新体系。在用药方面，药味不多，效果显著，让人叹服。他在医疗界有很高声望，学术水平一流，待人真诚，不说假话，性情耿直，从不随波逐流。对学术问题，他抱着实事求是的态度，因多次对中医经典发表独到见解，曾引起一些人的反对，但他依然如故，继续发表文章阐述自己的观点。他坚持中西医结合才是推动中医发展的唯一路径。他满腔赤诚做学问，不计个人得与失。

顽童学医承祖业

1923年8月8日，印会河出生于江苏省靖江县红光乡红英村。他的父亲是当地名医印秉忠。印会河的名字也是有点来历的。那年公历8月8日正好是农历七月初七，因为这一天是传说中牛郎织女银河相会的日子，父亲便给他取名为会河。

小时候的印会河，面皮白净，额头宽阔，大眼睛里透着顽皮和聪慧。父亲为了让这棵好苗子早日成材，5岁就送他去读私塾。

私塾先生是他的祖父。去读书的路上，清新的花草香气和啁啾的鸟语，使印会河常常流连不前。有时，他在父母的注视下乖乖地背着书包和小伙伴们出发了，然而这一天的功课却被他改成了自由活动：他在上学路上的一条河里游泳，像小鸭子那样自由自在地戏水，然后在岸边的湿地上打滚，直到用身体滚出一条入水的斜坡！捉鱼、扑蚂蚱、逮蝈蝈、学鸟叫、采野花……他疯玩一天，太阳落山时，在路上迎着下学的小伙伴一同回家。这样，逃课的小把戏就不会被父母察觉，而等父母见到祖父时，祖父已经忘记他旷课的事了。

背诵四书五经很让小伙伴们头疼，背不出还常挨先生的手板，所以他们几乎整天困在学堂里背书。顽皮的印会河却常趁祖父午睡时溜出去玩耍，一会儿爬到大树上掏鸟蛋，一会儿给刚出壳的小鸟喂只小虫。玩上一阵子，估计祖父快醒了，便在同伴们此起彼伏的背诵声中悄悄溜回来。等大家昏昏欲睡时，他来了精神，搞起在别人后背衣服上写字的恶作剧。提问他时，他却能倒背如流。祖父望着这个几代单传的男孩，心里很是欢喜。

印会河的私塾学习持续了6年。这6年是充实的，博大丰厚的传统文化如甘霖滋润着他。他一生喜爱的种花、养鸟、书法也是从这时候开始的。当然，他那“顽劣”的性格也更为大家所熟悉：一天，邻家的鸡跑进他家的花圃里，把刚刚露土的小苗毁坏了。愤怒的印会河决定报复，他把河豚鱼籽洒在了苗圃里，并警告邻居管好自己的鸡。可邻居没有把这个孩子的话当真，这些鸡还是欢快地光顾。河豚鱼籽显示出巨大的威力，这些“入侵者”食后纷纷倒地毙命。乡邻无可奈何，只好笑眯眯地喊他去喝鸡汤。

1934年，11岁的印会河在祖父和父亲的指导下，已深入系统地学习了“四书五经”、《左氏春秋》《古文观止》等书。这一年，他插班进入当地的小学学习，并参加了升初中的考试，顺利考进了无锡匡村中学。

抗日战争爆发后，印会河被迫中断学业，回乡从父学医，决心实现祖父与父亲的夙愿：杏林耕耘，造福乡里。

印会河的祖父印玉衡熟读“四书五经”，又长于八股文，在开办私塾之余，对中医有浓厚兴趣，自学了一些中医书籍。他对儿科有一定心得，尤其在小儿推拿方面得心应手，因此一边教书，一边行医。但他毕竟没有经过名师指点，对一些病症不敢放手用药，留有许多遗憾。他把自己的期望寄托在下一代身上，把自己推崇的中医书籍，如《内经知要》《伤寒论浅注》《金匮要略浅注》《医宗必读》《医学心悟》《温病条辨》《汤头歌诀》《小儿推拿广义》《幼科铁镜》等让印会河的父亲印秉忠熟读或背诵。他总结自己的经验教训，又让印秉忠拜孟河名医王理唐先生为师，学习内科杂病知识3年之久。王理唐先生悉心传授临床经验，再加上印秉忠自己掌握的经验理论，同时又得到清末名医费伯雄的指点，之后又师从靖江人称“龚老四”的名医学习外科内托法等技术，印秉忠进步很快，医术水平不断提高。经过近5年的临床学习后，印秉忠声名鹊起，已经成为靖江县有名的中医了。

有了前辈的苦读与钻研探索，印会河自然少走了很多弯路。父亲印秉忠根据自己学医的经验体会，认为初学中医不应从《黄帝内经》《难经》《伤寒论》《金匮要略》入手，这些书籍深奥而不易掌握，还不如从适用于临床实践的《汤头歌诀》《医学心悟》《医宗必读》《温病条辨》等学起。其中哪些章节（包括注引的方义、汤药等）要熟背，哪些通读即可，哪些与实际不符应摒弃，印会河都得到父亲的悉心指导。

生性活泼好动的少年印会河刚接触到枯燥的医学理论时，自然感到很乏味，加上医书中满页都是摸不着头脑的“阴阳”、“五行”和“四气”、“五味”等名词术语，让印会河打了无数次“退堂鼓”。然而祖辈、父辈的殷殷期望与谆谆教导又让他一次次地坚持下来。

半年过去了，印会河已经把父亲布置的启蒙书籍学习完毕。他有了一定的基础之后，父亲又开列了新的书单，要求他重点背诵并加深理解，像《医学心悟》的“医门八法”，“寒热、虚实、表里、阴阳辨”和症状病理；《医宗必读》的多篇医论，以及该书的本草、脉诀；《温病条辨》的上、中、下三焦篇等；还令他精读孟河费氏薪传的《医醇賸义》。在研读中医书籍的同时，父亲让他上午侍诊抄方，下午随同出诊。父亲对病人的细心诊断、大胆用药与显著的疗效让少年印会河很是佩服。例如很简单的失眠、多梦，书本上一般把它归到“心”的病类中（因心主神明），不是“养心”、“补心”，就是“清心”、“安神”。可是父亲根本不用这些，而是把重点放在治“痰”上面，轻则“二陈”、“清胆”，重则“滚痰”、“导痰”，收效一般都很好。又如治外感热病，明明是发热、恶寒、身痛无汗、脉浮紧数等一派“太阳表证”，可父亲从来不用麻、桂、青龙，用的却是银翘、桑菊合方，最多配进去一点苏叶、浮萍。

父亲告诉他，读书的目的是治病，“尽信书不如无书”，只有经临床验证了的理论才能相信。父亲的告诫让印会河认识到，只有通过临床实践，才能掌握解决问题的真本事。

在跟从父亲学习临床诊病治疗的过程中，印会河深深地感受到各种疾病给乡里百姓带来的诸多痛苦，而为百姓赶走病魔，又是一件多么有意义的事！这是优秀男儿义不容辞的责任！心中装有百姓的疾苦，十几岁的印会河变得少年老成，他从此坚定了自己从医的志向。

父亲见印会河学医的兴致越发浓厚，便深入引导。他告诉印会河要掌握两个学习的重点：一要多读医案，二要多向当代中医学习。印秉忠指出，叶天士的《临证指南医案》是一部好医案，轻清灵活，有大家风范。但须注意：这些医案是在叶天士成名以后，由他的学生们随诊、侍诊积累起来的。由于每天看病数百人，不可能每个病人都诊察得很细致，于是他的处方失于轻描淡写。用于内科调理很好，但靠他的处方治急病、大病就显不足，这是功成名就的“守派”典型。初出茅庐的年轻人仅靠前人的处方来创业是不够的，要多读《柳选四家医案》，尤其是尤在泾的《静香楼医案》。印秉忠认为，周围的同道不一定都很高明，但其中确实有不错的，要善于发现并学其所长，要掌握一种无声的学习方法，那就是千方百计多看别人的处方。

每逢农历二、五、八、十等集市日，父亲便让印会河去中药铺翻检患者抓药的各类处方，学习诸家经验。另外，父亲还让印会河每次门诊或出诊时，一定要查看前一个医生给病人开出的处方，以找到其方不能取效的缘由。更重要的是，要查看自己治疗效果不理想，换了别人却治好了的处方，这样才能学到别人的经验。这些经验之谈让印会河一生受用，他从此形成了集诸家所长，不囿于门户偏见的开放胸怀。

十四五岁的印会河用心钻研医学，每逢赶集日，他总是出现在集镇药房的柜台旁，主动向患者要来药方看，一边询问病情和疗效，一边思考药方的构成和药理。晚上回家后，印会河还把白天抄录的病例整理下来，仔细研究，遇有不明白处就向父亲请教。这样三两年的光景，印会河抄录病例 4000 多个，整理验方 500 多首，记下的学习笔记有几十本。

百般磨砺始成金

1938 年，15 岁的印会河在父亲的苦心培育下，经过侍诊抄方、口述录方到独立看病开方几个阶段的锻炼，已经能够独自应诊。印会河第一次独立看病，所看的病人是夏季暑湿症，古称阴暑。患者吐、泻，四肢僵冷，心绪烦躁，口渴，喝水又呕吐出来，汗出不止，面色苍白，精神萎靡，脉细微欲绝。对这类病症，印会河还没有经历过。他面无波澜，头脑里却在不停地检索着存储，猛然间记起《温病条辨》里有“湿伤脾胃两阳，既吐且利，寒多不欲饮水者，理中汤主之”，于是用重剂理中汤（出自张仲景的《伤寒论》，由人参、干姜、白术、炙甘草组成），不加不减。果然，病人只服药一剂就痊愈了。这一次药到病除的经历很快在乡里传开了，也让年少的印会河有了一点小名气。

印会河的父亲为人真诚厚道，对病人不分高低贵贱一视同仁，遇见没钱看病的人就免费救治，对没钱抓药的穷苦百姓则慷慨解囊。他高超的医术和高尚的医德使来印家诊所看病的人比肩继踵。父亲忙不过来时，印会河就帮忙诊治。时间长了，印会河也树立起了自己的口碑：治疗内科杂症立竿见影。乡人亲切地称他“小印先生”。

印家家风淳朴忠厚，乐于助人。有一年，一个做豆腐的邻居家里着了大火，家当毁于一旦，幼小的孩子在啼哭，老人在悲啼。房子烧掉了，一家人连做饭的地方都没有。印家人非常同情他们，每日母亲做好饭菜装在竹篮里，让年少的印会河提着送去。印会河的父母就是通过这样的点滴小事培养孩子仁善、忠厚的品德。

1940 年，17 岁的印会河在家乡靖江挂起“内外大小方脉”之牌，独立悬壶应诊。他对每一位患者都悉心诊治，用药大胆得当，开业两年就有了“江南小名医”的美誉。

为增进学业，1941~1943 年，印会河曾经两次去常州武进访求名师。

从明末清初至清末民初的 200 多年间，常州武进孟河镇名医云集，医业鼎盛，全国各地慕名前来求医者成千上万，小镇附近的江河岸边终年挤满求医者的船只，成为远近一大景观。镇上诊所、药铺林林总总，内、外、妇、儿、疡科、喉科一应俱全。印会河的父亲曾经得到武进四大名医之一费伯雄的指点，因此提醒印会河，此去前辈家乡应格外虚心慎重，也提醒他江南人体质较北方人纤弱，用药应轻灵。父亲又叮嘱印会河，所到之处要“入乡问俗”，要到各药店翻看处方，掌握当地医生的用药特点。第一次去武进，印会河按照父亲的指点，不辞辛苦，虚心学习，一路下来收获颇多。

1943 年，印会河与父亲一同前往武进，并在武进郑陆桥镇开业。两年间诊所业务开展得很顺利，尤其是治疗晚期血吸虫病疗效显著，印家父子的影响扩大到百里之外的无锡、江阴县境。

印家父子的诊所越来越兴旺，不料却惹得当地一个姓陈的恶霸十分嫉妒，他心生歹意，寻衅敲诈。陈姓恶霸号称要修缮镇内庙宇，强迫印氏父子二人交 3 万块砖、3 万块瓦，否则立即封他们的门。强龙压不住地头蛇，印秉忠觉得地头蛇惹不起，便决定离开这个是非之地，去三河口小镇行医。生性刚直的印会河却不肯妥协，更不愿让辛苦打下的基础付之东流。一个要走，一个执意要留下，父子二人争执不下，年轻气盛的印会河一赌气，独自去了上海。

1945 年，初到上海的印会河正赶上国民政府举行中医考试，如果考试合格，就发给上海市行医执照。印会河决定赴考。他功底深厚，一考就过了！他还来不及充分品味成功的喜悦，就为现实的生计问题苦恼上了。初到大上海，他可谓形单影只，一个乡村中医，该如何生存又如何扎根呢？此时他不但没钱租赁诊所，就连吃饭也成了问题。

在乡里时，印会河家道殷实，祖父留下房产 14 间，房后是一大片茂密的竹林，父子行医，吃穿不愁，可谓悠然自得。而此刻他要在大上海白手起家，该从何处着手呢？22 岁的印会河毕竟有过少年学医的苦读、自立门户的经历和外出游学的磨练，因此，面对新的环境和困难，他没有太多的畏惧，而是怀着不图一夜成名、但求长进本领、学习各家所长的平和心态，通过亲友介绍患者应诊，在没有病人的时候，就到妹夫工作的闸北区中药店去翻检处方。通过一段时间的揣摩，印会河渐渐掌握了当时上海各路名家的一些医疗特点和用药规律。

一次，亲友介绍来一个姓高的女同乡，她患了肠伤寒。印会河用以往的方法治疗了几日，病情反复，效果不理想。病人听说上海有一位治疗伤寒的名家“张聋棒”，便有了去他那里诊治的想法。印会河欣然同意，并陪同病人一同前往。“张聋棒”诊所里看病的人很多，印会河挤在离张老医生不远的地方，仔细聆听他向侍诊的徒弟口述方药。张老医生只开了七八味药，药味不多，药量也不大，无非苦燥清解、芳香化浊之品，类似于甘露消毒丹的减制。印会河前后去了几次，观摩了 30 多张处方，基本上吃透了张老先生治疗伤寒的路子。

后来，印会河又听说上海有位姓王的“神医”，一天能挂 240 个号，可以两手诊脉，于是他又悄悄地跑去观摩。他发现王医生的神奇在于问诊，问出主症就开方，所以看病既快又好。这些经验印会河记在心里，为他以后总结的“抓主症”奠定了基础。

印会河没钱买房，也交不起租金，只好暂借朋友的一间小屋接待病人。一次，上海某大报记者在亲友的介绍下，半信半疑地踏进了印会河的小诊所。这位记者患溃疡性结肠炎 20 多年，经常腹痛，便中带有大量黏垢，食油腻过多或者遇冷遇热时，腹痛就会加剧，大便次数增多，甚至出现脓血便，找中西医治疗多次，均无明显效果。印会河听患者自述后为其诊察，认定患者是湿滞肠道，气血凝结，应用通因通用法，以木香导滞丸做汤通肠祛垢。印会河开出了 9 味药：槟榔 9g，木香 6g，枳壳 9g，大黄 9g，黄连 12g，神曲 9g，茯苓 9g，生苡仁 30g，泽泻 9g。患者回家服了 6 剂，病情缓解，又服 6 剂，病症竟然消失了。这位患者逢人称奇，还写了一篇文章报道印会河的高超医术。就这样，印会河靠自己的实力，再加上媒体的宣传，他的小小诊所渐渐兴旺起来了。

印会河医术好，又年轻，不少人打算给他介绍对象。一天，烈日当头，印会河正在诊所为人看病，一个自称受上海外滩高老板之托的媒人跨进诊所。媒人说，高老板相中了印会河，想把自己的女儿嫁给他。刚开始，印会河还耐着性子听，可是这位媒人居高临下的姿态越来越让他生厌：什么这是高老板看得起你啊，你能找上高小姐是你家烧了高香啊……终于，血气方刚的印会河按捺不住内心的羞愤，拍案而起，把媒人“请”了出去……这件事惹怒了那位高老板，几次派人上门挑衅。印会河年纪轻轻没有靠山，但是他的医术与医德已为群众熟知，看到他受欺辱，一些素不相识的人多次站出来打抱不平，使他摆脱了这场纠缠。

印会河在上海一晃 3 年有余，独在异乡为异客，生活上自然是吃了不少苦头，可喜的是他医术有所长进，诊所业务也拓展得不错，方方面面已大体适应。正在业务稳步发展之时，形势发生大变，1949 年初春，上海面临战事，印会河便雇舟返回了家乡靖江。

医教园里耕耘忙

岁月如歌，吟唱不绝。1954 年，印会河从上海返回家乡行医已五载。他担任了靖江县太和中心联合诊所主任。从 13 岁学医到 17 岁独立行医，之后边行医边游学，印会河已经成长为沉稳干练的“江南名医”了，此时他刚刚 31 岁。

这年春，一个新的机遇使得印会河的人生轨迹发生了改变——他被选派到扬州地区中心医院学习西医。年末，他又参加江苏省中医进修学校（后改名为南京中医学院，现为南京中医药大学）考试，并顺利入选该校的师资班，毕业后留校任教。这个乡村青年没想到，自己在大上海扎根的愿望落空了，却如此顺利地迈进了南京的高等中医院校。这样的人生机遇是印氏家族任何人都没有想到的。一种喜悦与振奋的激情在印会河心头洋溢开来，他对即将开始的新生活充满了希望。

中华人民共和国成立后，全国的卫生事业进入了新的发展阶段。毛泽东主席于1954年指出，中医药应当很好地保护与发展。我国的中医药有几千年历史，是祖国极宝贵的财产，如果任其衰落下去，将是我们的罪过；中医书籍应进行整理……如不整理，就会绝版。同年又指示：即时成立中医研究院。1956年5月27日,《人民日报》发表了《积极培养中医，壮大卫生工作队伍》的社论。

根据党中央的指示精神，中医研究机构和中医院校在许多省市相继成立。但是老师们苦于没有像样的教材，授课无从下手，学生们的学习热情也受到很大影响。1957年年初，卫生部中医顾问秦伯未、上海中医学院院长程门雪等中医名流来南京中医进修学校调研，印会河作陪并参加了座谈会。在谈到阻碍中医发展的问题时，印会河率先发言，提出编写教材刻不容缓，尽早改变时下用“四大经典”作为教科书的现状，要把散在诸家典籍中的精华重新整理概括，编写出符合教学要求的中医学教材。这一提议得到与会者的一致赞同。没过多久，卫生部就下达了编写《中医学概论》一书的文件，具体编写工作指派江苏省中医进修学校完成。

由于教学任务繁重，江苏省中医进修学校副校长由昆决定让当时在校的“师资班”学员打头阵，写出一部分样稿送交卫生部审查。结果样稿全部被打了回来，只得重起炉灶，由当时印会河所在的中医教研组负责主编。印会河是教研组的业务组长，所以责无旁贷地担起了重任。他立即着手筹划编写，经常挑灯夜战。样稿写出后，火速送往北京，结果得到表扬。在短短3个月里，50多万字的《中医学概论》初稿全部完成。这本书作为我国第一部系统的中医理论教材在全国各医学院校使用，得到普遍好评，多次再版。在江苏省中医进修学校工作期间，印会河还主编出版了《金匮讲义》一书。

1956 年 8 月，北京中医学院（现北京中医药大学）成立，卫生部决定从全国各地抽调 30 多名中老年名医来学院任教。1957 年 8 月，年仅 34 岁的印会河被点名作为带队人跨进首都北京，实现了他人生的第二次飞跃。

来到北京，印会河接触到许多来自全国各地的不同流派的中医大家，身处其中，他没有洋洋自得，反而觉得这是自己难得的学习机会。印会河开始着意学习“北京四大名医”，尤其对施今墨老大夫的处方用心揣摩。他认为施今墨用药虽多，但是理路清晰，值得借鉴。

在北京中医学院任教期间，来自各地的中医名士们在用药方面各有理论，常常争执不下。印会河经过细心研究考证发现，北方中医的用药量大于南方中医。他仔细分析后认为是气候所致，再加上南、北方人的体质也存在很大差异，因而用药也须区别对待。印会河还发现，老中医之间为柴胡一药屡起争端，有人认为柴胡升散劫阴，不宜重用；有人却认为柴胡清降凉润，大剂量无妨。印会河到药店问明底细，原来柴胡品种有六七种之多，南方柴胡多取茎叶，具有升散作用，而北方柴胡取用根部，茎叶与根部品质有异，用法也就不同。此后，印会河在治疗冠心病、风心病、心衰时，柴胡的常用量高达一两，一改以往在家乡时只敢下二三钱的惯用剂量，疗效显著。

1957 年，印会河在北京中医学院任金匮教研室主任，为该教研室的建设和中医临床教学做了大量工作。1958 年，北京中医学院附属东直门医院开院，印会河担任医务部主任兼内科主任。以往积累的临床经验使他在医疗一线如鱼得水，学员们跟着他行医也大开眼界，一些很棘手的内科疑难杂症在印会河手里药到病除了。为了规范教学，使学生掌握要领，印会河利用业余时间编写讲义。他吃住都在办公室，不知疲倦，困了就打个盹，之后再继续奋战。

1966 年，印会河下放到农村“开门办学”。1978 年，他回到北京中医学院并担任了中医基础教研室主任。受卫生部中医司指派，他主编了全国高等中医院校教材《中医基础理论》第五版。本教材成书之后多次再版，并被译成英文、日文，在国内外获得很高评价。

长年的勤勉求索，使得印会河在事业上成就不凡，格外引人瞩目。1978 年，印会河与任应秋、王玉川、刘渡舟、王绵之等被评为北京中医学院的第一批中医教授。同年，中医首次招收研究生，印会河被评定为首批研究生导师。他每周两天乘公交车到东直门医院，带着学生上门诊，毫无保留地把自己积累的经验传给学生。他常说的一句话是：“你们要好好学，我不能把这些东西带到另一个世界去。”

除此之外，印会河还不辞辛苦地去外省参加中医教学讲座，长期活跃在国内外的学术讲坛上。他曾到日本、美国进行学术交流，虽然不会外语，但在国外的主讲席上他依然充满自信，为传统中医走向世界，为促进国际文化交流作出了自己的贡献。

胡定邦如今是国医堂特需专家，享受国务院政府特殊津贴，曾任北京中医学院内科主任、东直门医院院长，1965 年从北京中医学院毕业后分配到温病教研室做助教。他记得自己刚到教研室时还没有资格上讲台，印会河毫无保留地把自己的讲义给他看，耐心地讲解 9 种温病如何鉴别，如风温有哪些症状、春温与风温怎样区分等，并要求他熟读《温病条辨》。印会河的无私传授给了胡定邦一个良好的开端。随着时间的推移，胡定邦越来越精通于温病这门学科，并与印会河合作，在印会河总结的理论基础上写成了《温病纵横》一书。胡定邦眼中的印老师不仅学术水平一流，富于创新，诲人不倦，而且更难得的是为人豁达明净，豪爽大度。

提起印会河，中日友好医院中医教授徐远不由感叹：印老在课堂上，诗词雅句信手拈来，听着很过瘾；他把教科书的知识和自己积累的经验毫无保留地传给学生，他对所开方子、剂量讲解得很明了。印会河经常告诫学生：行医要脚踏实地，要靠疗效说话。他说："治病就像打仗，医生好比指挥员，容不得半点马虎，一定要学会剔除假象、假情报，掌握真动态，集中用兵，一举获胜。我们心中要时刻想着病人，遇病切忌草率用药，要瞄准目标后再调兵遣将。学书本上的知识是重要的，但绝不能食古不化，生搬硬套。对待中医这门学问要能钻进去，还要能跳出来，不断临证，要在悟字上下工夫，所谓医者意也。"

创立外感热病辨治新体系

中医习惯上把外感病分为伤寒和温病，温病又分新感温病和伏邪温病。但印会河否认伏邪温病的存在。根据临床经验，他提出外感热病应分为四型，即温热、湿热、温热夹湿、伤寒太少二阳病。

印会河是个多面手，他不仅担任过金匮教研室主任，还担任过温病教研室主任。他认为，中医院校的一版、二版教材《温病讲义》虽有一定成绩，但某些编排方法仍有值得商榷之处。例如，把叶天士《外感温热篇》所提出的卫气营血分证与吴鞠通在《温病条辨》中发展的上、中、下三焦分证混同而论，并将二者等同起来作为参照，这样做就意味着所有温病既能用卫气营血来辨治，又可以通过三焦来分证。这便打乱了温热病卫气营血相传的规律，也混淆了卫气营血辨证和三焦辨证在临床应用上的不同意义。

另外，在该教材中，《温病条辨》所列的9种温病，除去温疟未被选入，冬温并入风温，其余7种（温热被改成春温）都沿用了老病名，并人为分割，分章立说，各为证治，其繁琐重复不利于教学。特别是对于很多由同而异、由异而同的道理，都未能阐述清楚。而且，二版教材虽然撇开了“伏邪”致病之说，但仍因袭吴鞠通以节令定病名的传统做法，特别是惑于《素问·热论》“先夏至日者为病温，后夏至日者为病暑”之理论，强分其为春温、暑温、伏暑，从表面上看似乎证治分明，而实际上却是生硬地强调季节的作用，有悖于中医学辨证论治的优良传统。用时间一日之先后来区分病证，不但会造成概念上的混乱，而且在临床中也是不能成立的。

为此，印会河在温病教学中进行了如下调整和变革：

一是将外感热病划分为温热和湿热两大类型。温热属燥热一类，因其伤阴耗津血之特点，治法以祛热（包括辛凉、发汗、清泄和养阴等法）和保津血（包括滋阴、凉血、生津和急下存阴等法）为重点；湿热则由湿郁而化生，不易伤阴而重在伤阳。祛湿即可通阳，湿去则其热不能独存，故治疗上应以祛湿为务，至热度上升较高时，方配合苦寒药物，取其寒以清热，苦以燥湿，原则上仍以治湿为主。至于温热夹湿与感寒化热，印会河认为，这两种病象一般只在外感热病的某些阶段出现，不贯穿疾病的整个过程，亦不具传变的规律性，故应按特殊证型处理。

二是抓住温（燥）热伤阴、伤津血之特点。伤津血则必然导致邪热内传，所以印会河认为，用卫气营血之传变来分析温（燥）热病机是比较合乎其发展规律的。他着重阐明，在卫气营血各证中既要分出重点证型，又要抓住各自的主症。例如，卫分病的主症应抓恶风寒和脉浮这两个重要体征（病有发热、口渴、脉数，但此系外感温热病之症，非卫分所独有），并据其温热在表、在肺与皮毛之特点，又区分出热在皮毛和热在肺卫两个证型。

气分病的主症是不恶寒但恶热，印会河认为，这与伤寒太阳病传入阳明经的无寒但热已无根本区别，在治疗上也就不必再区分什么“伤寒”或“温病”。病入气分，印会河大体上将其区分为热壅于肺、热扰胸膈、热在肝胆、胃热亢盛（肌热）和热结肠道等不同证型，每个证型又抓住其主要症状，再区分为不同的具体病证，如热壅于肺又分出肺热、肺燥和肺痈三类病证。在治疗方面，肺热须重在降热，肺燥则重于清润，肺痈则须以通瘀肃肺为主，等等，依此类推。至于营血病主症，亦是依此规律详细分类辨析。

三是用吴氏的“三焦分证”来辨治湿热病证。对于湿热病，印会河主要抓住其水湿流下的特征。湿为阴邪，不伤津血，重在耗损阳气。由于阴血未伤，湿热之患只在卫、气分留恋，而不能伤阴入于营血。更兼湿为重浊腻滞之邪，最易阻遏人体阳气之舒展，故有一分湿邪，即可出现一分阴寒之象，不恶寒但恶热之气分见证一般甚少。又因脾恶湿且湿邪最易困脾，故湿热病初起即常见脾的运化功能减退及肌湿身重等症。在临床表现上亦可出现恶寒、身痛等症，但二者并非表证，而是由湿郁阳遏、温煦失职所致。为此，根据湿热为患之病机及其固有的传变规律，印会河认为，卫气营血的分证方法根本不适用于湿热病之辨证，而比较切近的应推三焦辨证。而且，三焦本身即是水湿运行、蒸腾气化的通道，对人体之水液代谢、废水（湿浊）排除起着无可争辩的作用。

印会河还对有关外感热病的体质与“从化”问题，及上、中、下三焦湿热病分证等作了具体的分类和辨析。

通过这样的整理，首先使辨证论治不再受时令季节的限制，而可以灵活自如地运用于外感病的诊疗实践。季节只能说明正常情况下的岁运，并不代表“六淫”的出现规律，故风温、燥热、风寒化热等均可生于四时，而暑热之证也可能先于夏至或后于秋分见到。其次是阐明了不同的发病及其转化。在同一时间、地点生活，可见不同的发病，也可以在发病情况基本相同的情况下，产生不同的变化与转归。

这样化繁为简地重新分类后，广大的中医同仁一致认为，外感热病更易于临床辨证施治了。

筹建中日友好医院再立新功

1982年，中日友好医院筹建之始，印会河又被选中，被卫生部聘为中日友好医院副院长，主管中医工作。

时任中日友好医院院长的辛育龄回忆，起初建院的宗旨是，建立一所现代化的大型综合医院，走中西医结合的路子。当时医院设有1300个床位，其中300个是中医床位，计划在全国范围内选拔一批有西医知识的中医。辛育龄向上级主管部门提出要调用北京中医学院的印会河，理由有二：一是印会河有很深的中医理论知识功底和丰富的临床经验，是中医学术权威；二是印会河为人坦荡开明，思想又不保守，适合开展中西医结合的工作。

印会河到中日友好医院后，着手选拔了一批过硬的骨干来各科挑大梁。他所亲点的几员大将分别是：内科的焦树德、梁贻俊，妇科的许润三，心血管科的武泽民、史载祥，肿瘤科的张代钊，外科的伍锐敏……

辛育龄这样评价印会河："印会河做事特别认真，又有韧性，同意做的事准能干成。他从不说假话，怎么想就怎么说。"

一个外省的中医，想到中日友好医院肿瘤科求职，托一位领导跟印会河打招呼。印会河没有任何铺垫，张口就说："肿瘤科已经有人了，如果想来工作我得考核一下。"过后再提起，印会河又跟"弄堂里扛木头"那样直来直去，毫不含糊地回答："这个人我调查过了，他医术不行，是个走江湖的。"

中日友好医院组建之初，院领导最感棘手的问题是，内科有中、西医医护人员近百人，老中医坚守中医传统，西医运用现代医疗手段，中医与西医如何互相尊重，发挥各自所长，并且密切合作呢？这个工作看来不是一天两天能协调到位的。

在教学工作之外，内科工作的重担让印会河感到了前所未有的压力。病人来自全国各地，一般都是久治不愈的疾病。印会河在门诊要诊治大量病人，还要负责病房工作。病人痛苦的呻吟声，真是声声入耳……工作头绪繁多，且都是重担，还有许多难以协调的矛盾，难以解决的问题，他工作又一贯精益求精，急病人所急，痛病人所痛，此时真有心力交瘁之感。

面对困难，印会河没有退缩，他拿出青少年时代学习中医的钻劲来学习西医。他虚心向本科室有经验的西医大夫学习，遇到疑难病症，中西医一同会诊，不懂的就再翻书本。他得空就学，碰到困难就找来身旁的西医请教。他坚信在临床用中西医两种办法治疗疑难病症，一定能收到最好的效果。他认为，中医学西医不一定要钻研得很深很透，但掌握一些现代科学和西医药知识是必要的。

中日友好医院建院后，有大量在华工作的国际友人来院就诊，还有一些外国朋友不远万里慕名而来。某外国领导人之女得了脊椎裂，疼痛难忍，甚至影响了正常的行走，经中央某领导人介绍，到中日友好医院找印会河治疗。印会河给她用活血化瘀与补肾的方法治疗。服过几剂药后，女孩便能下地走路了。半个多月后的一天，护士发现女孩不在病房，找了半天才得知，女孩正在天安门前摄影留念呢。

1983年春，印会河与中日友好医院其他院领导以及本院药剂、制剂等科的同仁一同出去考察，他们专程到地处江汉平原、人杰地灵的李时珍故里蕲州取经。冒着连日风雨，印会河一行紧锣密鼓地参观了设在蕲州古城旧址的李时珍医院，瞻仰了坐落在城东雨湖之畔的李时珍陵寝与李时珍博物馆。印会河感慨，李时珍医院不愧是得遗泽，不但处方理法谨严，井然有序，在中药加工及炮制等方面也是一丝不苟。同行的一位药剂科的同事伸手到药房的药斗里抄看了几段饮片，惊奇地发现真是一尘不染！印会河粗浅地统计了一下，在李时珍收集的1892种药中，异国产药以及我国少数民族地区产药竟有118种之多。李时珍的思想是开放型的，他没有把异国和我国少数民族地域产的药排斥于《本草纲目》之外，也不分"土"和"洋"，唯其作用是依；李时珍不搞迷信，不论是古代传留下来的中药还是他本人的发现，都经过他的实地考察，然后分门别类，纠正了不少"讹传"或误解。

参观中，印会河心潮起伏。李时珍历经二十七载，跋涉在山林川泽之间，和野生动植物广打交道，向富有实践真知的村医、野老请教，集腋成裘，聚沙成塔，终于完成了举世瞩目的医药巨著。李时珍卓尔不群的意志和执著的探索精神是后人心中不灭的灯塔！

参观归来后，印会河把李时珍的铜制塑像安放于中日友好医院内，冀以李时珍严谨治学、坚韧执著的精神激励同仁。

临床高手　屡创奇效

印会河在中医界以临床疗效好而声名远扬。他多年来对中医孜孜以求，但并不执著于古代医书的记载，还能根据具体情况调整和创新，因此取得了显著的成绩。

一、治疗肺部大面积大肠杆菌感染

1978年，印会河被北京解放军三〇九医院请去为一位姓孟的男性患者会诊。患者54岁，高烧40多天不退，从新疆军区医院转到该院。该院遍查国内外资料，发现此病在日本有过两例报道，但沿用报道中的治疗手段却毫无疗效。

印会河观察到患者咳喘、吐白沫、高烧、身体消瘦，断定是"肺痿"。他又调看了患者在三〇九医院做的检查，是肺部大肠杆菌感染引起的右肺大面积肺炎。印会河不动声色，心里已有了对策。汉代医书《金匮要略》上有记载治疗肺痿的方子，但是这个方子有张冠李戴之处，所以没有疗效。印会河的治疗措施是，在清代喻嘉言的清燥救肺汤的基础上加减，增加了治疗胆系、泌尿系大肠杆菌感染的草药。服药一周内，病人每天高峰期的体温由41℃降至38℃以下，咳喘消除，体重增加，多次痰培养都已不见大肠杆菌。病人出院后追访9年，一直健康。

经过几十年的临床验证，印会河认为，在喻嘉言的清燥救肺汤的基础上加减，对于以咳喘、吐白沫不爽（包括沫中带血）、口干咽燥为主症的患者，不论其是肺炎、肺结核还是慢性支气管炎，都有很好疗效，对肺癌患者亦能够缓解其症状，延长生命，有时还能达到痊愈的效果。

二、治疗早晚期肝病

“开肺气、利三焦”是印会河提出的治肝新法，他自拟“舒肝开肺”方治疗慢性肝病、早晚期肝硬化、肝硬化腹水，有效率达92%，特别是对以腹胀为主的肝病具有显著疗效。1992年，该方作为国家中医药管理局科研课题，通过一期临床鉴定。

高某，男，45岁，患肝硬化5年（经北京市某医院确诊），来诊时面色晦暗，身体羸弱，纳少便溏，精神萎靡不振，舌质青紫，苔白，脉弦细。病初检有肝脾肿大，肝中等以上硬度，食道静脉曲张。患者自述以大腹胀满最为痛苦。印会河认为，此症证属肝性腹胀，由肝血瘀结、气道受阻引起，治宜舒肝理血，利三焦。因肺主周身之气，故欲治三焦，使“气道”通畅，势不能舍开理肺气而他求。印会河选用了紫菀、桔梗这两味药作为开利肺气、以利三焦的主要药物，并结合治疗肝炎常用的逍遥散加减。患者服药数剂后，诸症消除。

三、治疗脊髓痨

印会河用地黄饮子治脊髓痨，疗效显著。他曾就此项成果在前苏联 1959 年召开的皮肤病国际医学会议上做过报告，题目是《中医药地黄饮子是治疗脊髓痨的新疗法》。这一成功经验得到了与会各国学者的高度重视。

脊髓痨是西医名，中医称之为风痱，由脊髓神经受到破坏引起。晚期梅毒脊髓痨是其中的一类，主要病因是梅毒杆菌侵入脊髓神经，使部分神经受到损害。另外一种脊髓痨则是由结核杆菌侵害脊髓神经所致，最常见的症状是手、足不能听从自己意识的支配，走路如踩棉花，东倒西歪甚至摔倒。如果人体上部的脊髓受到伤害，就会出现语言不利；如果伤到腰以下的脊髓神经，人就会大小便失禁或不通。

西医对晚期梅毒脊髓痨可以作出精确的诊断，却苦于缺乏行之有效的治疗方法。于是，皮肤性病研究所的研究人员于 1958 年找到印会河，希望能用中西医结合方法攻克这个难症。

刚开始印会河感觉这个课题很陌生，但见了患者后，他想起父亲印秉忠曾用“河间地黄饮子”医好了很多类似的怪病，以前自己在老家行医时也治愈过这类病人。于是印会河把这张方子经过加减贡献出来。用了此方，皮肤性病研究所收治的那些病人服药后都反映有效；复诊时西医检查，大部分病人的临床指标都见好转。有了这个振奋人心的初步结果，印会河与西医同仁又去北京市协和医院及天津市总医院等地大量收治病人，最后总结疗效，有效率在 80% 以上。印会河把这个经验写成论文供学界参考。

四、治愈泌尿系统疾病

泌尿系感染是常见病，女性发病率很高。近年来，抗生素治疗此病有较好效果。但是感染菌对抗生素产生的耐药性不容忽视。

印会河结合家传及自己的多年临床经验，把治疗泌尿系的有效验方贡献出来，并与河北省安国制药厂合作，研制出中成药泌尿宁（原名叫泌感灵）。在临床试用中，观察病人 300 例，总有效率达 92%，该药通过国家鉴定，并投入市场使用。

五、治愈骨髓炎

1973 年，印会河到河北遵化县“开门办学”时，被县医院请去会诊。该院收治了一位 17 岁的女性患者，先因败血症入院，后又并发骨髓炎，高烧近 42℃，汗出后体温略降，脉搏每分钟在 150 次以上。由于炎症的破坏，病人的一侧小腿胫骨已经烂去 2/3。西医每天测病菌对药物的敏感性，但始终疗效不佳，病情有增无减。病人严重贫血，皮肤苍白，连口唇、舌质都看不出多少红色，但饮食尚可，胃肠无病。在西医诊断的基础上，印会河观察到，病人的两足跟是凉的，虽然发着高烧，但全身不见热象，因此断定其病为假热，由阳气衰竭所致。于是印会河选用鹿附汤加人参为主治之，只用了少量清热解毒剂以为反佐。药入不久，病人体温降低；未出半月，病人热退，病症基本得治。

六、治愈失眠，方法独特

1995 年，印会河到美国访问，治愈了很多失眠患者。他对失眠的论述洗练，方药疗效显著。

印会河总结认为，失眠亦称不寐，即无特殊病症而经常不能入睡的一种疾患。其中有睡眠不实，乱梦纷纭的；有入睡迟难，时睡时醒，或睡眠浅短，醒后即不能入睡的；亦有通宵达旦不能成眠的。西医称本病为神经衰弱，认为多由高级神经活动过度或持续紧张引起；中医则认为劳心用脑过度损耗精血，致心、肾、肝、胆间气血失常，阴阳不和，使神机逆乱而发此病。此病亦可由食滞不化而生，中医讲“胃不和则卧不安”；由高血压引起者，中医称“风阳浮动”；至于因病久气虚、热病阴虚等而发生的失眠，则概因其他病痛所造成，失眠非其主症。

如是心肝血虚，则要养心补肝，用补心丹加减。如是痰火郁结，则采取除痰降火之法。

七、抓主症，驱病邪

抓主症是印会河几十年来的临床经验总结。印会河认为，任何病症，均可抓住少数几个主症来定出治法、处方和用药。他把西医有数据指标的诊断与中医的辨病论治结合起来，把自己成功的疗法总结归纳，提炼出抓主症120方。已有数十种疾病可以通过抓主症的方法进行辨证治疗。

1983年，印会河把卓有成效的抓主症方药汇集成书，题名《中医内科新论》。书的扉页上，印会河赋诗一首：

闻鸡慷慨莅燕宁，不习鱼虫不竞名。
只觉医林方殿殿，欲凭爝火振明明。
从来科学无夷夏，毕竟人才有古今。
愿作长风扬万里，好浮鲲翮上霄青。

北京中医学院中药学专家颜正华教授说，《中医内科新论》匡正时弊，不走人云亦云、唯古人马首是瞻的道路，在立方用药上颇具特色，有古方今用的加减内容，但同时也有独具匠心的经验良方，并采纳了民间验方和单方对药的有效部分，众流归海，汇成了数十首“抓主症”之方，不但抓出了中医的主症，连一部分西医的明确诊断也被用作“主症”纳入定方、定药甚至定量的治疗规律之中。

《中医内科新论》出版后，在读者中引起了极大的反响，赞扬、切磋、咨询与求治的来信源源不断。然而最让印会河欣慰的是，很多理论基础不够深厚的基层医生觉得此书不仅通俗易懂，而且很容易应用于临床治疗。此书印刷了数万册，很快销售一空。

以下仅举两个抓主症的方法：

其一，舒肝散结法。

舒肝就是舒泄肝气，散结就是散开结聚。印会河在继承古代经络学说理论的基础上，又承袭了祖传经验，再通过数十年的临床体会，提出“舒肝散结”法治疗一些肝经病变，取得了较为满意的效果。印会河以自拟的“舒肝散结法”治疗老年性前列腺疾病、颈淋巴结炎以及其他部位的淋巴结炎、结节性甲状腺肿、胸肋软骨炎、乳腺增生、子宫肌瘤、卵巢囊肿、宫外孕所致的盆腔包块等疾病，疗效显著。

肋软骨炎的主要症状是肋骨与胸骨连接处肿起，按之疼痛。乳腺增生的症状是乳房内有结块（2~3个，或更多），有时一侧，有时双侧，但非恶性肿瘤。甲状腺瘤的症状是颈前长一结块，起初发胀，渐渐肿大，有硬块，边缘清楚，吞咽可活动。前列腺肥大或增生常见于老年人，排尿不畅或困难，良久方能尿出，甚则点滴不出，中医称为“癃闭”。更年期子宫肌瘤多发于45~50岁左右的妇女，症状为月经将断未断，经量过多，白带淋漓不断，甚则急躁易怒，好与人争吵等。

以上病症共同的主症就是肝经所过之处有结聚肿块，主要是肝气郁滞、痰凝、血滞所致。印会河以逍遥散、消瘰丸加减化裁而成一首方剂，取得很好的疗效。药味和剂量如下：

柴胡15~30g，当归15g，赤芍20~30g，丹参15~30g，生牡蛎30~60g（先煎），玄参15g，川贝9g，夏枯草15g，海藻15g，昆布15g，海浮石18g（先煎）。

上述病症，虽然均位于肝经循行之处，但由于兼症或部位的不同，用药亦需加减。从以下选录的4个案例可见其一斑。

案例一：男性病人，72岁，工人，前列腺良性肥大症。小便滴沥而下已半年余，一周前突然尿闭，曾在某院诊断为老年性前列腺肥大，并建议手术切除。患者拒绝手术，而在急诊室用导尿管导尿，一周后带着尿管回家。十余天后症状不减，故请求用中医中药治疗。印会河用舒肝散结法，前方加牛膝10g，肾精子（5粒）用桂圆肉包，一次送服。5剂后患者小便通畅；停药后数年，未见复发。

案例二：男性病人，46岁，甲状腺瘤。来诊一月前自觉颈部发胀，数日后触及颈前有小肿块，吞咽时能活动。经某医院检查，诊断为甲状腺瘤，准备手术治疗。由于病人同时患传染性黄疸型肝炎，肝功能未能恢复正常，又值夏季炎热，故先服中药治疗肝炎，尔后再议手术。印会河用舒肝散结法之方加桔梗、小金丹，每日两剂，续服两周，患者甲状腺瘤消失，肝功能亦恢复正常。

案例三：女性病人，42岁，乳腺增生症。病人由于爱生闷气，情志抑郁，8年前始觉胸胁部胀满不舒，渐至经前乳房胀痛，痛甚不可触及。尔后发生双侧乳房内有多个肿块，曾去某医院检查，诊为乳腺增生。近来又发现多处肋软骨炎，按之疼痛。数年来，经中、西医治疗未效。印会河用舒肝散结法之方加蒲公英30g，全瓜蒌30g（因大便干），每日1服。一周后，患者胀痛轻；继服本方，肿块逐渐减小；继服一个月，肿块完全消失，同时肋软骨炎也痊愈。随访一年余，未见复发。

案例四：女性病人，54岁，更年期子宫肌瘤。其月经至今未绝，且经量益多，色深红，淋漓不断，经期延长。每月间隔时间甚短，带下多，色黄，气味秽臭。曾在某院诊断为多发性子宫肌瘤，建议手术切除。因患者兼有高血压病，故未手术，要求服用中药治疗。印会河用上方加牛膝，5剂后患者月经止，带下少，血压降低，耳鸣减轻，睡眠好转。原方续服10剂，患者月经又来两次后经断，经检查其子宫肌瘤亦萎缩。

其二，攻下法。

攻下法是印会河抓主症的神来之笔，这是通过攻下热实而祛除病邪的一种方法。他的同事说，印会河用药，他们断不敢效仿，剂量有时很大，难以把握。原北京中医学院的张世栋书记说，印会河用药，常常寥寥几味就解决各类顽疾，真是了不得。

病例一：唐姓妇女，60岁，患胆结石住院。因病人患有严重的风心病、心衰，医院认为不符合手术条件，只能施行保守治疗。由于结石引起剧痛，西药无法解除，故请中医紧急会诊。印会河认为诊断明了，于是，大胆投用大柴胡汤加大剂量金钱草60g，并加广郁金9g，川楝子12g，叮嘱护理人员细心观察，防止攻后出现厥脱之变。病人服药后，一夜泻下十余次，但奇妙的是不但没有发生虚脱，胁痛症状还得到缓解，精神转旺，食欲改善。病人自觉病情减轻，却因并未眼见结石排下而忧虑。后来在倒便盂时发现砂砾状碎石，经化验确是胆石，于是病人信服，继续服用印会河所开中药。数日后透视检查，胆石已不复存在，病人欢喜出院。

印会河的体会是，攻下法表面看来是针对消化系统，特别是通下大便之用的，其实，通过泻下也可消除或缓解消化道以外的多种疾病，譬如外感热病。

病例二：关姓女孩，年11岁，因突发高烧住本市某医院十余日，使用多种抗菌、解热西药后仍未退热，体温有时高达42℃。西医见她长时发热不退，便怀疑为风湿热，查血沉为100mm/h，更相信系风湿所致。服大量阿司匹林退烧，又二三日，汗多但仍发烧不解。印会河应邀前去，听罢介绍，见热型呈寒热往来状，并见舌苔中已黄燥，边有白腻苔，于是确定该女孩之热为少阳里热引起。询问得知，女孩自入院以来一直未解大便，按压脐周似乎有条状物；病人家属叙说，女孩多日只吃些水果之类。根据病情，印会河断然使用大柴胡汤去枳、芍、姜、枣，加石膏30g，山豆根24g，鱼腥草24g等药。结果腑行得畅，身热随之而解，二三日后再检查血沉，已恢复正常，随后病愈出院。

病例三：田姓男病人，18岁，突发高烧住某县人民医院。

八九天来，有时烧至42℃，退烧、消炎、抗菌的西药已用遍，但高热始终不退。印会河第一次诊视时，根据医院大夫的报告，其主要症状除了发热甚高以外，还有大便次数频繁，每天5~8次，有灼肛症状，全身出现皮疹，便认为是肠热下利，于是使用葛根芩连汤，希望通过解肌清肠来化解。但是病人服药后，高烧没退，反而增添了心烦口渴。第二次复诊时，印会河仔细询问病人的大便情况，得知病人虽然泻下多次，但便中有大量肠垢，黏滞不爽，且便后有不尽之感。印会河断定这是肠道积垢所致，应当采用通因通用之法，表里两解，于是选用凉膈散加减，用大黄9g（后下），芒硝12g（分冲），黄芩9g，栀子9g，薄荷3g，竹叶9g。患者服药后，大便通畅，发烧消退，第二剂药吃过之后便痊愈出院。

对于一些脑系及精神方面的疾病，印会河认为，只要大便不正常通利，应该首先使用攻下法。只要大便通畅，其他症状大多可以自行缓解。印会河治疗了多例此类病症。

病例四：徐姓病人，年63岁，中风，昏不识人已半月。呼吸气粗，痰如拽锯，撬视舌苔，黄厚而燥，脉实有力。据其家属云，病人大便干燥已历数年，发病前除头昏外，主要是大便难解。根据其病史及临床症状，印会河确认是中风实闭之证，投用三化汤。药后病人腹中雷鸣，旋即得便，下大量焦黑粪便后苏醒过来。其半身瘫痪之病症经调治后，渐渐已能起床活动。

印会河行医，很注意学习，就像在大海边拾贝，潮起潮落，总有一些好东西被他发现。譬如治疗高血压耳鸣，印会河用的是“龙胆泻肝汤”加味；治疗没有多少症状的溃疡病，则用“消溃汤”。这两个方子都是印会河“拾”来的。

石家庄药厂生产的“耳聋丸”，从包装上的说明可知，药物主要成分是“龙胆泻肝汤”，印会河就用来试治高血压耳鸣，疗效令人满意，于是这就成了印会河的抓主症药方；“消溃汤”这张方子是一个河南病人传来的，印会河看到方药大体上有止血作用，就用其治疗溃疡病大便潜血，对寒热虚实症状不明显的病人效果很好。

创新思维 力主中医现代化

印会河吸收诸家所长，治愈过很多疑难杂症，但他并没有沾沾自喜，他知道，未知的领域很大。他对中医的前途与命运充满了忧虑：照搬传统的医书是不能包治百病的，中医也要跟随时代步伐一同前进，摒弃糟粕，取其精髓，不断创新，要学会运用现代的科学技术，使传统的中医得以发扬光大。

印会河认为，中医诊断要有客观指标。用西医学和现代科学方法研究中医四诊，或创造新的诊法，这项研究有利于中医四诊实现仪器化、客观化和规范化。

印会河认为，经络的实质至今还在研究中，但它确实是存在的。经络学说在理、法、方、药及辨证论治的各个环节中是不可缺少的。譬如，以舒肝散结法治疗一些肝经病变就是多年临床的结晶。足厥阴肝经起于大趾内侧，循足上行，循股，入阴中，环阴器，抵小腹下，挟胃，属肝络胆，上贯膈，布胁肋，循喉咙之后上入颃颡……乳腺增生、肋软骨炎、甲状腺肿大等病症虽然部位不同，但都属肝经路线，这几种疾病之间有内在联系，因此可采用同一种方法而治愈。

印会河说，中医和西医都是辨病论治的。中医的辨证和辨病是认识疾病本质的两个阶段，要把西医的辨病和中医的辨证统一起来，把西医的检查结果和中医的辨证、辨病结合起来，只有中西医并重，才能战胜顽疾。

例如，见到心衰心率达到150次/分钟以上的患者，印会河敢于大量使用附子强心。这是明确诊断给他的力量和胆量。治疗高血压病人时，他除了根据中医传统辨治疾病的方法外，还常加上夏枯草、苦丁茶等药降血压。

印会河利用西医的明确诊断，再加上中医的辨病分型，对一些疾病进行治疗。例如，他治疗溃疡病时，就分成酸多、酸少、胀甚、痛甚以及无明显体征等几个类型；辨治高血压病人时，就分成虚、实二型。实证多为肝阳上亢，见有耳鸣的主用龙胆泻肝汤，清泄肝火；见头痛便秘的就主用泻青丸，通肠散火；但见头重（昏胀）脚轻（无力）、睡眠不实的，用平肝潜阳的天麻钩藤饮加减治之。辨治肾虚之证时，亦有阴阳之别，阴虚主用滋补肝肾，如六味地黄类方（包括杞菊、知柏、归芍、麦味等在内）；阳虚饮不化，则常用温阳化水，轻则苓桂术甘汤，重则配合真武汤。

运用西医诊断方法确定病情，同时进行中医辨证，作出分型和分期，这样就从两种不同的医学角度审视疾病，既重视病因和局部病理改变，又通盘考虑疾病过程中的整体反应及动态变化，并以此指导治疗，收到很好效果。

在抓主症时，有一类病，印会河是以抓西医的诊断为主的，实际上就是把西医的诊断作为主症来抓。如用大承气汤加味治疗肠梗阻（有套叠、嵌顿者除外），用清咽解毒法治疗咽炎及扁桃体炎，以升阳散火法治疗颌关节炎，用温化寒湿法治疗妇科宫颈炎，用清燥湿热法治疗宫颈糜烂，用益肾汤治疗急慢性肾小球肾炎等。

印会河勇于创新的思维在临床上得以充分体现，兹举数例。

例一：1991年，一位患有风湿性心脏病联合瓣膜病变、心衰度为三级、心房纤颤的患者，需要进行瓣膜置换手术，但此时患者体质太差，进行手术风险很大，无法开展瓣膜置换手术。印会河根据西医的各种诊断指标，认为患者心肾阳虚，遂使用温化水气的真武汤加味。患者服药一周，心衰得到纠正，并顺利进行了换瓣手术，在心内取出卵状结石重50g，痊愈出院。出院后，患者又出现风湿热见症。印会河以治疗“风痨”常用方理血解毒，患者热退，症状迅速改善。

例二：1995年，一肾病综合征病人，全身肿胀，腹水大量，尿素氮及血肌酐接近尿毒症指标。两个大医院肾内科、泌尿科西医会诊，一致认为必须进行透析。患者害怕，要求请印会河会诊。印会河根据各项指标和中医诊脉认为，该患者病情虽严重，但脉证均未出现危象，可先不必透析。于是让病人先服用中药“益肾汤”。药入后，病人尿量大增，血中尿素氮下降令人甚为满意，唯有肌酐迟迟不下。印会河认为，尿多肿退，肌酐不会久留，因此坚持不用透析而续用前方。不出两周，病人全身水肿尽退，血尿素氮及肌酐恢复正常，痊愈出院。

印会河在中医理论方面勇于探索，在临床一线进行实践，还发表多篇文章探索如何丢弃糟粕、吐故纳新。他不计较个人得失，对中医事业的发展可谓赤胆忠心。

一、论“五行”与中医的关系

1955年，在江苏省关于“五行”存废辩论会上，印会河指出了“五行”对中医学发展的约束。这个观点独树一帜，非常大胆，即使在今天也是颇有争议，其时人们更是闻所未闻。印会河指出，被认作中医理论基础的“阴阳”、“五行”、“八卦”等等，基本都不是中医固有，更不是与人体有直接联系的东西，而是儒生们强拉硬套进来的。“五行”出自《尚书·洪范》，“阴阳”和“八卦”均始见于《周易》，都是孔教“五经”的内容。用这些东西来论述医理，解释一切医学现象与行为，常显得过于牵强。

二、针砭《伤寒论》《金匮要略》

1962年，印会河在《橘杏春秋》上发表《伤寒金匮贬》，如一块石头扔进了平静的湖面，引起轩然大波。

印会河在文章中说，以往的前贤论著，对张仲景的《伤寒论》《金匮要略》二书极尽褒扬之能事，这在他看来，理有未尽其然，故搜集其所短，进行一次贬低的尝试。

印会河认为，张仲景的病因学说强调外因致病，造成了对疾病之传变认识的局限性；张仲景以“除邪”为主，导致了补养正气和调理功夫的缺失；张仲景在诊断上重视脉象而疏忽舌诊，在治疗上虽依循辨证论治这一重要原则，但著作中多有投剂上的生硬。以上几点，印会河举证身边案例，论证不同观点，语气平和客观，展示了一个学者严谨治学的风范。

三、主张摒“三教”，黜“九流”，远“推术”，科学发展中医

印会河在1994年第二期的《山东中医学院学报》上发表了《摒“三教”，黜“九流”，远“推术”，科学发展中医》一文，主张摒弃混杂在中医里的一些糟粕，去除中医发展道路上的障碍。

他在该文中指出，“三教”、“九流”、“推术”均与传统的医药学无关，是一些好事者拉进中医里来的，对中医的消极影响如沉疴痼疾害人性命一般。“九流”有歌曰：“一流举子二流医、三流地理四流推。”印会河认为，中医中的“江湖”、“走方”骗子，一般都是利用“推术”、“占卜”，以三寸不烂之舌自圆其说。

印会河分析道，儒教的政治主张是今不如昔和后不如今，故教人尊经崇古；认为从唐尧开始到舜、禹、汤、文、武、周公等是一脉相承的“道统”，是唯一的、不能变革的正统，故教人“述而不作”、“信而好古”、“温故知新”。这些纲领就像宣扬儒教神圣不可侵犯一样，缺乏科学的创造精神，是不思变革的保守主义。

印会河一针见血地指出，中医解剖学和外科学的衰落便是尊经崇古的最直接后果。早在《灵枢》上就有过对食管、胃、回肠、广肠的曲屈、大小、长度及直径等的明确记载，后汉的外科名医华佗已能使用“麻沸散”进行较大的外科手术。而在其后的岁月里，中医的解剖学已接近灭绝，中医外科也仅剩下一点皮肤疮疡的外治或内服疗法。究其原因，实在是因孔教的体肤毛发，受之

父母，不可毁伤等思想在作怪。

印会河大胆地提出，科学的中医不应受经典的束缚。历史在发展，中医在前进，而迄今仍有很大一部分中医工作者是从史学的角度来研究属于自然科学的中医，耽于瞻前而不思今后。中医该向何处去？仍旧是用新瓶装陈酒吗？印会河还列举了方剂学上的君、臣、佐、使定名不正等问题。

四、中医发展要坚定不移地走现代化之路

20 世纪 80 年代初，印会河与“纯中医”的据理力争更显学者本色。当时，国内中医界又出现了一股反对中西医互相学习的思潮。在这种“纯中医”思潮的影响下，全国中医院校都减少了西医方面的课程。印会河对中医事业的未来十分关注，面对中医对西医的排斥，他以高度的责任感，利用各种场合发表自己的见解。1985 年，印会河在《中西医结合杂志》第 5 卷第 3 期上发表了《当今中医必须走向现代化》一文，文中抨击了一些所谓的“纯中医”食古不化、不思创新、一味继承而排斥西医。同他以往的大胆立论一样，这篇文章又使他受到不少人的口诛笔伐，极端者甚至说他是“中医叛徒”。

面对非议和攻击，印会河毫不退缩。他说：“没关系，我已经写好了第二篇文章。”果然，他的《再论中医必须走向现代化》一文不久便发表在 1986 年第 12 期的《中西医结合杂志》上，其语气更趋平和，论证更为严谨，字字闪现理性和真诚。

印会河说，传统中医，包括他自己在内，还有很多局限性。例如，中医诊病重视脉和证，而中医过去讲的脉证指标就不够明确。“脉四至以下为寒”，“六至以上为热”，是以医生的呼吸次数来定的，但医生自己有时也难免有循环、呼吸道疾病，而且有时越是认真就越是不自然，以这个“数”为定数是不够准确的。

印会河在文章中指出，现在有人一提到中西医结合就谈虎色变或者火冒三丈，好像是洪水猛兽将至，必欲拒西医在国门之外而后快。其实，西医也不一定就是“西”医，它的基础理论来自现代科学，它善于吸收现代科学之长为其所用，因而在近百年来的发展是比较快的。看西医基础理论课程里面的生理学、生物化学、微生物学、寄生虫学、解剖学、放射医学等等，可以说基本上都属于生物学范畴。巴甫洛夫是生理学家，但他的研究成果不是也被西医采用了吗？医学是研究人及其疾病的科学。生物学是研究生命的学科，是作为基础科学而存在的。科学无疆界，谁能用就用，谁率先发展了科学，谁就走在了前面。

印会河的第二篇文章发表后，反对之声依然不绝于耳。印会河冷眼视之。面对那些随之而来的不公正对待，倔强的他也没有一丝畏惧。但他内心何尝不起波澜？1989 年秋，印会河在中日友好医院的《橘杏春秋》上作诗一首以表心曲：

两论中医愿已酬，金伤贬罢梦群鸥。
衰翁渐惯林家趣，臧否由人说自由。

印会河洪亮而浓重的江苏口音给同事和学生们留下了深刻印象；他对学术的执著追求、对中医的诚实态度，更是人们心底一抹鲜亮的记忆。

“印教授在学术讨论上知无不言，言无不尽，从不随波逐流。”山西中医药研究院的侯振民教授如是评价。在 1972~1974 年间，侯振民曾跟随印会河学习。他还记得，北京中医学院中医基础理论教研室的印会河、刘渡舟、王绵之、任应秋等名医经常讨论一些学术问题。一次，其中的一位教授说，膀胱不仅贮存尿液，而且还是盛津液的器官，并指出此观点来源于《素问·灵兰秘典论》。印会河反驳道，如果既盛尿液又盛津液，那就早得尿毒症了。接着他引经据典，列出多部医书对膀胱功能的不同解释，指出哪些有误，哪些是科学的。争论之间，印会河动情地说：“咱们可不能再照搬书本，拿以往的那些谬误糊弄子孙后代了！”之后，印会河在他主编的《中医基础理论》(第二版)中，对膀胱的解剖形态、主要生理特征及生理功能作了详尽的论述。

原山西中医学院院长王世民教授说："我是北京中医学院第一批本科生，印老师当时只有34岁，是最年轻的教师骨干。印老师还是革新派，虽然当时革新派在中医学院不是主流，但他仍坚持自己的观点，还把批评尊经崇古的文章写在黑板报上，引起了很大风波。"

印会河的研究生吉凤霞(现为北京中医药大学教授)说，印老师是一个真诚的人，他在学术方面特别敢说话，观点很新颖，眼中没有旧的条条框框，所以总是引起全国轰动。他主张中西医并重，并身体力行，他用西医的明确诊断结合中医的辨病方法，与西医同行通力合作，攻克了很多顽症。他做事很讲原则，学生介绍病人来看病，他要求他们像其他病人一样挂号、排队。印老师为人友善，宽厚待人，业务上却毫不含糊。他不仅为学生制订周密的学习计划，而且不断检查督促。对待疑难病例的处方，他要求学生不但要知其然，更要知其所以然。

中日友好医院李荣春教授对印会河尤为佩服：印老师医术高超是公认的，他六七十岁还不间断学习，看书从不囫囵吞枣。学生写了文章，他看了提出问题，改正错讹，但从不署名，对待学生真是扶上马还要送一程啊。印老师的骨头是最硬的！十年动乱中，他既不承认自己有罪，也不揭发别人有罪，身心遭到打击。然而他顽强地挺过来了！若干年后，他只是轻描淡写地说："我的身体不好了，他们总不让我睡觉，哎，血压升高了。"

人生如此自可乐

印会河披荆斩棘几十载后，于1985年62岁时，卸去中日友好医院副院长的职务。

印会河的学问渊博，在医界地位显要，然而他的性情却保留了孩童般的真纯自然。家乡的老友来北京看他，印会河喜出望外，带着好友去爬香山。他挽起裤脚坐在石阶上，全然没有老教授的矜持。

印会河尤爱游香山，周末一到，就带上水和食物出发了。他早去晚归，尽性畅游。香山不仅有层层叠叠的青翠，更有无数名人雅士的足迹。走进香山，每到一处，印会河的胸中总有一些诗句涌动，那些熟悉的面孔也会浮现于眼前。印会河最喜欢邓拓登香山的诗句："人不见愁鬼见愁，香炉峰出香山头。"邓拓的《过东林书院》也是印会河经常吟诵的："东林讲学继龟山，事事关心天地间。莫谓书生空议论，头颅掷处血斑斑。"他仿佛看见邓拓君悲怆的眼神与身影消失在林海深处……

印会河不仅情系山水，花鸟鱼虫也是他的至爱。从搬进楼房起，他的花花草草也迁进每个房间，仅君子兰就有十几盆。他的鸽子在阳台安营扎寨，从不做家务的他，按时清扫鸽巢。有一天，自家孵养的一对漂亮的白鸽飞走后再没回转，女儿印螺发现，父亲在阳台上呆望良久，眼中透出无限的惆怅……印会河笼养的百灵鸟高高挂在书房的窗前，这个小精灵会学各种鸟语和猫狗的叫声。印会河经常会听得出神，把正在读的书都放下了。他喜欢热带鱼，早晨起床后，经常是脸还没洗就去观鱼。秋天，他会到郊区给女儿捉蝈蝈，即使手被叮咬了，仍挡不住他美滋滋地炫耀他的战利品……

印会河从小挚爱书法，有了得意的作品就裱好挂在房间里，感觉一般的便一卷卷藏在柜子中。他还乐于给别人题诗题字，他的朋友、他的学生、他的病人……只要有求，印会河就会认真地去完成，从不推辞。1997年欢庆香港回归，印会河参加了卫生部举办的书画展，并获得了书法组第一名。印会河也喜欢国画，更喜欢与画家为友，潘素、李大千、韦江凡等人赠送的大大小小的画卷把他家里所有的墙面都占满了。他兴致勃勃地给懂行的朋友们展示自己的收藏，别人有上乘书画也邀他赏评。

印会河保存的那幅竹子画卷时常让他陷入对往事的回忆：在“十年动乱”的年代，印会河被停了职，但在困境下，他还在帮助比他更不幸的人。朱德的女儿朱敏、贺龙的女儿贺捷生、水利电力部部长刘澜波的女儿刘珏等都找上门来请他诊病。她们害怕拖累印会河，怕自己的特殊身份给这个“反动学术权威”增添麻烦。可是印会河很坦然地说：“我只看病，不看政治条件。”京剧名旦言慧珠请印会河诊治，她充满歉意地对印会河说：“我没有诊费，只能请您看戏了。”

老舍请印会河看病，老舍的夫人胡絜青赠送印会河一幅虚心有节、宁折不弯的竹子画卷，与他共勉。“咬定青山不放松，立根原在破岩中。千磨万击还坚劲，任尔东西南北风。”没想到，之后不久，老舍、言慧珠这两位友人相继离去了，印会河时常望着那幅画卷，沉默无语……

“耳顺”之年的印会河，终于有更多的娱乐时间了。他早上起来可以唱唱《借东风》《萧何月下追韩信》之类京剧名曲，嗓门挺豁亮；他更多的是吟唱自己的诗句，边唱边浇花，然后再从容地去医院出门诊。

3月底，中日友好医院的花园里，几百棵樱花缤纷绚烂，芳香扑鼻，让人不由得想起冰心的诗句：“这樱花一堆堆一层层，好像云海似的，在阳光下绯红万顷，溢彩流光，我们凌驾着浩荡的东风，向着初升的太阳前进！”印会河按捺不住内心的喜悦，不停地给朋友们打电话：快来饮酒赏花啊！住在同楼的辛育龄院长也会接到印会河的邀请：“刚炖了红烧肉，来喝上两杯！”

饮酒是印会河的又一乐趣。喝起酒来，印会河的思维更加活跃：他回想起自己被下放到汉沽农场劳动的情景，在那里，他与当地农民同吃同住，为大家诊病，不但没有受到歧视，反而深受欢迎。还记得1976年在唐山“开门办学”，人们排起了长队向他问病，排队误工，一些人就拿砖头占位置，老乡们还拿出自己仅有的鸡蛋、大饼招待他。在人民群众中间，烦恼和忧愁都跑到了九霄云外去了。他手把手地教学生诊病治病，在当地开办多期乡村医生进修班，把满腔热情倾注在这些基层医生身上。他更忘不了1976年7月27日在唐山市办讲座，唐山卫生局的领导准备招待晚饭，并挽留他住下，他自己却不知何故心绪不宁，执意带着学生们连夜赶回驻地，惹得几个馋嘴的学生埋怨他错过了一顿大餐。第二天凌晨3点，天旋地转之后，轰隆一声巨响，前晚大家在一起吃饭又险些下榻的招待所被夷为平地，整个唐山市变成了一片废墟。让全国人民震惊的大地震发生在眼前，自己却鬼使神差般逃过了这样一场劫难。之后，他又投入到救灾工作中。

关于印会河豪饮的趣事，山西中医药研究院的侯振民教授可谓记忆犹新。1976年，侯振民、王世民等人请印会河去山西讲学，并安排时间到汾阳喝汾酒，还请来汾阳杏花村酒厂的刘风亮厂长作陪。刘厂长毕业于北京大学，曾任山西省轻工业厅厅长，他与印会河一样在磨难面前正气凛然，无所畏惧。席间，二人惺惺相惜，言谈甚欢，一桌人推杯换盏，好不快活！印会河豪饮了近一瓶白酒后，刘厂长请他即兴赋诗，印会河没有推辞，当场吟诗一首，题目为《酬杏花村酒家》，全诗如下：

病酒何须问牧童，一程香气数程风。
莫嫌郑老嫔陶事，百虑消沉薄醉中。

“好诗啊，好一个百虑消沉的病酒者，好一个海量的印会河！”刘厂长听后哈哈大笑，一拍桌子：“走，我请诸位去酒窖品酒！”印会河与其他几人应声而起，循着酒香兴致勃勃地奔酒窖而去。酒窖里，印会河又酣畅淋漓地饮了两大玻璃杯胜似玉液琼浆的美酒……

1997年，印会河74岁了，但他仍斗志不减，出门诊、讲学、担任中央领导人保健医，乐此不疲。他像年轻人一样勤恳行医。2000 年 6 月的一天，印会河的夫人孙启基回家，推开自家的屋门时，发现丈夫已经到家了，“老印！”她呼唤了一声，但是印会河坐在沙发上望着她却不应答。她很奇怪，走上前，发现印会河已经不能开口说话，右半个身子不能移动。孙启基立即找人把印会河送到中日友好医院抢救。经检查，印会河是突发脑梗塞。经院方全力救治，印会河脱离了生命危险。

印会河的女儿印螺说，中医总是坐着工作，缺乏活动，父亲又过于忙碌，没时间锻炼，再加上他好吃肥肉，喜欢喝酒，这些也是父亲生病的祸根；父亲对工作兢兢业业，对自己的生活却非常粗心，不注意调养，有了中风的先兆时也没放在心上。

印会河曾经治好过很多脑溢血后遗症患者，可他自己由于偏瘫后会厌软骨闭合不全，一喝液体就呛到肺里，以至于吞不下自己开的汤药，耽误了治疗的良机。

望着没有知觉的右半侧身体，盯着原来天天号脉、能写一手好字、现已不能动作的右手，印会河落泪了。自己还有很多事情要做，有很多力量可用呢！

生命只有一次，任何代价都不能换来；生活将我置于这般境地，我依然有能力让自己的内心快乐而充实……印会河是坚强的，他慢慢接受了现实。他心态平和，饭量不减。为了健康，他把白酒戒了，但中午还不时要喝上一小罐啤酒。除一日三餐和日常起居外，他把大部分时间用来看报纸，由于只能使用左手，他经常把报纸拿偏了，有时甚至拿反了，他还是那么津津有味地看。

虽然记忆力有所下降，他对自己的老本行却一直没有忘记，还能给人口授处方。在夫人的协助下，印会河在病榻上完成了《中医基础理论》教学参考书的主编工作，还出版了《印会河中医基础理论讲稿》。2010 年 1 月，《印会河中医内科新论》又与读者见面了。

印会河卧床至今已有十余年。在此期间，他以顽强的意志与疾病搏斗着。他几次从可以致命的窒息、肺炎等急症中恢复过来。这要归功于中日友好医院院领导对这个开院元老的特别关照，14楼高干东病房的医护人员十年如一日的悉心治疗，还有与他风雨同舟的夫人孙启基的尽心尽力支撑。

在休养期间，印会河迎来他的88岁生日。令他激动不已的是，在2009年1月6日举行的首都中医药发展大会上，北京市卫生局、北京市人事局、北京市中医管理局联合授予包括他在内的12人“首都国医名师”荣誉称号。2010年12月19日，在庆祝北京中医药学会成立60周年之际，印会河等36名中医被学会授予“中国·北京‘同仁堂杯’中医药工作六十年特殊贡献奖”。

虽说人生的历程丰富多彩，但有时却如碎片般难以拼接，其中的一些细节如日历翻过了然无痕。但是印会河一生耕耘杏林，其无怨无悔的奉献精神却铭刻在后人的心底。家乡拯救四邻有他成长的身影，四海游学历尽艰辛，南京中医学院编教材意气风发，北京中医学院建设挥洒汗水，十年身心磨难却矢志不移，中日友好医院建院排头兵……他把自己积累的经验和处方写在文章中、写在书籍里，毫不保留地供人借鉴……

国家和人民感谢印会河，感谢他一生奋战在医疗前沿，以勤奋、赤诚和高超的医术，挽起了一双双求助的手，为患者驱除病魔，使他们走向新生。

2012年1月10日，印会河教授于北京逝世，享年89岁。

（撰稿人　宗　蕾）

王玉川卷

王玉川（1923— ）

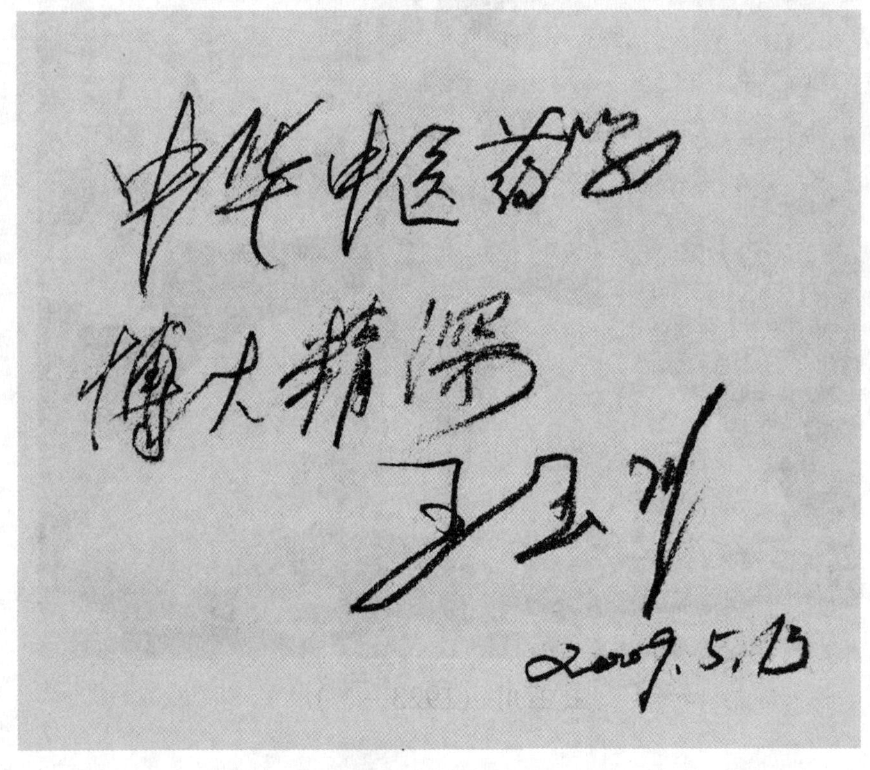

王玉川手迹

没有独立自主的精神，做任何事情都不可能作出成绩。不要做教材的奴隶，要做教材的主人，这才能把前人的成就真正变成自己的知识。我们需要的是自己观察，自己思索，自己做主，那是一种独立思考的治学精神。

——王玉川

王玉川，1923年出生于上海市奉贤县（原江苏省奉贤县），著名中医理论家、教育家、内经专家，北京中医药大学顾问、终身教授。享受国务院政府特殊津贴。2009年由人力资源和社会保障部、卫生部、国家中医药管理局评选为国医大师。

1941~1943年，师从中医名家戴云龙、陆渊雷，学成后在当地行医。1943~1955年，在奉贤县开设门诊从事中医临床工作。1955~1956年，在江苏省中医进修学校，深入学习中医相关知识。1956~1957年，在南京中医学校从事中医药教学与临床工作。1957~1963年，奉卫生部调令到北京中医学院（今北京中医药大学）从事教学工作，潜心于《黄帝内经》的教学和研究，1978~1984年，在北京中医学院从事行政管理工作，任副院长。在任期间，对中医基础理论研究，尤其对《黄帝内经》的研究，诸如阴阳学说的演变、气血循环理论、五行学说、运气学说、河图洛书等方面，均有突出成就和重要贡献。主编全国中医院校教材第一、二版《内经讲义》，编撰《中医养生学》《运气探秘》等多部著作及上百篇论文。历任中国科协第二届委员、国务院学位委员会学科评议组成员、全国政协第五、六、七、八届委员会委员，中国中西医结合研究会（现中国中西医结合学会）名誉理事。

初入医门

上海南郊的奉贤，北枕黄浦江，南临杭州湾，地处人杰地灵之区，相传孔门高徒子游，学优而仕，宰于武城，后讲学游访此地。及至奉贤建县，爰此为名，遂成佳话。

20世纪初的上海一片繁华景象，奉贤的乡下亦是江南水乡的秀美与静谧。

生活在奉贤县头桥乡联工村的王梦其，系清朝年间光禄大夫王迪的后裔。因父母过早双亡，幼年的王梦其就承担起了生活的重担。1917年，18岁的王梦其从上海简易师范学校毕业后进入吴淞小学执教。他一边教学，一边拜尤怀庭先生学习山水画，并在上海开设了真艺美术社，汇集画师10余人，创办了《现世报》，同时兼任《新浦东报》的编辑。1932年，怀抱“农业救国”梦想的王梦其弃教经商，开始研究农业和园艺技术，改良棉花的种植。由他研究出来的白籽棉、岱籽棉等良种在江阴试种，同时改棉花散播为条播和点播。其棉花产品由上海默林、三友实业公司经销到各地。与此同时，王梦其还参加了王玉振创办的奉贤县水墩农村改进社，并开设药铺以悬壶济世。

1923年9月3日，王梦其家中又添一子，他就是日后成为国医大师的王玉川。

王玉川排行老二，姐姐比他大两岁。他们虽生于乱世，但家道小康的生活环境使他们度过了快乐的童年。

父亲收藏的图书很多，还有郑板桥等名家字画，这些都成了小玉川的精神食粮。

在父亲的影响和熏陶下，王玉川小学时开始选读中医古典名著，15 岁时已能通读《黄帝内经》，并由此产生从医的浓厚兴趣和愿望。捧着《黄帝内经》，王玉川手不释卷，这本穿越千年时空的经典之作，似乎正等待着他解开其中的奥秘。

1937 年，抗日战争爆发。初中二年级的王玉川退学回到家中，家便成了他自学的课堂。不久，他应聘在分水墩小学任教。两年后，父亲把他先后送到戴云龙和陆渊雷的诊所学徒，从此王玉川踏进了中医的大门。

近代中医学家戴云龙，原名宣正庭，南汇县坦直桥人。擅长内、妇科，尤擅诊治"热病"，善用"白虎汤"重剂，病愈者良多。陆渊雷是现代中医学家和中医教育家，名彭年，上海川沙县人，曾与徐衡之、章次公等以"发皇古义、融会新知"为宗旨，成立上海国医学院，并举办函授医学，一时遥从受业者众多。

在名医戴云龙和陆渊雷的言传身教下，王玉川深得中医药学之真髓。两年后的 1943 年 3 月，王玉川在家乡头桥乡设立了自己的诊所，开始独立行医。

21 岁的王玉川虽然年轻，但求他看病的人络绎不绝。他药到病除的精湛医术和平易近人的医风医德，深受患者的信赖和群众的欢迎。除了诊治疾病之外，他还博览中医古典医籍，注意吸收各种学派的长处和精华，且特别酷爱自幼习读的《黄帝内经》。在江南水乡独立出诊的 12 年中，他经常研习《黄帝内经》，一本王冰注的《黄帝内经》被他一遍遍翻阅，烂了的纸页又被他用胶布粘好继续研读。书上满是他的批注和心得，密密麻麻的蝇头小楷遍布页眉页脚，研习《黄帝内经》的读书笔记足足有几大本。

1949 年，中华人民共和国成立后，毛泽东主席在接见出席全国卫生行政会议代表时说：必须很好地团结中医，提高技术，搞好中医工作，发挥中医力量，这样才能担负起几亿人口艰巨的卫生工作任务。在党和政府的高度重视和支持下，中医药事业得到了恢复和发展，中医药作为我国独具特色的卫生资源，与西医共同担负着维护和增进人民健康的重要使命，成为中国医药卫生事业不可或缺的重要组成部分。

沐浴在中华人民共和国阳光下的王玉川继续为家乡的乡亲看病诊治。1951年，他由头桥乡自己的诊所转到头桥联合诊所为病人服务，任内科中医。

1954年4~8月，王玉川在政府的关怀下，在松江县学习了4个月。就在这一年，江苏省中医进修学校（南京中医学院前身，今南京中医药大学）成立，校长是承淡安。第二年3月，王玉川被推荐到该校学习。3月13日，江苏省中医进修学校在南京市朱雀路邀贵井14号举行了成立大会和第一期中医进修班、针灸专修班开学典礼，由此揭开了我国高等中医教育的序幕。第一期中医进修班60名学生中，除王玉川外，还有多位后来成为中医界的重量级人物，如董建华、印会河、王绵之、颜正华、汪幼人、陆莲舫、许济群、丁光迪、肖少卿、陈亦人、程莘农、周仲瑛、吴贻谷等。第一期中医进修班的学员都是像王玉川一样具备了相当中医素养和临床经验的中青年中医，而他们的老师则临床经验更丰富，学术水平更高，有研究《黄帝内经》的时逸人，研究《伤寒论》《温病条辨》的宋爱人，以及著名中医学家周筱斋、中药学家叶橘泉、方剂专家樊天徒等。

第一期中医进修班只有一年学习时间，在短暂的学习生活中，王玉川如饥似渴地研修各种医著，习惯性地在已读过的医学著作的字里行间写满蝇头小楷，并记下一本本读书笔记。这也让他很快在学校崭露头角，加上他学识广博，熟读《黄帝内经》，进修班还没结业他就被学校破格提前留校任教。

教书育人 提携后学

在中医药学发展史上，明清以来，江苏及其周边地区是近代中医药学术发展的中心。明清时期，江、浙医家对于温病学说的重大贡献是中医药学术鼎盛时期的重要标志。此后“西学东渐”，民国期间，西医学逐渐取代了中医药学的主流地位。这一时期，由于南京特殊的历史地位，中医药学的发展与存废、中西医论争、中西医汇通、中医科学化等与中医药学术发展相关的思潮与实践均以江苏为中心展开。1949 年后，江苏是引领中医药从民间自然传承为主的发展模式向现代科学发展模式转换的主要地区之一。江苏省中医进修学校和江苏省中医院，为新中国的高等中医药教育提供了第一批高等中医教育的师资力量。

1956 年，我国为培养具有研究、教学、医疗工作能力的高级中医人才，在北京、上海、广州、成都 4 个城市开始筹建中医学院。从 1957 年起，山东、河北等地也相继创建中医院校，周恩来总理批示让南京中医学院予以支持。于是南京中医学院和江苏省中医进修学校向全国各地输送了近百名教师，北京、山东、河北等中医院校的领导也都是由江苏输送的中医药人才担任。这是我国中医药高等教育的第一批师资力量，他们为我国高等中医药教育的开展和普及播下了繁荣与发展的种子。

随着新中国中医药事业的迅速发展，王玉川的人生命运发生了转折。1957 年 9 月，他奉卫生部调令北上，进入刚刚在北京创建一年的北京中医学院（现北京中医药大学），被任命为内经教研室主任，创建内经学科。

北京中医学院建院之初，秉承传统中医精神，在“勤奋、严谨、继承、创新”的校训倡导下，问道师承，厚德博学，励精图治，锐意进取，自强不息，勇攀高峰。

对王玉川来讲，中医教育是一门新的学科。他到北京中医学院后，当务之急就是编写教材。为了用现代语言确切表达《内经》的丰富内涵，王玉川率领教研室同事夜以继日编写讲稿。经过两年多的全力拼搏，由他主编的《黄帝内经素问译释》和他参与编写的《中医学概论》终于完成，并于1959年分别在上海科学技术出版社和人民卫生出版社出版发行。

第二年，王玉川主编的集前人之大成的《内经讲义》由人民卫生出版社出版。从此，中医院校有了既能通观全著，又能撷取其精华的《内经》教材。1964年，上海科学技术出版社将《内经讲义》再版，这本由王玉川亲自主编的教材与第一版一样，在封面上依然冠以"北京中医学院主编全国中医教材会议审定"字样。这本书经全国教材会议通过，升级为全国统一的《内经》教材，也为《中医学基础》和《中医基础理论》等其他教材的编写打下了坚实基础。

《内经讲义》共31万字，讲义部分有绪言、导论、藏象、经络、病机、诊法、治则及五运六气计8章12万余字，附编"医经选读"部分，每篇篇首均有篇名解释和中心内容简介。1963年7月举行的全国中医教材会议对包括《内经讲义》在内的第一批教材给予了高度评价："这套教材虽系草创，但由于它把中医学系统地画了个前所未能画出的轮廓，因而对提高教学、医疗质量都起到了积极的作用。"由此可见，王玉川与同事们筚路蓝缕、开拓创新，以拓荒者的气概，艰苦创业，薪火相传，用智慧和汗水辛勤耕耘，为我国中医药高等教育事业闯出了一条新路。

1963年7月，王玉川被任命为北京中医学院中医系主任。此后，王玉川挑起了行政和业务双重担子，但无论行政事务多忙，他都没有放下学术研究。学校没有先进的实验设备，在参考资料极少的年代，王玉川常常是一本书、一盏灯，伴着他熬到天亮，忽有所悟的欣喜激励他一路坚持中医学术研究，凡与他共事过的同事无不为他的敬业精神所感染。

王玉川博览群书，严谨治学，阐微解惑，释疑传道，提携后学，倾其所有，甘为人梯，无私传授，使北京中医学院一届又一届学子们受益终生。

王玉川提倡现代学院教育，听过他授课的年轻中医成百上千，但他直接带的学生仅四五人。与师带徒相比，他认为临床上从来没有相同的病人，好中医应该独自到临床去实践摸索；理论与临床相得益彰，只有具备深厚的理论功底才能使临床疗效显著。他经常要求年轻学子们要言之有理，强调文以载道。每年审阅学生的毕业论文，他都逐字逐句精心批阅，一篇论文要修改好几天，很多毕业生一直珍藏着他精心审阅过的论文。

刘燕池，1962年北京中医学院中医专业毕业，分配到内蒙古讲《内经》课。没有经验的他返回母校寻求帮助，王玉川当即把历经一年刚誊完稿、尚未出版的《内经讲义》交给他，以作参考。当刘燕池意外地拿到老师这份讲义的时候，激动的心情无以言表。

王玉川的研究生陶广正评价自己的老师：为人淡泊，不慕虚名。师出名门，有真才实学；学富五车，而无头角夸诞。虽非博导，而众多博导皆曾受其教；未登讲堂，而授课讲稿竟出其手。著述不多，却不乏真知灼见；临床虽少，却每能一丝不苟。审查论文，从不敷衍；撰写书评，必中肯綮。

在临床传承教学中，王玉川常从古典医籍中总结用药知识以示后人。他认为，临床不应为方证相对束缚，要勇于探索能治多病的方剂。王玉川经常告诫同学们："研究同方治异证的机制，对实现中医现代化有很大意义。"

王玉川重视理论和临床结合的重要性，并身体力行，坚持在临床一线为普通百姓治病。有段时间，他在国医堂一周出诊四次。因为擅长治疗中医内科各种疑难杂症，如心血管疾病、风湿病、血液病等，临证时一丝不苟，疗效卓著，深受患者欢迎。深厚的理论功底保证了王玉川卓越的临床疗效。有一次，学校同事鲁兆麟接诊一位脱髓鞘神经根病的病人，用遍了温阳药、补气药、活血药等效果仍然不好，于是他找到王玉川请教。王玉川告诉他，"《内经》讲'肾恶燥，即食辛以润之'，不要只考虑补阳，可以加点细辛这类通药试试。"鲁兆麟深受启发，如此治疗，病人的病情果然得到好转。由于种种原因王玉川多年的临床处方没有保留一张，因此他不打算出版临床经验集，这不能不说是一大遗憾。

王玉川影响了一大批严谨操守、具有厚重文化学术底蕴的学者。曾聆听王玉川中医课程的严季澜评价说："在老先生中，玉川老的理论水平相当高。"出生于1955年的严季澜，也像他的老师王玉川那样数十年如一日地坐冷板凳研读经典，琢磨医案，喜欢用铅笔写些纤细小楷，下着"笨工夫"。后来严季澜担任北京中医药大学基础医学院医学人文系主任、中医医史文献学科（北京市重点学科）博士研究生导师，成为中医教学、科研与临床学术的传承人。

滋兰九畹，树蕙百亩，一份辛劳，一份收获。王玉川在中医教育这片园地辛勤耕耘，一届又一届跟随王玉川学习过的北中医人，很多成为全国各地高校、医院和科研院所的中坚力量。

献身岐黄　终生不悔

从1966年6月到1969年7月，王玉川被无故隔离审查达3年之久。

北京东直门医院是北京中医学院的附属医院，1969年7月仍然接受审查的王玉川成为北京东直门医院的一名内科医生。1971年5月，他又随北京中医学院赴河南省镇平县医疗队到豫西南镇平伏牛山区，为当地百姓看病，并任小组长。同年10月，王玉川回到朝思暮想的学校，在担任了两个月的北京中医学院教工连队教员之后，重新恢复了他中医系负责人的职务。其间他下放到中国中医研究院小汤山农场和“五七干校”劳动。

1978年9月，党中央在转发卫生部党组《关于认真贯彻党的中医政策，解决中医队伍后继乏人问题的报告》的批语中强调：要抓紧解决中医队伍后继乏人的问题，要培养一支精通中医理论和有丰富临床实践经验的高水平的中医队伍，造就一支热心于中西医结合工作的西医学习中医的骨干队伍。“十年动乱”后重新复出的邓小平副总理在批示中特别指出：“这个问题应该重视，特别是要为中医创造良好的发展与提高的物质条件。”

1977年10月，王玉川成为北京中医学院的行政负责人，1978年5月，被任命为北京中医学院副院长和院学术委员会主任。

十年磨难，没有磨灭王玉川对中医事业的忠贞与挚爱，反而更坚定了他献身中医药事业的信心和决心。从1978年担任北京中医学院副院长和院学术委员会主任及顾问至今，王玉川把生命的全部投入到了中医药教育事业和学术研究之中。

王玉川重视中医学术刊物的建设，在他的努力下，停刊20年之久的《北京中医学院学报》于1981年1月正式复刊，成为学校和全国中医药学术交流的重要园地。

1978年2月，政协第五届全国委员会在北京召开，王玉川作为特邀委员第一次出席大会。

1980年3月15日至23日，王玉川作为中华全国中医学会代表参加了中国科学技术协会第二次全国代表大会。大会期间，全国科学大会在北京举行，邓小平同志在会上作了重要讲话，提出了“四个现代化，关键是科学技术的现代化”、“知识分子是工人阶级的一部分”的著名论断，重申了“科学技术是生产力”这一马克思主义基本观点，从而澄清了长期束缚科学技术发展的重大理论是非问题，全国科技工作者迎来了科学的春天。

1981 年 6 月，王玉川被聘请担任国务院学位委员会（中医学会）评议组召集人。

王玉川担任第五至第八届全国政协委员，他积极参政议政，建言献策。1983 年 6 月，政协第六届全国委员会在北京举行，王玉川被推选为委员和第三十六组副组长。在政协全国第七届全会上，他被推选为第三十五组副组长。在七届四次会议期间，他提出了“关于公费医疗费用不宜包干到医院管理”的提案，该提案被评为优秀提案。

1984 年，王玉川在担任北京中医学院副院长 6 年后，被任命为北京中医学院顾问，还担任北京市高等学校教师职务评审委员会委员、北京市高等教育自学考试委员会委员等多项校内外职务。在担任北京中医学院副院长和院学术委员会主任期间，他重视教学、科研、学术和学科建设，参与和领导了北京中医学院的恢复和重建工作，为中医药事业的发展作出了突出贡献。在短短的几年间，北京中医学院的各项工作得到全面恢复和发展。学校坚持“面向社会，注重基础，加强应用，促进联合”和“立足继承，重在创新，发展中医药学术”的办学指导思想，科学研究以中医药基础理论创新性研究、重大疾病防治和中医药现代化研究为主攻方向，并取得了显著成效；逐步建立起了以培养高层次人才为主体，多层次、多形式办学的完整教育体系，医、药、针、管、护多专业协调发展，专科、本科、本硕连读、硕士、博士等多层次人才培养，全日制学历教育、继续教育、远程教育、对外教育等多类型办学，形成了以培养高层次人才、教育教学国际化为发展方向的鲜明办学方向；初步形成了我国培养高层次中医药人才、解决中医药重大科技问题、防治重大疾病和现代难治病的重要基地，成为在国内外享有盛誉的集教学、科研、医疗、产业四位一体的中医药高等学府。1993 年，北京中医学院更名为北京中医药大学，2000 年 7 月 31 日，原北京中医药大学与原北京针灸骨伤学院正式合并，组成新的北京中医药大学，成为唯一一所进入国家“211工程”建设的高等中医药院校，并成为直属教育部管理的重点大学。1984年1月，从学校领导岗位上退下来的王玉川一直担任学校的顾问，依然关注着学校的发展，依然心系着我国中医药事业。

振臂挺身　倡导中医现代化

王玉川在学校领导岗位上对我国中医现代化、中医药教育等重大理论与实践问题进行了深入的思考和研究，提出了许多具有创建性的中医发展观，在中医学界产生了广泛影响。

1980年，“全国中医和中西医结合工作会议”召开。会上提出了“中医、西医、中西医结合三支力量都要发展，长期并存”的方针。然而中医界却仍存在着“中医必须独立发展”的思潮。对于事关中医未来发展命运的大是大非问题，王玉川挺身而出，及时提出“中医现代化”的时代课题，旗帜鲜明地指出“中医必须独立发展”的观点违背科学发展规律，“独立发展”是没有出路的，应积极倡导中医现代化，在实现中医现代化的过程中不应排斥西医。

王玉川将自己的思考整理为《谈谈我对“中医学术独立发展”的看法》，刊登在1984年第7期的《中西医结合杂志》上，在医学界立即引起了一场争论。

王玉川在这篇文章中全面阐述了自己的中医发展观。他从自然科学和《黄帝内经》的成书历史发展论证了中医“独立发展”的弊端和危害。他说：科学发展史表明，任何一门学科、任何一项技术都不是单靠它本学科的力量就能发展起来的。任何一个专家也不是光凭他自己聪明的头脑和勤快的双手成长起来的。王玉川还以西方著名科学家牛顿的话来告诫读者：“我之所以在科学上有发明创造，只是因为我站在别人的肩膀上，所以你看我这个人个子很高大，其实我底下有人。”他在文章中尖锐地指出：如果没有其他学科的知识，没有其他人，包括前人的甚至是晚辈的帮助，就不可能成为专家，更不用说有什么发明和创造。没有联系就没有科学，没有联系就没有发展，没有联系就没有人类，没有联系就没有整个世界。世界上根本不存在什么孤立的、互不联系的、僵死的、永恒不变的东西。因此，“独立发展”的本身是形而上学思想的反映。

王玉川从我国古代科技发展史的角度严厉批驳了“中医必须独立发展”的观点。他指出：“在公元9世纪以前，我国的科学技术水平居于世界领先水平，除了对全人类的文明进步和科学技术发展具有深远影响的指南针、火药、造纸术和印刷术‘四大发明’以外，在数学、天文、地理、冶金、化学等自然科学各个领域的很多成就都是当时世界上一流的。我国古代劳动人民善于思考和富于创造的精神，为人类的文明进步作出了卓越贡献。明清以降，由于封建统治者害怕社会进步和科学技术发展会动摇他们的统治地位，在实行‘崇本抑末’政策的同时，又大搞‘学术禁锢’。如明代不但继承了唐宋以来的科举取士制度，增加了八股文，还将宋代的程朱理学奉为学术界的正统思想，用客观唯心主义来进一步禁锢人们的思想意识，使许多学者在虚无缥缈、不尚实际、专事清谈的状态中消磨岁月。到了清代更是变本加厉，除了沿用明代的那套办法之外，还采取‘闭关锁国’政策，企图禁止一切国际交流，又对知识分子加以莫须有的罪名，大兴文字狱，使知识分子人人自危，不敢越出‘正统思想’的界线去搞发明创造，很多人便钻进故纸堆里去搞考据训诂之类的学问。因此，清代在科学技术方面很少有什么创造性发现和创新。”

王玉川从回顾我国科学技术的发展历史中得到的启示认识到，学术禁锢对自然科学发展的危害是十分可怕的，如果我们对中医学也来规定一个“正统思想”，强迫人民服从它的观点，不允许发表不同见解，不准与其他学科之间相互渗透，搞学术上的“闭关锁国”，或者叫做“关门主义”，其结果不堪设想，可以说王玉川的观点是振聋发聩的。

王玉川还用《黄帝内经》成书的发展历史，从理论深层对“独立发展”观点再次进行了否定。他在文章中指出：《黄帝内经》经历了两千多年仍然有恒久的学术价值，后世许多名医的著作在某个方面或某一点上已经有了重大发展，有的还形成了一个学派或更为专门的一个学科，但在医学理论原则方面，始终没有能够超越《黄帝内经》的水平。《黄帝内经》汲取了它成书之前诸如天文、气象、历法、数学、地理、物理、解剖、心理、哲学等各学科的最新成果，其中凡是对医学有价值的东西，它都吸收进来。这种“拿来主义”是《黄帝内经》作者们在两千多年前的一个创造。他们运用新成果来整理、充实、提高医学经验，使之上升为能指导临床实践的理论而自成体系，才有可能创作出这么一部伟大的医学巨著。

王玉川认为，只要认真研究过《黄帝内经》就会清楚地看到，它虽然尽可能利用了当时其他学科的最新成果，但不是东拼西凑而成书，而是把其他学科的好东西拿来，与医学有机地联系起来，再经过综合分析提炼，演变而成为医学上更有生命力的理论体系。他说，阴阳五行学说就是经过提炼加工与医学融为一体，并有所发展，而成为既是阴阳五行自身，又不是它自身的新东西，成为医学理论的一个组成部分。在那个时代，引用阴阳五行学说的著作很多，不仅《黄帝内经》一家，然而其他著作中的阴阳五行学说都早已成了古董，唯有《黄帝内经》的阴阳五行学说至今还保留着它重要的理论意义和临床使用价值。王玉川告诫人们，如果《黄帝内经》的作者们在编纂《黄帝内经》的时候搞“关门主义”独立发展的话，那它肯定是短命的，即使保持到今天，它的学术价值和历史地位也不会那么高，恐怕早就被历代医家名著取而代之了。如果《黄帝内经》的作者们仅仅汲取各门学科的最新成果，不经过自己的消化吸收，以及分解化合的转化过程，与医学有机地结合起来，其结果也不能成为中国乃至世界上一部伟大的医学巨著。

王玉川经常在思考，如果《黄帝内经》的作者活到今天，面对着这么一个知识爆炸的新时代，他们将会采取什么态度？是为了保持中医的传统理论不变，而将外来的其他学科的好东西一概拒之门外，还是仍然按照当年编写《黄帝内经》的老方针、老传统去对待各学科的新成果呢？是先把继承工作搞完了再搞发扬，还是把继承和发扬有机地结合起来进行呢？他深信这样一条真理，没有本学科自身各部分的联系，就不成其为科学；没有与其他学科的联系，任何科学也不可能有所发展。因此，“关门主义”的“独立发展论”，绝不是中医的传统，更不是什么中医的特色。今天，如果我们仅仅用“独立发展”来保持中医传统和突出中医特色的办法，那无疑恰好否定或抛弃了中医科学发展的历史传统，因而“突出中医特色”这个应该坚持的正确方向，也就成了“关门主义”的代名词。

“中医现代化不能排斥西医”，王玉川这一思想即使在今天仍具有现实意义。20世纪80年代中期，中医学界一些人仍抱着“中医与别的学科不同，有它的特殊性，中医搞现代化不能用西医，只能用西医以外的学科知识和技术”的旧观念。王玉川认为，这种特殊论的观点根本站不住脚。中医有它一定的特殊性，看不到这一点就是错误的，搞中医现代化必须要同中医的现状结合起来考虑，不能照搬西医的经验和办法，这如同“我国的四个现代化建设必须与我国的国情相适应”是一样的道理。但是如果不能用西医的方法只能用其他科学技术的话，这个特殊论就变得太绝对了。因为西医科学与其他科学技术之间并非存在着不可逾越的鸿沟，恰恰是紧密联系在一起的。西医的许多基础理论，如解剖学、组织学、胚胎学、生理学、微生物学等都是建立在生物学的基础上，并与人体结合起来，形成了西医特有的基础学科。西医应用的一些仪器并不都是医学家首先搞起来的，绝大多数也是利用了其他学科的成果，也是搞“拿来主义”发展起来的。现在有许多名老中医也积极主张并已经开始行动起来要改变中药的给药途径，特别是要搞注射用剂型。这无疑是十分必要的，因为它有利于开展中医治疗急症的研究工作。然而不运用西医的药化手段，就不可能把中药改成注射剂，尤其是静脉注射剂。不用西医的动物实验方法，就不可能保证中药新剂型在使用中不出危险。要是不掌握生物化学上讲的酸碱平衡、等渗等知识，就无法使用静脉点滴给药。

王玉川对中医的发展进行了科学的、全面的研究，他认为，所谓中医的特殊性是与西医相对而言的，也是中医与西医的主要区别。两者的主要区别是：中医从整体的宏观的方面研究得多些，西医从局部的微观的方面研究得多些；中医的理论抽象思维多于实验，西医的实验多于理论，多于抽象思维；中医的诊疗手段还是古老的那一套，西医的诊疗手段则采用了现代各学科的新成果；有的病应用中医疗效好些，有的病则应用西医疗效好些。总之，两者各有所长，各有所短，但两者研究的对象、服务的对象却是相同的。随着时代的发展、科学的进步，中医和西医都已认识到：整体与局部、宏观与微观是辩证的统一，是不可分割的。客观实际也愈来愈证明，中医与西医之间的差别正在逐渐减少，共同的认识正在逐渐增多，严格的不可逾越的分界线随着时间的推移也正在日益消失。尽管它的速度是那样缓慢，但是它无可挽回地、永不停步地在向前发展着。如中医的“血瘀”和“活血化瘀”理论，在20世纪30年代是西医嘲笑中医的话柄，因为那时候的西医除了血栓之外，是不承认在活人的血管里会发生瘀血病变的。

由于血流动力学理论的出现，西医发现了“弥漫性血管内凝血”等病变，因此对中医的“血瘀”理论有了一个比较正确的认识。王玉川用这个例子说明了这样一条真理：活的机体，整体与局部、宏观与微观都是对立的统一，从整体的宏观的方面反映出来的现象与局部的微观的变化，两者是密切相关的。用中医传统的语言来说，叫做“有诸内，必形诸外”。王玉川由此作出如下结论：中医与西医各自从不同的角度出发，运用不同的方法和手段所得到的不同认识终归是要统一起来的。目前西医还无法解释的某些中医理论，必将随着医学科学技术的不断发展而得到证明，那种认为中西医不可能结合的观点也必将被证明是完全错误的。那种以为中医现代化不能应用西医的方法和技术，强调中医的特殊性等说法，只能让自己始终停留在原有的水平上而自生自灭。

在世界经济和科学文化日益全球化的今天，中医的现代化仍是我们面临的机遇与挑战。王玉川的思考仍在提醒着我们，并给予我们深刻的启示。

教育先行的中医发展观

1982年4月，“全国中医院和高等中医教育工作会议”在湖南衡阳召开。会议讨论制订了《努力提高教育质量、切实办好中医医院》等文件。这次会议特别强调了保持和发扬中医特色、解除中医药后继乏人、乏术，以及中医教育工作等一系列问题。

在担任学校行政和学术领导职务6年中，王玉川一直在思考和探索着我国高等中医教育的理论与实践问题。他清醒地认识到，振兴中医，教育是基础，宣传工作很重要。20世纪80年代初，王玉川发现，我国中医教育和宣传中存在一些问题，于是便撰写了《谈谈关于中医教育宣传工作的问题》的长篇文章，发表在1984年10月的《中医教育》杂志上。王玉川认为，中医教育要面向现代化、面向世界、面向未来，中医学的传承创新与振兴的基础和关键在于中医教育的质量和中医科研工作的进展，应当鼓励人们根据中医教育的现状，结合我国新时期的具体实际和即将来临的新技术革命的形势，探索出一条切实可行的新路。王玉川指出：中医作为一门科学能不能长期存在下去，并有所发展，不光需要增加机构，更重要的是必须培养出一批富有创造精神和热爱祖国传统文化，能经得起各种风浪考验又有渊博的科学理论知识和实际技能，能够适应新技术革命形势发展需要的多层次、多种专业、多种类型的中医专门人才，这是摆在中医界面前十分紧迫的课题。

王玉川看到改革开放以来有些人对外国的理论奉若神明，而无视我国中医专家、学者们根据我国的实际提出的种种改革建议，对我国中医教育提出许多无端指责。他及时指出了这种思潮的危害，他说："我国的中医教育发展到今天，再也不能只把眼睛放在本科生的培养上，而必须放开视野，要认真研究高等中医教育中专科生、本科生、硕士研究生和博士研究生四个层次人才的培养，应该建立各种培养目标和与之相适应的教学计划、教学内容、考核方法，以及四个层次的比例等等。"

改革开放之初，我国高等中医教育对于专科生、本科生、研究生和进修生的要求没有严格而且合理的区别，甚至一直使用相同的教材和教法，对于中医函授、夜大等在职高等教育也同样缺乏经验。社会上常常把中医院校毕业生与具有多年临床实际工作经验的医师相比，认为现在中医院校培养的学生不如传统师带徒的水平。王玉川针对这种情况发表了自己的看法。他认为，"必须遵循实事求是的原则，充分肯定和珍惜已取得的成绩。"他说，1949 年以来，我国中医药工作取得了伟大的成绩，这是必须充分肯定的。只有这样，才能使人们看到光明的前途，鼓舞中医药工作者的斗志，更加坚定为祖国的中医药事业奋斗的信心和决心。

反之，如果把我国中医药事业描绘成一幅只见夕阳的悲凉景象，不仅不符合事实，而且还会使人感到前途渺茫而丧失信心，动摇整个中医界的斗志。他主张，对于中医教育事业要实事求是，既要认识到当前存在的困难和问题，以引起人们更多关注，使各级卫生行政部门和有关单位看到中医改革取得的重大成就，克服忽视中医药学的现象，从而引导和鼓励中青年学者刻苦钻研、勇攀高峰、敢于创新；同时也要鼓励老中医药专家认真传授技术、经验，做好培养接班人和学科带头人的工作，促进并加强中医界本身的团结。

王玉川这些思想切中时弊，对我国中医教育事业的发展起到了很好的作用。

维护中医药形象 弘扬中医药文化

中医药的源头在哪里？从“神农尝百草始有医药”开始，中医药在我国已有7000年历史，中医药文化深深植根于中华古老的传统文化之中。

20世纪80年代，有些人为突出气功的作用，竟歪曲历史，宣扬中医药理论来源于“气功的实践”。王玉川自觉维护中医形象，针对社会上流传的错误观念，旗帜鲜明地表明立场：关于中医药理论的来源问题早有定论，它是我国劳动人民数千年来与疾病作斗争的过程中经历无数次实践而形成的，早已经否定了“医源于巫”的谬论。他认为，为宣传气功，抬高气功的身价，把气功凌驾于中医药学之上，杜撰出一个在中医药之上的“科学的科学”，这不仅违背了历史常识，而且连气功本身的来源也成了问题，岂不把气功和整个中医药学一起推向不可知论的深渊里去了吗？这既糟蹋了气功科学，又损害了中医药文化的形象，因此，我们不能任意改变关于中医药理论来源的表述。

王玉川十分珍惜现代中医药的形象，为此，他专门撰文从理论上加以澄清。他说："任何科学都是随着社会进步而发展的，历史上每一次重大的科学发明创造，反过来又推动着社会的发展。科学和世界上任何事物一样，都是既守恒又不守恒，时刻处在运动变化之中的。中医药在历史上也是在不断变化中发展着的，现代中医的形象已经大大不同于古代的中医。"他在文章中写道："作为一门具体的科学来说，都客观存在着一定的研究范围，从这个意义上讲，任何一门科学都是独立的，否则就不成其为一个专门的学科，这就是守恒。然而世界上又没有同其他科学绝缘的科学，任何一门科学又必然不是孤立的，都要在当时的社会和其他科学的影响下发生变化，不但在应用技术上、在理论上，以至于在研究范围和体系上都会发生不同程度的变化，这就是不守恒。科学就是在既守恒又不守恒、既不变又不断变化的矛盾中发展着的。在中医药学发展史上从来就有守旧与创新两种不同思想的斗争，它们都可以找出各自的论据为自己的主张辩护。然而，历史总是给那些因循守旧的人们以无情的嘲弄，中医药理论和治疗技术的发展就是不断创新的结果。"

有一种思潮认为，中医药在技术上可以变，但中医药的理论体系不能变。王玉川对此进行了批驳。他说："这种看法是不符合历史辩证法和客观事实的。所谓'体系'并不等于客观规律。客观规律是不随人的意志为转移的，而'体系'在任何一门科学里都是人为的。人们既然可以为了认识事物和理解事物的需要把'体系'建立起来，自然也应当随着社会发展、科学技术的进步而加以改变。所以'体系'是暂时性的东西，而不是永恒的东西。中医药要不断发展，就必须放弃那种以为中医药学的可贵之处就在于它的'体系'的观点。因为中医的特色是指它的符合辩证法的闪光的思想，也就是中医药理论中合理的内核，而绝不是中医理论体系本身。"

王玉川指出："古书上的东西并非句句都是真理，中医理论不是越古越好，一根毫毛也不能动，甚至现代中医的形象必须同古代的一模一样，已经变了的也必须回复到古代的形象等等。这既抹杀了中医药发展的历史，又不符合当代中医的形象，只会将中医药引向死胡同，妨碍中医药的发展。"王玉川的见解有的放矢，一针见血，包含着深刻的思想。

治学博取精思 研究特立独行

王玉川在学术研究上特立独行，注重独立思考，不迷信权威，敢于向权威挑战。

1984年，王玉川应邀担任《健康报》振兴中医刊授学院顾问，他应约撰写了《和刊院同学谈谈学习方法》一文，发表在当年《中医刊授自学之友》第一期上。他认为，"没有独立自主的精神，做任何事情都不可能作出成绩。不要做教材的奴隶，要做教材的主人，这才能把前人的成就真正变成自己的知识。我们需要的是自己观察，自己思索，自己做主，那是一种独立思考的治学精神。"

王玉川认为，任何一门科学的发展都离不开继承和创新两个方面，继承是基础，广搜博采前人的宝贵理论和经验以及现代人活的经验，把它们继承下来，为我所用，在继承的基础上才可能发现新的东西，才可能创新。王玉川谆谆告诫同学们："经典是一个取之不尽、用之不竭的宝库。从古到今，任何一个成功的医家都要熟读经典，要在经典上下工夫，打好基础，这样才能成大医。"王玉川认为，今人对前贤著作的继承是很不够的，继承前人的东西，更重要的是要加以发挥，并不断有新的创造。

王玉川把中医学看成是一门历久弥新的学术文化。他从自己承接岐黄薪火、继承中医衣钵的研究中体会到：中医的生命在于学术，学术的根源来自临床，临床水平的检验在于疗效，而疗效的关键在于人才。他从研究中医药发展的历史发现，每一个学说的出现都是以临床大家的突出贡献和卓越成就为标志的，如仓公、扁鹊、华佗、张仲景、孙思邈等都是代表一个历史时代的。承古而不泥古，注重创新是贯穿王玉川研究中医理论的一条主线，在他半个多世纪的从医生涯中，对中医形成了独到的看法，那就是中医学远远不只是一种医疗技术，它是一门博大精深的学问。王玉川这种掷地有声的学术思想，彰显出一代中医大家的精神高度。正是王玉川这种创新精神，使他在中医基础理论研究领域屡获开创性的突破，使他的学术研究不断跨越一个又一个的学术高峰。

王玉川经常说："创新是硬道理，是科学技术的生命线。"多年来，辨证论治被视为中医特色的重要标志，他认为这种提法并不合适。他在1999年第三期《中医教育》上发表了《关于"辨证论治"之我见》和《关于"同方异治"之我见》两篇学术文章。他认为，辨证论治的统治地位是在牺牲了"同方异治"的宝贵经验，扼杀了寻找广谱有效方药的热情之后才取得的，辨证论治的观念使人们的思维陷入一种恒定不变的公式中，在辨证论治的圈子里打转，与创新的客观要求越来越远。他认为，那种认为辨证论治可解决一切问题的思想"是一种现代迷信"，是只求稳定不求上进的表现。

1998年他在《北京中医学院学报》第六期发表了《关于"有是证用是方"的反思》一文，否定了"有是证用是方"的思想，明确指出这种原则是不对的。这种方证对应关系是建立在方药性味功能推测出病理状态的基础之上的，在方药功能固定的前提之下，以方测证的结果虽然符合方证相对的原则，但是任何一味中药都含有多种有效成分，它们的药理作用也往往是多方面的，两味以上组成的复方则更为复杂。所以"以方测证"本身就不是什么正确可靠的唯一科学方法。如果我们停留在这个水平上就永远也不会有所发现，有所前进，方证之间相互关系的谜团也就永无解开之日。

博综典籍　穷研《内经》　承古开今

《黄帝内经》是我国现存最早的医学典籍，全书包括《素问》和《灵枢》两部分，共18卷162篇。《黄帝内经》总结出了较为系统、完整的医学理论和治疗原则，创立了具有中华民族医疗特色的中医药学理论体系。《黄帝内经》问世以来已经被翻译成日、英、法、俄、德等多种文字，世界上许多国家的医学家、史学家和科学家对它不断进行阐释和研究，国际针灸组织还把《黄帝内经》列为必读的参考书，它是我国传统医学对世界医学发展的独特贡献。

王玉川从60多年前第一次通读《黄帝内经》起，就陆续翻阅了大量中医典籍，考证通释这部经典著作，写下了几百万字阅读笔记和释义，为完善内经学说洒下了滴滴汗水。他通过研究发现，《黄帝内经》成书之前是多种学派和学说并存的时期，各学术流派各有自己的见解和主张，各有自己的成就和贡献，《黄帝内经》是当年学者们从自己临床经验出发，开展广泛学术争鸣的真实反映。由于各种学说的互相渗透，彼此影响，以及脱文、错简、并合成篇等历史原因，甚至在同一篇中出现两种不同观点和截然相反的解释，不仅令人费解，而且使初学者概念模糊。为此，他整理了自己的笔记和校释，自1979年以来，先后在《中医杂志》《北京中医学院学报》等多家报刊上发表了30余篇论文，计30余万字。他对《黄帝内经》研究的许多学术观点成为这一学科领域的重大理论创新，得到全国中医药学界的承认和赞誉。

1982年，山东中医学院等编著的《黄帝内经素问校释》一书，请王玉川作主审专家，书中18处引用了王玉川的学术观点。

1993年，他的重要著作《运气探秘》由华夏出版社正式出版。他对阴阳学说的演变、气血循环理论、五行学说、运气学说等的研究，得到了中医界专家同行的认可和赞誉。中国中医科学院孟庆云认为，王玉川对阴阳五行的论述和对经络理论的演进是超越前人的理论创新和发明创造。他对五运六气源流原理的认识，劈莽出新，有超拔之功。

阐述“三阴三阳” 深化阴阳学说

《黄帝内经》提出了“阴阳五行学说”，并将其具体用到医学上，阐明了人体结构、生理现象、病理变化之间对立统一的关系，具有朴素的唯物主义思想。经过长期的临床实践检验，普遍认为“阴阳五行学说”具有一定的实际意义，但由于历史的局限，难免有偏颇之处。

20世纪50年代以来，中医界对阴阳学说的渊源、基本内容、性质、作用与地位等进行了整理和分析研究。在各种中医理论的教材和专著中，阴阳学说的基本观点被归纳为：自然界一切事物均可被分为阴阳两大类，阴阳是万事万物的根本。80年代以后，学术界进一步从多学科来论证阴阳学说的科学性，许多学者从控制论、系统论、信息论的角度来分析阴阳的对立、依存、消长、转化，阴阳学说的科学性不断被从各个角度加以证实。

1985年，《北京中医学院学报》发表了王玉川的学术论文《关于“三阴三阳”问题》，《中医教育》同时发表了他的另一篇考证通释阴阳学说研究成果《中医阴阳学说发展史浅说》，在中医界引起了巨大反响。

阴阳源于《周易》，它本是我国古代朴素辩证法的基本概念，属于哲学的范畴。在其演变过程中，逐渐被援引到各种学科中，成为古人认识世界、分析事物的最基本的理论工具。其中对医学科学有用的部分，也被古代医学家所汲取，并按照医学的需要，作了相应的补充和改造，从而成为中医理论的重要组成部分。王玉川首先考察了阴阳学说的演变过程。他发现，中医阴阳学说最初是从古代哲学阴阳学说移植而来，医学毕竟不同于哲学，中医阴阳学说的历史并不等于哲学阴阳学说的历史，更不可能同步发展。学术上的移植和渗透是一个由少到多、由简单到复杂的过程，医学要借鉴它，也要从较为简单的部分入手，才能逐渐变为自己的东西。因此，中医阴阳学说的发展过程应该是有阶段可分的。王玉川通过对阴阳学说的长期研究得出中医阴阳学说演变的四个阶段：早期阴阳说阶段、太少阴阳说阶段、“三阳三阴”说阶段、“三阴三阳六气”说阶段，这四个阶段基本上勾画出了中医阴阳学说发展史的大概。

“三阴三阳”无疑是古代医学家的创造，王玉川认为，《黄帝内经》的许多篇章，除了对《周易》老少阴阳的普遍应用外，还可以发现另一些问题，那就是随着中医学的发展，《周易》的那套办法变得越来越不够用了。尤其是到了古代医家在人身上发现许多颇不寻常的生理现象和病理变化规律的时候，在发现了脏腑经络与自然界的种种变化有着更为复杂的联系的时候，那种阴阳各分老少的方法已远远满足不了理论上的需要，勇于创新的医家们突破了旧框框的束缚，对“阳明”和“厥阴”提出了新的解释，使原来的“二阴二阳”变成了“三阴三阳”，即太阴、少阴之外又有厥阴；太阳、少阳之外又有阳明。“三阴三阳”的命名是以阴阳之气的盛衰多少为依据的。王玉川在《黄帝内经》的《阴阳别论》《经脉别论》等许多篇章里发现，厥阴为一阴，少阴为二阴，太阴为三阴；少阳为一阳，阳明为二阳，太阳为三阳。“一、二、三”较之“老、少”更能精确地表述数量和层次上的关系。“三阴三阳”只是一种计量标准，标准本身并不是具体事物，但它却可以应用于各种事物，以表明该事物的数量和层次。因此，阴阳各分为三是古代医家为了适应医学发展的需要，对于那种在理论上和实践上都显得粗疏的专业标准的一种改进。“三阴三阳”这个标准的确定是为更精确地区分阴阳、盛衰，以利于分析自然界的种种变化和人体的各种生理、病理现象以及人体和自然界之间的密切关系。“三阴三阳”在中医学的发展史上，无疑是一次重大改革，对于中医理论的建设和医疗技术的进步产生了巨大的促进作用和深远影响。

王玉川指出：古代医学家在运用“三阴三阳”分析事物的时候，由于具体的对象、观察的角度和表述方法上的差异，出现了多种多样各不相同的排列次序，而不同的排列次序又有着不同的含义。因此，把这些不同的“三阴三阳”的具体含义和实用价值搞清楚，并进一步应用现代新技术、新方法阐明它们的实质，无疑是十分必要的。据他的初步研究，在中医古籍中有29种不同次序的“三阴三阳”，可以归纳为经脉生理特性及其层次类、经脉长短和气血盛衰类、病理反应类、脉诊部位类、日周期类、旬周期类、年周期类、六年至十二年周期类等9大类。通过对29种“三阴三阳”的探讨，他提出了以下四个重要观点：

第一，“三阴三阳”是阴阳学说的重要组成部分，它既是表述阴阳的层次标准，又是说明事物生长衰亡运动节律的理论。“三阴三阳”的次序不同，其意义亦异。“三阴三阳”次序的多样性，反映了人体和自然界的物质运动，存在着多种多样各不相同的节律周期。

第二，《素问·脉解》篇关于“三阴三阳”经脉与月份相关的配属方法，纯粹是生搬硬套《周易》的理论，导致了与客观实际不符的结论，是应该淘汰的理论。

第三，《灵枢·阴阳系日月》是介乎《足臂十一脉灸经》《阴阳十一脉灸经》和《灵枢·经脉》之间的过渡型之一，它关于经脉与时间相应的配属关系，也是应废弃的理论。

第四,六气正对化的理论是经络脏腑同以十二支作为代号的“三阴三阳六气”之间配属关系的总结。

精研“五行互藏”填补五行学说空白

王玉川精研五行学说，他从生物全息论的角度提出“五行互藏”是一种典型的五行全息思想。他认为，在每一“行”中都有整个五行模型的缩影，他把这种“五行互藏”理论称为五行全息论。

五行学说的科学价值及其存废问题，在学术界一直众说纷纭，长期争论不休。随着系统论、控制论、信息论以及耗散结构理论等新兴学科在中医学术领域的研究应用不断深入，古老的五行学说又恢复了名誉。王玉川在精研五行学说的同时，看到在五行归类、生克、制化以外的如“五行互藏”的一些内容已被遗忘，无人问津，成为五行学说里的一个空白，使五行学说残缺不全，对这一学术状况深感忧虑，认为必须加以改变，否则无论应用什么样的方法，对五行学说进行什么样的研究，包括与之密切相关的脏腑实质研究，都不可能得出全面的正确认识。因此，他从1979~1984年，在《中医杂志》和《北京中医学院学报》先后三次发表研究成果，着重阐明了“五行休王”古代的时间节律学说和“五行互藏”中医学的全息论思想。

王玉川认为，“五行休王”，或称“五行囚王”是我国古代医家关于自然万物和人体的五行精气活动节律及相互关系的一种学说，是古代医家在研究人体脏气活动节律与外界自然环境相关的过程中逐步形成的。人体生理活动的“五行休王”是以脏气活动节律与相应的四时五行节令同步为前提的，必须与四时五行节令的步调同一才能维持健康。古人采用“休”、“王”、“相”、“死”、“囚”五个字作为五行精气不同量的代号。人体的生理节律是客观存在的，而“五行休王”是人体生理活动节律的一部分，对诊断疾病、判断病势的进退、转归和预后等都有一定的指导意义。

“五行互藏”即是指五行的任何一行中又有五行可分，它是为说明物质世界纵横交错的复杂关系而建立起来的理论，在揭示事物无限多的层次和无穷可分的特征方面，与阴阳学说是互通的。王玉川指出：从生物全息论角度来看，“五行互藏”实质是一种典型的五行全息思想。在每一行中又有整个五行模型的缩影，因此，可以把这种“五行互藏”的理论简称为五行全息论。他说，现代研究已经证实，目、舌、面、鼻、耳、手、足等都是一个全息元，是全身结构和功能的一个缩影。人体结构的“五行互藏”在科学研究和临床实践上有着十分重要的意义。“五行互藏”与“五行归类”既有区别，又有联系。“五行归类”是人们为了要认识千变万化、错综复杂的事物及其相互关系而创立的类分方法；“五行互藏”则是在此基础上进一步揭示事物内部更深层次的类分方法。如果说“五行归类”着眼于整体，是宏观宇宙结构模型的话，那么“五行互藏”可以说是着眼于局部的微观宇宙结构模型。微观与宏观、局部与整体都是对立的统一，两方面的研究都是人类认识自身并与疾病作斗争所必需的。所以“五行互藏”是五行学说不可缺少的重要组成部分，应给予必要的重视。

王玉川在文章中写道：体质是机体所有的各种特点，包括肤色体形、脏腑气血、生理机能和精神、性格等各方特点的总和。古代的医家在两千多年前就采用“五行五脏”的理论和方法，提出了体质学说阴阳二十五人，根据人们的肤色、体形、性格等一般特点所表现的错综复杂的体质现象，分析归纳为“木形之人”、“火形之人”、“土形之人”、“金形之人”、“水形之人”等五大类型。在五大类型中又各区分出五个小类型，五五相乘，共有二十五种体质类型。如果说五形之人是体质学说的“纲”，则二十五人是体质学说的“目”。有纲有目，条理清楚，提纲挈领，便于掌握和应用。由于历史的局限，“阴阳二十五人”体质类型学说的某些具体内容还有不够精确、不够完备的地方，需要进一步改进。但是迄今为止，在中外医学史上的一切体质类型学说，从古希腊的希波克拉底的气质学说，到苏联生理学家巴甫洛夫的神经类型学说都没有能达到像“阴阳二十五人”体质学说那样细致全面的水平。因此，王玉川认为“五行互藏”的理论在医学科学上仍具有重大意义。

纠正味脏理论 重解归经学说

1988年，《北京中医学院学报》第一至第三期发表了王玉川的《五脏祭五行五味及其他》。文中写道：“五四”运动以来，一些研究医史的学者开始把儒家古文经学和今文经学的学派之争引进到医史领域，经为五脏配属五行之法，在经学的五脏祭里，既然有两种截然不同的说法，那么在医学里也必然经过与之相应的两种配法。显然这是医术必然服从儒术的观点。近年来，又进一步纠缠到儒家托古改制的问题，认为医学的五脏配五行说，一定要随着王朝改制而改变。史学的结论不能以主观推断来决定，重要的是真实可信的历史证据。如果随便抓住一点，便认定五脏属性必随帝王改制而改变的话，那么医学家就得不断修改理论，这是一个荒唐的结论。

王玉川在研究《黄帝内经》时发现了味脏理论与归经学说，提出了不断发展的味脏理论。五味入五脏，五谷五畜配五行理论虽是五行学说的内容之一，但其中亦有很多臆测的成分，特别是由此引申出来的归经理论，随着中药学的长足进展，愈来愈显得苍白无力。

酸入肝、苦入心等，一种味只与一个脏器发生直接联系的观点，无疑是早期的理论，与客观实际存在较大的差距。成篇较晚的《素问·脏气法时论》和《素问·至真要大论》等所说的一种味与多个脏器发生直接联系的说法，即是后来在临床实践中观察到的实际情况。有所发现，即有所记载，故其说与老观点多有矛盾。没有发现，即无记载，故肝与苦、咸无关，心与辛无关，肺与甘、咸无关。事实上并不是无关，而是当时尚未发现的缘故。

味脏理论的混乱对中药学理论影响很大，主要表现在药物归经方面。药物归经的理论原是以药物的功效为依据的，是通过脏腑辨证用药，从临床实际疗效中总结概括而成的。可是以往的本草学家们说它是以五味入五脏的理论为基础的。王玉川通过对全国统编的第二版、第四版《中药学讲义》中的中药归经进行统计，发现酸味专入肝者仅占 9%~11%，苦味专入心者仅占 1.14%~2.5%，甘味专入脾者仅占 5.87%~7.95%，咸味专入肾者只占 11.7%，充分说明了一种味专入一脏的比例很低，五味专入五脏的说法是不全面的。因此，一种味与多个脏器发生联系的观点，才是《黄帝内经》味脏论的主要精神。

对《内经》气血循环理论的独特见解

1991 年，《北京中医学院学报》第二至第三期发表了王玉川的《浅谈经脉气血循环理论的发展演变》，表达了他对《内经》气血循环理论的独特见解。

王玉川在研究中发现，《黄帝内经》的经脉气血循环理论，不但与《足臂十一脉灸经》《阴阳十一脉灸经》有渊源关系，而且在《灵枢·经脉》成书之前，存在一个多种学说并存的过渡时期。此期的经脉气血循环学说约有四个不同的流派，他们各有自己的主张和见解，各有自己的成就和贡献，这无疑是古代医学家为建立经脉气血循环理论从各自的临床实践经验出发，各抒己见，开展学术争鸣的真实反映，而《灵枢·经脉》成书则是这次争鸣的终结。

王玉川提出，经络树学说是《黄帝内经》的第一种经脉血循环理论的生命线，客观存在是以植物根茎枝叶，比喻人身经脉和络脉的一种学说。《灵枢·根结》和《素问·阴阳离合论》所说的“三阴三阳”、“六经根结”和“开合枢”，以及《灵枢·卫气》所说的十二经标本、气街等即是经络树在《黄帝内经》中的主要内容。“根结”和“标本”是取象于树木的两种说法，虽词不达意，然而实际基本相同。在经络树学说里，经络的“根”或“本”均在四肢末端，“结”或“标”则皆在头、胸、腹部位。经络路线依然保持着帛书两篇《足臂十一脉灸经》《阴阳十一脉灸经》十一脉向心性循行方向。营卫气血是以阴出于阳、阳入于阴和里出于表、表入于里的方式，在阴阳经脉之间与形体表里之间出入循环流动着的并受自然变化的影响，而有白天充盛于肌表、夜晚充盛于内脏的昼夜盛衰规律。“六经根结”和“三阴三阳”表里出入的“开合枢”理论，大概是经络树学说的早期理论。六经标本的六经皮部是“六经根结”和“开合枢”理论的发展，是经络学说的后期理论，而皮部浮络与脏腑的关系以及气街的生理、病理、证候、治法，则对后世经络、腧穴、针灸学说的发展有着重大影响。

王玉川认为，大约在经络树学说表里循环论建立的同时，即有第二种经脉气循环学说问世。这第二种循环理论的构想是在人身一小天地即小宇宙观念指导下产生的。

王玉川指出：阴出阳入的经脉气血循环理论是在手足三阴三阳十二条经脉全部发现，经与脏腑的配属关系完全确定之后创立起来的。这种理论的产生较前两种学说要晚，在阴阳经脉气血循环理论的发展过程中属于第二个阶段。阴出阳入的血气循环理论提出了“阴者主脏，阳者主腑。阳受气于四末，阴受气于五脏”的观点。十二经脉中的气血，就是如此循环运行的，即以五脏为中心，阴经主出，阳经主入，故称为阴出阳入循环学说。在这种学说里，阴经与阳经首尾相互交接，所以“阴出阳入”在字面上与经络树学说的“在阳者主入，在阴者主出”似乎相同，而实质上是完全不同的。

王玉川发现，第四种经脉气血循环理论始于中焦，由肺手太阴之脉至指端，再由大肠手阳明之脉返回内脏，最后由肝足厥阴之脉上注于肺脉，形成手足阴阳表里十二经脉首尾衔接的大循环理论，它是当时关于经络气血循环问题开展百家争鸣的总结和发展。

王玉川认为，十二经首尾衔接大循环学说是阴阳经脉的气血循环理论中最重要的一种，《黄帝内经》的许多篇章都是以此为基础定成的，这种出现于经脉气血循环理论发展过程最后阶段的学说，在《黄帝内经》经络理论中占有主导地位，被看成是中医理论体系中独一无二的经脉气血循环理论。

追根溯源　探秘运气学说之谜

新中国成立后的17年，医学界将运气学说作为历史加以探讨，追溯其源起和演变，其中以范行准的《五运六气说的来源》一文影响较大。

1959年，任应秋著述的《五运六气》一书是现代第一本运气学说的入门之书。1962年，胡海天在《广东中医》发表连载文章，做“五运六气”的讲座，在中医界亦有一定的影响。在当时对运气学说有存、废两种意见的情况下，中医界对这一问题出现了争议。1966年之后，五行学说和运气学说遭到批判，直到80年代，运气学说才又重新登上大雅之堂。

1993年，王玉川编著的《运气探秘》由华夏出版社出版，他探讨了五运和六气的体系问题，指出了平气概念的重要性，从西汉的灾害性天气论证了运气学说的科学性，阐发了《素问·遗篇》

的学术价值。他的研究成果代表了当时中医界的最高水平。

王玉川根据《素问》有关篇章的记载提出，运气学说是古代医家为防治周期性流行病和多发病而总结创立的一门学说，对中医理论和临床诊疗技术的发展，影响极为深远。后世许多著名的医家，对此做过研究，并续有补充和发挥，但是对于运气学说体系本身的研究还没有引起足够的重视。

王玉川首先对运气学说的体系进行了深入研究，他发现，五运和六气开始是两个不同派别的学说，五运的起源较六气早得多。五运学说本身有一套变化周期和推演测算的公式，并有比较全面而明确的研究范围以及完整的理论体系，在《素问》中有很多论述可以证明。由于五运和六气各有一套自成体系的理论，它们又有着共同研究的对象，后来因客观实际的需要，通过学术交流，彼此影响，相互渗透，逐渐融合为一个体系，统称为运气学说。不同派别的学说相互渗透、结合，是科学技术取得突破性进展的重要途径之一，从这个意义上讲，五运与六气两个不同派别的学说相互结合则是中医理论不断发展的成果。

王玉川认为，五运与六气结合的根本原因是它们的对象完全相同，但要使两个理论体系不相同的学说结合在一起，形成一个统一的新学说也不是轻而易举的事情。他从《素问》中看出，五运与六气结合的过程基本完成，并创立了不少新的名词和术语，扩大了应用范围，但它还没有把二者真正融为一体，还没有达到天衣无缝的境地，因而留下了不少结合的痕迹，在理论上显得不够严谨。五运在《素问》七篇大论的运气学说体系中，实际上仅仅保留了主岁的大运的作用。这是为了要使两种学说结合在一个体系不得不有所取舍，不得不来一番改造制作。如果把两者原有的内容不分主次，不加取舍，全部糅合在一起，不但头绪过多，而且无法构成一个统一的体系。王玉川指出，后世的医家由于不完全了解运气学说的历史，把《素问》运气学说抛弃了的五运客主加临的方法重新抬了出来，这实在是辜负了《素问》作者的一片苦心。

王玉川对平气理论进行了分析，指出平气是运气学说的一个重要术语，它涉及的面很广，对运气的推算结论具有举足轻重的作用。从《素问》的记载来看，平气的概念还比较清楚，推算方法较为简单，但也多有重复和矛盾之处。后世学者的平气理论，虽说上承《素问》而有所发展，实则与《素问》颇多抵触，因此难以自圆其说。近来出版的有关论著大多因循前人旧说，间或有所损益，往往顾此失彼，并没有真正解决问题。王玉川认为，《素问》的平气概念是指相对于“太过”和“不及”而言，既非太过，又非不及，则叫做平气。后世医家对于《素问》平气的概念，似乎并无异议。但是对于平气的构成条件和推算方法却与《素问》颇多分歧，这是因为对原则的认识一致，并不意味着对具体事物的见解必然相同。平气的传统理论包括它的推算方法是运气学说中最不合逻辑的繁琐的理论，它不仅给运气学说造成了极大的紊乱，而且还给其涂上了一层厚厚的神秘色彩。

王玉川对从西汉穗帝二年（公元前 193 年）到汉平帝元始四年（公元 4 年）前后历时 197 年间 65 次灾害性天气验证研究进一步证实，运气学说有它一定的科学性和实用价值，但也暴露了运气学说的某些不足。即按照运气学说的理论，灾害性天气应该发生而实际上并没有发生的年份较之发生了的年份要多得多。他得出的结论是：运气学说有它一定的科学性和应用价值，但很不完善，只能用它来解释已发生的反常气候，却不能作为预报天气变化的理论来使用。

王玉川充分肯定了《素问·遗篇》在运气学说中的重要地位。《素问·遗篇》系指《本病论》和《刺法论》两篇文论，宋代以后始见。《素问·遗篇》自从被宋臣林亿等以“辞理鄙陋，无足取者”八个大字做了彻底否定的判决之后，900 多年来，一直难有出头之日。其间虽有个别专家也看到了《素问·遗篇》里的某些有价值的材料，但最终还是作了一笔抹杀的结论。王玉川认为，不应以文辞雅俗作为判断学术的唯一标准，《素问·遗篇》的最大成就是突破了《素问》七篇大论的旧框框的束缚，提出了许多独到的新见解，在运气学说的发展史上写下了光辉的一页。虽然其中也难免掺杂一些虚构的东西，但《素问·遗篇》的学术价值是不容否定的，它对运气学说的发展有积极意义。

静以养神 大德增寿

中医养生学是中华民族优秀文化的一个重要组成部分，历史悠久，源远流长。《黄帝内经》共162篇，把养生放在首要位置，强调防重于治。《内经》以"渴而穿井，斗而铸锥"为比喻，说明"病已成而后药之，不亦晚乎"的道理，突出"不治已病治未病"的预防思想。王玉川对《黄帝内经》学术的传承还体现在他对中医养生学的重视与研究上。

王玉川退休后仍然每天8点到办公室，中午回家稍事休息，下午又回来。做自己的事，看自己的书。这种安静的心态是养生的大境界。

王玉川认为，在机体新陈代谢过程中，各种生理功能都需要神的调节，故神极易耗伤而受损，养神尤为重要。《素问·病机气宜保命集》中指出："神太用则劳，其藏在心，静以养之。"所谓"静以养之"主要是指静神不思、养而不用，即便用神，也要防止用神太过。王玉川认为，清静养神是以养神为目的，以清静为大法。只有清静，神气方可内守。清静养神原则的运用归纳起来不外有三：一是以清静为本，神静而不用，即所谓"恬淡虚无"之态；二是少思少虑，用神而有度，不过分劳耗心神，使神不过用；三是常乐观，和喜怒，无邪念妄想，用神而不躁动。这些养生原则在传统养生法中均有所体现，如调摄精神诸法中的少私寡欲、情志调节；休逸养生中的养性恬情；气功、导引中的意守、调息、入静；四时养生中的顺四时而养五脏；起居养生中的慎起居、调睡眠等。

王玉川深谙养生之道，他这样总结，历代养生家都非常重视七情调摄，归纳起来可分为四法：一是节制法，就是调和、节制情感，防止七情过极，达到心理平衡。《吕氏春秋》说："欲有情，情有节，圣人修节以止欲，故不过行其情也。"只有重视精神修养，节制自我感情才能维护心理的协调平衡。二是疏泄法，则是把积聚、抑郁在心中的不良情绪，通过适当方式宣达、发泄，以尽快恢复心理平衡。三是转移法，即通过一定的方法和措施改变人的思想焦点，或改变周围环境，使其与不良刺激因素脱离接触，从而自情感纠葛中解放出来或转移到另外的事物上去。四是情志制约法，根据情志及五脏间存在的阴阳五行生克原理，用互相制约、互相克制的情志来转移和干扰原来对机体有害的情志，以达到协调情志的目的。性格开朗、精神乐观是长寿的法宝。情绪稳定对一个人的健康起着重要作用。性格开朗，活泼乐观，精神健康者，不易患精神病、重病和慢性病，即使患了病也较易治愈，容易康复。

王玉川倡导立志健魄、大德增寿的养生观。他说："正确的精神调养，必须要有正确的人生观。只有对生活充满信心，有目标、有追求的人，才能很好地进行道德的修养和精神调摄，更好地促进身心健康。因此，养生首先要立志，要树立起生活的信念，对生活充满希望和乐趣。科学证明，人的内在潜力很大，充满自信心、顽强的意志和毅力是战胜疾病极为重要的力量。树立理想，坚定信念，充满信心，量力而行，保持健康的心理状态是养生保健的重要一环。"

他说："养生必须从整体出发，注意生命活动的各个环节，全面考虑，综合调养。要着眼于人与自然的关系，以及脏腑、经络、精神情志、气血等方面，要顺四时、慎起居、调饮食、戒色欲、调情志、动形体。要从各个不同方面对机体进行全面调理和保养，使机体内外协调，适应自然变化，增强抗病能力，避免出现失调、偏颇，以达到人与自然、体内脏腑气血阴阳的平衡统一。”

1993年，由王玉川主编、刘占文等参加编写的《中医养生学》出版。该书阐释了人类生命的发生发展规律，预防疾病、增强体质、益寿延年的基础理论和方法，内容包括上篇、中篇、下篇三部分。上篇为中医养生学的基本理论，主要有绪论、发展简史、养生学的基本理论和基本原则等；中篇为常用的养生方法，主要有精神养生、环境与养生、起居作息与养生、睡眠养生、饮食养生、房事与养生、运动养生、浴身保健、娱乐养生、保健针灸按摩、药物养生等；下篇为审因施养，主要有因人养生、体质养生、部位养生、因时养生和区域养生等。这部《中医养生学》的问世成为中医养生康复专业一本重要的必修课教材。

破解河图洛书之谜

我国改革开放后，由于“易学”热的兴起，河图洛书骤然升温。有人认为，河图洛书是中医学理论的根蒂，诸凡阴阳变化、五行生克、人与自然的关系、脏腑经络、营卫气血的生理病理，乃至养生防病等，都是通过河图洛书原则的应用体现的。对此王玉川则不这样认为。他对河图洛书进行了深入研究，1992年《北京中医学院学报》第二期发表了他的《我看河图洛书》一文。1993年他的《运气探秘》出版，再次就河图洛书提出了自己的学术观点。

王玉川通过长期研究发现，在先秦古籍中最初只有河图，并无洛书之说,《尚书顾命》之河图即是江河山川的地图。河图洛书是祥瑞物之一，是帝王受命之符，是出土甲骨。

王玉川认为，河图洛书是由祥瑞说转变而来的神话，其发生年代可追溯到先秦，而盛行于汉代。《管子》《论语》书中的河图洛书不过是兆示天下一统、万民和喜的祥瑞物，到了《墨子》那里，就变为上帝命有道者征伐无道者的天书。王玉川认为，古代易学家无不以为《周易·系辞》“河出图，洛出书，圣人则之”即是八卦取法于河图洛书的证据，他们的解释虽有分歧，但都以为河图与龙马有关，洛书与神龟有关，都带有浓厚的神秘色彩。所谓的龙马、神龟，实际上即是卜骨和卜甲。河洛是泛指人们居住过的地区，不必专指黄河和洛水。图书则指出土的甲骨，甲骨上的钻灼裂纹即兆枝，被称为图；刻画在甲骨上的卜问纪录和数字组成的符号，就称为书。现代考古学家公认，甲骨上的数字符号即是当时揲蓍结果的纪录，又是画卦之依据。“河出图，洛出书，对人则之”这句话表明，由八卦相重而为八八六十四卦，并进而讲究三百六十四爻，与甲骨刻辞的再研究有着相当密切的关系，河图洛书就是秦汉之际易学研究者们替甲骨起的别名。西汉末年和东汉时期的儒家，不知河图洛书即是甲骨的别名，但又必须对“河出图，洛出书”作出解释，于是就产生了许多牵强附会的说法。

王玉川经过深入研究进一步指出：河图洛书是象数的基础，有人把河图洛书看做是古代科学技术的顶峰，是包罗万象永远不会枯竭的自然科学宝库；也有人以为讲解河图洛书都是捕风捉影，不值得一提，王玉川则认为这两种极端的看法都是片面的，不足为取。作为说《易》的工具、象数学基础的河图洛书，犹如无所不容的聚宝盆，它已经不再是隋唐以前的河图洛书。在其发展过程中，已经把各种各样的知识和学说，无论阴阳家的还是五行家的，无论是自然科学的还是社会科学的甚至是哲学的都吸收了进去，经过漫长岁月的积累演化，成了一个包罗万象的巨大无比的体系。医学家、天文历算家、儒家、道家、佛家，乃至预言家、命相家、风水家都可以使用它。这如同现代电子计算机，可以为各行各业和科学工作者服务，也可以用作算命、问卦、预测吉凶等活动的工具，并不是河图洛书本身所具有的。

国医大师 众望所归

如今耄耋之年的王玉川仍担任着北京中医药大学顾问和终身教授。他是学问大师，著作等身，为人处世却宁静淡泊、不慕荣利、虚怀若谷、淳朴无华，真正做到了如古人所言“学然后知不足”、“惧满溢，则思江海下百川”。在王玉川身上体现出的一种精神，是中国传统文化所推崇的平民知识分子精神、圣贤精神。这是从五千年中华民族文化精神之树上开出的灿烂花朵，是从孔孟、老庄、扁鹊、华佗等无数布衣知识分子薪火传承下来的高贵文脉。这种文脉是我们的国魂，是中华民族世代相传的精神支柱。

在北京中医药大学行政办公楼位于二楼最西面朝阳的一间办公室就是王玉川的工作室。他每周到学校一两次，在办公室里看看资料，接受相关部门的咨询，或者接待事先预约的来访者。他的办公室整洁、简陋，不到20平方的空间里放着一张办公桌、一个沙发、一个书架。书架上有很多书籍，其中有一本1964年由上海科学技术出版社出版的第二版《内经讲义》，这是他当年亲自主编的。这本纸张发黄的书称得上弥足珍贵，它记录和见证了王玉川一生的智慧与心血。

王玉川从事临床、教学和中医文献研究60余年，在中医药学界，他是最早研究《黄帝内经》理论体系、学术内涵的中医学家，他对阴阳学说的演变、气血循环理论、五行学说、运气学说、河图洛书等研究均作出了突出成就和重要贡献。中国中医科学院孟庆云这样评价："王玉川是重要的中医学家，在当代中医学界，他在理论上的贡献是少有的。"

在临床传承上，王玉川常依据自己扎实的文献功底，从古典医籍中总结大量临床用药知识以示后人。他常言：学习中医必须早临床、多临床，在临床实践中不断提高和发展诊治能力，除此之外，没有更好的手段。他指出，临床不应为方证相对所束缚，而应该勇于尝试，探索能治多病的方剂，勇于找寻一方多治的方剂。但他不忽视理论，善于总结临床经验，将之上升为理论，或以之反馈于理论，而后再应用于临床。他尖锐地指出，与其投入大量人力物力研究辨证论治规律，不如研究同方治异证的机制，这样更能得出真正称得上创造性的成果。

王玉川辛勤耕耘60余载，甘为人梯，提携后学，桃李芬芳，被誉为不图名利的一代楷模。他同时又是一个敬业的医生，从青年时代起就悬壶济世，为百姓解除疾病的痛苦。他擅长治疗中医内科各种疑难杂症，如心血管疾病、风湿病、血液病。临证时精心审视、一丝不苟，遣方用药，疗效卓著，深受患者欢迎。

2009年，我国第一次在全国范围内评选国家级中医大师，他与其他29位老中医一起由人力资源和社会保障部、卫生部、国家中医药管理局评选为国医大师。但对他来说，最大的荣誉是来自一个又一个患者的信任，最欣慰的是看到中医学得以不断传承和发展。因此，当王玉川得知自己被推荐为国医大师候选人时，便向北京中医药大学组织部门明确表示不参与此项活动的评选，坚决不同意上报他的有关材料。北京中医药大学领导为此亲自登门，做说服工作。然而学校在收集、整理他的上报资料时却困难重重，因为很难从报刊资料上查找到有关王玉川的活动记载，因为他为人做事一向低调。当王玉川当选国医大师的消息传来时，面对人民给予的崇高荣誉，他依然很平静地说："这没什么，我也没做多少工作。"因为国医大师他再次成为媒体的焦点人物，然而新闻记者却很难找到他的行踪。2009 年 6 月 19 日，在北京隆重举行的国医大师表彰大会上，许多获得国医大师称号的老中医有的由家人陪同，有的坐在轮椅上由工作人员推上台去领奖，人们却没有看到王玉川的身影。

王玉川一生献身于中医药事业，成为一代中医学名师，践行着一个医学知识分子“为往圣继绝学”的历史使命。如今，已进入耄耋之年的他，依然每周会有一天走出家门，胸前挂着一张乘车卡，在车水马龙的京城大街上等待 215 路公交车驶来，然后跟着排队的乘客一起上车，驶向北三环北京中医药大学方向。

（撰稿人 沉 沙）

蔡小苏
卷

蔡小荪（1923—　）

望而知之谓之神，闻而知之谓之圣，问而知之谓之工，切脉而知之谓之巧。上工治未病，中工治已病，防治并重，诚至理也。

己丑仲春识筆

蔡小荪时年八十七

蔡小荪手迹

行医六十余年，虽然治愈了不少病，但难免由于各种原因有部分病人未能解除病苦，总觉自己技术不够，对广大病家始终抱有歉意。只能兢兢业业，老老实实，尽力而为。

——蔡小荪

蔡小荪，1923 年出生，字一仁，号兰苑。著名中医学家、妇科临床家。祖籍上海市江湾镇。上海市第一人民医院主任医师、教授、博士研究生导师。

蔡小荪出身于上海著名的儒医世家，是蔡氏妇科第七世嫡系传人。从事中医妇科临床及研究、行医近 70 年。在学术上宗古而不泥古，博采众长，融会贯通，创立了一整套妇科审时论治的学说和中医周期疗法，为中医妇科事业作出了较大的贡献。在临床上主张辨病与辨证结合，分期与分型结合，中医病因病机与西医病理变化结合，药物传统效用与现代实验研究结合。诊治妇科疾病注重肝脾肾，以调理气血为主；以通为用，通补结合。主张审证求因，闭经不尚攻伐，崩漏不专止涩。处方用药精、简、验，务求实效。

蔡小荪 1950 年后即兼任中华中医药学会上海妇科委员会委员、副主任委员。1984 年当选中华全国中医学会妇科委员会副主任委员，1990 年由人事部、卫生部和国家中医药管理局确定为全国老中医药专家学术经验继承工作指导老师，1992 年起享受国务院政府特殊津贴，1995 年被评为“上海市名中医”，2006 年获首届中医药传承特别贡献奖；2007 年获国家中医药管理局“全国老中医药专家学术经验继承工作优秀指导老师”，2008 年获中华中医药学会“全国中医妇科名专家”，2009 年获中华中医药学会“全国中医妇科名师”等荣誉称号。发表学术论文 20 余篇，曾主编《经病手册》《中国中医秘方大全·妇产科》《中华名中医治病囊秘·蔡小荪》《蔡小荪谈妇科病》《中医妇科验方选》，编审《蔡氏妇科经验选集》《中国百年百名中医临床家丛书——蔡小荪》。1994 年主要负责起草完成《中华人民共和国中医药行业标准·中医病证诊断疗效标准》(妇产科部)，并任编审委员；编审《上海市中医病证诊疗常规》，任《中医妇科学》编委会顾问。1991 年指导门人共同完成“五行模型的研究”，获国家中医药管理局中医药科学技术进步二等奖。

妇科世家　亦儒亦医

蔡氏女科肇始于清代乾隆年间，前后相传 200 余年。始祖蔡杏农，有儒医之称，素有济世利民之愿。早年在文学上推崇安徽桐城派，专心于辞赋诗书。中年偏爱医道，刻意攻读，苦心孤诣。他手抄的医书达百余本，并对此反复批注，指迷补正。其岐黄之术，独树一帜，方圆几十里地求诊者络绎不绝。由于早年宝山江湾地处江海之滨，灾害频仍，瘟疫不断，严重威胁百姓健康。蔡杏农深感农村缺医少药之苦，告诫子孙行医时毋忘平民百姓之难。自己处处方便病家，不仅坐堂行医，还经常携着药包，奔波于农村阡陌小道，走村串户送诊治病。他处方采用地道经济的药材，制成丸散膏丹为贫困者义诊给药，不取分文，乡里对蔡杏农医德称颂备至。当时蔡杏农已在妇科方面凸显绩效，广得赞誉。

二世蔡半耕，自幼就随父侍诊，潜移默化，每遇疑难病症，则反复推敲，细心琢磨，直至心领神会。对于历代名家医著及民间验方，他广为吸收，无论时病伤寒、经带胎产、疮疡痘疹，均有建树，尤其擅长妇科。大多药到病除，由此声誉益振。

三世蔡炳（枕泉），以医为业，秉性聪慧，博览群书，犹自嫌学识短浅，四处寻师，以求进取。他曾求学于上海青浦县重固镇何氏二十三代世医何书田先生。虽然蔡炳已是名医，但仍然虚心求学于何书田。当时沪上名医世家，蔡炳均登门造访，虚心求教，博采众长。认为“既为三世医，当图良医实名”。从此医道更为精深渊博，技术日进，声誉益隆，在妇科方面的四诊辨治、经验药方更具特色。

四世蔡兆芝（1826—1898），号砚香。是清同治二年癸亥科贡生，封中宪大夫，花翎同知衔。他继承父业，精于妇科，文才医理，造诣精深。著有《种橘山房医论》《妇科述要》《女科秘笺》《验方秘录》等论著，但可惜大多散逸于兵火战乱。他曾经治愈宝山县令之疾，当时署令陈文斌赠“功同良相”匾。后来蔡兆芝迁到上海老闸桥堍，江湾女科之名益以昌盛。蔡兆芝多才多艺，除精通医术外，还善于书画，尤以画荷绘莲为著，匠心独具，并自号“爱莲居士”。他深得文坛赞誉，求墨者甚众，故有“蔡荷花”之雅号。

五世蔡小香（1863—1912），名钟骏，号轶侯，光绪甲申黄科廪生。精擅妇科，名闻大江南北。喜好文学书画，珍藏名人书画颇丰，由于收藏历代名砚逾百，故将书斋名为“集砚斋”。经常与文坛名士往来，并创办书画社。与当时名士李叔同（弘一法师）等五人义结金兰，人称“天涯五友”。蔡小香在20世纪初与丁福保等创办了第一个全国性中医学术团体——中国医学会，并任会长。此“中国医学会”是中国历史上最早以中西医师携手并进的全国医界群体组织。同时蔡小香还资助创办最早的医学期刊——《医学报》。在清宣统二年（1910年）正月上旬“中国医学会”在沪召开第二次大会时，蔡小香在《医学报》第一期发刊辞中号召中医界：“今吾国当新旧交替之际，诚宜淬砺精神，冒险进取，纳西方之鸿宝，保东国之粹言，讵能故步自封，漠然置之耶？”并宣布办报宗旨：“医抱负振聋发聩之责，导以智烛，警以晨钟……”主张继承中医学遗产，对于东西方医学理应“沟而通之，合而铸之”，在我国较早地提出中西医学相结合的观点，积极主张吸收外来先进医学，中西结合，融会贯通。蔡小香看到当时的医学卫生方面均被外国人左右，无权自主，毅然斥资创办中国医院，并任院长，这是在上海创办的第一家中医院。蔡小香素有兴学图强之愿，他一边斥资兴办“蔡氏学堂”、“兢业师范学堂”，一边对于精武、南洋、新公学等学堂的创立慷慨捐助。光绪三十年春（1904年），蔡小香又在上海设立专科训练班，培养师资。光绪三十五年（1909年），上述学堂并入中医学会附设医学堂。蔡小香举办医学讲习所，造就中医人才，并提高理论实践水平，这实际上就是中医专门学校的雏形。1910年蔡小香又主持创办了《上海医学杂志》，为振兴发展中医而高声呐喊。他慧见卓识，计划远大，为兴学救国倾注了无数心血及财力，作出了不少贡献，深得大众敬仰。他的办学实践对清末民初中西医界影响颇大。《宝山县志》及《江湾里志》等各种书刊均有载述。

六世蔡香荪（1888—1943），名章，字耀璋，曾肄业于同济大学医科第一期。他秉承祖业，一生行善，学贯中西，蜚声沪上。上海市政府参事、名医何时希在“回忆妇科名医蔡香荪先生”一文中写道，余于1934年执贽程师门雪门下，始识先生，其躯硕然，其貌蔼然……入其诊室，环睹四壁有林森、戴传贤、于右任、谭延闿、汪兆铭、居正、陈果夫诸书轴，而匾书“医国手”三字者则赫然“蒋中正”也。尝问于程师，师为我详叙先生与宋氏之渊源：有基督教士宋君夫人，求先生诊之久，极相稔，宋故寒士，后乃借诸女而贵显。某岁，蒋夫人宋美龄病，迎先生去庐山治之瘥，适蒋介石病外感，亦求诊于先生，一剂而愈，遂手书“医国手”匾为赠。由此可见，蔡香荪医术之精湛。蔡香荪不仅是一位妇孺皆知的名医，更是一位爱国志士。蔡香荪早年参加孙中山先生同盟会，追随孙中山先生从事抗清活动，常与革命志士秘密聚会于蔡家花园，并在该处制造土炸弹。曾参与密谋广州起义，因临期患严重足疾未能成行，得免于黄花岗之难。“一·二八”、“八一三”淞沪抗战时期江湾疫病流行，蔡香荪为及时控制疫病流行，毅然捐资创办江湾时疫医院，任董事长，免费为百姓治病，活人无数。获当时政府内政部颁发“热心捐资兴办卫生事业”一等金质奖章。当时他还组织江湾爱国青年，成立红十字救护队，自费为救护队购置一辆旧卡车，以便及时抢救伤员。蔡香荪还准备了各种救护器材、药品，甚至包括队员御寒的短大衣，特别是“八一三”之役共救护伤员4000多人，为当时上海红十字会所属各队之冠，曾获红十字救护奖章。当时红十字会年刊有记载。上海沦陷后，红十字救护队随军撤至浙江省德清县，继续抗日，但一切医药用品仍然都由蔡香荪接济，始终不辍。日伪时期，蔡香荪不顾诊务繁忙，凭借自己的声望，营救了不少革命志士。十九路军总指挥蒋光鼐、军长蔡廷锴特制金丝锦匾相赠，该匾深蓝色，真丝手工制成，以金线精绣“急公好义”四字，上款“蔡君香荪惠存”，下款为二位将军题识，匾长157cm，宽72cm。当两位将军赠送匾额时，蔡香荪答道：“国家兴亡，匹夫有责，我不过做了一点应该做的事罢了。”该匾历经浩劫，由蔡小荪珍藏60余年后，将其捐赠给淞沪抗战纪念馆，以资永久保存展出，为爱国主义教育增添了实物资料。

蔡氏妇科，代代彰显儒医风范，蔡小荪就是蔡氏世家的第七代传人。

秉承家学 博才多艺

蔡小荪，秉性敦厚，仁心仁术，父传师授，家学渊源。其父望子成龙，在他5岁时即聘请老师到家里来教学。9岁时请了清代的老秀才，昆山的顾荫轩（大儒顾庭林的后代）来家教授国文。蔡小荪说："当时我们家对老师非常敬重，按照清末的风俗，办了酒席，举行正式的仪式。教书期间，家里每天晚上必备酒招待，由此可见长辈对教育的重视。"当时的课程有:《古文观止》《论语》《孟子》，唐宋八大家的古文等。先后聘任李又辛（清举人）、沈瘦石（文史馆员）教习诗书。还有专门老师教英语。蔡小荪和妹妹两人一起读书。除了过年休息4天外，平时没有周末。上午9~11点，下午14~16点，读书背书，还要写作文、写心得。家里的书房就是他的教室。蔡小荪11岁时就开始学习中医。老师吴善庆、吴克潜都是当时较有名望的中医学者。吴善庆为《药学大辞典》编者之一，吴克潜则是《吴氏儿科》《病源辞典》等的编者，在中医理论方面有较深的造诣。当时主要读《黄帝内经》《金匮要略》《伤寒论》《本草纲目》，一般是选章节背诵。必读的书还有《内经知要》《伤寒条辨》《金匮要略心典》《本草便读》《汤头歌诀》等。学习中医的时候就蔡小荪一人，老师为了提高他的兴趣，常在讲课时穿插一些故事，并循循善诱。妇科临床则由父亲亲自教授。蔡小荪14岁进了新中国医学院进行系统的中医理论学习。1937年8月转入中国医学院学习（因蔡小荪父亲蔡香荪时任中国医学院副院长）。1939年毕业于中国医学院第13届。17岁毕业后，父亲再一次聘请吴克潜到家里来教各科专业知识。同时随父襄诊，上午跟父亲抄方，下午自己独立门诊。临床遇到问题随时可以请教父亲和老师。在他刚刚行医的时候，也颇受患者的欢迎。因为父亲比较严肃，而他比较和气，对患者的问题有问必答。1943年，不到20岁的蔡小荪因父亲不幸去世便责无旁贷地接下蔡氏妇科的诊业。由于从小受到良好的教育，基础扎实，蔡氏妇科依然门庭若市，盛况不衰。每天的门诊人数近百号，当时的名医丁济万、谢观、程门雪均称蔡小荪为将门虎子、小辈英雄。

蔡小荪不仅有着良好的医术，而且还有着广泛的爱好和情趣。他喜欢京剧、武术、马术、游泳、摄影、打猎、开车等，尤其喜爱中国的传统文化，如武术、京剧等。直到现在，蔡小荪还非常喜欢听民族音乐，特别是古琴与古筝音乐。每当春节，蔡小荪总是郑重地穿上中装。他说：中国的传统节日就得以传统的形式来过。蔡小荪说："我喜欢武术、京剧也是有原因的。因为父亲与霍元甲是朋友，每天晚上带我和妹妹到霍元甲办的精武体育会学武术，唱京剧。"蔡小荪第一次登台唱京戏还是11岁的时候，唱《薛平贵回窑》，在门帘里唱了一句倒板"一马离了西凉界"，居然得到满堂彩。从此，亲朋好友结婚、做寿他都去演戏。长大以后还拜了京剧名家许良臣为老师，专门唱谭派。梅兰芳也是蔡香荪的好朋友，一次梅兰芳和太太到蔡家做客，蔡小荪唱了一段京剧，梅兰芳夫妇都拍手叫好，之后被传为佳话。20世纪50年代中期蔡小荪偶尔也登台表演。有一次在友谊电影院演《黄鹤楼》客串赵云，与梅兰芳的大弟子魏莲芳同台演出，博得了同道们的一致好评。

蔡小荪还是中国摄影家协会会员，擅长摄影，对知名品牌相机，如莱卡、尼康等如数家珍，对镜头的选择也颇为讲究。他的摄影作品曾参加展出并获奖。有一次他在无锡鼋头渚拍渔民撒网的照片，从中午等到傍晚，终于捕捉到了"太湖深秋"经典的一个瞬间。蔡小荪的一幅摄影作品《经霜》曾刊登在《医古文知识》杂志上。画面以一棵曲折的柏树为主景，柏树在阳光下，前面侧身站着一位知识分子。蔡小荪摄《经霜》作品时有简析："见一古柏，傲然独立，虬枝曲折，坚挺有致，叶茂常青，经霜不凋。爰请林老与之合影，取阴暗背景，突出阳光强烈反差，寓老知识分子，经过浩劫磨难、坚忍不拔；拨云见日，迎来光明；朝气蓬勃，犹有余勇；在有生之年，为祖国繁荣富强、添砖加瓦。”蔡小荪经常借外出开会顺便进行摄影创作，从中切身体会到摄影活动是一项极好的体育运动，无论是对身体素质的锻炼，还是对精神世界的陶冶，都是相当好的选择。他自豪地说：“摄影是一门艺术，我虽然不是最好的摄影家，但也不是最差的摄影爱好者。”

骑马也是蔡小荪诊疗之余的娱乐之一。年轻贪玩这在蔡小荪身上也是常有的事。如果计划下班后要外出玩的话，他就把出诊时间放在中午。为了节约时间，上班前早早地把马裤和长筒靴子穿好，看病时长衫套在外面，坐着的时候靴子不被看见，等到门诊一结束，马上驱车就往虹桥路马棚开去，开始是借马骑。以后加入了上海马会，成为马会的会员，因此每天早上 6 点到跑马厅骑上 1 个小时，作为锻炼身体，然后回来看病。蔡小荪至今还是个马迷。大凡看到电视里播出的赛马镜头，或是看到人家骑马，他老人家也总是跃跃欲试。88 岁的蔡小荪仍身体健康硬朗，与他年轻时的锻炼有着密切的关系。

丰富的文化内涵和广泛的兴趣爱好为蔡小荪成为儒医大家奠定了良好的基础。

送子观音　造福人民

蔡小荪行医 60 余载，以其精湛的医术，为千万个家庭解除了不孕不育之痛，送去了幸福和欢乐，是闻名的“送子观音”。1991 年 10 月台湾华视电台通过中国新闻社来上海蔡小荪家里及医院采访并录像，以“送子观音”为名，在台湾华视台“海棠风情”节目中播出。以后又在美国洛杉矶及芝加哥等地电视台“大陆神奇”节目中回放，因此蔡小荪的医名又传遍国外及东南亚。1993年3月，马来西亚十大富豪之一的杨宗礼先生和夫人，因亲友患不孕症经蔡小荪诊治而受孕，特率子媳专程来上海拜访并求治。

在蔡小荪家中的照相册里夹着许多孩子的照片。这些照片的背面都有赠送者的题字："赠给蔡伯伯"、"蔡公公留念"。这些照片来自四面八方，每一张照片都和蔡小荪的医德医道有着密不可分的关系。

著名美籍华人物理学家杨振宁博士在一次回国讲学时，亲自为他的侄子——杨振汉的儿子杨光磊拍了一张彩色照片，在照片的背后题了字："敬呈蔡医师，杨光磊九个月"，并送到蔡小荪的府上。原来，杨振宁39岁的弟媳谭某因患有功能性子宫出血和习惯性流产，曾3次怀孕均功亏一篑，继而5年不孕，因而对生育已失去了信心。后经友人介绍，其弟媳求治于蔡小荪而很快治愈。

蔡小荪说：那是1975年6月的事。谭某曾孕3次均堕，继而5年多未育，末次流产刮宫后，每次月经量多如崩，妇科检查未发现器质性病变，屡用中西药无效，服妇康崩势略缓，唯经临36小时后，仍量过多如注，且下血块，约4天许净，来诊时月经方止，乳胀胸闷，带下黏亮，脉细微弦，苔薄。蔡小荪意识到：该患者素体尚称健壮，因劳累过度而致流产，连续3次形成滑胎（习惯性流产），冲任二脉不免受损，固摄无权，所以末次流产刮宫后每次月经量过多如注，由于屡次流产，情绪不无影响，所以蔡小荪辨证诊断为肝郁气滞，脾肾不足。确定了疏肝理气，并健脾肾的治疗原则。兹适经行方净，首先用逍遥散参二至丸、乌鸡白凤丸，以顾肝脾肾三经，并寓调经止带，防崩之意。药用：炒当归9g，炒白术9g，白芍9g，熟女贞子9g，墨莲9g，柴胡4.5g，川楝子9g，郁金9g，泽泻9g，青皮、陈皮各4.5g，乌鸡白凤丸1粒（吞）。另嘱服二至丸60g，分5日服。结果治疗后的第一次月经准期而至，48 小时后经量又过多，但较前次减少，腰酸好转，便溏亦瘥，腹仍胀，矢气较舒，脉细，苔薄质红。蔡小荪认为效不更方，再宗原议。第二次月经经行准期，质较稠浓，近日劳累，腹胀且痛，脉细微弦，苔薄。时值炎夏，加以操劳逾常，不免饮水解暑，瘀滞堪虞，且经来每狂行，势颇纠缠，蔡小荪给予去瘀生新，兼固冲任。药用：炒当归 9g，丹参 9g，川芎 4.5g，炒白术 9g，白芍 9g，益母草 9g，茯苓 12g，制香附 9g，川续断 9g，桑寄生 9g，震灵丹 9g（包煎），两帖。药后诸症俱瘥，情况显著好转。如此调理 7 个月余，经期准，量适中，基础体温双相且典型。到 1976 年 2 月 9 日第七诊的时候，正是经期前夕（最近经期 12 月 13 日，1 月 11 日），患者自述日前略有下红不多，色似淡咖啡，翌日即止，腰微酸，脉微弦，苔薄腻。这时蔡小荪凭着自己的经验和细心周详观察，认为该患者经治疗后症势已好转，体质日趋康复，尤其是基础体温明显出现典型双相，是否是妊娠早期漏红？可能是中医所说的“一月堕胎”的先兆。由于时日尚早，按当时条件，无法作 HCG 测定帮助诊断。因此，及时做出明确诊断，以防“一月堕胎”，立即给予止漏安胎，用益气补肾、止漏安胎法。药用：炒归身 9g，白芍 9g，茯苓 9g，炒白术 9g，姜半夏 4.5g，川续断 9g，狗脊 9g，桑寄生 9g，熟女贞子 9g，陈皮 4.5g，3 帖。漏止胎安，避免了再一次早早孕流产。2 月 25 日第八诊，经停 1 个半月，胃纳尚可，时时泛恶，恶闻油气，乳胀略大，腰酸乏力，洒淅形寒，脉微弦滑，苔薄腻，恶阻之象（妊娠试验 2 次均阳性）。蔡小荪继续给予和中安固法，继续调治保胎，嘱孕妇适量每天吃糯米粥，禁止性生活，卧床休息，以利胎儿正常发育成长。最后顺利分娩，喜得贵子。

蔡小荪在分析此病案时说：患者通过治疗，诸恙俱除，症势显见好转，经行准期，量亦适中。这次经期将届，但在两天前下红少些，色似淡咖啡，翌日即止，略觉腰酸，脉象微弦，根据患者月经经期已准，功血早除，冲任已调，应该是有排卵之型，这次情况与以往经来有所不同，很像“一月堕胎”之兆。虽然时日尚少，犹难贸然肯定，但前车之鉴，不得不防，碍胎方剂，当须规避，暂予调理，以待详察。果然两天后即感头晕，疲软，形寒腰酸，继而渐有泛恶，恶闻油气，恶阻现象渐趋明显，妊娠反应2次均阳性，于1976年10月育一男，剖腹产。这一习惯性流产病例，在临床上较难治疗，早期妊娠诊断，至为重要，稍有疏忽，定致贻误。蔡小荪临证审慎明辨，防微杜渐，足以见其丰富的临床经验。

在浙江普陀，人们把蔡小荪称为“送子观音”，他给普陀妇女带来了福音。那是1974年11月，浙江普陀县人民医院的一位护士，婚后4年余未孕，经几个医院妇科临床检查，诊断为生殖道结核和肾结核。医生劝她不要再治，没有生育的希望。但她求子之心不泯。后来经人介绍，到上海找到了蔡小荪，在他的诊治下，这位护士坚持熬汤吃药，一年不辍，终于治愈顽疾，怀孕生得一女。

结核性输卵管阻塞是导致不孕症的原因之一。由于病人不能及时明确诊断，失去早期彻底治疗的时机，一旦造成双侧输卵管阻塞则影响其生育能力，预后往往不乐观，甚至是无望的。蔡小荪治疗结核性输卵管阻塞引起不孕症有其独到的经验。认为本病的病理实质是本虚标实。标实，即是显而易见的因瘵虫引起瘀热痰互结的阻塞不通；本虚，则是患者早年消耗性疾病的肾气不足，精血虚少的病变。本例患者1971年患流行性乙型脑炎而抽过“脊髓”，兹后每触及腰脊即休克，记忆力差，原有慢性盆腔炎，1973年患急性肾炎，在工作单位住院治疗，两个月后转为慢性，且有肾盂肾炎、肾结核、输卵管结核并阻塞等症，虽经刮宫通液，治疗两个月许未效，反致经期紊乱，月三四至。曾作碘油造影，认为已失去生育能力。每次经行腹痛里急，临前乳胀，烦躁，平时少腹两侧胀痛，形寒，大便间二三日一次，脉细弦，苔薄白边微红。蔡小苏认为：经前乳部胀痛，输卵管不通往往有此现象，当然经前乳胀，并非均系输卵管不通，但要配合妇科检查，方可确切定论。患者在外地医院任护士，原有慢性盆腔炎，并患输卵管结核，阻塞不通，屡经刮宫通液等治疗，这一切都使患者抑郁不快，情绪更受影响，因此诊断此证属肾督不足，肝郁气滞，经隧受阻，络道不通。治拟疏通为治。给药：炒当归9g，赤芍9g，川芎4.5g，柴胡6g，川楝子9g，制香附9g，乌药9g，炙穿山甲9g，皂角刺9g，川桂枝3g，全瓜蒌12g（打），7帖。患者服药后经行腹痛消失，里急感见减，胃纳亦增，腰酸未除（尿常规蛋白++），脉细苔薄白，边微红，拟调经参益肾。经净后再服理气通络方，炒当归9g，赤芍9g，柴胡6g，川桂枝4.5g，路路通9g，王不留行子9g，制香附9g，乌药9g，炙穿山甲片9g，皂角刺9g，生大黄4.5g，10帖。继而再给予理气消炎方：炒当归9g，炒白术4.5g，柴胡6g，败酱草20g，赤芍9g，牡丹皮9g，川楝子9g，延胡索9g，郁金9g，淮小麦30g，路路通9g，生甘草2.4g，10帖。另逍遥丸90g，分10日服。经过9个月调治，于1976年6月14日育一女。

蔡小苏治疗结核性输卵管阻塞引起不孕症常以辨病为主，抓住共性，注意扶正祛邪，标本兼顾。扶正，即填补肾精之虚。祛邪，即针对瘵虫引起的瘀、痰、热之结，达到抑制、消除、改善局部病变的目的。蔡小苏常用两组药物，一组为鱼腥草、山海螺、百部、功劳叶等，这些药均有很好的抗痨杀虫作用，山海螺有通络之长。鱼腥草多用于肺热咳嗽，将鱼腥草用来治疗结核性输卵管阻塞引起不孕症，是受日本人在战争时期用鱼腥草外敷排除体内残弹之启发，经长期临床运用确实具有较好的抗痨祛邪通络、改善局部病变的功效。鱼腥草与百部相配，疗效更佳。二是根据具体病情选用理气活血、清热利湿、化痰排浊诸法，以通其阻塞。

常用丹参、地龙、皂角刺、公丁香、路路通、王不留行子、瞿麦、穿山甲等药物。蔡小荪常言：不孕症患者因婚久不孕，家庭、社会及自身心理压力都较重，故而肝郁气滞是她们的共同特点，只是程度轻重之异，因此疏肝理气之法当兼施于各类患者中。处方用药，又应注意方剂的轻简灵动，慎用大方重剂，以免壅滞气血，造成因药碍病之误。对于兼症颇多，症情复杂的患者，还当辨病辨证相参，明审轻重缓急，不可拘泥于一法一方，所谓知常达变也。

这样一个不治之症竟然在蔡小荪处治疗不到一年便治愈了。这一消息传开后，普陀县人民医院的一位副院长也来求治。她是位内科医生，原有3个孩子，但在一次意外的塌方事故中，两个被压死，一个压成瘫痪。巨大的打击，使这位40岁刚过的妇女受到莫大的刺激，突然闭经了，必须注射黄体酮月经方行。她看到同事不孕症治愈的事实，就满怀希望去找蔡小荪。蔡小荪经过悉心调理，先是疏肝解郁，继而育肾培元，奇迹也出现了。她只吃了几个月的药，闭经病被治愈，并于一年后生下一个儿子。该患者1976年3月8日初诊，初诊时经阻10个月未行，头晕健忘，目花且干，心悸烦躁，胸闷痛，肤楚，带下有周期，脉细软，苔薄略腻，边红微紫。蔡小荪抓住患者突然遇到的不幸打击，判断其为肝气郁结，心气不得下通，胞脉受阻，月经因此闭止，诸症杂出。认为致病原因明显，所以先给予解郁宁神，调理冲任，以求郁舒气畅，神情安定，月经通调，再顾孕育。因此处以：炒当归9g，川芎4.5g，白芍9g，郁金9g，朱远志4.5g，合欢皮9g，淮小麦30g，枸杞子12g，川续断12g，狗脊12g，枕中丹9g（包煎），4帖。患者服药后情绪较畅，原喜冷饮冷浴亦瘥，且略感喜暖。可见心肝郁火较平，营卫调和渐现，复诊宗原方增丹参、生地黄以去瘀生新，养阴益血，旋即月经应时而至，量虽不多，但较以往好转，诸症均见瘥减。蔡小荪见病势初有起色，仍宗前法出入。

由于患者担任领导工作，急需返回，故另处枕中丹常服，以健脑安神，补益心肾，并调经方备用。此后蔡小苏以书信来往方式给予加减处方，调治半年，在9月10日七诊时，自述经停五旬许，妊娠反应2次均阳性，于1977年4月得一男。

1978年“五一”节，蔡小苏应邀到普陀县讲学，5天来，那些信奉“观音”的普陀人闻讯后，从四面八方赶来一睹这位“活观音”，并求治不孕症。有一天，蔡小苏答应看20位病人。结果，从早到晚看了100多位病人。那天，他回到旅店，还没踏进房门，又被旅店一位会计拦住，请去看了几位病人。回到自己房里，一推开门，屋子里已坐满了人。原来，这是从普陀县方圆数十里闻讯赶来的病人，连蚂蚁岛的病人也撑着小船来了。蔡小苏临走的一天傍晚，一位海军军官陪同他的妻子急匆匆地从定海赶来，要请他看病。普陀县把这种盛况称为“蔡医生热”。蔡小苏的高明医术名传遐迩：有个女子14年不育，就诊后喜得一女；还有一位43岁的中年妇女，一侧卵巢切除，一侧卵巢仅剩2/3，经过治疗后竟也生了儿子。仅据1982~1986年5年时间统计，蔡小苏用中医药治愈有记录的不孕症患者170余例，不知者尚不在内。她们的年龄在26~43岁，不孕的年限在2~14年间。

蔡小苏对子宫内膜异位症伴不孕的患者，认为其病机为宿瘀内结，积而成癥。临床上多采用通法，活血化瘀消癥。虽兼不孕，但亦为肾气不足，络脉不通。大多根据月经周期采用中药调周法。如曾治愈一例子宫内膜异位症伴不孕的患者，其显著的疗效令美国专家瞠目结舌。这位患者姓蒋，女，36岁，是上海市某医院西医儿科医师。1992年结婚，1993年赴美国定居。由于痛经剧烈且不孕而遍请美国著名医家诊治，并做人工授精及试管婴儿，屡治未效，最后认为必需手术切除子宫。但病者尚未生育，手术有所顾虑。1997年7月，上海市某医院领导及同事赴美公干相遇，得知情况后都建议她请蔡小苏诊治。患者在美国，蔡小苏在上海，通过电话及传真了解病情，进行诊治。服用中药后痛经症状即明显减轻，继而消失。1997 年冬蔡小荪赴美国洛杉矶探亲，蒋女士从旧金山赶来就诊，次年 3 月怀孕，令美国医学专家百思不得其解。当得知传统中医药有如此大的效力时，他们赞不绝口，愈感中国医学之神秘和高明。

该患者 17 岁月经初潮，周期 25~27 天，经期 5 天。原发性痛经，每次发作腹痛剧烈，呈阵发性绞痛，持续半天，伴恶心呕吐，经前畏冷，腰酸伴胃部不适，行经第一天只能卧床休息，经期腹部冷感，喜热敷，痛作后感到十分虚弱，极度疲惫，需休息三四天，影响生活与工作。曾服复方阿司匹林、安乃近、颠茄片及中药乌鸡白凤丸、艾附暖宫丸、益母草等，均疗效不显。后服消炎痛，因止痛有效而坚持服用了三四年，结婚赴美后停服，痛经依旧。因婚后两年未孕而始作检查。子宫输卵管碘油造影示正常，配偶精检无异常。1994 年 10~12 月先后 3 次人工授精均未成功。1995 年 12 月腹腔镜检示："子宫内膜异位症" 严重，建议做腹腔镜手术治疗。1996 年 4 月手术，术后医生告知用激光已清除异位在卵巢和输卵管的大部分粘连疤痕组织。但事隔两三月，诸症复作，同年 9 月急诊超声波示 "左侧卵巢囊肿" 约鸽蛋大小，医生解释为因病变严重导致手术失败。1997 年 4 月作试管婴儿失败，1997 年 5 月行卵巢囊肿引流术。1997 年 7 月底请蔡小荪诊治。

对子宫内膜异位症的治疗，蔡小荪主要依据历代医家治疗 "血瘕"、"癥结" 的经验，以理气通滞、活血化瘀为大法。蔡小荪强调一定要注意整体辨证，并结合病因治疗，来调整脏腑、气血、阴阳的生理功能。对本例患者，蔡小荪辨其为宿瘀内结，瘀而成癥，伴肾气不足。治疗原则拟活血化瘀消癥，参育肾促孕。采用的是蔡小荪自己创制的内异周期疗法。具体方法是：经净后治以活血化瘀消癥，育肾通络，以 "内异Ⅲ号" 方为基础，药用：茯苓 12g，桂枝 3g，赤芍 10g，牡丹皮 10g，桃仁 10g，夏枯草 20g，皂角刺30g，炙穿山甲9g，路路通10g，淫羊藿12g，巴戟天10g，炒杜仲12g。本方为桂枝茯苓方加味。桂枝茯苓丸治瘀阻，下癥块；皂角刺、炙穿山甲、路路通、夏枯草等穿透破坚，软坚散结。考虑到不孕，故加育肾之淫羊藿、巴戟天、炒杜仲使肾气旺盛，按时排卵，为孕育打下基础，共服7剂。这时正值排卵期，再服“孕Ⅱ方”育肾培元，药用：茯苓12g，丹参12g，生地黄、熟地黄各12g，仙茅10g，淫羊藿12g，鹿角霜10g，肉苁蓉10g，巴戟天10g，制黄精12g，紫石英12g，女贞子10g，服8剂，加服河车大造丸两瓶。大队温煦肾阳之药，以增黄体酮，终使单相基础体温转为双相，以利受精卵着床孕育。上方服完后，停药两三天，再服“内异Ⅰ方”，经前3天开始服用。药用：炒当归10g，生地黄10g，川芎6g，赤芍10g，败酱草20g，五灵脂10g，制香附10g，怀牛膝10g，延胡索12g，制乳香、制没药各6g，生蒲黄12g，艾叶2g。服10剂。蔡小荪认为，本案之本为癥瘕，痛经剧烈，“这是‘离经之血’不能排出所致”。应按“血实宜决之”治则，故经前、经期以活血化瘀为主，在四物汤基础上加失笑散、制乳没破散癥积宿血，用香附、牛膝、延胡索理气、活血，达到气行则血行，通则不痛之效。加艾叶温散寒邪，使寒散凝解。

如此三方根据症状进行加减调整。患者1997年7月底初诊时基础体温单相，痛经剧烈，左腰部酸痛。服药两个月后，腹痛明显减轻，血块减少，但有反复。1998年2~3月间经行腹痛基本消失，略有隐痛，基础体温由单相转双相，欠典型。B超示：左侧卵巢囊肿由原来5cm×5cm，缩小至3cm×4cm。4月份基础体温上升较前明显好转，但仍欠佳。5月份月事值期未行，基础体温居上不降，尿HCG(+)，诊断为早孕。蔡小荪以他丰富的经验，为患者调治半年余，数十年的痛经随之烟消云散，瘀去络通，受孕妊娠，顽疾告愈。

观察入微 审证求因

要问蔡氏妇科的特色是什么？那就是在临床中审证明辨，观察入微，明察人所未察；就是面对疑难应付裕如。

蔡小荪说："望、闻、问、切四诊，乃中医医家诊察疾病之规矩准绳。"但必须四诊合参，才能"从外测内，见证推病，以常衡变"，认识疾病之属性、病位之深浅、病邪之进退、正邪之盛衰、标本之传变、预后之凶吉。"犹匠之不能舍规矩而成器皿也"。在这四诊中，尤以问诊为最重要和最难，为医者必当十分重视。因为妇人阴性偏执，往往把经带胎产床笫帏帐中事，视为隐私，不愿轻易吐露；勉强就诊，往往顾虑重重，羞怯难启；至诉又不肯尽言病情。故有谚云"宁治十男子，莫治一妇人"。只有细问情由则先知病之来历，详问近况则又知病之浅深，再参合其他三诊所得，才能明辨病源，症药相当，而病之可愈也。因此，蔡小荪临证，每于四诊合参同时，特别注重问诊。其问诊有三大特点，即巧问、广问、细问。

一、巧问

蔡小荪认为，患者芸芸，其"形态苦乐，病同治异，饮食起居，失时过节。忧愁恐惧，荡志离魂，所喜所恶，气味偏殊，所宜所忌，禀性迥异"，所以蔡小荪特别强调，医者必须在就诊之初的瞬间，观察了解并初步掌握患者性格和疾病特点，以从其喜恶，得其信任，通过和蔼态度和语言技巧，解除其顾虑、羞涩、暴躁、自卑诸心理，获悉可靠病史，以利正确施治。如对一些重症绝经前后诸症患者，巧问是治病肯綮所在，不仅能全面了解病情，作出阴阳偏盛偏衰及痰瘀火诸邪的辨证分析，同时问诊的过程，也是一个心理疏导和治疗的过程。

二、广问

蔡小荪认为：妇科疾病错综复杂，特别是一些疑难病，有时着意对问，不得其情，他事闲言，反见真面，若不广泛询问，就可能遗漏疾病关键之处。如曾治一男性不育病人，就诊前已遍投中药治疗不育诸法，均未见效。四诊所获，唯舌质偏红，令人茫然。蔡小荪便广泛问诊，结果患者才道出真情：因婚久不育，夫妻经常吵架，女方限期要求男方必须治愈，否则就要离婚。所以该男子治病心切，除正常治疗药物外，还长期大量服牛鞭、海狗肾、附子等温阳助热之品，反致出现阳痿现象。广泛问诊很快明确了病因，蔡小荪指出：过服壮阳药物，譬如灯油已竭，不加油而燃火则愈燃愈枯，故反其道而行之。因此马上令其停服壮阳药物，并嘱咐他每天适量吃滋阴补肝肾的甲鱼，也不投他药，二月许女方便怀孕。如果不是广泛问及其饮食起居，素性喜恶，夫妻感情情况，焉能知其真情呢？

三、细问

蔡小荪说，有些患者，病已确诊，唯不知病源何在，这时应当围绕其病进行详细问诊。如有一对不孕夫妇，结婚十余年未孕，男女双方屡经各大医院检查，均无异常发现：女方既无生殖系器质性病变，男方亦无遗精、早泄、阳痿。此时正“山重水复疑无路”，蔡小荪便从化验检查以外找原因，经与男方一番谈话，终于“柳暗花明又一村”，发现症结所在：从表面看，男方在异地，1周回来团聚1次，每月才4次，似乎并无异常。其实男方回家每周留住两夜，每夜房事达3次，实属纵欲过多。隋代医家巢元方说：“凡初交之后，最宜将息，勿复交接，以扰子宫。”明代医家张景岳亦说：“凡其初交，亦不过一滴之元精耳，此其橐钥正无依，根荄尚无地，巩之则固，决之则流，故凡受胎之后，极宜节欲，以防泛滥。”沈金鳌亦认为，“精血初凝，恐再冲击”，男子应该“别寝”。蔡小荪认为该男子正犯了泛滥无度、反复冲击的毛病。首先给男子开了知柏地黄丸，予以养阴清心，并嘱咐他不到女方排卵期宜远离房事，在排卵期则应不失时机；其次嘱咐女方测量基础体温以候准排卵之期，果然一举奏功，不久就怀孕了。因此，对男子不育症的治疗蔡小荪提出要分三个步骤，即“清心寡欲—养阴填精—补肾助阳”。他说情志安宁，交媾合时，性欲当有节制，是成孕致育的重要因素。

观察入微，明察人所未察的基础是丰富的临床经验。蔡小荪凭着自己丰富的临床经验和对患者极其负责任的态度，审证明辨，避免了一次又一次可能发生的事故，使一个又一个生命得以降生。20世纪60年代初的一个除夕下午，蔡小荪所在地段医院的房东唐先生的二媳妇由于月经过期未行并腹痛，患者自认为是她一贯有的慢性盆腔炎发作，因此不肯去看西医，一直等到下午请蔡小荪看。蔡小荪根据患者有慢性盆腔炎历史，月经过期未行，小腹有压痛，但无发热等症立即怀疑是否有宫外孕的可能。患者说：“我输卵管已经结扎。”蔡小荪便嘱咐妇产科医生为她进行妇科检查，看看是否有举痛，以排除宫外孕。由于正是除夕，手套被锁住而不能进行检查，便建议她马上到西医医院进行检查，同时立即主动打电话通知瑞金医院妇产科刘主任准备病房。但患者的婆婆坚决不同意，说自己的媳妇生了两个孩子后输卵管已经结扎，怎么可能怀孕呢？加上又是除夕，儿子又不在，坚持要等过了年再去医院。出于对患者的责任心，蔡小荪再三与其家人说明缘由，说：“根据她的临床表现不能排除宫外孕，输卵管已经结扎因某些原因有可能会通的，如果是宫外孕将会导致生命危险，必须抓紧时间。”费了好大的工夫终于说服了她。当患者被送到医院时，果真被诊断为宫外孕，医生说：如果晚来一小时输卵管就会破裂，将会出现生命危险。这让患者家属对蔡小荪感激不尽，是蔡小荪救了她儿媳一条生命。

又有一次，一位23岁的姑娘前来就诊，她血崩不止，血红蛋白仅5g/dl，多方治疗无效，生命危在旦夕，蔡小苏审证明辨，观察入微，抢救了她的生命。当时蔡小苏仔细查看病历后，发现前面的医生均用凉血、止血药。从理论上讲，这也并无不可，但再仔细检查病人，了解到病人的经血色淡而稀薄，人畏寒。由于病人出血日久，失血过多，身体状况已由血虚阴亏转为阳虚，如果再用凉血止血药则是对已经极其虚弱的身体雪上加霜。于是当机立断，用附子、炮姜、阿胶、艾叶配上自己配制的验方来温阳止血。仅服药3剂，果然病人的血就止住了。不过几天，姑娘的脸色渐转红润，恢复了生气。

另外，蔡小苏还强调医生在临床中要学会自我保护，书写病历一定要考虑清楚，记录仔细。问诊很重要，但不能轻信少数病人的叙述，还要加上自己的判断，这样才能防止差错。如妊娠后尿HCG，测试必须要用汉字繁体书写清楚"阴性"、"阳性"，以免辨认不清或被人随意修改；患者所说的话，如果对诊断或鉴别诊断有重要意义，要用"据云……"记下来。由此可见蔡小苏临证严谨的态度。

蔡小苏常言："医道虽繁，能精心钻研，审证明辨，对症施治，也不难奏功。吾非有异人之目，洞见脏腑之变，亦非有异人之术，可愈不治之病，唯问及他医未问之症，以知之除之。"医者，仁术也。仁人君子必笃于情，笃于情则视人犹已，问其所苦，自然无处不到，则病之根源，尽悉也。然后证药相当，乃能愈病。

蔡小苏在临床上特别注重审证求因，治病求本。如治疗月经病主张："闭则不专攻伐，崩则不尚止涩。"他认为：女子"血常不足"，极易导致肝体失养而致闭经，同时女子在经带胎产中颇多耗伤肾气，导致闭经。因此对闭经的治疗，不能急切图功，妄事攻伐。当补肾养血，血至而经自下。临床上一般采用"以调为主，养血为先，理气为要”。

蔡小荪治疗崩漏则强调“崩则不尚止涩”。他说：崩证，因其来势较猛，故前人有“先止血以塞其流”之说，这是应急措施，即急则治标。对一般的崩证，诚可取效一时。但对功能性子宫出血患者如果不辨证求因，而采用单纯止血，往往得不到预期效果，主张“求因为主，止血为辅”，指出：塞流并非不辨证因单纯止血，否则愈塞流则崩愈甚。如对于血瘀崩漏，则当活血化瘀，否则瘀血不去，新血不生，血不归经，则出血不止，甚则崩愈甚漏愈久，缠绵不愈。在治疗血瘀崩漏时尤其喜用、善用生蒲黄。因“蒲黄长于活血化瘀，尤善通利血脉，故有止血固崩之功”。临床上由于瘀血引起的崩漏屡见不鲜，因瘀滞未去，则新血不能归经，导致出血不止，或量多如注有块。蔡小荪本着通因通用的原则，常重用蒲黄。其用量可达30~60g，化瘀止血，寓通于涩。如治疗李某，因卵巢囊肿作过剥离术，术后小腹隐痛。月经来潮，淋漓不止。经刮宫后血仅止十余日，又突然流血不止，量多如注，有块且大。刻下小腹疼痛拒按，块下痛略瘥。心悸气短，自汗头晕，精神疲倦，舌边紫暗有齿印，苔薄白，脉沉细弦。蔡小荪辨此证为气虚夹瘀，胞络受阻。用活血化瘀，佐以扶正之品。处方：生蒲黄50g（包煎），花蕊石20g，炒当归10g，丹参6g，熟大黄炭10g，炒党参15g，炮姜炭3g，血竭3g，震灵丹12g（包煎），3剂。复诊时块下更多，腹痛胀消失。再拟上法3剂后血块消失，经血自止。3个月后门诊随访，崩漏未见反复。蔡小荪认为对于蒲黄一药，用量宜灵活多变，少则10g，多则可达60g。可据病情轻重缓急，随症斟酌。一般化瘀止痛，经量少而不畅者用10~12g；经量中而带血块者用12~15g；量多如注，块下且大者30~60g。蒲黄除其独特功能之外，实赖医者在临床上善于掌握运用。剂量轻重不同，则功效大殊。有位病人经西医检查发现子宫略大，右侧有5cm×4cm囊肿紧贴宫体，左侧有4cm×3cm肿块，

B超提示：子宫7.4cm×4.5cm×6cm，子宫右方见5.6cm×3cm液性暗区，诊断为卵巢囊肿及子宫肌瘤。已住院将行全子宫切除及双侧附件切除术。手术医生因顾及患者年仅34岁，故考虑暂缓手术，请患者试用中医保守疗法。来诊时临床症状主要表现为月经过多。蔡小荪指出：月经过多，常法当以止血为主，而“子宫内膜异位症”之崩漏，则单纯用止血药往往难于应手，原因是宿瘀内结，血不归经所致，故仍当以化瘀治本为主，佐以固摄，随症兼用温、清、攻、补诸法。临床上常喜用生蒲黄、花蕊石、山羊血、三七、血竭、震灵丹等化瘀止血法。服药应注意在经前3~5天。这位患者经过一段时间治疗，不但经量正常，而且经B超复查，右侧附件囊肿明显缩小，液性暗区转为2.3cm×1.4cm，2.5cm×2.4cm。尽管蔡小荪说中药治疗本病在症状消失和改善方面作用较明显，在消除结节方面尚存不足。实际上在蔡小荪的门诊中，还是看到不少病人的肿块或结节有不同程度的减缩。

对于崩漏，蔡小荪注重阴阳之辨。崩漏病因众多，临诊时病机错综复杂，气虚不摄、脾胃虚损、阴虚血热、肝旺血崩、肾虚失固、劳伤冲任、气郁血瘀等皆可引起。原因虽多，无外乎阴阳两类：阳崩者多由实热或虚热所致，血色赤紫质地黏稠，量多如注，伴脉细数、舌质红绛等阳性征象，应给予养阴止崩。阴崩者，多由阳虚所致，除素体阳虚外，大致缘于久崩，故一般病势颇急颇重，应予重视，多见于现代医学之青春期功血或更年期功血者，适值肾气应盛未盛或将衰未衰之际。其特点是经来似崩，暗淡稀薄，伴面色白少华、畏冷肢清，可出现阴亡而阳亦随之虚脱的险证。蔡小荪喜投参附汤，益气温阳摄血，谨守“有形之血不能速生，无形之气所当急固”之训，每能化险为夷。有一患青春期功能性子宫出血症患者，自初潮后便屡崩屡治，反复不愈。这次又经阻3月许而崩，递服激素、中药及输血，崩势缓而又剧，迄今26天。面黄如蜡，神疲体倦至极，肢冷汗出，眩晕腰酸，语微气促。经水色清质稀，血红蛋白5g/dl。苔薄质淡，边有齿印，脉细。蔡小荪诊断为营血亏耗，气虚阳衰。血脱当益气固脱，并参助阳调固，用圣愈汤加鹿角胶，并用附子10g。蔡小荪说："附子乃辛温大热之品，其性善走，为通十二经纯阳之要药，外达皮毛，内行三焦。在这血脱阳衰的关键时刻，大胆而正确使用附子，非常重要。由于附子辛温大热有毒，用于体虚崩漏患者，恐其劫阴动血，故处方用药时不免顾虑，但阳虚阴崩，又属必用之品，非此附子不能挽暴崩虚脱之势。《金匮要略》用黄土汤治阳虚便血，亦取附子温阳之功，是为典范，此即醇正之法。但是获效后应当减量或除去，所谓"毒药治病去其五也"。3天后复诊，果然翌日崩止血净，精神亦振。因此立即去姜、附及蒲黄、棕榈，增治本之法。三诊后血红蛋白好转，随症调治3个月后经水渐调，色量正常。

对痛经的治疗，蔡小荪提出不能盲目止痛，倡导："求因为主，止痛为辅"，"治病必求于本"。不主张采用单一的止痛方药。如瘀滞腹痛，如果不以活血祛瘀为主，或剂量不足，往往达不到止痛的目的。再则宿瘀内结，凝滞胞宫，经血虽下，疼痛不减，即使经行过多如注，治法仍当宜活血化瘀，从实证论治。若用止血定痛，以碍血行，则宿瘀未消，瘀血留滞，非但疼痛得不到缓解，相反出血也越止越多，淋漓难断，所谓瘀血不去，新血不生，血不归经。有一位患者曾于1987年11月7日作腹腔镜检查，确诊为"盆腔子宫内膜异位症"，同时行剥离术。因剧烈经痛未得到缓解而到中医专科门诊来治疗。初诊主诉：每次月经干净后10天左右少腹剧痛难忍，严重时可致昏厥，常因此而急诊，唯注射"杜冷丁"后方能暂时缓解。蔡小荪认为"子宫内膜异位症"之痛经和一般痛经不同，后者多由各种原因引起经血排出困难所致，若瘀血畅行或块膜排出则腹痛当即减轻或消失。而前者则并不因此而减轻，相反瘀下越多越痛，因其瘀结不在宫腔内，而在子宫肌层或其他组织，欲出而无路。故治当以活血化瘀，兼理气散结止痛，促使瘀血活化内消为主。病家应注意在经前3~7天内服药，方能有效。过晚则瘀血既成，日渐增加，则其效不能速达，难收预期之功。经过治疗，患者高兴地说："现在已仅感腹部隐痛，真未想到中医能有如此神奇的疗效！"蔡小荪治痛经，善用蒲黄，强调蒲黄生用，用量不必过重，用以化瘀去实，此药专入血分，以清香之气兼行气血，气血顺行则冲任调达，瘀去痛解。蔡小荪临诊讲究君臣，用药精简，喜配药对，常用生蒲黄、五灵脂活血行瘀止痛；生蒲黄、花蕊石化瘀下膜；生蒲黄、血竭散瘀止痛止血；木香、小茴香行气止痛；川楝子、延胡索理气止痛；香附、延胡索理气散瘀；苏木、延胡索祛瘀通络；丹参、郁金祛瘀止痛；赤芍、牡丹皮凉血散瘀止痛；香附、乳香、没药理气化瘀；香附、乌药理气调经；香附、苏木理气祛瘀；乳香、没药行气散血。如治疗18岁的施某，临经腹痛5年。自初潮起，每经痛较剧，量多更甚，块下较舒，临前每肢清，脉略细，苔薄，边有齿印。蔡小荪辨其证属宿瘀内结，寒凝胞宫，用温经化瘀调经法。药用：茯苓12g，桂枝3g，赤芍10g，牡丹皮10g，桃仁10g，炒怀牛膝12g，青皮、陈皮各5g，制香附10g，艾叶3g，调治1周。在经期将届之时，给予温经散寒、化瘀止痛、调理冲任药。选用：炒当归10g，生地黄10g，炒怀牛膝10g，川芎6g，白芍10g，制香附10g，延胡索12g，桂枝3g，乌药10g，制乳香、制没药各6g，生蒲黄10g（包），艾叶3g，7剂。经前3天始服。药后腹痛消失，瘀块较前减小。以后在经前则用：炒当归10g，生地黄10g，炒怀牛膝10g，川芎10g，白芍10g，桂枝3g，制香附10g，延胡索12g，制乳香、制没药各6g，生蒲黄15g（包），小茴香2.5g。嘱每经前3天始服，连服7剂，以巩固疗效。按法坚持服药4个月经周期而愈。

衷中参西 周期疗法

蔡小荪在学术上，海纳百川，博采众长。对待各家学说，主张宗古而不泥古。对待西医学，亦主张兼容并蓄、融会贯通。早年蔡氏妇科先辈蔡小香就主张衷中参西，七代传人蔡小荪更加重视。随着现代社会的进步，疾病谱亦在不断发生改变，认为“作为中医临床医师，应该衷中参西，摒弃世俗的门户之见，既讲望闻问切，也要中西医结合。要学好中医妇科，除了要具有扎实的中医功底外，还要有广博的现代解剖、生理、病理知识；更要借鉴现代医学各种检验，以助诊断。各取所长，互为应用”。“在当今科学日新月异的时代，中医诊病若单停留在原有一套‘望、闻、问、切’的基础上是不够的，应结合现代科学仪器方法、手段，使‘四诊’从宏观到微观，更具体确切、深入地认识疾病”。从现代医学角度来审视中医妇科所常见的一些疾病，并非全部都有证可辨，因而对妇科病人都要求做一定的妇检，包括物理检查、超声检查、性激素检查，以求详细了解病人生理病理，并且通过这些检查的结果来指导临床处方用药。蔡小荪说：“任何一门学科的发展，都必须打破封闭模式，取他长补己短，中医学的发展尤为如此。”蔡小荪治病遣药，常以辨证为基础，充分利用现代诊疗技术，衷中参西，辨证与辨病相结合，四诊八纲与检验互参，从而提高疗效。中医学的辨证方法多种多样，就其实质，即对病人症状体征的综合分析，但这种辨证有一个明显的缺陷，就是在没有临床表现症状的时候，会陷入无证可辨的尴尬境地。在很多时候，症状体征及据此而来的辨证结论，并不能反映疾病的全部本质。此时尚存在一些隐性病理状态，需要通过检查、结合病史及疾病发展演变规律，使辨证更为全面恰当，为提高临床疗效打下基础。

如同是月经不调无排卵引起不孕，原因却非常复杂，有多囊卵巢综合征、下丘脑性内分泌失调、高泌乳素血症、高雄激素血症等不同原因引起，若单纯根据辨证结果采用补肾调冲任法为主，不能很好取效。必须结合现代医学检查，属何种原因导致，采用辨证辨病相结合才能提高临床疗效。如“高泌乳素血症”患者，有时临床仅表现为月经失调、不孕。蔡小荪说：据此辨证一般为肾虚冲任失调，但采用育肾调冲法治疗往往效果不显。如果我们再根据实验室检查有“泌乳素增高”者，那么属于肝胃郁热，冲脉气机失调所致的多，可采用玉烛散加减养血泻火疏肝，清胞络结热，临床常可获得较满意疗效。若疗效不满意时，再结合西药溴隐停，中西医结合同时治疗，效果亦佳。又如对“高胰岛素血症”患者，一开始采用服西药，能迅速降低血中高胰岛素，临床症状能迅速改善，月经恢复正常，病人也很高兴，对疾病治疗有信心。继而采用补肾调周法，可获预期结果。但亦有起初用西药无效中途停药，则要按中医辨证治疗，能取得疗效者。

例如一患者，27岁，未婚，月经延期渐至闭经两年。B超检查子宫附件无异常，血内分泌无明显异常，多处求中西医治疗无明显好转。西医再次检查内分泌，结果诊断为高胰岛素血症，给予二甲双胍治疗，治疗中由于副作用不能承受而中断，慕名前来请求蔡小荪诊治。蔡小荪结合西医病因认为，其病机是肝肾不足，相火偏旺，治疗采用六味地黄丸加减，1个月后查血中胰岛素即转为正常，此后复查两次均正常，月经虽有延期但未闭经。蔡小荪常告诫学生：“临证时不能拘泥一法一方，而要充分利用现代医学知识，辨证辨病，中西医结合，大胆创新，才能更好地为病人解除痛苦。”此外，对闭经一病，蔡小荪认为本病症情较为复杂和顽固，迁延日久，能使生殖系统萎缩，给患者造成心理影响，治疗也颇为棘手。在治疗上主张单纯使用中药效果不显，则应阶段性使用西药激素，使月经来潮，所谓急则治其标，使患者也增加治疗的信心，临床往往取得较好疗效。

又如“带下”证，蔡小荪在继承先祖经验基础上有所创新。蔡氏先祖认为：带下之因，一因胃中湿热与痰浊流注于带脉，溢于膀胱。二因气虚脾精不能上升而下陷，或风寒客于胞门，中经络传脏腑，五脏损伤而下之。总须辨清湿热和虚损之别，大抵以湿热居多，治则为健脾利湿，升提胃气，佐以利湿和补涩。蔡小荪则主张要结合现代医学知识，认为：西医学中所说的各类阴道炎、宫颈炎、盆腔炎、内分泌功能失调等疾病引起的阴道分泌物异常多与中医带下病相类似。此外还有一种情况如子宫肌瘤、卵巢囊肿等中医“癥瘕”病，临床往往表现为带下量多，或如黄水样，患者多以带下如水样为主诉来就诊。若按常规，湿邪为患者，或以脾肾亏虚为治疗依据，临床往往收效不佳。此时结合现代医学检查，往往发现患者多合并有子宫肌瘤、卵巢囊肿或盆腔炎、阴道炎、宫颈炎，或有是病而反复不能治愈者，此时治疗不能简单健脾利湿或补益脾肾等。应考虑是“瘀热内蕴”为主要病理机制，大多因感受湿热之邪，反复或久治不愈，与血相搏结，损伤冲任，导致“瘀热内蕴”而致水样分泌物者，这时治疗应以“活血清热”为法，结合临床辨证，药多用“赤芍、丹皮、鸭跖草、败酱草”为主，随证加减。赤芍泻肝清热，散瘀活血，李时珍说散邪能引血中之滞，丹皮亦是清血热散瘀血的要药；鸭跖草、败酱草等清热解毒、利湿。四药配合清热活血。兼脾虚加党参、白术、茯苓；兼肾虚加杜仲、续断、狗脊；伴外阴瘙痒加白芷、蛇床子；湿热偏重则加鱼腥草、鸡冠花；血瘀癥瘕者加桂枝、桃仁、莪术、鬼箭羽等；湿重加薏苡仁、车前子、泽泻等。此外，鸡冠花、白槿花、桑海螵蛸等，不同证型多可加之。为此，蔡小荪指出，治疗带下不能拘泥于完带汤、易黄汤等，一定要开阔思路，结合现代医学检测手段，结合辨病进行治疗，才能抓住疾病本质，取得疗效。

此外，蔡小荪借鉴西医的周期疗法，依据中医理论创造了中医周期疗法。

20 世纪 70 年代初，未满五十的蔡小苏创造性地提出了中医调治妇科疾病审时论治的学说和方法。提出：妇科当以调经为首重，治疗时必须顺应和建立女性的月经周期。必须根据不同时期阴阳相交的生理特点，进行适时适当治疗，方能获事半功倍之效。他根据女性的生理周期和妇科诸疾的病理特点，借助西医基础体温的测量，提出了月经周期的四期（月经期、经后期、经间期、经前期）生理特点和调治思路，制订出不同的周期调治法，如不孕症周期调治法、月经不调周期调治法、子宫内膜异位症和子宫肌瘤周期调治法等。为中医妇科理论和临床提供了新的思路。

蔡小苏说："肾气、天癸、冲任作为生殖轴内环境处于平衡状态，这种平衡状态应与大自然的阴阳相对应，才能'天人合一'、'阴阳和合'。"明代《本草纲目·人部》对此有了明确的论述："女子，阴类也，以血为主。其血上应太阴，下应海潮，月有盈亏，潮有朝夕，月事一月一行，与之相符，故谓之月水、月信、月经。"《内经》《伤寒论》在反复阐明人体生理、病理变化与年、月、昼夜阴阳气交规律密切相关的基础上，强调不论采取针灸或方药治病，均应顺乎时序更替的变化，蔡小苏甚崇此说。提出："女子的月经是以肾气为主导，受天癸调节，又在肝藏血调血、脾统血化血、心主血、肺布血的协同作用下，冲任气血相资，胞宫出现虚而盛而满而溢而虚的月经周期，并随着阴阳消长、气血盈亏而出现月经期、经后期、经间期、经前期。"

蔡小苏提出的妇科周期疗法的具体方法：在月经期（经水来潮至经净）：胞宫气血由满而溢泻渐至空虚，肾气天癸相对减弱，凡经期、经量、经色及经味异常均可在此期调治，常用疏调、通下、固摄诸法；经后期（经净至排卵前）：胞宫气血由虚至盈，肾气渐复渐盛，是阴长阳消之时，此期是调经、种子、消癥的基础阶段；经间期（排卵期，即下次月经前 14 天左右）：此期肾气充盛，是阴阳转化、阴极生阳、阳气发动、阴精施泄的种子时期，又称氤氲期或“的候”，若交合时有受孕可能，治疗以促使阴阳转化为宗旨；经前期（排卵后到经潮前）：此期肾气实而均衡，阳盛阴长，气血充盛，治疗以维持肾气均衡为原则，此时，又是调治月经前后诸疾及经期诸疾的关键时期。蔡小荪在具体治疗过程中，将四期生理和妇科诸疾的病理特点有机结合，制订出不同的周期调治法，并创立一系列自拟方剂。

蔡小荪治疗不孕症之“育肾助孕周期调治法”，具体做法是在月经期以理气调经法用“四物调冲汤”（当归9g，川芎4.5g，白芍9g，生地黄9g，牛膝9g，香附9g）加减治疗。经后期治以育肾通络用自拟“孕Ⅰ方”：茯苓12g，生地黄、熟地黄各9g，怀牛膝9g，路路通9g，炙穿山甲9g，公丁香2.5g，淫羊藿12g，石楠叶9g，制黄精12g，桂枝3g。经间期及经前期以益肾培元法用“孕Ⅱ方”：茯苓12g，生地黄、熟地黄各9g，石楠叶9g，紫石英12g（先煎），熟女贞子9g，狗脊12g，淫羊藿12g，仙茅9g，胡芦巴9g，鹿角霜9g，肉苁蓉9g。

如在2005年11月诊治一结婚5年未避孕而未孕的李某。蔡小荪根据患者有盆腔炎史，双输卵管粘连不通，患者抗精子抗体（+），基础体温双相典型等症状，认为患者属于肾气不足，络道受阻导致的不孕，因此在月经期用炒当归10g，生地黄10g，炒牛膝10g，川芎6g，白芍10g，制香附10g，王不留行子10g，穿山甲10g，路路通10g，青陈皮各5g，续断10g，调理冲任；经后用育肾通络法进行治疗，药物：炒党参12g，制黄精12g，炒杜仲12g，续断12g，炒怀牛膝10g，路路通10g，降香3g，麦冬12g，王不留行子10g，淫羊藿12g，巴戟天10g，肉苁蓉10g，服7剂。到中期，蔡小荪采用育肾培元法，用茯苓12g，生地黄、熟地黄各10g，炙龟甲10g，鹿角霜10g，仙茅10g，淫羊藿12g，巴戟天10g，肉苁蓉10g，续断10g，女贞子10g，河车粉5g（吞），共

14剂。蔡小荪认为：患者双输卵管粘连不通，这是因为素体肾气不足，导致络道受阻，加之月经欠调，不孕依然。经云："肾者主蛰，封藏之本，精之处也。"《圣济总录》又说："妇人所以无子者，冲任不足，肾气虚寒也。"蔡小荪考虑到只有肾气旺盛，任脉才得以通畅，冲脉才会充盈，月事才得以如期来潮，从而具备孕育的条件。对输卵管阻塞、不完全阻塞及积水者，在月经净后即予温肾通络法，重在通利胞络，主要药物：穿山甲9g，皂角刺15g，王不留行子9g，月季花9g，地龙9g，降香3g。但指出在月经中期以后不宜服用以免受孕后伤胎，而是重在育肾培元，以期能促使排卵助孕。常用药物如生地黄、熟地黄、仙茅、淫羊藿、鹿角霜、巴戟天、肉苁蓉、女贞子等。这位患者仅治疗9个月即怀孕。可见蔡小荪"育肾助孕周期调治法"的临床疗效。

蔡小荪治疗子宫内膜异位症之"化瘀散结周期调治法"，即经前一周及经期，痛经型用化瘀止痛之"内异Ⅰ方"加减治疗，崩漏型用化瘀调摄之"内异Ⅱ方"加减治疗，经后至经前期均用化瘀散结之"内异Ⅲ方"加减治疗；治疗子宫肌瘤之化瘀消坚周期调治法，即经后期至经前期用"化瘀消坚方"加减治疗，月经期用"化瘀调摄止崩方"或"化瘀调经止痛方"加减治疗。

其他如治疗闭经、功能失调性子宫出血、多囊卵巢综合征等均用周期调治法，取得较好临床疗效。

蔡小荪还从时间生物学角度，从年周期的阴阳、昼夜、光照的节律变化，探索了受孕和治疗不孕症的最佳时期，并提出年节律调治法。他在长期大量诊治不孕症过程中发现，每至春季，治愈病人显著增多，根据"天人合一"的观点，此现象与古人"春主生发"理论颇相吻合。因此对临床资料进行了前瞻性观察分析。结果表明，受孕最高季节均在春季。这一研究发现，人类生育除有月节律外，还存在着年节律的变化。蔡小荪根据"春主生发"的理论，认为，春温夏热秋凉冬寒，在这阴阳消长中，蕴育着万物的生生化化，其中阳气始终起着主导作用。一年之阳始于春，春天阳生则万物亦生，夏天阳盛则万物茂盛，秋天阳减则万物为收，冬天阳衰则万物乃藏。故曰“天之大宝，只此一丸红日”，以之喻人，则“人之大宝，只此一息真阳”，“所以成吾身者，即真阳之气也”(见《类经附翼·求正录·大宝论》)。所以有二七、二八之变；四七、四八之壮；六七、六八之憔；七七、八八之谢，亦皆主归于肾阳之气的盛、实、衰、竭。而人生于天地之间，宇宙之阳必能助化、影响人体之阳。张介宾曾明确提出“凡阳气不充，则生意不广”的病理概念。随着时间生物学和神经内分泌学研究的发展，大量事实证明：季节相代、昼夜交替所形成的光线变化，通过对哺乳类动物松果体活动的改变，影响其生殖功能。光线能抑制其分泌，黑暗则反之。因而昼长夜短的光照周期，能使性腺功能处于相对最佳状态，从而有促进受孕的作用。蔡小荪的这种新观点，不仅从一个侧面动摇了狭义的“自身稳定”在现代生理学乃至整个医学中的统治地位，也为古老的中医理论提供了科学依据。

蔡小荪积极探索利用生育年节律，有力地开拓了治疗不孕症的思路和方法。因为目前许多不孕症患者，在中药治疗中均有长期服药之累，少则几月，多则逾年。同时，长期地看病、煎药、服药、测基础体温、择时交合等，心理负担颇重。且长期服药，也易产生耐受性。蔡小荪提出：如果我们运用时间治疗学适时治疗，利用年节律规律，着重于冬、春两季进行治疗，或许能达到缩短疗程、提高疗效的作用。

用药轻灵 顾护中土

沪上曾有一俚语曰：“九加一，蔡一帖。”称赞江湾蔡氏妇科用药精简，见效迅速。蔡小荪继承家传用药以简、轻、验为准则，并参入晚清孟河四家之一费伯雄的醇正和缓思想，使蔡氏妇科用药特色有了新的升华。蔡小苏临床辨证准确，深思熟虑，善抓要点，立法慎重，选方用药考究，讲究配伍，药品精当，药量轻确，价格颇廉，疗效卓著，深得病家百姓的欢迎。

蔡小苏强调临证处方用药“轻灵醇正”，他说：所谓轻灵是指圆机活法，精明扼要，看似平常，恰到好处；醇正者，即精一不杂也，宗旨在于“义理之的当，而不在药物之新奇”，既非不求有功，但求无过的平庸之举，亦非泥于古方而治今病者。醇正就是指冲和切当，剔除芜杂，配伍严密，不落肤浅。蔡小苏说：“这个轻不仅仅是用药剂量大小轻重的轻，而这个醇也不是一味求稳、只用平安药品的醇，而是指在处方时于清淡中见神奇，选方用药在简练中收效果。”“盖天下之病，变态虽多，其本则一；天下之方，治法虽多，对症则一。故凡治病之道，必确知为寒，则竟散其寒；确知为热，则竟散其热；一拨其正，诸症尽除矣。故《内经》曰‘治病必求其本’”（《景岳全书》）。醇正思想又与和缓治法紧密联系，不足者补之以复其正，有余者去之以归其平，即和法也，缓治也；毒药治病去其五，良药治病去其七，亦即和法也，缓治也。蔡小苏常说用药如用兵，贵精而不在多，用药宜酌之又酌，不轻易滥用一药，力求药力适度直达病所，中病即止。处方随症取用10~12味药，剂量轻者1~3g，重者12~15g，每剂总量大都在70~100g间，反对杂乱无章，药物堆砌，甚至相互抵消，亦防劫阴，耗气，伤肝碍脾之弊。如调经药常选当归、丹参、川芎、香附、生地黄、熟地黄，其用量不过10g，理气止痛药中除乌药、延胡索、郁金、路路通、川楝子诸品用量至10g外，其余疏肝理气药如柴胡、青皮、枳壳均5g，公丁香、降香、玫瑰花、木香、佛手类仅用1~3g。

有一次蔡小苏治疗一闭经患者洪某，西医诊断高泌乳素血症，流产后两年半不孕，月经量少，两三月一行，曾用西药人工周期治疗半年后经闭8个月，略有带下，偏头痛，喉间痰滞，腰酸乏力。蔡小荪根据临床症状辨证为血虚肾亏，痰阻胞络，用养血培元，祛痰通络，活血调经的方法，处方用：当归9g，川芎4.5g，生地黄9g，怀牛膝9g，枳壳6g，川大黄5g，制胆星6g，石菖蒲4.5g，淫羊藿12g，鹿角霜9g，茯苓12g。7剂后症状显减，药症对路，原法继服25剂后，经来量畅色鲜有块，再宗原法加潼蒺藜续服15剂后，改服河车大造丸1周，患者病告痊愈，PRL、E2、P均获正常。如此难疾，用药看似简单，皆平常普通药物，然取效多捷。此类病例不胜枚举，蔡小荪常告诫后生：治疗疑难病例时辨证须开阔视野，层层深入，静中有动，动中辨异，处方须标本兼顾，阴阳平调，虚实同辨，寒热并用，以求实效。

蔡小荪用药注意分寸，灵活有法度。他说：妇科疾病变化较多，尤要辨药，才能药与证合，丝丝入扣。如同样是疏肝理气，而有用柴胡、香附、青皮、郁金、娑罗子、玫瑰花之不同，若不能掌握每味药的特点与证相结合，则不能得心应手。在本草成千上万个品种中，蔡小荪对每一味药在妇科领域中的作用了如指掌，得心应手的精兵强将掌握在百味以内。如同样是“便溏”一症，蔡小荪则分别有不同的治法，如因里寒者用吴茱萸，虚寒者用煨木香，表邪入里者用桔梗，等等，这些都因辨证准确，谙知药性，方能取效。

蔡小荪用药谨慎，无太过不及。他常说毒药治病去其五，良药治病去其七，亦所谓和法。蔡小荪临床给药每每3~7剂，从不拖泥带水，以求中病即止。如曾治一患者经崩二旬余，经色淡而质稀，血红蛋白5g/dL，面如蜡黄，神疲畏寒，气血大亏，显见一斑。蔡小荪在益气养血的基础上大胆加熟附子10g，鹿角霜10g，一诊即应手取效，3剂未完而血止。在第二诊时就去除附子、鹿角霜，他说：“因崩后失血，温燥之品不宜多用，故只用益气养血，兼理肝肾，自然阳生阴长，康复可期。”

蔡小荪治疗妇科病重视顾护脾胃。认为临床疾病凡先天不足者，但得后天精心培养，或可弥补先天之虚而后强壮，而后天之不足，若不得重新恢复其运化、滋养之功，非但使脾胃之气日虚夜衰，即便先天强盛之元气精血，也会因失于后天精微的调养、滋生、充实而告匮乏。因此，蔡小荪特别强调在临证治病中要善用健脾益气法，以保证血气之源不竭，从而截断疾病进一步发展、变化。如更年期综合征，目前中医界多从肾虚论治。蔡小荪则认为：是病之肾气衰退及生理性改变的大势所趋，任何治法药方终不能逆转此种衰变，人力药物只能减缓肾气的衰退速度，将由此引发的脏腑阴阳失调限制在最小的范围内，从而达到消除或减轻症状的目的。补益肾气固然重要，但熔调理脾胃与补肾填精于一炉，颇收良效。

妇人以血气为本，其经带胎产的过程往往数伤于血，数脱于气，使血气常处于相对不足状态，在生理状态下，脾胃可代偿性地加快运化功能，以弥补血气的不足，但这种负荷运化时日渐久，就易损伤脾胃功能引起病理变化，如果一时大量或长期失血耗气，就削弱或影响了血气对五脏六腑的推动滋养作用，引起脏腑功能失调。脾胃为生化之源，两虚相合，形成恶性循环，导致疾病进一步发展变化。本着治病当注意顾及脾胃的观点，蔡小荪在治病过程中除了运用治疗疾病所需药物外，每多注意兼顾调治脾胃的运化功能。蔡小荪临床处方习惯用某些药物炒用，一则借以改善药性之偏，一则使其焦香，增进健脾之力。党参、白术、茯苓、石斛、谷芽、陈皮之属，是常用之品，旨在健脾和胃，以增强生化之源。最常用茯苓，因茯苓味甘淡，甘则能补，淡则能渗，甘淡属土，具健脾和中利水渗湿之功，其药性缓和，补而不峻，利而不猛，既能扶正，又可祛邪，为防治脾胃之虚要药也，如“孕Ⅰ”、“孕Ⅱ”系列方中，均将茯苓列为主药。此外，对腥臭烈气药物，如治瘀滞腹痛之五灵脂、治赤白带下之墓头回、破除癥积之阿魏等药，认为有碍脾胃，用时尤应审慎，对脾胃失健者则应注意避免使用。

舍私济公　为善最乐

20 世纪 50 年代初，政府号召大家走公医制道路，建议组织联合诊所。蔡小荪与沪上一些名医组织成立并出资创办上海市新成区江阴路联合诊所，以后改名为牯岭地段医院，即现在上海广场地段医院的前身。蔡小荪上午在自己诊所门诊，下午参加地段医院门诊。当时的蔡小荪每天门诊量越百号，收入丰厚，但他毅然放弃半天丰厚的收入，把自己的病人请到地段医院就诊。不仅如此，而且连医院给他每月 130 元的工资也不收。医院将这笔钱一直挂在账上，两年后由于数目较大，不好管理，蔡小荪主动提出“一笔勾销”。他说：“我经济条件还好，应该照顾参加全天工作、依靠工资生活的同道。如果自己的工资能用于医院建设，早日把医院建好，那是我最高兴的事。”当时的蔡家全靠蔡小荪一人的收入，有总管家 1 人、抄方者 1 人、三轮车工友 1 人、勤工 1 人、厨师 1 人、保姆 2 人、加上母亲和妻子及 3 个子女，他却放弃一半的收入，支持集体事业。

蔡小荪的两个儿子未能继承父业。但他却经常到大学、医院讲学、作报告，并先后带教了 100 多位主治级以上中西医师，使他们的业务水平得到提高。20 世纪 90 年代后，他被确定为全国老中医药专家学术经验继承工作指导老师，连续 4 批均为指导老师，培养了学术继承人 9 位：蔡庄、周翠珍、瞿晓竹、黄素英、莫惠玉、傅金荣、王隆卉、张婷婷、翁雪松。这些蔡小荪的学术继承人都已成为各个医院中医妇科的骨干。蔡氏妇科后继有人，这是蔡小荪最大的快慰。

蔡小荪高尚的医德与他儒医世家的家庭熏陶有着密切的关

系。蔡小荪常说："父亲济世为怀，秉承祖训，行善至上，从不斤斤计较于诊金。"在挂号室里挂有收费牌，末句明示"贫病不计"。所以号票亦与众不同，分为五色：除拔号票面稍大，其余为平号白色，半费为红色，二角为绿色，免费为蓝色。亲友专用黄色号票，非但不收费用，且优先就诊。蔡小荪说：在1949年以前，生活拮据者不少，父亲诊病时，如有察觉贫病者，则主动减半收费或免费，以后复诊，即按此例。也有主动要求挂半费者。按先祖蔡小香规定，病家如提出挂半费或免费者，挂号先生概不细究，即予方便，一视同仁，依次就诊，不因收费少而退让于后，勿使病者有自卑感。相反如病情较重，常立即给予诊治，以免意外。另外绿色号票，象征性付费二角。对特别贫困者，生活尚难维持，更兼疾病缠身，实言要求给予免费，父亲一律接待。即使已挂号，诊费亦均退还。不仅予以义诊，而且赠药给他，俗称'施诊给药'。拿药均到同春堂北号，在福建北路，地处老闸桥北堍，与诊所仅一桥之隔。蔡小荪的父亲与药店商妥，印就领药单，连有存根，由挂号员填明帖数，让病家到该店领取，每届端午与中秋节，以及春节前，凭单来诊所结算，费用按成本计价，其意思是大家都为社会尽一份义务。对个别病重步履维艰、路途较远者，更资助车旅费。同时每年夏天自行配制"痧药水"、"行军散"等，置备于账房间，供贫困者免费索取。这样的事情不胜枚举，在上海口碑载道，也给蔡小荪很大的影响。

蔡小荪常说，蔡氏传业有两个准则：一是医生治病救人，应不计酬劳；二是应终生做好事，以弥补工作中难免的差错。蔡小荪像他父亲一样，亦是这样行医做人的。20世纪90年代末，蔡小荪在门诊时遇上一位贫病交加的崩漏患者，由于每次经行量过多如注，大量的失血造成严重的贫血，脸色黄如蜡，血红蛋白仅为3g/dl，因为家境贫寒，每次看病不舍得购票坐车还得步行走上好几里地。询问后得知患者的母亲是一位还在农村的知青，家庭经济非常困难。蔡小荪看到这种情况，不仅不收诊金，而且还掏钱给她，让她到西医院做些必要的检查。患者及其母亲流下感动的泪水。

“只要一听到病人喊痛，我比病人还急”，这是蔡小荪心情的写实。从医60多年，他高尚的医德被广为传颂。蔡小荪说：“为病人治病医生的态度一定要好。病家患疾，心情又焦急又郁闷，当医生的一定要理解她们，安慰她们，要善意地进行心理疏导，让她们觉得医生是可信赖的，疾病是可以治愈的。这时医生开出的处方和治疗才会达到预期的效果。如果医生态度生硬，诊治草率，病人对医生就会产生一种信任危机，治疗效果就会打折扣。”临床上蔡小荪始终全心全意为病人着想，耐心细致地为患者解除思想负担，尽量让她们“哭着进来，笑着出去”。平日里，病人再多，时间再长，他总是一丝不苟。为了让病人能早点就医服药，他经常顾不上吃午饭，连续门诊到下午。有一次在上海市第一人民医院门诊室，他从上午开始一直忙到下午5点40分，整整看了168位病人，午饭早已忘了，胃痛也抛在脑后，只是累得一句话也说不动了。几十年如一日，蔡小荪的高尚医德为学生和同仁做出了榜样。

蔡小荪诊察疾病严肃谨慎，举止庄重，认真细致，一心专注医事。蔡小荪说：“年轻的时候人们常说我少年老成。主要是因为我是妇科医生，我的病人都是女性，也会遇到不正经的病人，有时病人会塞一张电影票，约我看电影；有时会有人打电话，甚至笼络家中的司机，约去喝咖啡。凡此种种，所以我要装得少年老成，更不能轻浮。”蔡小荪常说，先辈告诫：作为妇科医师，尤其是男性妇科医师，诊病时不得多语调笑。因此在诊室，蔡小荪总是言简意赅，专注医事，从不说是道非。每逢患者问及、比较前医处方技术如何如何的时候，蔡小荪总是恪守儒医家训，与人为善，说道：“这位医生好”，而从不贬低他人抬高自己。他的行医准则是："关心病者疾苦，方药与心理诸疗并重，医德至上，实事求是，绝不危言耸听，哗众取宠，尤应尊重同道，切忌江湖习气、同行嫉妒、诋毁他人。"这对后学教益匪浅。

蔡小苏一直怀有拳拳爱国之心。他爱好摄影和旅游，但他认为异域情调虽好，但终不如以母语文化为背景、渗透着浓郁历史文化的本国乡土景观。曾经在出国探亲时，国外的亲朋好友再三挽留他，要他在国外行医，说在外国很需要他这样的医生，钱来得比国内容易。他回答说："不是我不想发财，实在是我根在上海，事业在中国，我一定要回去！""我不会离开祖国锦绣河山！"

著名数学家、复旦大学原校长苏步青深知蔡小苏的为人，曾以题"咏水仙花和人韵"诗赠蔡小苏："黄冠翠袖足清闲，淡泊生涯水石间。南闽有家归梦远，西湖无庙属杯难。闻香晓日春何早，听雨青灯夜更寒。我似老僧偏爱静，案头不厌雨相看。"

蔡小苏常自谓："悬壶迄今，诊病人次何止百数十万，纵有独到经验，卓效成方，首先得之先人传授，更赖病者协助。"他说："病人也是我的老师，我们应该取之于民，还之于民。"

蔡小苏年逾八十有八，仍有一身健康的体魄。这与他的养生之道有着密切的关系。他从未把吃补药当作养生方式。他认为，合理饮食、适当食素、不偏食、不暴食，对吃随遇而安的态度才是正确的。"就算是食补，也要顺其自然，喜欢吃的可以多吃一点，不喜欢吃的就不要勉强，要掌握八分饱的量。我建议老年人可以适当吃素。"如果要吃补药，"男性当以补肾为主，女性要以补血为主。男性可适当吃些补肾的六味地黄丸，女性可适当补充四物汤或四物合剂。"

另外蔡小苏提倡"早梳头，晚泡脚"，他说，头部被称为诸阳之会，经常梳头，可以提高大脑皮层的兴奋性，促进血液循环和皮下腺体分泌。双脚是三阴经的起始点，又是三阳经的终止点，当老年人出现不同程度的全身动脉硬化时，或因代谢紊乱，血脂增高，内分泌障碍等原因发生末梢循环障碍时，身体抵抗力会随之下降。而睡前用热水洗脚，能保证全身的经脉舒畅，利于身体健康。因此蔡小荪坚持每天下午泡澡，以促进全身的血液循环。

蔡小荪的养生之道更重要的是生活中处处都有好心情。在工作上，讲究的是专心一致，对病家负责，老老实实行医。他说："能够为病人解除病痛是我最大的乐趣，有时候看到被我医好的不孕的妇女抱着刚出生的孩子来向我道谢，会有一种难以形容的愉悦，这对健康是很有帮助的。60多年来在我手里从来没有出过一起医疗事故，我也从行医的过程中得到了享受。心情好，身体也就健康了。"

蔡小荪说：在生活中，我从来不抽烟、不喝酒，这对健康是有帮助的。不过我也有兴趣爱好，而且十分广泛。在年轻时，我喜欢骑马，还是当时上海马会的会员，每天早晨我都会到跑马厅去骑几圈马；夏天时我喜欢游泳，有时也会约几个朋友一起去打网球；花式旱冰、驾驶汽车、狩猎、京剧等我也都曾经是个不算差的爱好者。当然，随着年龄的增加，现在很多运动我已经不再参加，但是年轻时候这些运动为身体打下的良好基础，直到现在我都还受益其中。当然有些兴趣爱好我还是一直保留着的，比如旅游、摄影等等。爱好广泛了，得到乐趣的途径也就多了，心情自然也就好了。心情好，身体才能健康。

总结起来，蔡小荪有四点"乐趣"和三个"健康"观。

四点"乐趣"分别是助人为乐、知足常乐、自得其乐、为善最乐。助人为乐和自得其乐前面已经讲过了。知足常乐，就是指人的心胸要开阔，要保持良好的心情，很重要的一点就是要知足。蔡小荪说："我家祖上曾经有过一些财产，在江湾的蔡家花园曾经是当时本地四个名园之一，但后来连同住宅及不少文物均被日本人毁了，而我从来没有为此而耿耿于怀，既然已经没有了，又何必去多想呢，更何况我现在过得也不错。为善最乐，就是平时我时常会做一些力所能及的好事，也许都是些小事，但是勿以善小而不为，经常地做些好事会令我保持很健康的心态。”

三个“健康”观：即思想应健康、爱好要健康、身体更健康。蔡小荪说：“我的爱好虽然广泛，但是我从来不沉湎其中，兴趣爱好只是用来帮助自己得到更多乐趣，建造一个好体魄，保持一个好心情，从而使我身心健康。但是一旦沉湎其中，甚至达到玩物丧志的状态，不仅对健康没有好处，往往会产生相反的作用，特别是有些不良的兴趣爱好更是如此。”

在饮食上，讲究的是饥饱调匀，刺激性的东西少吃。另外，提倡分食制，这样可以有效地杜绝疾病的传播途径。总之，尽量吃自己想吃的东西，但要注意适量，这样可以保持心情舒畅，好的心情还能帮助消化，使气血调顺，身体肯定健康。

（撰稿人　黄素英）

《中华中医昆仑》丛书150卷总名录

（按生年排序）

第一集	张锡纯	丁甘仁	萧龙友	王朴诚	恽铁樵
	曹炳章	冉雪峰	谢　观	施今墨	汪逢春
第二集	孔伯华	黄竹斋	吴佩衡	蒲辅周	陈邦贤
	李翰卿	李斯炽	姚国美	陆渊雷	张泽生
第三集	时逸人	张梦侬	叶橘泉	王聘贤	陈慎吾
	邹云翔	赵炳南	承淡安	余无言	刘惠民
第四集	岳美中	沈仲圭	秦伯未	赵锡武	韦文贵
	程门雪	黄文东	赵心波	董廷瑶	吴考槃
第五集	章次公	石筱山	陆南山	张赞臣	李聪甫
	刘绍武	陈存仁	朱仁康	陆瘦燕	姜春华
第六集	韩百灵	高仲山	李克绍	王鹏飞	刘春圃
	金寿山	哈荔田	何世英	周凤梧	干祖望
第七集	关幼波	王为兰	任应秋	罗元恺	祝谌予
	杨医亚	郭士魁	何时希	耿鉴庭	俞慎初
第八集	裘沛然	顾伯华	江育仁	邓铁涛	门纯德
	刘渡舟	尚天裕	朱良春	李玉奇	程士德
第九集	尚志钧	赵绍琴	董建华	米伯让	李辅仁
	张珍玉	班秀文	颜正华	于己百	颜德馨
第十集	路志正	方药中	王乐匋	黄星垣	谢海洲
	余桂清	何　任	王子瑜	程莘农	陈彤云

第十一集	焦树德	张作舟	张　琪	李寿山	张镜人
	王绵之	方和谦	印会河	王玉川	蔡小荪
第十二集	李振华	马继兴	王嘉麟	宋祚民	刘弼臣
	王雪苔	刘志明	吴咸中	李今庸	任继学
第十三集	裴学义	王宝恩	周霭祥	贺普仁	唐由之
	赵冠英	许润三	金世元	陆广莘	刘柏龄
第十四集	徐景藩	吉良晨	吴定寰	沈自尹	王孝涛
	张灿玾	周仲瑛	强巴赤列	张代钊	李经纬
第十五集	郭维淮	柴松岩	苏荣扎布	陈可冀	李济仁
	夏桂成	郭子光	巴黑·玉素甫	张学文	陈介甫

特别鸣谢

《中华中医昆仑》的出版，得到了以下多家企业、多位社会知名人士和具有远见卓识的优秀企业家的大力支持。在此，向他们致以崇高的敬意和衷心的感谢！

姚振华　李功韬　杨　钊　杨　勋　胡小林　谢秉臻
梅　伟　何伟诚　刘彦龙　周建良　邓耀华　周汉智
香港浩伟国际投资有限公司　顺丰国际(控股)有限公司
陈源池　李建军　苑　为　曹晓虹　苑牧鸽　兰　冰
崔晓浔　赵　兵　钟文心　薛蛮子　牧新明　李艾妮
张彩萍　吴力田　额尔敦　陶　莹　尹华胜　杨柳青
徐乃亮　陈经纬　伍　昕　孙　淼　王泽楷　万真扬
魏建辉　刘秀芳　魏振业　魏兴业　魏超业　魏俐娜
魏　倩　董栋华　郑仁瑞　周明海　石　岚　周天蕙
周天沁　周天洋　王汉智　汤苏云　王　娟　王　宇
郭　扬　王中华　赵　杨　王天开　王天其　李琪群
丁　健　范中杰　TCL集团　张　爽　王洪川　张平义
李少勤　翁　斌　徐建胜　柏　松　何倩明　柏景文
过以宏　张文颖　李作灵　陈　艳　邱维廉　夏秋阳
张　辉　陈广才　王凤成　贾俊飞　张国富